大清一統志

第七册

山西（一）

上海古籍出版社

山西（一）

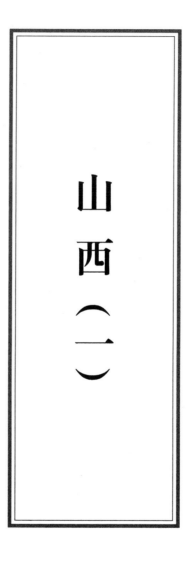

目録

山西全圖

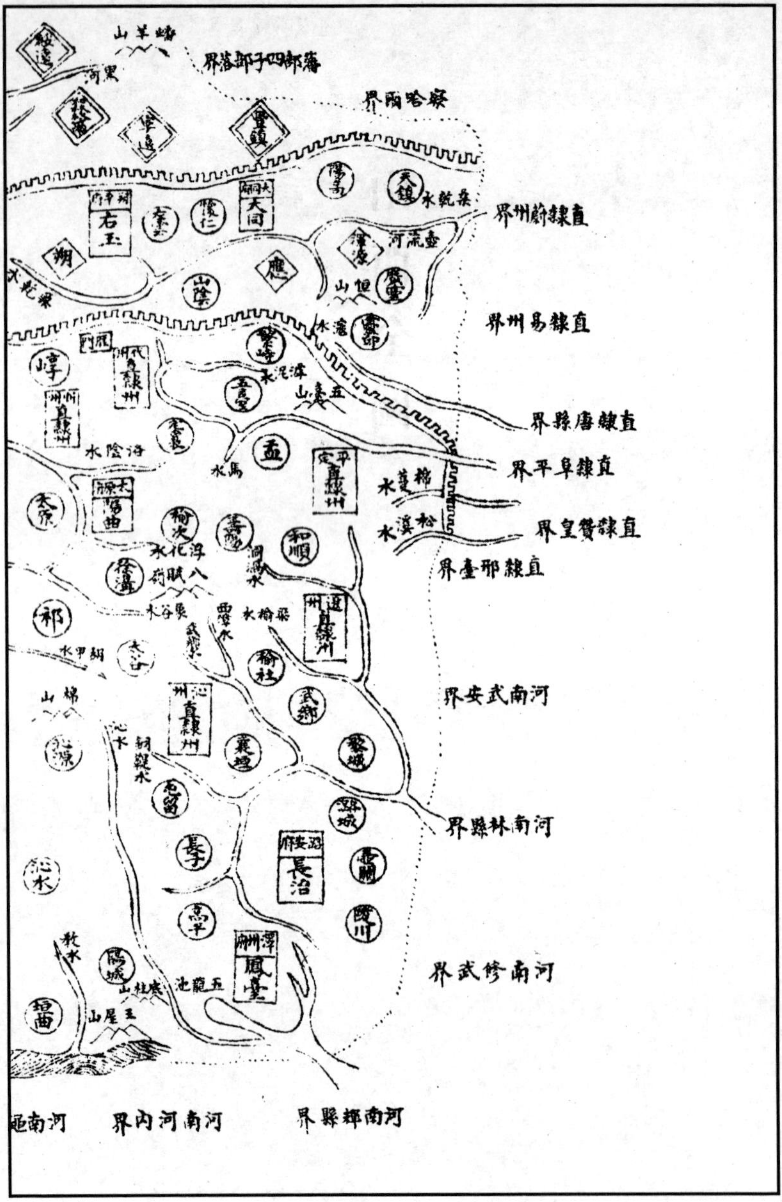
藩部四子部落界
察哈爾界
直隸蔚州界
直隸易州界
直隸唐縣界
直隸阜平界
直隸贊皇界
直隸邢臺界
河南武安界
河南林縣界
河南修武界
河南輝縣界
河南河內界
桑乾水
壺流河
恒山
滹沱水
五臺山
馬水
綿蔓水
松溪水
八賦嶺
綿山
五龍池
王屋山
大同
右玉
長治
鳳臺
盂
祁

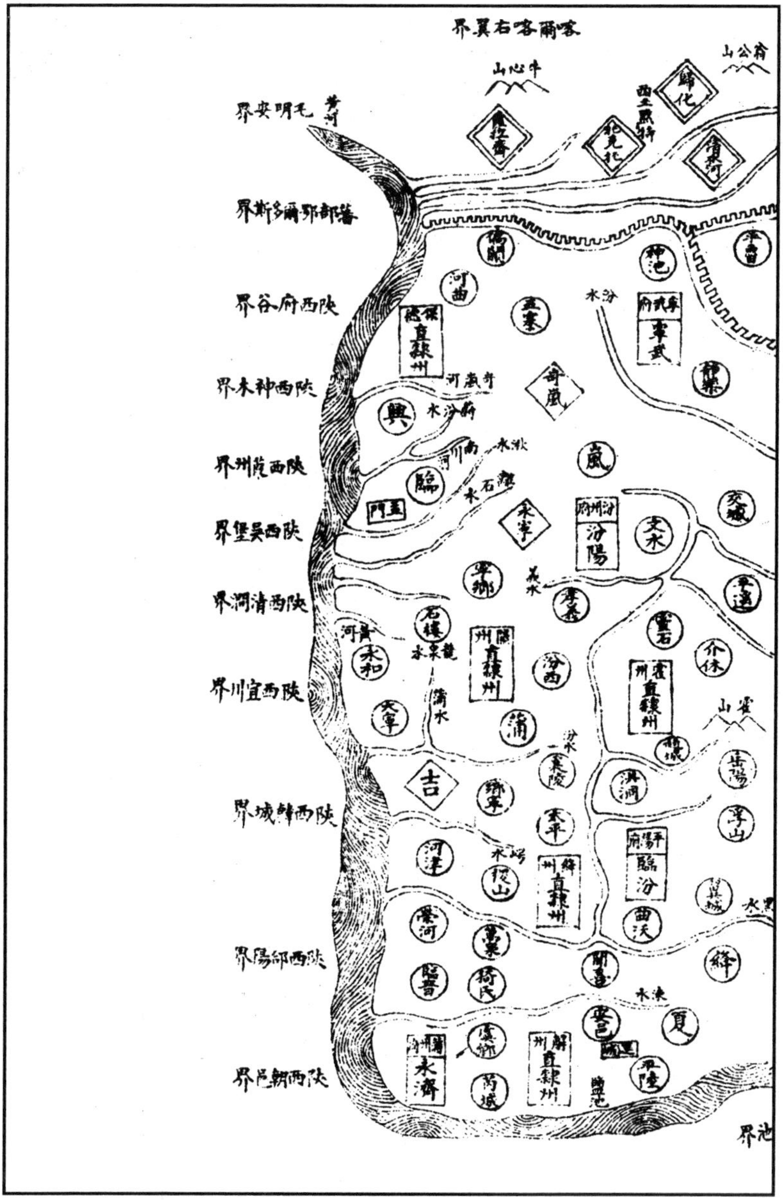
喀爾喀右翼界
牛心山
荷公山
毛明安界
歸化
和林格爾
托克托
清水河
鄂爾多斯部界
偏關
神池
河曲
五寨
寧武府
寧武
陝西府谷界
保德直隸州
陝西神木界
岢嵐
興
靜樂
陝西葭州界
嵐
臨
交城
陝西吳堡界
永寧
汾州府
汾陽
文水
陝西清澗界
寧鄉
孝義
平遙
石樓
靈石
永和
隰州直隸州
汾西
介休
陝西宜川界
大寧
霍州直隸州
蒲
霍山
岳陽
吉
鄉寧
洪洞
陝西韓城界
太平
平陽府
浮山
河津
稷山
絳州直隸州
臨汾
翼城
榮河
萬泉
曲沃
陝西郃陽界
聞喜
絳
臨晉
猗氏
夏
陝西朝邑界
蒲州府
永濟
虞鄉
解州直隸州
平陸
芮城
池界

山西統部表

秦漢	秦置太原、上黨、河東、雲中、雁門、代郡。漢元封中置并州，增置西河、定襄郡。後漢建安中省并州並雲中、定襄二郡，改置新興郡。
三國魏晉	魏黄初元年復置并州。晉初增置樂平郡。惠帝改新興郡爲晉昌郡。永嘉後陷。
後魏	皇始初復置并州，天興初都平城，置司州並秦、東雍、朔、肆、汾五州。太和中改司州爲恒州，分置朔、晉、顯、蔚、建五州。東魏增置東雍、南汾、廓、武四州。
齊周	齊。置并州省。周建德五年平齊，置并州總管。
隋	開皇三年罷郡置州。大業三年改諸州爲太原、上黨、長平、河東、絳、文城、臨汾、龍泉、西河、離石、雁門、樓煩、馬邑、定襄等郡。
唐	武德初復改郡爲州，開元中分置河東道。
五代	晉天福初雲、朔、蔚、應等州入遼。周時并、汾、遼、沁、石、忻、代、嵐、憲等州入北漢。
遼宋	太平興國四年仍爲河東路。雲、朔等州屬遼，置爲西京道。宣和四年復歸宋，別置雲中府路。
金	初爲河東、西京兩路，天會六年分河東爲南、北路。
元	改置河東山西道宣慰使司及肅政廉訪司，統屬中書省。
明	洪武元年置山西行中書省，九年改布政使司。

續表

太原府	平陽府
太原郡 秦置郡，高帝六年改韓國，十一年改代國。文帝二年爲太原國，元鼎三年國除，爲太原郡，治晉陽。後漢因之，治并州。	河東郡地。
并州太原郡 晉爲太原國，永嘉末陷。	平陽郡 魏正始八年置。
并州太原郡	晉州平陽郡 太平真君四年置東雍州，太和十八年罷，孝昌中復置唐州。建義初改名。
并州太原郡 齊置省，立別宮。周置并州六府，後廢六府。	晉州平陽郡 周置總管府。
太原郡 初廢郡，置河北道行臺，大業初郡復。	平陽郡 開皇初府罷，改郡曰平河，尋廢。大業初廢州爲臨汾郡，義寧初復曰平陽郡。
北都太原府 天授元年置北都，神龍元年罷。開元十一年復置郡，改州爲太原府。天寶元年改曰北京。上元二年罷京。寶應元年復爲北都，兼爲河東節度使治。	晉州平陽郡 武德元年復曰晉州，屬河東道。
北京太原府 後唐同光元年改爲西京，三年復爲北京。周時兼北漢都。	晉州平陽郡 梁開平中置定昌軍，尋改建寧軍。唐同光初改建雄軍。
太原府 太平興國四年復曰并州，移治榆次，七年移治陽曲。嘉祐四年復曰太原府，爲河東路治。	平陽府 政和六年升府，屬河東路。
太原府 分爲河東北路治。	平陽府 爲河東南路治。
冀寧路 太祖十一年置太原路總管府，大德九年改名，屬河東山西道。	晉寧路 初曰平陽路，大德九年改名。
太原府 復故名，爲山西布政使司治。	平陽府 洪武初復故名，屬山西布政使司。

續表

蒲州府	潞安府	汾州府
河東郡地。	上黨郡初治長子，後漢移治壺關。	太原郡地。
河東郡永和十年苻秦於蒲坂置秦州，咸安初改雍州。太元二十一年姚秦置并、冀二州，義熙十三年來歸，置并州河東郡。	上黨郡晉治潞縣。	西河郡魏黄初二年改置。晉爲西河國，永興後廢。
秦州河東郡神䴥元年改置雍州，延和元年又改秦州。太和中罷，天平初復置。	上黨郡治壺關。	汾州西河郡太和八年復置郡，屬汾州。孝昌中移州來治。
蒲州河東郡周明帝二年改置蒲州。	上黨郡周宣政元年始於郡置潞州。	介州西河郡齊改南朔州，周又改介州。
河東郡開皇初郡廢，大業初州廢，復爲郡。	上黨郡開皇初郡廢，大業初復。	西河郡開皇初郡廢，大業初復置。
河中府河東郡武德三年移蒲州來治。開元八年改河中府，兼置中都，其年罷都復爲州。天寶初改爲河東郡，屬河東道。	潞州上黨郡武德元年復改州，屬河東道。	汾州西河郡武德元年改曰浩州，三年復曰汾州，屬河東道。
蒲州	潞州上黨郡	汾州西河郡周時分屬北漢。
河中府河東郡屬永興路。	隆德府崇寧三年升州爲府，改名，屬河東路。	汾州西河郡屬河東路。
河中府天會六年降爲蒲州，天德元年復爲府，屬河東南路。	潞州復故名，屬河東南路。	汾州屬河東北路。
河中府屬晉寧路。	潞州初曰隆德府，太宗三年復曰潞州，屬平陽路。	汾州屬冀寧路。
蒲州洪武二年復曰蒲州，屬平陽府。	潞安府初爲州，直隸山西布政使司，嘉靖八年升府，改名。	汾州府初爲州，直隸山西布政使司，萬曆二十三年升府。

續表

澤州府	大同府
上黨郡地。	雁門郡東部都尉 建安中廢。
	雁門郡地，永嘉後陷。
建州高都郡 永安中改置。	恒州代郡 天興中建都，置司州及代尹。延和元年改萬年尹。太和十七年改名孝昌，二年陷。
建州高平郡 周改郡名。	齊天保七年復置恒州及安遠、臨塞、威遠、臨陽等郡。周平齊，並廢。
長平郡 開皇初改澤州，大業初州廢，改郡名。	馬邑郡地。
澤州高平郡 武德元年置建州，六年廢，移蓋州來治。貞觀元年又廢，移澤州來治。天寶初改郡名，屬河東道。	雲州雲中郡 武德六年復置北恒州，七年廢。貞觀十四年改置雲州，永淳初廢。開元十八年復置。天寶初曰雲中郡，乾元初復曰雲州，屬河東道。
澤州高平郡	雲州雲中郡 晉天福元年入遼。
澤州高平郡 屬河東路。	西京大同府 遼重熙十三年改名。宋宣和五年復曰雲中府。
澤州 天會六年曰南澤州，天德三年復故名，屬河東南路。	西京大同府 復故名。
澤州 屬晉寧路。	大同路 至元二十五年改名，屬河東山西道。
澤州 直隸山西布政使司。	大同府 洪武五年置山西行都指揮使司，七年改名。

續表

寧武府	朔平府	平定直隸州	忻州直隸州
雁門郡地。	定襄郡初置雁門郡，後漢建武二十七年改名，建安末廢。		太原郡陽曲縣地。後漢建安二十年置新興郡。
			新興郡晉惠帝改曰晉昌，尋復故。
太平郡初置，領太平、太清、永寧三縣。	善無郡天平二年置。		肆州永安郡天賜二年爲鎮，太平真君七年置州，永安中改郡，治定襄。
太平郡齊并神武郡入，周省。	齊省。		周徙廢。
馬邑、樓煩、雁門三郡地。	馬邑郡地。		新興郡開皇初復置郡，尋廢。十八年置忻州，大業初廢。義寧初復置郡。
唐末置寧武軍，後廢。	朔州地。		忻州定襄郡武德初復置州，天寶初改郡名，屬河東道。
			忻州定襄郡
寧化軍太平興國五年置。		平定軍太平興國四年置，屬河東路。	忻州定襄郡屬河東路。
寧化州大定二十二年升州。		平定州大定二年升州，屬河東北路。	忻州屬河東北路。
廢入管州。		平定州屬冀寧路。	忻州屬冀寧路。
景泰元年置寧武關，弘治十六年改置寧武所。	右玉林衛洪武二十五年置定邊衛，後省。永樂七年設大同右衛，正統間改名。	平定州屬太原府。	忻州屬太原府。

續表

代州直隸州	保德直隸州	霍州直隸州	解州直隸州
雁門郡後漢來治陰館。	太原郡地。	河東郡地。	河東郡地。
雁門郡魏文帝移治廣武，屬并州。	新興郡地。		
雁門郡屬司州。	永安郡地，置武川鎮。	永安郡建義元年置。	
肆州雁門郡周大象元年移州來治。		永安郡	
雁門郡開皇初郡廢，五年改代州，大業初復爲郡。	嵐州地。	開皇初郡廢，十六年置汾州，十八年改曰吕州。大業初州廢，義寧元年復置霍山郡。	
代州雁門郡武德初復置州，屬河東道。		武德元年復曰吕州，貞觀十七年州廢。	
代州雁門郡漢末歸北漢。			解州漢乾祐元年置，屬河東道。
代州雁門郡屬河東路。	保德軍淳化四年置定羌軍，景德二年改名，屬河東路。		解州屬永興路。
代州屬河東北路。	保德州大定二十二年升州，屬河東北路。	霍州貞祐三年置。	解州初置解梁郡，後廢，屬河東南路。興定四年徙治平陸。
代州屬冀寧路。	保德州屬冀寧路。	霍州屬晉寧路。	解州還治解縣，屬晉寧路。
代州洪武三年廢爲縣，八年復升爲州，屬太原府。	保德州洪武七年降爲縣，九年復升爲州，屬太原府。	霍州屬平陽府。	解州屬平陽府。

續表

絳州直隸州	隰州直隸州	沁州直隸州
河東郡地。	河東郡地。	上黨郡地。
平陽郡地。	晉永嘉九年劉淵都此，後改置大昌郡。	
東雍州正平郡 初置東雍州南太平郡，神䴥元年改郡曰征平。太和十八年州廢，改郡曰正平。天平初復置州。	汾州 延和三年置鎮，太和十二年置州，孝昌中陷。	義寧郡 建義元年置。
絳州正平郡 周武成二年改州名。	汾州龍泉郡 周復置州，大象元年置郡。	義寧郡
絳郡 開皇初郡廢，大業初復爲郡，改名。	龍泉郡 開皇初郡廢，四年置西汾州，五年改隰州，大業初復爲郡。	義寧郡 開皇初廢。十六年置沁州，大業初廢。義寧元年復置郡。
絳州絳郡 武德元年復置州，屬河東道。	隰州大寧郡 武德初復置州，屬河東道。天寶元年改郡名。	沁州陽城郡 武德元年置州，天寶元年改郡名。
絳州絳郡	隰州大寧郡	沁州
絳州絳郡	隰州大寧郡	威勝軍 太平興國二年徙置，屬河東路。六年省沁州入。
晉安府 興定二年升爲府，屬河東南路。	隰州 天會六年曰南隰州，天德三年去「南」字，屬河東南路。	沁州 天會六年升州，屬河東南路。元光二年又升義勝軍。
絳州 復故名，屬平陽路。	隰州 屬晉寧路。	沁州 屬晉寧路。
絳州 屬平陽府。	隰州 屬平陽府。	沁州 直隸山西布政使司。

遼州直隸州	歸化城
上黨郡地。	定襄郡初置，治成樂，後漢徙。
	雲州盛樂郡後魏初建都於此，號盛樂城。永熙中置州，領盛樂郡及雲中等郡。
遼州樂平郡武德六年自樂平移遼州來治。八年改箕州，先天元年又改曰儀州。天寶初改郡，中和三年復曰遼州，屬河東道。	單于大都護府武德四年平突厥，置雲州。貞觀二十年爲雲州都督府。麟德二年又改名。天寶四年移振武軍於此，置金河縣，爲府治。
遼州	後唐時入遼。
遼州樂平郡熙寧七年州廢，元豐八年復置，屬河東路。	振武縣置屬豐州。
遼州天會六年曰南遼州，天德三年去「南」字，屬河東南路。	廢。
遼州屬晉寧路。	
遼州洪武九年直隸山西布政使司。	宣德初築玉林、雲川等城，置衛。正統中衛徙，地爲蒙古所據。嘉靖間諳達居此，是爲西土默特。隆慶間封順義王，名其城曰歸化。

續表

續表

綏遠城	托克托城	清水河	薩拉齊	和林格爾
	雲中郡秦置，屬并州。漢末省。			
	雲中郡屬雲州。			
	東受降城屬振武軍。			
	東勝州武興軍置屬西京道。			
	東勝州屬西京路。			
	東勝州			
玉林衛地。	初建左、右二衛，永樂初徙廢。	清水營。	雲川衛地。	玉林、雲川二衛地。

大清一統志卷一百三十五

山西統部

在京師西南一千二百里。東西距八百八十里，南北距二千一百五十里。東至直隸正定府井陘縣界三百七十五里，西至陝西綏德州吴堡縣界五百五里，南至河南陝州界一千二十里，北至殺虎口外四子部落、喀爾喀右翼、毛明安各蒙古界一千一百三十里。東南至河南衛輝府輝縣界八百五十里，西南至陝西同州府朝邑縣界一千一百五里，東北至直隸宣化府懷安縣界六百七十里，西北至陝西榆林府府谷縣界八百八十里。

分野

天文昴、畢及觜觿、參分野，大梁、實沈之次。漢書地理志：趙地昴、畢之分。又太原、定襄、雲中、上黨，趙分也。魏地觜觿、參之分。唐書地理志：河中、絳、晉、慈、隰、石、太原、汾、忻、潞、澤、沁、遼爲實沈分，代、雲、朔、嵐、憲爲大梁分。

建置沿革

古冀州之域，虞分置并州，夏仍爲冀州，周曰并州。周禮職方氏：正北曰并州。成王封叔虞爲唐國，後改晉國。戰國屬趙，兼屬韓、魏。今平陽、蒲州二府，絳、解、吉、隰四州，爲魏地。潞安、澤州二府，遼、沁二州，爲韓地。秦置太原、上黨、河東、雲中、雁門、代郡。漢元封中置并州，領太原、上黨、西河、雲中、定襄、雁門六郡。河東郡屬司隸，代郡屬幽州。後漢因之。刺史始治晉陽。建安十八年省并州入冀州。二十年，省雲中、定襄二郡，改置新興郡。三國魏黃初元年復置并州，晉因之。增置樂平郡。惠帝改新興郡爲晉昌郡。晉書地理志：魏并州自陘嶺以北皆棄之，至晉因而不改。永嘉後陷。按：永興元年，劉淵據離石稱漢。永嘉三年，遷都平陽，以雍州刺史鎮平陽，幽州刺史鎮離石。劉聰改置左、右司隸。大興後地入石勒。太和五年入於苻堅，以并州刺史鎮晉陽，分置雍州，治蒲坂。太元十一年，地屬慕容永。十九年，慕容垂克永，獲其所統新舊八郡，以并州刺史鎮晉陽，雍州刺史鎮長子。二十一年，入於姚興，以并、冀二州牧鎮蒲坂。後皆入於元魏。

後魏皇始元年仍置并州。治晉陽。天興元年遷都平城，置司州，又分置秦、東雍、朔、肆、汾五州。神䴥元年置雍州，治蒲坂，延和元年改秦州。太平真君四年置東雍州，治正平郡；置朔州，治盛樂。七年，置肆州，治九原。太和十二年置汾州，治蒲子城。太和十八年遷洛，改司州爲恒州，又分置朔、晉、顯、蔚、建五州。正光五年別置朔州，治懷朔鎮。孝昌中置唐州，治平陽，建義元年改爲晉州。永安二年置顯州，寄治汾州六壁〔二〕；置蔚州，寄治并州鄔縣。三年，置建州，治高都城。東魏又增置東雍、南汾、廓、武四州。北齊於并州置省。後周建德五年平齊，置并州總管府。

隋開皇二年罷總管，置河北道行臺。三年，罷郡置州。九年，廢行臺，復置并州總管府。大業元年府罷。三年，改諸州爲郡，屬冀州刺史。隋書地理志：太原、上黨、長平、河東、絳、文城、臨汾、龍泉、西河、離石、雁門、樓煩、馬邑、定襄等郡屬冀州。唐武德元年復改諸郡爲州，置并州總管府，又分置蒲州、潞州二總管府。開元中分置河東道。唐書地理志：河東道治河中府，領太原府，晉、絳、慈、隰、汾、沁、遼、嵐、憲、石、忻、代、雲、朔、蔚、潞、澤十七州。天寶以後，分置河東、河中、澤潞三節度使。唐書方鎮表：開元八年置天兵軍節度使，治太原，十八年改爲河東節度使。至德二載又置澤潞沁節度使〔二〕，治潞州；河中節度使，治河中。五代晉天福初割蔚、朔、雲、應等州入契丹。周廣順初劉崇據太原，是爲北漢，并、汾、遼、沁、石、忻、代、嵐、憲等州皆入焉。

宋太平興國四年平北漢，仍爲河東路。宋史地理志：河東路領太原、隆德、平陽三府，絳、澤、代、忻、汾、遼、憲、嵐、石、隰、慈、麟、應、豐十四州，慶祚、威勝、平定、岢嵐、寧化、火山、保德、晉寧八軍。其雲州屬遼，遼重熙十三年建爲西京道。遼史地理志：西京道領蔚、應、朔、武、弘、德、豐、雲內、東勝等州。宋宣和四年來歸，別號雲中府路。七年兩路俱入於金，爲河東、西京兩路。天會六年又分河東爲南、北路。金史地理志：河東南路領平陽，河中二府，隰、吉、絳、解、澤、潞、遼、沁八州。河東北路領太原府，晉、忻、汾、石、葭、代、隩、嵐、管、平定、寧化、岢嵐、保德十三州。西京路領大同府，豐、弘、浄、桓、撫、朔、武、應、蔚、雲內、寧邊〔三〕、東勝十二州。

元置河東山西道宣慰使司及肅政廉訪司，統屬中書省。元史地理志：晉寧路領河中府，絳、潞、澤、解、霍、隰、沁、遼、吉九州。冀寧路領汾、石、忻、臨、平定、保德、崞、管、代、臺、興、堅、嵐、盂十四州。大同路領弘、應、朔、武、豐、渾源、雲內、東勝八州。明洪武元年，置山西行中書省於太原。九年，改爲山西等處承宣布政使司。初領太原、大同、平陽三府，遼、沁、潞、澤、汾五州。嘉靖八年升潞州爲潞安府。萬曆二十三年升汾州爲府。

本朝因之，爲山西省。雍正元年於歸化城增設同知。二年，以舊隸太原府平定、忻、代、保德四州，舊隸平陽府蒲、解、絳、吉、隰五州，俱升爲直隸州，置朔平、寧武二府。六年，升蒲、澤二州俱爲府。乾隆四年增置綏遠城同知。二十五年，又以歸、綏所屬地增置歸化城、托克托城、清水河、薩拉齊、和林格爾五通判，與歸、綏二廳並屬歸綏道。二十九年，裁歸化城通判。三十七年，改吉州屬平陽府，升霍州爲直隸州。今領府九、直隸州十、廳六。

太原府、平陽府、蒲州府、潞安府、汾州府、澤州府、大同府、寧武府、朔平府，平定直隸州、忻州直隸州、代州直隸州、保德直隸州、霍州直隸州、解州直隸州、絳州直隸州、隰州直隸州、沁州直隸州、遼州直隸州，歸化城廳、綏遠城廳、托克托城廳、清水河廳、薩拉齊廳、和林格爾廳。

形勢

東據太行，自澤、潞以北達於大同東境皆太行山，中分河東、河北，實爲天下之脊。南通懷孟，自河南懷慶府孟縣而南，西指洛陽，東指汴梁，爲中原要膂。西薄於河，自陝西榆林東北折而南，經廢東勝州，又南經大同、太原、汾州、平陽四府，至蒲州府西南折而東，入河南懷慶府界，蓋山西西、南二面之險。北邊沙漠。自大同北境，舊去沙漠七百餘里，分列戍守，爲防禦要地。其名山則有雷首山，一名中條山，在蒲州府東南十五里。底柱山，在平陽府平陸縣東南五十里。恒山，在大同府渾源州南二十里，即北嶽。霍山，在平陽府霍州東南三十里，亦名太嶽。句注山，一名西陘山，又名雁門山，在代州西北二十五里。五臺山。在代州五臺縣東北一百四十里，北接大同府界，延亘五百餘里。其大川則有汾水，源出忻州靜樂縣，南流經太原、汾州、平陽三府，折而西，至蒲州府榮河縣北，入於大河。沁水。源出沁州沁源縣，流經澤州府沁水縣，又南經河南懷慶府，入於大河。其重險則有蒲津關、一名臨晉關，在蒲州府西門外黄河西岸，西至陜西朝邑縣三十五里。天井關。一名雄定關，又名平陽關，在太行山絶頂。山河盤亙，戍守環列，固中原之要膂，爲神京之右輔。舊志。

文職官

巡撫。駐太原府。雍正十二年兼提督銜，乾隆四十三年兼鹽政銜。舊設總督，康熙十九年裁。

提督學政。

布政使，經歷，照磨，庫大使。豐贍。

按察使，經歷，司獄。

分守冀寧道。駐太原府，管理驛傳事務。轄太、潞、汾、澤四府，平定、沁、遼三州。

分巡河東鹽法兵備道，駐安邑縣運城，管轄平、蒲二府，霍、解、絳、隰四州。原駐蒲州，嘉慶十二年移。兼管山西、陜西、河南等處鹽法。監掣同知，駐運城。嘉慶十二年設。鹽庫大使，經歷，嘉慶十二年設，兼管知事。巡檢三員，聖惠、鹽池、長樂。鹽課大使三員。東場、中場、西場。按河東舊設鹽政，乾隆四十三年裁。運司、運同、豐濟庫大使、知事、教諭、訓導均於乾隆五十七年裁。

分守雁平道。駐代州。管轄大、寧、朔三府，忻、代、保德三州。

分巡歸綏兵備道，駐綏遠城，管理旗民、蒙古事務。乾隆六年設。原駐歸化城，二十七年移。理事同知一員，歸化城、綏遠城。通判四員，托克托、清水河、薩拉齊、和林格爾。庫大使，盈寧。巡檢七員。歸化城、畢齊克齊、托克托、清水河、薩拉齊、和林格爾、包頭村。按：包頭村一員，嘉慶十四年由昆都侖移駐。

太原府知府，同知，駐王封村。通判，府學教授，訓導，經歷，司獄，倉大使，大盈。知州，岢嵐。州學正，吏目，知縣十員，陽曲、太原、榆次、太谷、祁、徐溝、交城、文水、嵐、興。舊設十一員，乾隆二十八年裁清源縣一員。縣學教諭九員，陽曲、太原、榆次、太谷、祁、徐溝、交城、文水、興。訓導七員，陽曲、太原、榆次、太谷、文水、嵐、興。鄉學訓導，徐溝屬清源。縣丞，陽曲。主簿，太谷屬范村。乾隆四十四年設。巡檢三員，陽曲屬石嶺關，徐溝屬清源鄉，交城屬故交村。典史十員。

平陽府知府，同知，通判，府學教授，訓導，經歷，知州，吉。州學正，吏目，知縣十員，臨汾、洪洞、浮山、岳陽、曲沃、翼城、太平、襄陵、汾西、鄉寧。縣學教諭七員，臨汾、洪洞、浮山、曲沃、翼城、太平、襄陵。訓導九員，臨汾、洪洞、岳陽、曲沃、翼城、太平、襄陵、汾西、鄉寧。巡檢，曲沃屬侯馬。嘉慶二十四年設。典史十員，驛丞。太平屬史村。

蒲州府知府，同知，駐永樂鎮。府學教授，經歷，知縣六員，永濟、臨晉、虞鄉、榮河、萬泉、猗氏。縣學教諭五員，永濟、臨晉、榮河、萬泉、猗氏。訓導四員，永濟、虞鄉、榮河、猗氏。縣丞，永濟。舊有臨晉縣角杯村巡檢，嘉慶二十二年裁。典史六員。

潞安府知府，同知，駐太義鎮。府學教授，訓導，經歷，兼管永豐倉事。知縣七員，長治、長子、屯留、襄垣、潞城、壺關、黎城。舊設八員，乾隆二十九年裁平順縣一員。縣學教諭六員，長治、長子、屯留、襄垣、壺關、黎城。訓導六員，長治、長子、屯留、襄垣、潞城、壺關。鄉學訓導，潞城屬平順。縣丞二員，長治駐西火鎮，長子駐本城。巡檢二員，潞城屬虹梯關、石城里。典史七員。

汾州府知府，同知，駐張蘭鎮。通判，府學教授，訓導，經歷，知州，永寧。州學正，訓導，吏目，知縣七員，汾陽、孝義、平遥、介休、石樓、臨、寧鄉。縣學教諭五員，汾陽、孝義、平遥、介休、臨。訓導七員，巡檢三員，汾陽屬冀村，永寧屬柳林鎮、方山堡。典史七員。

澤州府知府，同知，駐東冶鎮。府學教授，經歷，知縣五員，鳳臺、高平、陽城、陵川、沁水。縣學教諭五員，訓導四員，鳳臺、高平、陽城、沁水。巡檢，沁水屬端氏鎮。典史五員，驛丞。鳳臺屬星軺。

大同府知府，同知，駐豐鎮。乾隆三十三年裁通判改設。通判，駐陽高。乾隆三十三年裁同知改設。府學教授，訓導，經歷，司獄，駐豐鎮。乾隆三十三年設。知州二員，渾源、應。州學正二員，訓導二員，吏目二員，知縣七員，大同、懷仁、山陰、陽高、天鎮、廣靈、靈丘。縣學教諭，大同。訓導七員，縣丞，大同。巡檢四員，豐鎮廳屬大莊科、張皋兒，渾源屬王家莊堡，應州屬安東。典史七員。

寧武府知府，舊有同知駐偏關，嘉慶十二年裁。府學教授，訓導，經歷，知縣四員，寧武、偏關、神池、五寨。縣學教諭，寧武。訓導三員，偏關、神池、五寨。巡檢二員，寧武屬安化所，偏關屬老營堡。典史四員。

朔平府知府，同知，通判，舊駐左雲縣，乾隆十五年移駐寧遠。府學教授，訓導，經歷，兼管常豐倉大使。司獄，駐寧遠廳。乾隆二十一年設。知州，朔。州學正，訓導，鄉學訓導，馬邑。吏目，知縣三員，右玉、左雲、平魯。

舊設四員，嘉慶元年裁馬邑縣一員。縣學教諭，右玉。訓導三員，巡檢五員，寧遠廳屬後營子村，右玉屬殺虎口、威遠堡，左雲屬助馬口，朔州屬馬邑鄉。舊設六員，乾隆四十四年裁左雲屬高山城一員。典史三員。

平定直隸州知州，州判，駐樂平鄉。州學正，訓導，鄉學教諭，樂平。吏目，知縣二員，盂、壽陽。舊設三員，嘉慶元年裁樂平縣一員。縣學教諭二員，訓導二員，典史二員，驛丞四員。本州屬甘桃、柏井，盂縣屬芹泉，壽陽屬太安。

忻州直隸州知州，州學正，訓導，吏目，知縣二員，定襄、静樂。縣學教諭，定襄。訓導二員，巡檢，静樂屬樓煩司。典史二員。

代州直隸州知州，州判，州學正，訓導，吏目，知縣三員，五臺、崞、繁峙。縣學教諭三員，訓導三員，巡檢三員，本州屬廣武城，五臺屬臺懷鎮，繁峙屬平刑關。典史三員。

保德直隸州知州，州學正，吏目，知縣，河曲。縣學訓導，巡檢，河曲屬河邑。典史。

霍州直隸州知州，州學正，訓導，吏目，知縣二員，趙城、靈石。縣學教諭二員，訓導二員，巡檢，靈石屬仁義司。典史二員。

解州直隸州知州，州判，駐運城。州學正，訓導，吏目，知縣四員，安邑、夏、平陸、芮城。縣學教諭四員，訓導四員，安邑訓導，嘉慶十二年移駐運城，專管商學。縣丞，平陸屬茅津渡。嘉慶四年設。舊有芮城縣陌底渡巡檢，乾隆五十八年裁。典史四員。

絳州直隸州知州，州判，州學正，訓導，吏目，知縣五員，垣曲、聞喜、絳、稷山、河津。縣學教諭五員，訓導五員，巡檢，河津屬禹門渡。典史五員。

隰州直隸州知州，州學正，吏目，知縣三員，大寧、蒲、永和。縣學訓導三員，巡檢，本州屬廣武莊。典史三員。

沁州直隸州知州，州學正，吏目，知縣二員，沁源、武鄉。縣學教諭，武鄉。訓導，沁源。典史二員。

遼州直隸州知州，州學正，訓導，吏目，知縣二員，和順、榆社。縣學教諭，榆社。訓導，和順。巡檢二員，本州屬十八盤、和順屬八賦嶺。典史二員。

武職官

鎮守綏遠城將軍，舊駐朔州，今移駐綏遠城。原設副都統一員，乾隆三十二年裁。滿洲協領四員，舊設八員，乾隆三十五年裁四員。蒙古協領，舊設二員，乾隆十二年裁一員，三十年增一員，三十五年復裁。舊設漢軍協領二員，乾隆十二年裁一員，二十九年裁一員。滿洲佐領十二員，舊設十九員，乾隆六年增設五員，三十年裁八員，三十五年裁四員。協領兼佐領四員，蒙古佐領三員，舊設八員，乾隆十二年裁四員，四十一年裁一員。協領兼佐領，乾隆四十一年設。舊設漢軍佐領八員，乾隆十二年裁四員，二十九年裁四員。滿洲防禦十六員，舊設十九員，乾隆六年增五員，三十年裁八員。蒙古防禦四員，舊設八員，乾隆十二年裁四員。舊設漢軍防禦八員，乾隆十二年裁四員，二十九年裁四員。滿洲驍騎校十六員，舊設十九員，乾隆六年增五員，三十年裁八員。蒙古驍騎校四員，舊設八員，乾隆十二年裁四員。舊設漢軍驍騎校八員，乾隆十二年裁四員，二十九年裁四員。筆帖式三員，舊設四員，乾隆四年裁一員。委官四十員。嘉慶二十二年設。

歸化城副都統，協理綏遠城將軍事。協領五員，佐領十員，防禦十員，驍騎校十員。

右衛城守尉，乾隆三十二年設。原設副都統一員，協領五員，佐領十員，步軍總尉一員，步軍校三員，乾隆三十二年裁。防禦四員，原設十員，乾隆三十二年裁六員。驍騎校四員，原設十員，乾隆三十二年裁六員。筆帖式，原設二員，乾隆三十二年裁一員。委官四員。嘉慶二十二年設。

太原城守尉，滿洲防禦二員，蒙古防禦二員，驍騎校四員，委署驍騎校八員。乾隆四十四年設。

提督。巡撫兼管。

撫標，左、右二營。參將，中軍兼左營。遊擊，右營。守備二員，千總四員，把總八員，經制外委八員，額外外委十二員。舊設四員，乾隆四十八年增八員，嘉慶六年增二員，九年裁二員。

太原鎮總兵，駐平陽府，左、右二營。遊擊，中軍兼左營。都司，右營。守備二員，千總四員，把總八員，經制外委四員，額外外委十四員。十二駐本營，二分防洪洞、曲沃二縣。舊設八員，乾隆四十八年增六員。

大同鎮總兵，駐大同府，中、左、右、前四營。遊擊三員，中、左、右三營。都司，前營。守備四員，千總八員，把總十六員，經制外委二十三員，舊設二十四員，嘉慶十四年裁撥歸化營一員。額外外委二十五員。舊設十七員，乾隆四十八年增八員，嘉慶六年增七員，八年裁七員。

以上太原等二鎮均聽巡撫節制。

蒲州協副將，駐蒲州府。都司，千總，防萬泉縣。把總三員，一駐本營，二分防永濟、臨晉二汛。經制外委九員，二駐本營，七分防永濟、虞鄉、榮河、猗氏、解州、芮城、躭子村等汛。額外外委七員。五駐本營，二分防臨晉、猗氏二汛。舊設二員，乾隆四十八年增五員。

太原營參將，駐太原府。守備，千總三員，一駐本營，二分防祁縣、王封礦廠二汛。把總三員，分防陽曲、榆次、徐溝等汛。經制外委五員，二駐本營，三分防太原、太谷、文水等汛。舊設六員，乾隆四十八年裁清源汛一員。額外外委十員。六駐本營，四分防榆次、祁縣、徐溝、清源鄉等汛。

平陽營參將，駐平陽府。守備，千總二員，分防絳州、靈石二汛。把總九員，三駐本營，六分防臨汾、曲沃、大寧、永和、黑龍關、吴村鎮等汛。舊設七員，乾隆四十七年增一員。經制外委十四員，二駐本營，十二分防洪洞、浮山、岳陽、翼城、太平、襄陵、霍州、趙城、靈石、稷山、河津、蒲縣等汛。舊設十二員，乾隆四十七年增二員。額外外委九員。四駐本營，五分防趙城、靈石、史村、趙曲鎮、水頭鎮等汛。

汾州營參將，駐汾州府。守備，千總二員，分防沁州、遼州二汛。把總四員，一駐本營，三分防介休、和順、權店鎮等汛。經制外委八員，一駐本營，七分防孝義、平遥、臨縣、永寧、沁源、武鄉、榆社等汛。額外外委三員。一駐本營，二分防平遥、介休二汛。

潞澤營參將，駐潞安府。守備，把總二員，一駐本營，一防鮑店鎮。經制外委八員，一駐本營，七分防長子、屯留、襄垣、潞城、壺關、黎城、平順鄉等汛。額外外委二員。

平垣營遊擊，駐平陸縣茅津鎮。守備，防夏縣。千總，把總二員，分防垣曲、聞喜二汛。經制外委五員，分防夏縣、平陸、絳縣、張店鎮、橫水鎮等汛。額外外委三員。一駐本營，二分防夏縣、聞喜二汛。

盂壽營遊擊，駐盂縣。守備，防壽陽縣。千總，防中社汛。把總四員，一駐本營，三分防平定、西煙鎮、樂平鄉等汛〔四〕。經制外委四員，一駐本營，三分防平定、壽陽、太安驛等汛。額外外委七員。三駐本營，四分防平定、壽陽二汛。

運城營都司，駐安邑縣運城。把總，經制外委二員，一駐本營，一防安邑縣。額外外委。

吉州營都司，駐吉州。千總，把總，防鄉寧縣。舊設二員，乾隆四十八年裁西塢嶺一員。經制外委。

靖安營都司，駐交城縣靖安堡。千總，防永寧州。把總二員，一駐本營，一防交城縣。經制外委，額外外委。防交城縣。

隰州營都司，駐隰州。千總，經制外委，防汾西縣。舊設把總，乾隆四十八年改。額外外委二員。一駐本營，一防黑龍溝汛。

石樓營都司，駐石樓縣。把總二員，一駐本營，一防寧鄉縣。經制外委。

澤州營都司，駐澤州府。千總二員，一駐本營，一防白桑廠汛。把總，防攔車鎮。經制外委四員，一駐本營，三分防高平、陽城、陵川等汛。額外外委。

以上蒲州協、太原等十二營均隸太原鎮管轄。

殺虎口協副將，駐右玉縣殺虎口，左、右二營，乾隆三十年設。都司，中軍兼左營。守備，右營。千總二員，把總四員，二駐本營，二分防寧遠廳、殘虎堡二汛。經制外委八員，額外外委八員。舊設四員，乾隆四十八年增四員。

寧武營參將，駐寧武府。舊有利民營都司，乾隆三十年裁撥歸化營。守備，把總三員，二駐本營，一防八角汛。經制外委六員，四駐本營，二分防利民、八角二汛。額外外委二員。

偏關營參將，駐偏關縣。守備，千總，把總二員，經制外委四員，額外外委二員。

老營參將，駐偏關縣老營堡。千總三員，二駐本營，一防將軍會汛。把總三員，分防乃河、馬站、五眼井等汛。經制外委五員，三駐本營，二分防將軍會、五眼井二汛。額外外委。

河保營參將，駐河曲縣。守備，千總二員，把總七員，二駐本營，五分防樓子、唐家會、河會、河曲、焦尾城等汛。經制外委九員，四駐本營，五分防樓子、河會、河曲、焦尾城、沙泉等汛。額外外委二員。

新平路參將，駐天鎮縣新平堡。守備，千總三員，分防馬市口、瓦窑口、東井堡等汛。把總四員，一駐本營，三分防鎮門堡、守口堡、鎮宏堡等汛。經制外委五員，額外外委二員。

得勝路參將，駐大同縣得勝路。守備，千總二員，一駐本營，一防聚樂城汛。把總三員，分防拒墻堡、鎮川堡、鎮邊堡等汛。舊設五員，乾隆三十五年裁一員，三十六年裁一員。經制外委八員，四駐本營，四分防鎮羌堡、宏賜堡、聚樂城等汛。額外外委三員。二駐本營，一防聚樂城汛。

助馬路參將，駐左雲縣助馬路。守備，千總三員，一駐本營，二分防左衛城、威魯堡二汛。把總四員，分防破虎、安魯、保安、拒門等汛。經制外委五員，三駐本營，二防左衛城汛。額外外委二員。一駐本營，一防左衛城汛。

北樓營參將，駐繁峙縣。守備，駐北樓口。舊設二員，乾隆三十五年裁撥豐川營一員。千總二員，一駐本營，一防金剛庫汛。把總四員，分防臺懷鎮、小石營、寶村鎮、茹越營等汛。經制外委五員，二駐本營，三分防北樓口、金剛庫二汛。舊設六員，乾隆三十五年裁撥豐川營一員。額外外委四員。二駐本營，二防臺懷鎮汛。舊設三員，乾隆三十五年裁撥豐川營一員，四十八年增二員。

東路營參將，駐代州。守備，千總，防廣武城。把總四員，一駐本營，三分防五臺、崞縣、雁門關等汛。經制外委六員，二駐本營，四分防横道鎮、水峪口、白草口、原平堡等汛。額外外委四員。二駐本營，二分防廣武城、崞縣二汛。

朔州營都司，駐朔州。把總四員，一駐本營，三分防陽方口、安化、静樂等汛。經制外委四員，二駐本營，二分防静樂、盤道梁二汛。額外外委。

神池營都司，駐神池縣。千總，經制外委，額外外委。

樺林營都司，駐河曲縣樺林堡。千總，把總，防老牛灣汛。經制，外委二員，一駐本營，一防關河口汛。額外外委。

鎮西城營都司，駐岢嵐州。千總，防興縣。把總三員，一駐本營，二分防五寨、三岔堡二汛。經制外委四員，分防嵐縣、五寨、三岔堡、樓溝等汛。額外外委二員。一防本營，一防三岔堡汛。

保德營都司，駐保德州。千總，把總，經制外委二員，額外外委二員。

平魯營都司，駐平魯縣。舊設參將，乾隆二十七年改。千總三員，一駐本營，二分防威遠城、阻虎堡二汛。把總六員，一駐本營，五分防敗虎堡、大水口、迎恩堡、威虎城、井坪城等汛。經制外委八員，五駐本營，三分防威遠城、大水口、井坪城等汛。額外外委三員。一駐本營，二分防威遠城、井坪城二汛。

靖遠營都司，駐和林格爾。千總，把總二員，分防托克托城、清水河二汛。舊設四員，乾隆三十年裁撥歸化營二員。經制外委三員，一駐本營，二分防新安營、五定營二汛。舊設五員，乾隆三十年裁撥歸化營二員。額外外委。

朔平營都司，駐右玉縣。千總，把總三員，一駐本營，二分防雲石堡、鐵山嶺二汛。經制外委三員，額外外委。

歸化營都司，駐歸化城。乾隆三十年設。把總三員，一駐本營，二分防薩拉齊、包頭村二汛。舊設二員，嘉慶十四年增一員。經制外委五員，一駐本營，四分防多爾濟、清水河、薩拉齊、沁昌等汛。舊設三員，乾隆四十八年增一員，嘉慶十四年增一員。額外外委。

天城營都司，駐天鎮縣。經制外委二員，額外外委二員。

陽和城營都司，駐陽高縣。經制外委二員，額外外委。

高山營都司，駐左雲縣高山城。經制外委二員，額外外委。

懷仁營都司，駐懷仁縣。經制外委二員，額外外委二員。

平刑營都司，駐繁峙縣平刑關。經制外委二員。

忻州營都司，駐忻州。千總，防定襄縣。把總，防胡峪口汛。經制外委二員，一駐本營，一防忻口鎮。額外外委二員。

靈丘路都司，駐靈丘縣。舊設參將，乾隆二十八年改。千總，把總二員，分防廣靈、東河南堡二汛。經制外委二員，額外外委。

山陰路都司，駐山陰縣。千總，把總，防岱嶽汛。經制外委三員，額外外委二員，一駐本營，一防岱嶽汛。嘉慶六年增二員，八年尋裁。

水泉營守備，駐偏關縣水泉城。舊設遊擊，乾隆二十八年改。千總，把總三員，一駐本營，二分防草垛山、滑石澗二汛。經制外委四員，二駐本營，二分防草垛山、滑石澗二汛。額外外委。

渾源營守備，駐渾源州。舊設都司，乾隆二十八年改。經制外委二員，一駐本營，一防王家莊汛。額外外委。

豐川營守備，駐豐鎮廳高廟子。乾隆三十五年設。把總二員，分防豐鎮廳、四美莊二汛。經制外委，額外外委。

應州營守備，駐應州。千總，防馬邑鄉汛。經制外委二員，一駐本營，一防馬邑鄉汛。額外外委。

以上殺虎口協、寧武城等三十營均隸大同鎮管轄。

户口

原額人丁一百七十八萬一千四百七十六，今滋生男婦共一千四百五十九萬七千四百二十八名口，計二百三十九萬四千九百三户。

田賦

田地五十二萬五千五百一十一頃五畝有奇，額徵地丁正、雜銀三百三萬六千七百九十一兩六錢七分七釐，糧一十一萬九百石九斗九升有奇。

税課

殺虎口户關額徵正税銀一萬六千九百一十九兩九錢五分有奇，盈餘銀一萬五千四百一十四兩有奇，工關額徵正税銀七千二百兩。歸化城額徵正税銀一萬五千兩，又制錢九千串，盈餘銀一千六百兩，落地木税銀四百四十六兩。武元城額徵木税銀一千二百三十一兩有奇，盈餘銀二兩。河東正引、餘引共六十二萬一千三百二道，額徵鹽課銀二十五萬八千八百七十一兩六錢九分一釐有奇。又吉蘭泰裁改餘引八萬七千五道，額徵鹽課銀三萬六千四百五十七兩七錢五分。又陽曲、榆次等三十州縣另行土鹽引四萬二千一百五十一道，額徵税銀一萬七千八百五十八兩有奇。

名宦

漢

郭伋。茂陵人。爲并州牧，素結恩德。建武十一年，帝以盧芳據北土，復調牧并州。入界，老幼相攜，逢迎道路。行部到西河美稷，有童兒數百，各騎竹馬，道次迎拜。事訖，諸兒復送至郭外，問「使君何日當還」，伋計日告之。比還，先期一日，伋爲違信諸兒，止野亭，須期乃入。伋知盧芳夙賊，難以力制，常嚴烽堠、明購賞，以結寇心。芳將隋昱遂謀脅芳降伋，芳乃亡入匈奴。

郭丹。穰人。建武中遷并州牧，有清平稱。

周舉。汝陽人。順帝時爲并州刺史。太原舊俗，以介子推焚骸，有龍忌之禁，至其亡月輒一月寒食，莫敢煙爨，歲多死者。舉到州，作弔書置子推廟，宣示愚民，使還温食，於是衆惑稍解，風俗頗革。

趙岐。長陵人。延熹元年爲并州刺史，有守邊策。

三國　魏

梁習。柘人。以別部司馬領并州刺史。時胡狄在界，吏民亡叛入其部落，共爲寇害。習誘諭招納，稍薦舉其豪右，發諸丁彊以爲義從、勇力。吏兵去後〔五〕，稍移其家，前後送鄴凡數萬口，其不從命者，興兵致討，斬首千數，降附者萬計。單于恭順，名王稽顙，部曲服事供職，同於編户。邊境肅清，百姓布野，勤勸農桑，令行禁止。貢達名士，咸顯於世。在州二十餘年，而居處貧窮，無方面珍物。

陳泰。許昌人。正始中爲并州刺史，加振威將軍、使持節護匈奴中郎將。懷柔夷民，甚有威惠。京邑貴人多寄寶貨，因泰市婢，泰皆挂之於壁，不發其封，及徵爲尚書，悉以還之。

晋

魯芝。郿人。宣帝時爲使持節領并州刺史，綏輯有方。

劉琨。魏昌人。永嘉元年爲并州刺史，加振威將軍。時并土饑荒，百姓無復人色，琨至，翦除荆棘，收葬枯骸，造府朝，建市獄。寇盜互來掩襲，恒以城門爲戰場，百姓負楯而耕，屬鞬而耨，琨撫循勞來，甚得物情。劉淵時在離石，相去三百里，琨密遣離間其部，降者萬餘，淵甚懼，遂徙居蒲子城。

隋

李雄。高邑人，後入長安。晉王廣鎮并州，以雄爲河北行臺兵部尚書。當官正直，侃然有不可犯之色，王甚敬憚，吏民稱焉。

唐

李傑。滏陽人。神龍中爲河東巡察黜陟使，課最諸道。

郭子儀。鄭人。廣德元年兼河東副元帥、河中節度使，鎮河中。

李光弼。柳城人。天寶中爲河東節度使。拔常山、趙郡，敗安慶緒、史思明之兵於太原。

王忠嗣。鄭人。天寶初爲河東節度使。持重安邊，不生事，訓練士馬，隨缺繕補。軍中士氣盛，日夜思戰，忠嗣縱諜間，伺虜隙，時出奇兵襲敵，所向無不克。每出，召屬長付以兵，使授士卒，雖弓矢亦誌姓名其上，軍還，遺弦亡鏃皆按名第罪，以是部下人自勸，器甲充牣。據要險，築城堡，斥地甚遠。

王思禮。高麗人，入居營州。乾元中爲河東節度副大使。持法嚴明，士不敢犯，器甲精良，儲粟至百萬斛。

馬燧。郟城人。大曆中爲河東節度使。時太原兵力衰單，燧募得數千人補騎士，教之戰，數月悉成精卒，造器用皆完鋭，居一年，闢廣場肄兵，得三萬，威震北方。德宗初年，北邊數有警，燧念晉陽王業所基，宜固險以示敵，乃引晉水架汾而屬之城，瀦爲東隍，省守陴萬人，又釃汾環城，樹以固隄。李懷光反河中，詔燧爲河東奉誠軍行營副元帥，與渾瑊、駱元光合討之。時天下蝗，兵乏食，中朝臣請宥懷光，燧入朝爲天子自言之，且得三十日糧足平河中，許之。不閱月，河中平。

渾瑊。本鐵勒九姓之渾部，世爲皋蘭都督。朱泚平，授河中絳慈隰節度使。與馬燧同討李懷光，懷光平，還屯河中。貞元後，天子恐藩侯生事，稍桀驁則姑息之，惟瑊奏論不盡從可，輒私喜曰：「上不疑我。」故治蒲十六年常持軍，猜間不能入。

裴諝。聞喜人。代宗時爲河東租庸、鹽鐵使。時關輔旱，入計，帝召至便殿，問榷酤利歲出納幾何？諝久不對。帝問之，諝曰：「臣自河東來，涉三百里，農人愁嘆，穀粟未種，誠謂陛下先訪疾苦，而乃責臣以利，故未敢對。」帝曰：「微公言，朕不聞此。」

李自良。泗水人。貞元中爲河東節度使。居治九年，舉不愆法，簡儉易循，民不知有軍，上下諧附。

嚴綬。華陰人。憲宗時爲河東節度使。選兵，遣大將李光顔助平夏州楊惠琳及蜀劉闢。在鎮九年，尚寬惠，治稱著聞，士馬孳息。嘗大閱，旗幟周七十里，回鶻梅録將軍在會，聞金鼓震伏。

呂元膺。東平人。元和中爲河中節度使。時方鎮多姑息，獨元膺秉正自持，監軍及中人往來者無不嚴憚。

郗士美。金鄉人。憲宗時充昭義節度使。昭義自李抱真以來皆武臣，私厨月費米六千石〔六〕、羊千首、酒數千斛，潞人困甚，士美悉去之，出廩錢市物自給。又盧從史時，日具三百人膳，以餉牙兵，士美亦罷之。討王承宗，大將王獻爲前鋒，恣橫逗撓，士美斬以徇，親鼓之，遂大破賊。時諸鎮兵繞賊，多翫寇犯法，獨士美兵鋭整，最先有功。

辛秘。隴西人。憲宗時拜昭義軍節度使。時潞人雕耗，秘至，則約出入、嗇用度，比四年儲錢十七萬緡、糧七十萬斛，器械堅良，復爲完鎮。

裴度。元和末爲河東節度使。

李載義。自稱恒山愍王之後。文宗時爲河東節度使。回鶻使者歲入朝，所過暴慢，吏不敢呵禁，但嚴兵自守，虜狃習，益謷悍。載義召大酋戒之，因悉罷所防兵，酋嚴憚之，訖無犯者。

柳公綽。華原人。太和四年爲河東節度使。遭歲惡，撙節用度，輟宴飲，衣食與士卒均。北虜遣梅録將軍李暢以馬萬匹來市，所過皆厚勞，飭兵以防襲奪。至太原，公綽獨使牙將單騎勞問，待以至意，闢牙門，令譯官引謁，宴不加常。暢德之，出涕，徐驅道中，不妄馳獵。陘北有沙陀部，勇武喜鬬，爲九姓、六州所畏，公綽召其酋朱邪執宜，治廢栅十一，募兵三千留屯塞上，其妻、母來太原者，令夫人飲食問遺之，沙陀感恩，故悉力保障。

劉沔。彭城人。會昌初爲河東節度使，兼招撫回鶻。進屯雁門關，回鶻寇雲州，沔擊之，斬七裨將，敗其衆，迎太和公主還。詔録李靖平頡利事賜之。

李固言。其先趙人。會昌初領河中節度使。蒲津河水歲壞梁，吏撤笮用舟，邀乞行人，固言至，悉除之。帝伐回鶻，詔方鎮獻財助軍，上疏固諫。

石雄。徐州人。會昌中由晉絳行營節度使徙河中。時劉稹爲雄所破，勢危蹙，其大將郭誼密獻款，請斬稹首自歸。衆疑其詐，雄大言曰：「稹之叛，誼爲主謀，今欲殺稹，乃誼自謀，又何疑？」以七千人徑薄潞，受誼降焉。

畢誠。偃師人。宣宗時爲河東節度使。河東尤近胡，復修杷頭七十烽，謹候虜，寇不敢入。

盧簡求。蒲人。爲河東節度使。太原統吐渾、契苾、沙陀三部，難馴制，他帥或與詛盟質子弟，然寇略不爲止。簡求歸所質，開示至誠，虜憚其恩信，不敢亂。

崔彦昭。清河人。懿宗時爲河東節度使。先是，沙陀諸部多犯法，彦昭撫循有威惠，三年，境内大治。

鄭從讜。滎陽人。僖宗時爲河東節度使兼行營招討使，詔自擇參佐，皆一時之選。時承張彦球所部軍亂，剽寇日旁午。從讜既視事，姦無廋情，乃推捕反賊，誅其首惡，釋彦球不問而付以兵，得其死力，下皆惕伏。

孫揆。武水人。昭宗討李克用，授揆昭義軍節度使，以本道兵會戰。克用伏兵刀黄嶺，執揆，厚禮而將用之，揆大駡不屈。克用怒，使以鋸解之，至死詈聲不絶。

五代

唐

李嗣昭。太谷人。天祐三年爲昭義軍節度使。梁遣李思安將兵十萬攻潞。築夾城以圍之，又遣人招降嗣昭，嗣昭斬其使者，閉門拒守。踰年莊宗始攻破夾城，嗣昭完緝兵民，撫綏甚有恩意。

宋

李允則。盂人。太平興國中使河東路。決繫囚，原逋欠。

李若拙。萬年人。同勾當河東轉運兼雲應等八州事。嘗詣闕言邊事，太宗嘉之。

索湘。鹽山人。端拱中爲河東轉運使。王超等率師趨烏白池，抵無定河，水涸，軍渴乏。湘輦大鍬千枝至，令鑿井，衆賴以濟。

姚鉉。廬州合肥人。至道中爲河東轉運使。上言：「所在官吏，有經畫利濟事可長久者，歲終書曆，受代日録付新官，俾之遵守。若事有灼然非便，聽上聞，俟報改正。」詔從之。

鄭文寶。景德初契丹入邊，徙文寶爲河東轉運使。文寶安輯所部，募鄉兵，張邊備，又領番漢兵赴河北，手詔褒諭。

宋摶。掖人。真宗時爲河東轉運使。上言大通監冶鐵盈積，可備諸州數十年鼓鑄，願罷採以紓民。又請科諸州丁壯爲兵〔七〕，以增戍備。在任凡十一年，河東接西北境，邊事未息，屯師甚廣〔八〕，摶經制漕運，以幹治稱。

陳堯佐。閬中人。真宗時爲河東路轉運使。地寒民貧，仰石炭爲生，奏除其税，又減澤州大廣冶鐵課數十萬。

孫沖。平棘人。真宗時爲河東轉運使。會汾州軍譟，捽守佐堂下劫之，城中戒備。沖至州，命弛備，置酒張樂，推首惡十六人斬之，遂定。

崔嶧。長安人。爲河東轉運使。會更錢法，潞州民大擾，推其首惡誅之，人心遂定。

楊偕。坊州人。仁宗時爲河東都轉運使。召選三路民爲兵，偕言：「方今兵不爲少，苟多而不練，則其勢易敗，又困國而難供。」時論者惟務多兵，而偕論常如此。

杜衍。山陰人。提點河東路刑獄。按行潞州，折冤獄。高繼昇知石州，人告繼昇連蕃族謀變，逮捕繫治，久不決。衍辯其誣，抵告者罪。寧化軍守將鞫人死罪不以實，衍覆正之。

文彦博。介休人。仁宗時以直史館爲河東轉運副使。鄜州餉道回遠，銀城河外有唐時故道，廢而弗治，彦博父洎爲轉運使日，將復之，未及而卒。彦博嗣成父志，益儲粟。元昊來寇，圍城十日，知有備，乃解去。遷天章閣待制，都轉運使。熙寧九年拜司空、河東節度使。

包拯。合肥人。爲河東轉運使。耿介自持。常經理鹺政，以通商販，軍國賴焉。

范仲淹。吴縣人。仁宗時邊陲有警，以仲淹爲河東陝西宣撫使，賜黄金百兩，悉分遺邊將。

歐陽修。廬陵人。仁宗時奉使河東，言忻、代、岢嵐多禁地廢田，願令民得耕之，歲得粟數百萬斛。凡河東賦斂過重、民所不堪者，奏罷十數事。

何郯。成都人。仁宗時爲河東都轉運使。故相梁適帥太原，病不能視事，内臣蘇安静鈐轄兵馬，怙寵不法，皆劾奏之。

任顓。壽光人。仁宗時爲河東轉運使。每行部，必擇僚佐之賢者一人與俱，凡事必與議，未嘗以胥吏自隨，人安其政。

周沆。益都人。仁宗時爲河東轉運使。民盜鑄鐵錢，法不能禁，沆故抑錢價，鑄者以無利自息。

王舉元。鎮定人。仁宗時爲河東轉運使。夏人來争屈野地，舉元從數騎渡河，設幕與之議，示以赤心，夏人感服。

趙滋。開封人。管勾河東經略司公事，建言代州寧化軍有地萬頃，皆肥美，可募人田作，教戰射，爲堡砦，人以爲利。

程師孟。吴人。提點河東路刑獄。晉多土山，旁接川谷，春夏大雨，水濁如黄河，可溉灌。師孟開渠築堰，淤良田萬八千頃，裒其事爲水利圖經，頒之州縣。

閻詢。天興人。爲河東轉運使。言三路土兵疲老者，聽其族以强壯者代。從之。

張景憲。河南人。熙寧中爲河東都轉運使。議者欲分河東爲兩路，景憲言：「本道地肥磽相雜，州縣貧富亦異，正宜有無相通，分之不便。」議遂寢。

劉庠。彭城人。神宗時除河東轉運使。庠計一路之産，鐵利爲饒，請復舊冶鼓鑄，通隰州鹽礬，博易以濟用。又請募民入粟塞下，豫爲足食計。後以龍圖閣直學士知太原府，募民子弟剽鋭工技擊者，籍爲勇敢，又倣漢謫戍法，貫流以下罪，徙實河外，邊備修飭。

陳安石。河陽人。熙寧中韓絳鎮太原，議行鹽法，與監司多不合〔九〕，乃以安石爲河東都轉運使，議始定。謂其僚曰：「興事當有漸，急則擾。」乃出鹽付民而畀之券，使隨所得貿易，鬻畢仍歸券，私販爲減。

黄廉。分寧人。提點河東刑獄。遼人求代北地，廉言：「分水畫境，失中國險固。」其後遼人果略取兩不耕地，下臨雁門，父老以爲恨。

王靖。莘縣人。提點河東刑獄。長子縣賊殺人，捕治十數輩，不得實，皆釋去。靖閲其牘曰：「此真賊也。」教吏曲折訊囚，果服罪。

畢仲游。鄭人。哲宗時提點河東路刑獄。太原銅器名天下，獨不市一物，懼人以爲矯。且行，買二茶匕。時韓縝鎮太原，曰：「如公叔，可謂真清矣。」

范純粹。仲淹子。哲宗時帥河東，奏：「晉、絳、陝三州土腴〔一〇〕，人多違法，或改易種色，或遣子弟公皁監獲，貪污猥賤，乞下監司改正。」從之。

吴時。邛州人。徽宗時提舉河東常平。歲饑，發公粟以賑民。童貫經略北方，每訪以邊事，輒不答。

郭忠孝。河南人。宣和間爲河東路提舉。解梁、猗氏與河東接壤，盜販鹽者數百爲群，歲起大獄，轉相告引，抵罪者衆。忠孝止治其首，餘悉寬貸。

郭永。元城人。提點河東刑獄。時高宗命宗澤守京師，將復兩河，檄永與大名帥相犄角，不數日聲振河朔，已没州縣皆復應宋軍，金人亦畏之，不敢動。後劉豫來寇，無援，城陷，不屈死。

金

耶律懷義。遼宗室。天會初爲西南路招討使。新降諸部，兵革之餘多匱乏，懷義擇衝要地，建城市、通商賈，自是衣食歲滋，畜牧蕃息。

范承吉。天眷六年河東北路轉運使。時承宋弊，民賦繁重，承吉爲經畫，立法簡便，所入增十數萬斛，官既足而民亦有餘。

富珠哩阿老罕。隆州人。爲西南路招討使〔一一〕。有司督本路明安人户所貸官粟，富珠哩阿老罕乞俟豐年，從之。軍人有以甲葉貿易諸物，天德榷場及界外歲採銅鑛，或因私挾兵鐵與之貿易，皆一切禁絶。上番軍不許用親戚、奴婢及傭雇者。營塹損圮，以時修葺，兵民皆畏愛之。「富珠哩阿老罕」舊作「孛术魯阿魯罕」，「明安」舊作「猛安」，今並改正。

張亨。漷陰人。章宗時爲河東南北路提刑使，兼勸農採訪事。存大體，略苛細。訪利病，條十三事以聞，上嘉納之。

舒穆嚕元毅。咸平人，本名神思。明昌中遷汾陽軍節度副使。時石、嵐間賊黨嘯聚，肆行剽掠，朝廷命元毅捕之，賊畏而遁，元毅追襲，盡殪之，二境以安。「舒穆嚕元毅」舊作「石抹元毅」，今改正。

伊喇益。中都路人。承安末爲河東南北路按察使。舊制，在位官有不任職，委所屬上司體訪，許州府長貳互相舉申。益言：「此傷禮讓，恐同官因之不睦，別生姦弊，乞止令按察使糾劾，似爲得體。」又言：「隨路點軍官，與富人飲會獻遺，宜嚴究治。」上皆納之。「伊喇益」舊作「移剌益」，今改正。

畢蘭阿魯岱。貞祐初昭義軍節度使〔一二〕。繕完州縣之可守者，不可守者徙其民，依險爲柵。澤州舊隸昭義軍，後改隸孟州，復議遷城，畢蘭阿魯岱奏：「遷城則失太行之險，而沁南、昭義不通問矣。」詔澤州復隸昭義軍。是歲潼關失守，畢蘭阿魯岱陳河北利害，曰：「河東、河北之勢全恃潞州，潞州兵強，則國家基本漸可復立，乞復置潞州帥府。」詔從之。「畢蘭阿魯岱」舊作「必蘭阿魯帶」，今改正。

完顏從坦。金宗室。貞祐中充宣差都提控，安撫山西軍民。上書言：「絳、解二州民皆恃鹽布易米，今大陽等渡不許粟麥過河，乞罷其禁，官稅十三，則公私皆濟。」又言：「中條以南諸縣爲陝、洛襟喉，乞加兵分戍。平陸産銀、鐵，若以鹽易米，募工煉冶，可以廣財用、備戎器。」尚書省議，惟許放大陽等渡。

李革。河津人。興定元年以知平陽府事權參知政事，爲河東行省。太原兵後缺食〔一三〕，革移粟七萬石濟之。二年，宣差葉赫素色至河東，時晚禾未熟，牒行省耕毀清野。革奏：「今歲雨澤及時，秋成可待。如令耕毀，民將不堪。」詔從革奏。十月，平陽被圍，城中軍不滿六千，屢出戰，旬日間傷者過半。徵兵吉、霍、隰三州，不時至。裨將李懷德縋城出降，兵自城東南入，左右請革上馬突圍出，革嘆曰：「吾不能保此城，何面目見天子，汝輩可去矣。」乃自殺。「葉赫素色」舊作「粘割梭失」〔一四〕，今改正。

完顔額楚瑚。隆安府人。汾陽軍節度使兼經略使。興定二年九月，城破死焉。「完顔額楚瑚」舊作「完顔訛出虎」，今改正。

納赫布魯都。大名路人。貞祐間授元帥右監軍兼昭義軍節度使，行元帥府事。興定二年潞州破，力戰死，贈御史大夫。「納赫布魯都」舊作「納哈蒲剌都」〔一五〕，今改正。

元

瑚蘭。大同人。太宗時爲山西大達魯噶齊。西方多盜，郡縣捕不得，計所失值倍償，郡縣苦之。有甄軍判者，率群盜往來阜平、曲陽間，殺人渾源界而奪之財，縣以失捕當償，瑚蘭曰：「此大盜也，縣豈能制哉？」即遣千人捕甄殺之，剿其餘黨〔一六〕，害乃除。「瑚蘭」舊作「忽蘭」，「達魯噶齊」舊作「達魯花赤」，今並改正。

張德輝。交城人。世祖即位，起德輝爲河東南北路宣撫使。下車擊豪强、黜贓吏、均賦役，耆耋不遠數千里來見，曰：「六十年不復見此太平官長矣。」民情愛戴，奉之若神明。

李德輝。潞人。中統末山西宣慰使。權勢之家籍民爲奴者，咸按而免之，復業近千人焉。

姚天福。雁門人。至元時爲河東道提刑按察副使。時北鄙兵興，轉輸繁急，河東民苦徭役。天福以反側爲憂，劾執政失計，奏罷之。

雷膺。渾源人。至元十一年僉河東山西道提刑按察司事，以稱職聞。

程思廉。東勝州人。成宗即位，除河東山西廉訪使。太原歲飼諸王駝馬一萬四千餘匹，思廉爲請，止飼千匹。平陽諸郡歲輸租稅於北方，民甚苦之，思廉爲請，得輸河東近倉。舊法，決事咸有議劄，權歸曹吏，思廉自判牘尾，某當某罪，吏皆束手。

達爾瑪。高昌人。大德時河東道廉訪副使。隰州村民賽社，因醉毆殺姚甲，爲首者乘間逃去，有司逮同會者繫獄，歷歲不決。達爾瑪曰：「殺人者既逃，存亡不可知，此輩皆詿誤無罪，而反桎梏耶？」悉縱之。「達爾瑪」舊作「答里麻」，今改正。

尉遲德誠。絳州人。至大四年爲河東山西道宣慰司同知。擊姦吏，寬稅斂。上計京師，入見，帝賜以食，擢工部尚書。

王思誠。嵫陽人〔一七〕。至正時出僉河東山西道肅政廉訪司事。行部武鄉縣，監縣來迓，思誠語吏屬曰：「此必贓吏。」未幾，有愬於道側者，曰：「得毋愬監縣敚汝馬乎？」曰：「然。」監縣抵罪。吏屬問先知之故，曰：「衣敝衣，乘駿馬，非詐而何？」

明

張孟兼。浦江人。洪武中山西僉事。廉勁疾惡，糾擿姦猾。吏民聞張僉事行部，凜然墮膽。

鄭辰。西安人。永樂中爲山西按察使，糾治貪濁不少貸。潞州盜起，入山谷撫諭，皆感泣，復爲良民。

王驥。束鹿人。永樂中爲兵科給事中使山西，奏免鹽池逋課二十餘萬。

張政。廣德人。宣德初以御史巡按山西。時諸郡逋租至二百餘萬石，政請隨土産折納，民大稱便。斥貪除暴，治行稱最，就拜山西按察使，風紀益振。

黄常祖。涵江人。山西布政司左參議。并晉地瘠民貧，歲凶多流亡，常祖奏乞招徠免役，三年悉復業。平陽有盜千人爲患，常祖推誠諭之，不旬日皆降。

于謙。錢塘人。宣德中以兵部右侍郎巡撫河南、山西。至官，遍歷諸州縣，察所宜興革，一歲章數上。英宗時請以兩省積穀，每歲支給缺食下户。府州縣吏秩滿當遷，即豫備糧儲，未足不聽離任。自是儲偫充滿，民無水旱憂。又以大同在塞外懸遠，請別設御史治之，而盡奪鎮將之役卒私墾者爲官屯，邊用亦溢。

徐永達。歸德人。正統初爲山西按察使。巡按御史非法用刑，劾罷之。日蔬食再餐，妻家居紡績，以供其衣。卒之日，貧不能具棺，巡撫于謙解金帶以賻。

白圭。南宫人。正統中巡按山西，辨疑獄百餘。部檄朔州課鈔益三之二，圭疏争，復三十取一之舊。

石璞。臨漳人。正統中山西布政使，剛直有治行。景泰初，以兵部尚書出募山西義勇，又出理大同軍餉，及歸，無第宅，人服其清。

丘陵。蘭陽人。天順中爲山西布政使。善理劇，不憚勞苦，祛弊戢姦，甚有威惠。

朱鑑。晋江人。以副都御史巡撫山西。時額森日窺塞下，鑑修築各州縣及沿邊城堡，聚置騎甲萬餘，募壯勇一萬七千人，以謹防禦。景泰初，寇數萬攻雁門關，命鑑移鎮雁門，寇旋引去。「額森」舊作「也先」，今改正。

雷復。寧遠人。成化七年巡撫山西。端恪守法，得軍民心，屢禦邊警，賜敕奬勞。時山西大祲，復疏請發帑賑贍，上從之。卒於官。

何喬新。廣昌人。成化中巡撫山西，能卻敵惠民。後山西大饑，喬新以刑部左侍郎往賑，請盡蠲租賦，發内帑及鹽課銀數萬兩，又設法勸諭，得粟數十萬石，擇有司分賑，又募兵疏溝渠，償以粟，共活三十餘萬人，還流民十四餘萬户。

胡謐。會稽人。成化中山西提學副使。論諸生文，高下悉當。山西故無志，自謐創之。

葉淇。山陽人。成化二十年以右僉都御史巡撫山西。歲大饑，請發帑三萬金賑濟。部内宗室吉凶費皆取之民間，淇請停止。明年澤、潞旱，奏蠲秋糧九十五萬石，民得蘇息。

楊一清。巴陵人。成化末山西提學僉事。師範端嚴，人才高下，甄别不爽。表節義，禁浮華，士人翕然宗之。

顧佐。臨淮人。弘治中巡撫山西。宗室第宅，官爲繕，費不貲，佐請悉令自營治。正統末權發太原、平陽民戍邊，後遂久不代，奏令代還。

張敷華。安福人。弘治中以右副都御史巡撫山西。部内賦輸大同，困於折價，敷華請太原以北利轉運者仍輸米，民便之。

吴道安。河内人。弘治中山西副使。整飭三關兵備道，創築寧武新城，設寧武所及沿邊堡寨，募軍充實，武備一新。

叢蘭。文登人。正德八年以右都御史總制宣大山西軍務。霍什以五萬騎自萬全右衛趨蔚州大掠，又三萬騎入平虜城南〔一八〕，蘭陰置伏，使人爲田間餉，而躬率兵追寇，寇走掠食，食有毒，多踣，伏兵乘之，遂遁。「霍什」舊作「火篩」，今改正。

李鉞。祥符人。武宗時僉都御史，巡撫山西。小王子入白羊口，鉞度宣大有備，必窺岢嵐、五臺間，乃亟畫戰守，寇果犯岢嵐，敗之。

朱裳。沙河人。正德初以御史巡鹽河東。時有幸臣遣人牟鹽利，裳禁勿予。有奄緣奏乞鹽引者下户部，尚書石玠曰：「汝無庸，朱御史不汝聽也。」

戴鱀。鄞人。正德中山西按察使。整飭憲典，官吏憚之。有閹殺人，匿宗室家，吏不敢問，鱀收捕付獄。有知縣受賕殺人，巡按知其與權貴有連，釋之，鱀爲正法。

宋景。奉新人。嘉靖初山西副使。汾州介休饑民聚爲盜，景擒其魁而撫其被脅者。後爲山西布政使。太原民多逃徙，所遺田責税現户，景召人佃墾而輕其賦，定九則徵，民皆賴之。

毛伯温。吉水人。嘉靖中總督宣、大、山西軍務。大同鎮邊、鎮川、宏賜、鎮河、鎮鹵五堡〔一九〕，相距二百里，極邊近賊帳，伯温修築之，募軍三千防守，給以閒田，永除其賦，邊防賴之。

王儀。文安人。嘉靖中山西右參政，分守冀寧。寇抵清源城，儀洞開城門，寇疑引去。按行所部，築城郭、積糗糧，榆次、平定間皆有城，寇不敢犯。

翟鵬。撫寧衛人。嘉靖中俺答大入山西，以鵬爲總督，修築邊墻三百九十餘里〔二〇〕，增新墩及護墩堡，建營舍，又得地萬四千九百餘頃，人給五十畝，省倉儲無算。諸所規畫，多著爲令，以功進兵部尚書。

曾銑。江都人。嘉靖中巡撫山西。經歲寇不犯邊，增築邊墻四百餘里，進兵部侍郎。

韓邦奇。朝邑人。嘉靖中以右副都御史巡撫山西。爲政嚴肅，有司供具悉不納，將吏懾服。

應檟。建昌人。嘉靖中以右副都御史巡撫山西。時所部歲被兵，檟簡精鋭，葺營堡，謹斥堠，聚兵扼要害，敵知有備，不敢犯。

翁萬達。揭陽人。嘉靖中以兵部右侍郎總督宣、大、山西、保定軍務。儲戎器，謹偵候，明賞罰，將卒毋敢離次。得降人厚撫之，益知敵情。又請築大同、宣府邊墻千餘里，凡墻堞近遠，濠堡深廣，曲盡其宜，由是敵不敢輕犯墻内，戍者得以暇耕牧，邊費日省。後以卻敵功，進兵部尚書。

楊守謙。徐州人。嘉靖中以右僉都御史巡撫山西。請偏頭、老營堡二所餘地千九百餘頃，興舉營田。薦副使張鎬爲提調，牛種取給本土，其後秋獲，當帑金十萬，邊關穀價頓減十五。

李淶。容城人。嘉靖中山西總兵。俺答闌三關，以淶拒險，不敢入。俄突神池利民堡，淶迎戰於野豬溝，驅之出境。晉署都督同知。

丁璋。嘉靖中山西副總兵。二十年俺答入寧武關，璋大戰於石湖嶺，與遊擊周宇死之。贈恤如制。

吳嶽。汶上人。嘉靖中歷山西副使、右布政使，並以清静得民。

高叔嗣。祥符人。嘉靖中山西左參政。斷疑獄十二事，時稱神明。

葛守禮。德平人。嘉靖中山西按察使。汾俗狡悍，二王府多招納亡命，守禮嚴保甲、簡游徼，盜發立擒治，境内帖然。

孫繼魯。雲南人。嘉靖中爲山西參政，分守冀南。數繩約宗藩，洎遷按察使赴太原，宗藩百餘人擁馬，發其裝，見敝衣外無長物，愕然曰：「百餘年無此清吏矣。」載酒追送以謝過焉。後撫山西，上言邊事忤旨，下詔獄死。部民痛惜，宗藩有上書訟其冤者，即前奪視其裝者也。

郭斗。雲南人。嘉靖間山西驛傳道副使。立招商法，使自供役，遠近稱便。敵騎入掠，斗傳諭居民悉避入城，而躬自登陴守禦，敵知有備，遂去。歲旱，請於兩臺，人給以粟。晉人祠之。

陳瑞。長樂人。嘉靖中山西督學道。敵入擾，時巡撫以防秋駐寧武，藩臬相繼出疆，瑞與副使郭斗城守，懸賞格募士，咸出死力，敵不敢前。祀三功祠中。

許論。靈寶人。嘉靖中兵部侍郎，出督宣、大、山西軍務，累功進尚書。翁萬達爲總督，築大同邊墻六百里，建墩臺於内，後以兵少，墻不能守，盡徹守臺。論言：「兵既守臺，則敵攻墻不得用其力，而敵入墻，率震駭逃散。請改設墻外每三百步建一臺，俾矢石相及，去墻不得越三十步，守以壯士十人。」詔從之。敵來犯者輒遮破之，先後俘斬甚衆。

吴瀚。洛陽人。嘉靖間歷山西按察使、左右布政使。敦厚持大體。值邊警，城守有功。又括羨銀築新南城七里，居民至今賴之。

趙時春。平涼人。嘉靖中山西巡撫，提督雁門諸關。督兵禦敵，率以身先。斥貪墨，絶餽遺，宗藩、貴宦相戒莫敢犯法。

楊博。蒲州人。嘉靖時以兵部尚書總督宣、大、山西軍務。時大同方解圍，博亟請蠲被兵田租，因擇丁壯爲義勇，分隸諸將。復造偏箱車百輛，分置左、右衛，使有警則相聲援。築堡濬濠，數出奇兵襲敵，敵爲徙帳。

萬恭。南昌人。嘉靖末以僉都御史巡撫山西。屢摧勍敵，緣河築墻，以防套寇東掠。又教民用水車溉田，民大利之。

楊巍。海豐人。隆慶初巡撫山西。所部驛遞銀歲徵五十四萬，巍請減四之一。修築沿邊城堡千餘里，檄散大盜李九經黨。旋乞養母去。

宋纁。商丘人。隆慶初以御史巡撫山西。俺答陷石州，將士捕七十七人當斬，纁訊得其誣，釋者殆半。

王崇古。蒲州人。隆慶四年以兵部侍郎總督宣、大、山西軍務。時俺答納叛人趙全等，屢爲邊害，俺答孫巴罕内齊以俺答奪其妻，怒忿來降，崇古因以款俺答，使以叛人趙全等易而歸之，俺答遂縛全等來獻，於是歸巴罕，并封俺答，通貢市，俺答誓不犯大同，邊境休息。「巴罕内齊」舊作「把漢那吉」，今改正。

王世貞。太倉人。隆慶中山西按察使。有廉能名。

方逢時。嘉魚人。隆慶中右僉都御史〔二一〕，巡撫大同。與總督王崇古定計，挾巴罕以索叛人趙全等於俺答，以功進兵部尚書。萬曆初，代崇古總督宣、大、山西軍務，申明貢市之約〔二二〕。兩人首尾共濟，邊境遂安。

沈子木。歸安人。萬曆初山西布政使。晉中大饑，仿鄭俠流民圖奏上，得捐帑十萬爲賑，全活甚衆。進本省巡撫。威惠並行，吏肅民安。

王象坤。新城人。萬曆中山西左布政使。有清操，多惠政。都御史温純請顯陟一人以風天下，謂：「莫如象坤。」

孫維城。丘縣人。萬曆間山西按察使。寇小酋安圖恃驍健，挾市龍門，請以五千鐵騎待命關下〔二三〕，維城知其虛實，禁止之，乃獻出邊屬夷自贖，毋敢挾市。幕府上其功，進右布政使。「安圖」舊作「安兔」，今改正。

李維楨。京山人。萬曆間山西按察使。明斷如神，不事苛刻。纂修山西通志，考覈精詳，當時號爲信書。

呂坤。寧陵人。萬曆中以右僉都御史巡撫山西。約將吏不得私餽遺，飭邊防，恤民瘼，庶政畢舉。嘗歷三關，見將校無知兵者，嚴行訓練。又立保甲法，籍丁壯，令各習戎器，而拔其尤者爲長，由是列城皆有武備。

魏允貞。南樂人。萬曆二十一年以右僉都御史巡撫山西。裁幕府歲供及州縣冗費，以其銀數萬繕亭障，建烽堠，置器市馬易粟。又奏免平陽歲額站銀八萬，以所省郵傳羨銀補之。雁門、平定軍以逋屯糧竄徙，奏除其租，招令復業。岢嵐互市，省撫賞銀六萬。汾州有兩郡王，宗人與軍民雜處，知州秩卑不能制，奏改爲府。時邊鎮廢弛，允貞視要害，築邊墻萬有數丈。政聲大著，上亦數嘉其能。會詔中官張忠等採礦山西，抗疏極諫，張忠等暴横不法，疏暴其罪，皆不報。遂乞養親歸，士民爲立祠。

吴甡。興化人。崇禎七年擢僉都御史，巡撫山西。時陝、豫流賊每冬月輒履冰渡河肆掠，甡相地險易，令嚴警備，賊至多被傷，自是連三歲無一潛渡者，濱河二千里皆得休息。又平境内大盜賀宗漢、劉浩然、高加計。每行軍樹二白旗，凡脅從及老弱婦女，跪其下即免死。莅事四年，軍民戴若慈母。

盧象昇。宜興人。崇禎九年總督宣、大、山西軍務。大興屯田，二年積穀二十萬石，暇則率將士較射，發無不中。竟象昇在事，塞上宴然。後死難，本朝乾隆四十一年賜謚忠肅。

蔡懋德。崑山人。崇禎中以僉都御史巡撫山西，數平盜亂。十六年冬，流賊陷陝西，自蒲州北抵保德二千餘里，悉與賊鄰，恃黄河爲限，窮冬冰合，賊騎得長驅，懋德以疲卒三千，當數十萬强寇，日奔走平陽、汾州間，猶屢挫之大慶、風陵、吉鄉諸渡。晉王趣懋德還守太原，賊即渡河，陷平陽。李自成遣使招降，懋德斬之。太原陷，與中軍副總兵應時盛偕至三立祠縊死。福王時議謚忠襄，本朝乾隆四十一年賜謚忠恪。時盛，遼陽人。城陷後殺數十人而出，還顧不見懋德，復斫門入，懋德死，亦取弓弦自勒死。

趙建極。永寧人。山西左布政使。流賊攻太原，偕巡撫蔡懋德及諸監司等分門守禦，城陷，危坐公堂，賊擁見李自成，迫之跪不屈，授以官，大罵，遂見殺。本朝乾隆四十一年，賜謚烈愍〔二四〕。

藺剛中。陵縣人。山西副使從蔡懋德守太原，時調陽和兵三千協守，剛中疑其爲賊内應，移之南關外，果叛迎賊。城陷被執，説之降大罵，賊殺之，首既墮，復躍起丈餘，賊皆辟易。本朝乾隆四十一年，賜謚忠愍〔二五〕。

周遇吉。錦州人。崇禎十五年以左都督爲山西總兵官。汰老弱，繕甲仗，練勇敢，一軍特精。李自成陷全陝，將犯山西，遇吉以沿河千餘里，賊處處可渡，分兵扼其上流，以下流蒲坂屬之巡撫蔡懋德。及平陽、太原陷，賊遂破忻圍代，遇吉先在代遏其北犯，乃憑城固守，潛出兵奮擊，數日殺賊無數。會食盡援絶，退保寧武關，賊踵至，遇吉發大砲設伏，復殺賊二萬人。城陷被執，大罵不屈，賊叢射殺之。妻劉氏亦據公廨，登屋而射，每一矢斃一賊，賊不敢逼，縱火焚之，闔家盡死。後自成入京師，每語人曰：「他鎮復有一周總兵，吾安得至此？」福王時贈太保，謚忠武，祀旌忠祠。本朝乾隆四十一年賜謚忠武。

本朝

馬柱國。奉天人。順治初巡撫山西。時流寇據太原凡八月，柱國至即擊破之，盡誅餘孽之匿民間者，安集撫循，民漸復業。時客兵數往來，苦供億繁，柱國悉心措置，里閈若不知有兵者。康熙三年祀名宦。

黄徽孕。晉江人。順治初巡按山西。時三晉初定，民尚多竄山谷間，徽孕單騎開諭，悉令復業。先是，闖賊據晉，徵賦已過半，及賊平，徽孕疏請已經僞官徵者盡豁之。民有死義者，悉具狀以聞。又請録用紳士之賢者，及設學臣、立師儒、復站銀、禁告訐四事，皆次第舉行。

申朝紀。奉天人。順治二年巡撫山西。下車劾貪吏數十人，屬員肅然。站銀舊額一十五萬，明季裁充餉，驛費不足，派之里甲，至二十萬有奇，朝紀請復其舊。驛馬官牧，無得累民，勒石郡邑，民德之。剿陽城土賊王希堯、汾州叛兵李本清、鄉寧逆民楊春暢〔二六〕，數有功。五年卒，祀名宦。

祝世昌。奉天人。順治初巡撫山西。時大同降將姜瓖叛，郡邑震動，世昌力請發兵殄滅，辦餉數十萬，民不病擾。事平，疏請豁逋賦七百萬石，徭十餘萬丁。未幾，卒於官，百姓巷哭。

孫茂蘭。遼陽人。順治四年山西左布政使。時駐防兵圈民地，胥以廢藩土田給之，而屯丁多抗不輸租，茂蘭繩以法，民得安業。或兵民相構，茂蘭用情理訊之，咸服其平。

劉宏遇。奉天人。順治七年巡撫山西。時姜瓖初平，村聚多蹂躪，逋賦巨萬，宏遇疏請得豁。又恤諸死事家，建忠烈祠祀之。九年旱饑，遣使分賑，全活甚衆。汾流侵會城，築隄障之。既去，民懷其德，建祠祀焉。

劉嗣美。陳留人。順治中巡按山西。彈劾不避權貴，時微行訪民疾苦，姦胥墨吏憚之。弁卒占民居者，令胥出賃直。草豆輸會城，市魁緣典守以肆勒索，立置之法。晉人稱爲真御史云。

李之芳。武定人。順治十六年巡按山西。措注有條，貪墨吏多斂迹。

王庭。嘉興人。順治末山西右布政使。以廉潔倡屬吏，令盡心牧養。慎出納，吏不得上下其手，郡邑肅然。及去，民歌思不輟。

穆臣。滿洲人。康熙十五年山西按察使。持法平，遇訟者輒以善言和解。散銀、米於囚，必親詣獄，按名給之。

張鵬翮。遂寧人。康熙二十四年官河東轉運使。力請巡鹽使者，題豁加課。督修城隍，四面甎甃。在官三年，以清廉著。

郝惟謙。霸州人。康熙二十八年以御史巡視河東鹽政。請豁浮徵，以充正課。又修護城渠堰，令按丁分工，書於籍，有毀壞輒按名重築，自是渠堰無不固者。

劉元勳。咸陽人。康熙間山西糧驛道。以養馬費有正供，而晉皆民養，嚴禁之。委賑大同，不漏不冒。所駐地有槐一株，民號爲「劉公槐」。

覺羅石麟。正紅旗人。雍正五年任山西巡撫。於晉省鄰界僻路處，添設墩臺、營汛。奏給佐雜等官養廉銀兩，又以蒲州、平垣、潞澤各營，汛廣兵單，請加設弁兵。俱下部議行。

書麟。滿洲鑲黄旗人。乾隆五十五年任山西巡撫。董率屬員，留心民事。

朱珪。大興人。乾隆三十四年任山西布政使，奏保護城工事宜；三十六年護巡撫事，奏籌土默特官兵盤費。均得旨允行。

蔣兆奎。渭南人。乾隆四十四年任澤州同知，洊升山西巡撫，屢著政聲。嘉慶二年剿辦教匪，調派官兵妥速，特邀議敘。

校勘記

〔一〕寄治汾州六壁　「壁」，乾隆志卷九五山西省建置沿革（下同卷簡稱乾隆志）同，魏書卷一〇六上地形志上作「璧」。

〔二〕至德二載又置澤潞沁節度使　「節」上「沁」字原闕，乾隆志同，據新唐書卷六六方鎮三補。又方鎮三載此事於至德元載，下文置河中節度使乃二載事，此處并二事述之而隸於一年，不恰。

〔三〕寧邊　「邊」，原作「遠」，乾隆志作「遼」，皆誤，據金史卷二四地理志改。

〔四〕三分防平定西煙鎮樂平鄉等汛　「平定」，原脱「平」字，據雍正山西通志卷四八兵制補。

〔五〕吏兵去後　「兵」，原作「民」，據乾隆志、三國志卷一五梁習傳改。

〔六〕私厨月費米六千石　「六」，原闕，據雍正山西通志卷九一名宦九、新唐書卷一四三郗士美傳補。

〔七〕又請科諸州丁壯爲兵　「科」，原作「糾」，乾隆志同，據宋史卷三〇七宋摶傳改。

〔八〕屯師甚廣　「師」，原作「帥」，據乾隆志及雍正山西通志卷八四名宦二、宋史卷三〇七宋摶傳改。

〔九〕與監司多不合　「監」，原作「鹽」，乾隆志同，據雍正山西通志卷八四名宦二、宋史卷三〇三陳安石傳改。

〔一〇〕晉絳陝三州土腴　「土」，乾隆志同，宋史卷一七二職官志引范純粹奏作「圭」。

〔一一〕爲西南路招討使　「路」，原脱，乾隆志同，據金史卷九一孛朮魯阿魯罕傳補。

〔一二〕貞祐初昭義軍節度使　按，據金史卷一〇二必蘭阿魯帶傳，其改昭義軍節度使在貞祐三年，貞祐共四年，此言「初」不合，當作「中」。

〔一三〕太原兵後缺食　「後」，原脱，乾隆志同，據金史卷九九李革傳補。

〔一四〕葉赫素色舊作粘割梭失　「粘」，原作「黏」，據乾隆志及金史卷九九李革傳改。

〔一五〕納赫布魯都舊作納哈蒲剌都　「哈」，金史卷一五宣宗本紀作「合」。

〔一六〕剿其餘黨　「剿」，原作「勦」，據乾隆志及元史卷一二四速哥傳附忽蘭傳改。

〔一七〕磁陽人　「磁」，原作「滋」，據乾隆志及元史卷一八三王思誠傳改。

〔一八〕又三萬騎入平虜城南　「虜」，原作「魯」，乾隆志同，據明史卷一八五叢蘭傳改。

〔一九〕鎮鹵五堡　「鹵」，乾隆志同，明史卷一九八毛伯温傳作「虜」。按，此清人諱「虜」字故改。

〔二〇〕修築邊墻三百九十餘里　「三百九十」，原作「九百三十」，乾隆志同，據雍正山西通志卷八五名宦三、明史卷二〇四翟鵬傳改。

〔二一〕隆慶中右僉都御史　「右」，原作「左」，乾隆志同，據雍正山西通志卷九四名宦一二、明史卷二二二方逢時傳改。

〔二二〕中明貢市之約　「市」，原作「布」，乾隆志同，據雍正山西通志卷九四名宦一二、明史卷二二二方逢時傳改。

〔二三〕請以五千鐵騎待命闕下　「闕」，原作「闕」，乾隆志同，據雍正山西通志卷八六名宦四改。

〔二四〕賜謚烈愍　「烈」，原作「節」，據乾隆志、勝朝殉節諸臣録卷五通謚烈愍諸臣下改。

〔二五〕賜謚忠愍　「忠愍」，乾隆志同。考勝朝殉節諸臣録卷八通謚節愍諸臣下録其名，疑乾隆志誤。

〔二六〕鄉寧逆民楊春暢　「鄉寧」，原作「寧鄉」，據清世祖實録卷三二順治四年六月乙酉條紀事乙正。按，鄉寧縣屬平陽府。

太原府圖

忻州界
石嶺關
洛陰水
太原府
陽曲
王封村
阪泉山
壽陽界
原過水
桃尖山
蒙山
靖安堡
羊腸山
少陽山
狐突山
太原
榆次
晉水
交城
文谷口
徐溝
涂水
瀟水
象谷水
文水
太谷
范村
祁
鳳凰山
胡甲水
武鄉界
榆社界

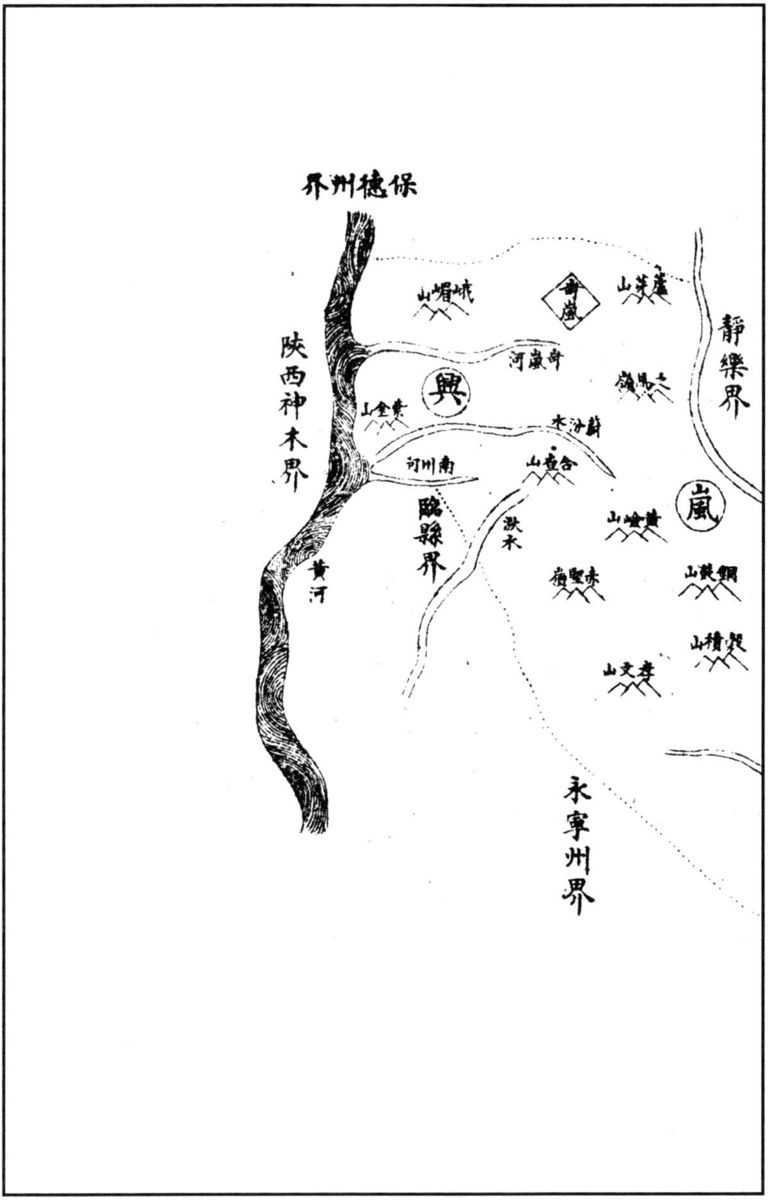
保德州界
峨嵋山
岢嵐
蘆芽山
陝西神木界
岢嵐河
靜樂界
興
黃金山
蔚汾水
南川河
合查山
嵐
臨縣界
湫水
黃河
銅鼓山
孝文山
永寧州界

太原府表

	太原府
兩漢	太原郡 秦置郡。高帝六年改韓國，十一年改代國。文帝二年爲太原國，元鼎三年國除爲太原郡，治晉陽。後漢因之，爲并州治。
三國魏晉	并州太原郡 晉爲太原國，永嘉末陷。
後魏	并州太原郡
齊周	并州太原郡 齊置省，立別宮。周置并州六府，後廢六府。
隋	太原郡 初廢郡置河北道行臺，大業初郡復。
唐	北都太原府 天授元年置北都，神龍元年罷。開元十一年復置都，改州爲太原府。天寶元年改曰北京，上元二年罷京。寶應元年復爲北都，兼爲河東節度使治。
五代	北京太原府 後唐同光元年改爲西京，三年復爲北京。周時爲北漢都。
遼宋	太原府 太平興國四年復曰并州，移治榆次。七年移治陽曲。嘉祐四年復曰太原府，爲河東路治。
金	太原府 分爲河東北路治。
元	冀寧路 太祖十一年立太原路總管府。大德九年改名，屬河東山西道。
明	太原府 復故名，爲山西布政使司治。

續表

陽曲縣	太原縣
晉陽、汾陽、狼孟三縣地。後漢末移置陽曲縣，屬太原郡。 汾陽縣 屬太原郡。後漢省。 狼孟縣 屬太原郡。 盂縣 屬太原郡。	晉陽縣 郡治。後漢兼爲州治。
陽曲縣 晉末省。 盂縣	晉陽縣 州郡治。
陽曲縣 屬永安郡。 省。	晉陽縣
陽曲縣	龍山縣 晉陽縣 齊河清四年移晉陽縣於汾水東。武平六年於故治分置龍山縣。
汾陽縣 開皇六年改曰陽直，十六年又改名，屬太原郡。 開皇十六年復置，大業初省。	晉陽縣 太原縣 開皇十年改龍山復曰晉陽，改晉陽曰太原，皆爲州郡治。
陽曲縣 武德七年復故名，屬并州，又分置羅陰縣。貞觀初省，八年僑置燕然縣，十七年省。	晉陽縣 太原縣 二縣皆爲太原府治。
陽曲縣	晉陽縣 太原縣 周時爲北漢都。
陽曲縣 太平興國七年移治唐明鎮，始移并州來治，後遂爲府治。	平晉縣 太平興國四年廢二縣改置，熙寧三年省入陽曲。政和中復置，屬太原府。
陽曲縣	平晉縣 貞祐四年廢，興定初復置。
陽曲縣 路治。	平晉縣 屬冀寧路。
陽曲縣 府治。	太原縣 洪武四年復移治故晉陽城南，八年改名，屬太原府。

續表

榆次縣	太谷縣	祁縣
榆次縣屬太原郡。	陽邑縣屬太原郡。	祁縣屬太原郡。
榆次縣	陽邑縣	祁縣
榆次縣太平真君九年省入晉陽，景明初復置。 中都縣自平遙移來治。	陽邑縣太平真君九年省，景明三年復置，移今治。	祁縣太和中移今治。 雲州孝昌中僑置。
中都縣齊文宣省，移中都來治。 徙。	陽邑縣	齊廢。 齊廢。
榆次縣開皇中復故名，仍屬太原郡。	太谷縣開皇十八年改名，仍屬太原郡。	祁縣開皇十年復置，仍屬太原郡。
榆次縣屬太原府。	太谷縣武德三年置太州，六年州罷，屬太原府。	祁縣初屬太州，尋屬太原府。
榆次縣	太谷縣	祁縣
榆次縣太平興國四年移府來治。七年府徙，縣仍屬。	太谷縣	祁縣
榆次縣	太谷縣	祁縣屬晉州。
榆次縣屬冀寧路。	太谷縣屬冀寧路。	祁縣屬冀寧路。
榆次縣屬太原府。	太谷縣屬太原府。	祁縣屬太原府。

續表

徐溝縣	交城縣	文水縣
榆次縣地。	晉陽縣地。	
開皇十六年置清源縣，大業初省入晉陽。	交城縣 開皇十六年置，屬太原郡。	
清源縣 武德元年復置，屬太原府。	交城縣 天授二年移治却波村，屬太原府。先天二年分置靈川縣，開元二年省。	
清源縣	交城縣	
徐溝鎮。 清源縣	交城縣 太平興國四年置大通監，仍屬太原府。	文水縣 元符間移今治。
徐溝縣 大定二十九年置，屬太原府。 清源縣	交城縣 廢監。	文水縣
徐溝縣 屬冀寧路。 清源縣	交城縣 屬冀寧路。	文水縣 屬冀寧路。
徐溝縣 屬太原府。 清源縣	交城縣 屬太原府。	文水縣 屬太原府。

續表

	岢嵐州
大陵縣屬太原郡。平陶縣屬太原郡。	太原郡汾陽縣地。漢末爲新興郡地。
大陵縣 平陶縣	
受陽縣太平真君九年改置，屬太原郡。大陵縣廢。平陶縣徙廢。	秀容郡地。
受陽縣	嵐州地。齊爲蘇孤戍。
文水縣開皇十年改名。	岢嵐鎮。
文水縣天授初改曰武興，神龍初復故。	嵐州地。嵐谷縣長安三年置，屬嵐州。神龍二年廢，開元十二年復置。
文水縣	後唐爲安元城。嵐谷縣
	岢嵐軍太平興國五年置，屬河東路。嵐谷縣軍治。熙寧三年廢，元豐六年復置。
	岢嵐州大定二十二年升州，屬河東北路。嵐谷縣州治。
	降爲縣，太祖十六年廢入管州。廢。
	岢嵐州洪武七年復置岢嵐縣，屬太原府。九年升州。

續表

嵐縣		興縣
汾陽縣地。漢末爲新興郡地。		汾陽縣地。
置嵐州及岢嵐縣。		
嵐州	岢嵐縣	
開皇中省。	開皇中省入静樂，大業八年復置嵐城縣，屬樓煩郡。	
嵐州樓煩郡 武德四年置東會州，六年改嵐州。天寶初曰樓煩郡，乾元初復曰嵐州，屬河東道。	宜芳縣 武德四年改名，爲州治，又分置合會、豐閏二縣屬之。五年省豐閏，九年省合會。	
嵐州樓煩郡	宜芳縣	
嵐州樓煩郡 屬河東路。	宜芳縣	合河縣 元豐中徙治蔚汾水北。
嵐州 屬河東北路。	宜芳縣	興州 初爲縣，後升州。
嵐州 至元二年省入管州，五年復置，屬冀寧路。	至元二年省。	興州 屬冀寧路。
嵐縣 洪武初降爲縣，九年屬太原府岢嵐州。		興縣 洪武二年降縣，九年屬太原府岢嵐州。

蔚汾縣 齊置，屬神武郡。
臨泉縣 大業四年改名，屬樓煩郡，後又分置太和縣。
合河縣 武德七年改曰臨津，屬嵐州，九年省太和縣入之。貞觀元年改名。三年復置太和縣，八年省。
合河縣

續表

大清一統志卷一百三十六

太原府一

山西省治。東西距五百七十里，南北距七百三十里。東至平定州壽陽縣界一百七十里，西至汾州府永寧州界四百里，南至沁州沁源縣界四百七十里，北至忻州界二百六十里。東南至遼州榆社縣界二百四十里，西南至汾州府平遥縣界二百五十里，東北至忻州定襄縣界一百八十里，西北至保德州界五百里。自府治至京師一千二百里。

分野

天文昴、畢分野，大梁之次。

建置沿革

禹貢冀州之域。周并州之域，初爲唐國，後更曰晉國。戰國屬趙，秦莊襄王四年置太原郡。東境爲上黨郡地，北境爲雁門郡地。漢高帝六年爲韓國，十一年爲代國。文帝二年爲太原國。元鼎三年國除，爲太原郡，屬并州。後漢因之，爲并州治。東境置樂平郡，兼爲常山郡地。北境爲雁門郡，增置新興郡。晉爲太原國，永嘉末陷。永嘉六年爲劉淵所據，建興四年屬石漢，後屬苻秦，太元十一年屬西燕，十九年屬後燕，皆爲太原郡。後魏仍曰并州太原郡。東境仍爲樂平郡，北境仍爲雁門郡，增置肆州，改新興爲永安郡。北齊置省，建別宫。周置并州六府，後廢六府，置總管。隋開皇初廢郡，置河北道行臺，九年復改爲總管府。大業初府廢，復曰太原郡。東境爲樂平郡，北境爲雁門郡，改永安置樓煩郡。

唐武德元年復曰并州，置總管府，七年改大都督府。天授元年置北都〔一〕，神龍元年罷都。開元十一年復置北都，改并州爲太原府。元和志：開元二十一年分天下爲十五道，置採訪使。太原爲河東道。按：日知録：河東、山西，一地也。唐之京師在關中，而其東則河，故謂之河東；元之京師在薊門，而其西則山，故謂之山西。各自其畿甸之所近而言之也。天寶元年加號北京，上元二年罷京。寶應元年復曰北都，爲河東節度使治。五代梁曰并州河東軍。後唐同光元年建西京，三年又改北京。周時爲北漢都。宋太平興國四年降爲并州。嘉祐四年復曰太原府、太原郡、河東節度。大觀元年升大都督府，爲河東路治。金曰太原府、武勇軍，分爲河東北路治。元太祖十一年置太原路總管府。大德九年改曰冀寧路，屬河東山西道。

明復曰太原府，爲山西布政使司治。本朝爲山西省治。領州一、縣十。

陽曲縣。附郭。東西距一百五十里，南北距一百二十里。東至平定州壽陽縣界六十里，西至交城縣界九十里，南至太原縣界十里，北至忻州界一百十里。東南至榆次縣界二十里，西南至交城縣界八十里，東北至平定州盂縣界一百七十里，西北至忻州靜樂縣界一百二十里。漢晉陽、汾陽、狼孟三縣地。後漢末始移置陽曲縣，屬太原郡，晉因之。後魏改屬永安郡。隋開皇六年改曰陽直，十六年又改曰汾陽，屬并州。大業三年屬太原郡。唐武德七年復名陽曲，屬并州。開元十一年屬太原府，五代因之。宋太平興國七年移并州來治，後遂爲太原府治。金、元、明不改，本朝因之。

太原縣。在府西南四十里。東西距六十五里，南北距六十五里。東至榆次縣界二十五里，西至陽曲縣界四十里，南至徐溝縣界三十里，北至陽曲縣界三十五里。東南至徐溝縣界三十里，西南至交城縣界三十里，東北至陽曲縣界四十里，西北至忻州靜樂縣界一百四十里。古唐國地，春秋爲晉陽邑。秦置晉陽縣，爲太原郡治，漢因之。後漢兼爲并州治，晉及後魏因之。北齊武平六年分置龍山縣。隋開皇十年改龍山曰晉陽，改舊晉陽曰太原，皆爲并州治。唐仍二縣爲太原府治。五代爲北漢都。宋太平興國四年平北漢，廢二縣，改置平晉縣。熙寧三年省入陽曲。政和五年復置，屬太原府。金貞祐四年又省，興定元年復置。元屬冀寧路。明洪武八年復曰太原縣，屬太原府，本朝因之。

榆次縣。在府東南六十里。東西距五十五里，南北距一百十里。東至平定州壽陽縣界三十里，西至太原縣界二十五里，南至太谷縣界三十里，北至陽曲縣界八十里。東南至遼州榆社縣界九十六里，西南至徐溝縣界二十五里，東北至壽陽縣界四十五里，西北至陽曲縣界四十里。春秋晉、魏榆邑。戰國屬趙，曰榆次。漢置榆次縣，屬太原郡，後漢、魏、晉因之。後魏太平真君九年省入晉陽，景明初復置。北齊改名中都。隋開皇中復曰榆次，屬太原郡。唐屬太原府，五代因之。宋太平興國四年移府來治，七年府徙，縣仍屬焉。元屬冀寧路。明屬太原府，本朝因之。

太谷縣。在府東南一百二十里。東西距一百三十里，南北距五十五里。東至遼州和順縣界一百十五里，西至祁縣界十五里，南至祁縣界三十里，北至徐溝縣界二十五里。東南至遼州榆社縣界七十里，西南至祁縣界四十里，東北至榆次縣界三十里，西北至徐溝縣界三十里。春秋時晉大夫陽處父邑。漢置陽邑縣，屬太原郡，後漢、魏、晉因之。後魏太平真君九年省，景明三年復置。隋開皇十八年改曰太谷，屬并州。唐武德三年置太州，六年州罷，屬并州。開元十一年屬太原府，五代、宋、金因之。元屬冀寧路。明屬太原府，本朝因之。

祁縣。在府南少西一百四十里。東西距五十五里，南北距四十五里。東至太谷縣界三十里，西至文水縣界二十五里，南至汾州府平遥縣界十五里，北至徐溝縣界三十里。東南至沁州武鄉縣界一百二十里，西南至平遥縣界十五里，東北至徐溝縣界四十里，西北至文水縣界十里。春秋晉祁邑。漢置祁縣，屬太原郡，後漢、魏、晉及後魏因之。北齊省。隋開皇中復置，屬并州。唐初屬太州，尋仍屬并州。開元十一年屬太原府，五代及宋因之。金屬晉州。元屬冀寧路。明屬太原府，本朝因之。

徐溝縣。在府南八十里。東西距七十一里，南北距三十一里。東至榆次縣界十三里，西至交城縣界五十八里，南至太谷縣界十八里，北至太原縣界十三里。東南至太谷縣界二十里，西南至文水縣界六十七里，東北至榆次縣界二十里，西北至太原縣界二十里。漢榆次縣地。隋開皇十六年置清源縣，屬并州。大業初省入晉陽。唐武德元年復置，仍屬并州。開元十一年屬太原府，五代及宋因之。金大定二十九年始析置徐溝縣屬太原府。元屬冀寧路。明屬太原府，本朝因之。乾隆二十八年以清源縣省入。

交城縣。在府西南一百二十里。東西距一百八十里，南北距一百六十五里。東至徐溝縣界二十里，西至汾州府永寧州界一百六十里，南至文水縣界十五里，北至忻州静樂縣界一百五十里。東南至文水縣界十五里，西南至文水縣界二十里，東北至陽曲縣界一百里，西北至汾州府臨縣界二百二十里。漢晉陽縣西境。隋開皇十六年置交城縣，屬并州。唐屬太原府，五代因之。宋太平興國四年於縣設大通監，仍屬太原府。金廢監。元屬冀寧路。明屬太原府，本朝因之。

文水縣。在府西南一百六十里。東西距一百二十五里，南北距七十五里。東至祁縣界四十五里，西至汾州府永寧州界八十里，南至汾州府平遥縣界五十里，北至交城縣界二十五里。東南至平遥縣界五十里，西南至汾州府汾陽縣界三十里，東北至徐溝縣界五十里，西北至交城縣界二十里。戰國趙大陵地。漢置大陵縣，屬太原郡。後漢、魏、晉因之。後魏太平真君九年改置受陽縣，仍屬太原郡。隋開皇十年改曰文水，屬并州。唐武德三年改屬汾州，六年還屬并州，七年又屬汾州，貞觀初復故。天授元年改曰武興，神龍初復曰文水，五代因之。宋、金屬太原府。元屬冀寧路。明屬太原府，本朝因之。

岢嵐州。在府西北三百二十里。東西距一百二十里，南北距一百十里。東至寧武府五寨縣界三十里，西至保德州界九十里，南至嵐縣界五十里，北至五寨縣界六十里。東南至嵐縣界四十里，西南至興縣界五十里，東北至五寨縣界四十里，西北至保德州河曲縣界七十里。春秋晉地，後爲樓煩所據。漢爲汾陽縣地。後漢建安末爲新興郡地。後魏爲秀容郡地，後爲嵐州地。隋大業中置岢嵐鎮。唐長安三年置嵐谷縣，屬嵐州。神龍二年省，開元十二年復置嵐谷縣，五代因之。宋太平興國五年於縣置岢嵐軍，屬河東路。熙寧二年省縣入軍，元豐六年復置縣。金大定二十二年升爲岢嵐州，屬河東北路。元初仍降爲縣，太祖十六年省縣入管州。明洪武七年復置岢嵐縣，九年復爲州，屬太原府，本朝因之。

嵐縣。在府西北二百六十里。東西距一百十里，南北距一百四十里。東至忻州靜樂縣界三十里，西至興縣界八十里，南至汾州府永寧州界八十里，北至岢嵐州界六十里。東南至靜樂縣界六十里，西南至興縣界八十里，東北至靜樂縣界六十里，西北至岢嵐州界六十里。漢汾陽縣地。後漢末爲新興郡地。後魏置嵐州及岢嵐縣。隋開皇中州、縣俱廢。大業八年復置嵐城縣，屬樓煩郡。唐武德四年改曰宜芳，於縣置東會州，六年改曰嵐州。天寶初曰樓煩郡，乾元初復曰嵐州，屬河東道，五代因之。宋亦曰嵐州、樓煩郡，屬河東路。金天會六年升爲鎮西軍節度，屬河東北路。元至元二年州、縣俱省入管州。五年復置嵐州，屬冀寧路。明洪武初降爲縣，八年屬太原府岢嵐州。本朝屬太原府。

興縣。在府西北四百十里。東西距一百十里，南北距一百六十里。東至嵐縣界六十里，西至陝西榆林府神木縣界五十里，南至汾州府臨縣界九十里，北至保德州界七十里。東南至汾州府永寧州界一百三十里，西南至臨縣界一百六十里，東北至岢嵐州界七十里，西北至保德州界一百里。漢汾陽縣地。北齊置蔚汾縣，屬神武郡。隋開皇三年改屬石州。大業四年改縣曰臨泉，屬樓煩郡。唐武德七年改曰臨津，屬嵐州。貞觀元年又改曰合河，五代、宋及金初因之。後升爲興州，屬太原路。元屬冀寧路。明洪武二年降爲縣，九年屬太原府岢嵐州。本朝雍正三年改屬保德州，八年復屬太原府。

形勢

左有恒山之險，右有大河之固。三國志魏牽招傳。襟四塞之要衝，控五原之都邑。唐李白餞王贊序。臨谷爲塹，因山爲障。舊志。帶二水之雙流，據百嶺之重阻。雲、代爲之前襟，澤、潞爲之後翼。府廳壁記。

風俗

土瘠民貧，勤儉樸質，憂深思遠，有堯之遺風。詩集注。人物阜殷，不甚機巧，然頗勁悍，習於戎馬，前代以來，亦多文雅之士。隋書地理志。智愚不相欺，貧富不相耀，民不譸張，士不挾黨，卿大夫不凌賤市公。舊志。

城池

太原府城。周二十四里，門八，池廣三丈。宋初土築，明洪武中甃甎，南北各有關城。本朝順治六年於西南隅築城，爲八旗兵駐防之所，後相繼增修。陽曲縣附郭。

太原縣城。周七里，門四，池廣十丈。明景泰初築，正德中甃甎。本朝乾隆十二年修，二十九年重修。

榆次縣城。周五里，門三，池廣三丈。隋開皇初建，明成化中甃甎。本朝順治六年修，康熙二十五年重修。

太谷縣城。周十二里，門四，池廣一丈。明正德中因舊址增建。本朝順治六年修，乾隆二十一年重修。

祁縣城。周四里有奇，門四，池廣三丈。明嘉靖末因舊址增築，萬曆間甃甎。本朝順治六年修，康熙四十四年重修。

徐溝縣城。周五里，門四，池深九尺。金大定間築，明萬曆中甃甎。本朝康熙九年修，乾隆三十三年重修。

交城縣城。周五里有奇，門四，池廣三丈。唐天授初築，明崇禎中甃甎。本朝康熙九年修。

文水縣城。周九里有奇，門四，池闊四丈。宋元豐中築，明萬曆中甃甎。本朝順治十二年修，康熙十一年、乾隆二十七年重修。

岢嵐州城。周六里有奇，門四，池廣五丈。宋元豐中因故址展築，明洪武中甃甎。本朝順治五年修。

嵐縣城。周四里，門三，池深二丈。宋紹聖中築，明萬曆初甃甎。本朝乾隆二十九年修。

興縣城。周二里有奇，門四，池深八尺。明景泰初築，隆慶二年甃甎。本朝康熙四十九年修。

學校

太原府學。在府治西北。金天會中建，元末圮，明洪武初重建。本朝順治十一年修，康熙十七年、四十二年重修。入學額數十七名。

陽曲縣學。在縣治西北。金大定中建，明成化中修。本朝順治十一年重建，康熙十九年修。入學額數二十名。

太原縣學。在縣治東。舊在平晉故城内，明洪武六年移建今所。本朝屢修。入學額數十二名。

榆次縣學。在縣治西。宋咸平中建，明弘治中重建。本朝順治十三年修，康熙十二年重修。入學額數二十名。

太谷縣學。在縣治東南。宋崇寧中建，明嘉靖二年重建。本朝順治二年修，康熙三十七年重修。入學額數十二名。

祁縣學。在縣治西南。金大定中建，在城東南隅，明嘉靖初遷建於此。本朝順治六年修，康熙五十七年重修。入學額數十二名。

徐溝縣學。在縣治西。金大定中建，明宣德初重建。本朝康熙二十九年修，四十九年重修。入學額數十二名。

交城縣學。在縣治東。元大德中建，明嘉靖二十七年重建。本朝順治十八年修，康熙四十年重修。入學額數十二名。

文水縣學。在縣治東。宋元符中建，明弘治中重建。本朝順治十二年修。入學額數二十名。

岢嵐州學。在州治西南。明洪武中建，成化初圮，嘉靖中重建。本朝康熙十一年修。入學額數八名。

嵐縣學。在縣治東南。宋元豐中建，明成化初增修。本朝雍正七年修。入學額數八名。

興縣學。在縣治東北。元至元間徙城北山上，明弘治中徙建舊址。本朝康熙十年修，三十六年重修。入學額數十二名。

清源鄉學。在徐溝縣西南三十里。舊爲清源縣學，金泰和初建，本朝乾隆二十八年併縣入徐溝，改爲鄉學，以徐溝學訓導移駐於此。入學額數十二名。

晉陽書院。在府治東南。舊在府治西南，名三賢祠，祀隋王通、宋司馬光、明薛瑄。明萬曆初張居正奏毁所在書院，祠遂廢，後巡撫魏允貞復建。按：省志以風后至叔齊十七人位南向；叔向至吕坤十八人皆名宦，西向；董狐至薛瑄十六人皆鄉賢，東向；卜子夏、田子方、段干木皆寓賢，居鄉賢上，題曰三立祠，取三不朽語也。本朝順治初移建今所，更名三立書院。雍正二年復改今名。

二賢書院。在榆次縣治東。本朝乾隆十三年建，嘉慶二十二年知縣路孟逵修。

源池書院。在榆次縣東源渦村〔二〕。元耆民趙彬建。

明經書院。在榆次縣北趙村。本朝乾隆十九年建。

鳳山書院。在太谷縣治東街。本朝乾隆十七年建，嘉慶二十一年知縣陳履和修。

金河書院。在徐溝縣東南。本朝康熙十八年建。

盧川書院。在交城縣南街。本朝康熙十一年知縣趙吉士建。

養正書院。在交城縣東門外。本朝乾隆十三年建。

菁莪書院。在交城縣北門外。本朝乾隆二十一年建。

卦山書院。在交城縣西北卧龍岡〔三〕。本朝康熙四十七年建。

武陵書院〔四〕。在文水縣治西街。本朝乾隆二十八年建。按：舊志載晉溪書院，在太原縣西南十里，明少保王瓊建；通濟書院，在交城縣東門外；一隅書院，在交城縣治西南隅。今俱廢，謹附記。

户口

原額人丁三十二萬三千七百一十七，今滋生男婦共二百八萬六千六百四十名口，計三十三萬一千七百八十五户。

田賦

田地五萬九千五百七十一頃五十五畝九分有奇，額徵地丁正、雜銀四十萬四千七百八十二兩五錢四分二釐，糧二萬四千六百三十三石一斗二升有奇。

山川

罕山。在陽曲縣東五十里。自太行蜿蜒而下，東跨平定州壽陽縣，南連榆次縣，周五十里。或譌爲看山。

洌石山。在陽曲縣西北四十里，一名洌石谷。山罅出泉，味甘美，居人引流灌田。

崛嵎山。在陽曲縣西北四十里。山形峻峭，多林木，紅葉最佳。

亭子山。在陽曲縣西北五十里。下有桃花三洞。

方山。在陽曲縣東北。山形如削。見元和志。

漢栅山。在陽曲縣東北六十里。周三十里，接平定州盂縣界。相傳漢時嘗置栅屯兵於此，故名。

阪泉山。在陽曲縣東北八十里。相傳舊名漢山，晉文公卜納王，遇黄帝戰於阪泉之兆，因改今名。

織笄山。在陽曲縣東北九十里。其形如鳥舒翼，亦名鳳凰山。

石室山。在太原縣西南七里。寰宇記：後魏興國土地記云：「太原郡山有石室，方丈四尺，四壁有篆字，人莫之識。」

卧虎山。在太原縣西南七里。以形似名。

懸甕山。在太原縣西南十里。山腹巨石如甕，水出其中，亦曰汲甕山，又名結紬山。山海經：懸甕之山，其上多玉，其下多銅，其獸多閭麋，晉水出焉。郭璞注：「在今晉陽縣西〔五〕。」北齊書楊愔傳：愔隨父之并州，入晉陽西懸甕山讀書。元和志：一名龍山。高齊武平六年置龍山縣，以此名。

尖山。在太原縣西南十五里。産礬、炭。

風谷山。在太原縣西十里，即風峪。石壁有穴，中有北齊天保時刻佛經石柱一百二十六。是山西接交城，爲唐北都西門之驛道。按：五代史及通鑑後唐申王存渥自晉陽走風谷，蓋即此山。胡三省注通鑑以風谷爲嵐谷之誤，恐非。

嬰山。在太原縣西北三里。隋圖經云：嬰山，并州之主山。

蒙山。在太原縣西北五里，一名西山。隋書地理志晉陽縣有蒙山。元和志：蒙山在晉陽縣西北十里。十六國春秋曰：前漢劉聰征劉琨不克，略晉陽之人，踰蒙山而歸。即謂此也。今山上有楊忠碑，忠爲周將，討齊戰勝，隋開皇二年追紀功烈，始建此碑。忠即文帝之父也。

駝山。在太原縣東北三十五里。狀若駝峰，産石炭，一名黑駝山。

牢山。在太原縣東北四十五里，一名看山。出金鑛。後魏書曰：劉聰遣子粲襲晉陽，猗盧救之，遂獮牢山〔六〕，陳閲皮肉，山爲之赤。

麓臺山。在榆次縣東南，一名鹿臺山。魏書地形志榆次縣有鹿臺山祠。元和志：麓臺山，俗名鏊臺山，在縣東南三十五里。舊志：高數十仞，頂平衍，上有智伯祠。

寶峰山。在榆次縣東南四十里。蜿蜒奇特，其南有溪谷之勝。

鷹山。在榆次縣東南八十里。小涂水出焉。

冀家山。在榆次縣北四十里。連延環拱，爲陽曲罕山之翼。

小五臺山。在榆次縣東北三十里。有林巒泉石之勝。

鳳景山。在太谷縣東南十八里。頂有浮圖。

灰泉山。在太谷縣東南二十里。上有谷德將軍廟。

鳳翼山。在太谷縣東南二十三里。下有酎泉，味甘可釀酒，北流合咸陽谷水。

鳳皇山。在太谷縣南十里。以形似名，上有三浮圖。

雙泉山。在祁縣東南三十里。山有雙泉，故名。

竭方山。在祁縣東南六十里，一名頂山。周三十里，南跨平遥，迤邐接武鄉、沁源、靈石三縣界。

嶢山。在祁縣東南六十里。有上嶢、下嶢二山，皆周五里。金史地理志祁縣有嶢山。

高峰壑山。在祁縣東南七十里，一名雲伏腦山。盛暑積雪不消。山分二支，折東北者爲棉嶺，自麓十八盤方至巔，正北者爲龍山。

牛心山。在祁縣東南七十里。水泉四帀，山頂尖圓。

四縣腦山。在祁縣東南九十里。山巔高廣，登之見本邑及太谷、榆社、平遥，故名。

紫荆山。在祁縣東南一百里。山石五色，上出泉，匯爲大池。西崖有赤土洞，東崖有銀洞，今閉。西北有風洞，北有温風嶺。

馬鞍山。在徐溝縣西南五里。多産蔬菜。

白石山。在徐溝縣西五里，一名白石谷。白石水出焉。

鳳山。在徐溝縣西七里。中峰高起，兩翼若翔。

馬名山。在徐溝縣西十五里。相傳漢文帝牧馬於此。

中隱山。在徐溝縣西北八里，一名中隱谷。四圍高峰，其山中隱，故名。中隱水出焉。又西北二里有仁山。

卦山。在交城縣西北五里。六峰特立如卦。其西爲錦屏山，緑崖紅樹，燦若錦屏。

石壁山。在交城縣西北二十里，一名龍山，又名甘山。疊巘周環，拱立如壁。

狐突山。在交城縣西北五十里。上有晉大夫狐突墓。兩峰相接，形如馬鞍，一名馬鞍山，俗謂之放馬坪。舊出鐵鑛。

少陽山。在交城縣西北七十里。山海經：少陽之山，酸水出焉，其上多玉，其下多赤銀。元和志：在縣西南九十五里，高二百丈，周迴二十里。舊志：在縣西北五十里。按：唐天授中移縣治山南却波村。治移而南，則山爲北矣。羊腸、少陽之方位，元和志蓋就未移治時而言，非誤也。

文山。在交城縣西北九十里文水側。

龍鬚山。在交城縣西北一百二十里，一名龍拊山。上有青崖寨，南有黑龍洞〔七〕。

穀積山。在交城縣西北一百五十里。山形側立，接汾州府永寧州界。

黑石樓山。在交城縣西北一百五十里。黑石攢起如樓閣。一名獨泉山，洞穴中有石如盆盎，泉出其中。或曰北漢石盆砦蓋置於此。

大阿蘇山。在交城縣西北一百五十里。又南數里爲小阿蘇山。

孝文山。在交城縣西北一百六十里。相傳元魏孝文帝嘗避暑於此。

煉銀山。在交城縣西北一百七十里。舊産銀、鉛。

劉王崞山。在交城縣西北一百九十里。上有泉，禱雨輒應。相傳劉淵都離石時嘗游此山。亦作劉伶崞山。

交城山。在交城縣北一百二十五里。古交城治此。寰宇記：交城山出磨石。

卧牛山。在交城縣東北七里。又東北六里有玉山。本名虎頭山，金皇統四年改名。

羊腸山。在交城縣東北一百二十里，一名羊腸坂。水經注：汾陽縣北山，漢屯農積粟在斯，謂之羊腸倉，山有羊腸坂，在晉陽西北，石磴縈委若羊腸，故倉、坂取名。通典：交城縣有羊腸山，隋煬帝改爲深谷嶺。元和志：在縣東南五十三里。嶺上有故石墟，俗云魏太武帝避暑之所。寰宇記〔八〕：郡國志云萬根谷山即羊腸坂也。皇甫謐云，羊腸塞在龍山，即晉陽西北九十里，古西河、上郡置關於此〔九〕。

神師山。在交城縣東北，接陽曲縣界。下有東、西二洞，相去四十里。

謁泉山。在文水縣西南二十五里，一名隱泉山。水經注：隱泉水出謁泉山，俗云「暘雨愆時，是謁是禱」，故名謁泉。其山石崖壁立，崖有石室，去地可五十餘丈，唯西側一處得歷級升陟。頂建二刹，泉發於兩寺之間，東津隱没而不恒流，故有隱泉之名。舊志：一名商山，又名子夏山，相傳卜子夏退居西河之上，即此山。有石窟曰隱堂洞。

光統頭山。在文水縣西南三十里。峰巒高峻，日出時其光先照，故名。

龍王山。在文水縣西五里。有泉甚甘美，旱禱輒應。

陶山。在文水縣西二十里。相近有雙峰山，亦名大嶺山。

石峽山。在文水縣西二十五里。其麓名靛頭山，有石峽洞。踰嶺西南十餘里爲黄龍洞，旱禱輒應。

熊耳山。在文水縣西北三十里。一名崇山。

柏茆山。在文水縣北十三里。山勢巃嵸，古柏森鬱。

東山。在岢嵐州東二里。連接北山，環抱城郭。又州南一里有南山，東連嵐縣，西接赤堅嶺。州西南一里有西山，奇峰聳翠，石徑盤紆。

長城山。在岢嵐州東三里。下有白龍泉，流合嵐漪河。

霸王山。在岢嵐州西七十里。産石炭。

雪山。在岢嵐州東北。寰宇記：在嵐谷縣東北四十里，長六十里，嵐、朔二州分界。

荷葉坪山。在岢嵐州東北六十里。頂平而圓，狀類荷葉，與寧武府五寨縣接界。

蘆芽山。在岢嵐州東北，跨忻州之静樂，寧武府之神池、五寨諸縣界，發脈於管涔山。疊峰聳秀，前有小山尖如竹萌，多生蘆草，故名。上有金龍池、五龍洞、秀峰嶺諸勝。

岢嵐山。在岢嵐州東北。元和志：在宜芳縣北九十八里，西北與雪山相接。舊志：在州東北百里，長百餘里，即管涔山也。蓋岢嵐、荷葉坪、蘆芽、管涔俱屬一山，而支峰別出。

桃尖山。在嵐縣東南六十里。

銅鼓山。在嵐縣南五十里。上有砦。

黄嶮山。在嵐縣西南二十五里。一名黄芊山，又名黄尖山。

白龍山。在嵐縣西南五十里。下有白龍池〔一〇〕。又西南十里爲大萬山。

二郎山。在嵐縣北二十里。又有雞缺、勢要等山，俱稱險阻。

合查山。在興縣東南八十里。峰巒聳異，上有龍祠，下有龍池，禱雨輒應。

採林山。在興縣西南四十里。山勢峻拔，甲於群山。

紫金山。在興縣西南一百二十里。南麓有聖母泉，北麓石壁有風穴。

峨嵋山。在興縣北。有三峰，中峰最高。

石樓山。在興縣東北五十里。峭壁孤峰高百餘丈，四面不可梯，唯向北一小徑，紆迴可達峰頂，俯視群山，若培塿然。

神林嶺。在榆次縣東南三十五里。地陰寒，盛夏積雪，與寶峰山對峙。

盤腸嶺。在榆次縣東南五十里。山徑盤曲如腸，多產巨木。

黄蛇嶺。在榆次縣北。唐武德二年劉武周入寇至黄蛇嶺，即此。

松嶺。在太谷縣東南三十里。由奄谷入，多松檜，下有巖穴深丈餘。

馬嶺。在太谷縣東南七十里，接遼州榆社縣界。

白壁嶺〔一一〕。在太谷縣。魏書地形志陽邑縣有白壁嶺。元和志：在縣北七十五里。

乏馬嶺。在岢嵐州東南，接嵐縣界。其路崎嶇曲折，因名。

巨麓嶺。在岢嵐州西南五十里，接興縣界。山多松，一名萬松嶺，或謂之松子嶺。下有水流入嵐漪河。

赤堅嶺。在嵐縣西南，接興縣界。

鹿徑嶺。在嵐縣北六十里。

龍岡。在太谷縣東北五里。形如卧龍。

龍鎖谷。在陽曲縣東南五十里。明初兵下澤、潞，洪霍特穆爾遣兵駐此以爲聲援。「洪霍特穆爾」舊作「擴廓鐵木兒」，今改正。

藍谷。在太原縣西七里。通鑑：晉永嘉六年劉曜敗入晉陽，猗盧追之，戰於藍谷。胡三省曰：藍谷在蒙山西南。縣志又有槐子谷，在縣西南十五里；葦谷，在縣西南二十五里；黄盧谷，在縣西十八里；井谷，在縣西北二十五里。

臺壁谷。寰宇記：在榆次縣南六十里，出美棗。

奄谷。在太谷縣東南十五里。長四十里，東崖石壁有佛像，俗名千佛崖。

四卦谷。在太谷縣東南二十五里。谷中有泉，分流四派。

回馬谷。在太谷縣東南三十里。

象谷。在太谷縣東南五十二里，即古蔣谷。魏土地記：晉陽城東南一百一十里至山有蔣谷大道，度軒車嶺通於武鄉。

咸陽谷。在太谷縣南十三里〔一二〕。城濠記〔一三〕：秦伐趙，築城谷口，以咸陽兵戍之，谷因城以名。

榆城坂。在榆次縣東南三十里。壁立數十仞，旁徑險仄，上有砦，下有懸窰，昔人避兵處。

銅洞。在嵐縣北十里。舊嘗采石煉銅，今名銅街堝〔一四〕。

汾水。在陽曲縣西，自忻州静樂縣南流入界，南逕太原縣，又西南逕徐溝縣，又西南逕交城縣，又西南逕文水縣，又南入汾州府平遥縣界。周禮職方氏：冀州，其浸汾、潞。水經注：汾水南逕汾陽縣故城東，南與酸水合。又南出山東南流，洛陰水注之。又南逕陽曲城西，東南過晉陽縣東，晉水從縣東南流注之。西逕晉陽城南，又南，洞渦水從東來注之。又南逕梗陽縣故城東，又南逕大陵縣東，於縣左迤爲鄔澤。又南過平陶縣東，文水從西來流注之。府志：汾水在府城西門外，去城里許。宋天禧中陳堯佐引流築隄，爲上巳水嬉之所。南至太原縣東十里，疏爲三十渠，分溉民田。又西南至清源縣東十里有米陽渡〔一五〕，又西南至交城縣東南十五里鄭村合渾谷水，又西南逕文水縣東五十里。舊自縣東，西南入汾州府汾陽縣界，明萬曆三十九年汾水東徙，南入平遥縣界。

埽谷水。在陽曲縣西北三十里。源出縣西一百二十里埽谷，南流出天門谷，入汾水。

冽石水。在陽曲縣西北四十里。發源冽石山，流入汾水。

洛陰水。在陽曲縣北三十里。下流入汾水。水經注：洛陰水出新興郡西，流逕洛陰城北，又西逕盂縣故城南，又西逕狼孟縣故城南，又西南逕陽曲縣城北，又西南注於汾。

真谷水。在陽曲縣北七十里。南過狼孟城，西入洛陰水。

洞渦水。在太原縣東南。自平定州壽陽縣西南入榆次縣界，又西逕徐溝縣，又西至太原縣界入汾。一名同過水，俗名小河。水經注：洞渦水又西，蒲水北流注之。又西，與原過水合。又西，過榆次縣南。又西南流逕武觀城西北，又西南，爲淳湖，謂之洞渦津，涂水注之。又西到晉陽縣南，西入於汾。元和志：洞渦水東自壽陽縣界流入榆次縣，經縣南四里，又西南入於太原縣界，西去縣三十里〔一六〕，入晉陽縣界，經縣東南二十五里，入汾水。府志：洞渦水逕榆次縣東十五里會大涂水，又西七里會原過水。舊自榆次縣逕太原縣入汾，明萬曆二十九年水南徙，南至徐溝縣北五里，西南引爲嘉平渠，至太原縣南疏爲郜村、辛村、張花三渠，又西至徐溝縣界入汾水。

晉水。在太原縣西南。源出滴瀝泉，東流入汾。漢書地理志：晉陽，龍山在西北，晉水所出，東入汾。水經注：出晉陽西懸甕山。昔智伯遏晉水以灌晉陽，水分爲二流，北瀆即智氏故渠也，東南出城流注於汾水。其南瀆於石塘之下伏流，逕舊谿東南出，逕晉陽城南，又東南流入於汾。元和志：晉水，泉初出處砌石爲塘，自塘東分爲三派，其二派即酈道元所言者也，其南派隋開皇四年開，東南流入汾水。唐書地理志：太原井苦不可飲，貞觀中，長史李勣架引晉水入東城，以甘民食，謂之晉渠。縣志：晉渠俗謂之北派，其餘復分三派，中派曰中河，又分流爲陸堡河，南派曰南河，會流爲清水河。今入城之流已涸，餘引爲渠，以溉民田。

牛坑水。在榆次縣東南三十里懸泉谷，西入洞渦水。

木瓜水。在榆次縣南。源出遼州木瓜嶺，西流二十里，經八縛嶺，合八縛水，又西北流入縣，注洞渦水。八縛水，源出遼州和順縣八縛嶺下，西入木瓜水。

涂水。在榆次縣南。有二，一曰大涂水，源出和順縣八縛嶺，西北至縣東南十五里入洞渦水；一曰小涂水，源出鷹山，西入大涂水。按：水經注涂水入洞渦，在原過水之下，今此水反在原過水上流，蓋水經注所謂涂水即今金水河，而此實蒲水也。

回馬谷水。在太谷縣東南二十五里。源出遼州榆社縣黃花嶺，東經太谷縣東南回馬谷，因名。一名回馬河，又名五馬河。經祁縣界，至文水縣東四十里入汾。又奄谷水出奄谷，咸陽谷水出咸陽谷，俱合回馬河。

胡谷水。在太谷縣西南。西北入祁縣界，合侯谷水。

象谷水。在太谷縣東北。西北至徐溝縣界入洞渦水，一名蔣谷水。水經注：蔣谷水出陽邑縣東南蔣谿，西北流，逕箕城北，又西，合涂水亂流，西合洞渦澤。府志：象谷河，源出遼州榆社縣恤張嶺下，流逕太谷縣東北。每秋深露寒，河水澄澈，可鑒毛髮。逕徐溝縣南，入金水河。

通光水。在祁縣東。源出縣東南幘山北，合太谷縣胡城谷水，北逕縣東，至縣西北入昌源河。

侯谷水。在祁縣南。源出沁州武鄉縣北，流逕縣界，又西入汾州府平遥縣界。一名胡甲水，今名昌源河。水經注：侯甲水發源平遥縣胡甲山，又西北歷宜歲郊，逕太谷，謂之太谷水，西北流逕祁縣故城南，又西逕京陵縣故城北。元和志：胡甲水，東南自潞州武鄉縣流入祁縣，又南入汾州平遥縣界。縣志：源出武鄉縣胡甲山北，流入祁縣龍舟谷，名龍舟水，又名盤陀水，北出爲昌源渠，繞縣東北，又西南入平遥縣界。

伏鼷水。在祁縣南。源出縣東南三十里伏鼷嶺，流經王斜村，亦名王斜河，又北入昌源河。

屠溝水。在徐溝縣西南十五里。舊名屠谷口。兩山隄峻如峽，夏多汛漲，冬則涸。

清源水。在徐溝縣西北五里。元和志：隋開皇十六年置清源縣，因縣西清源水爲名。縣志：水自平地湧出，亦曰平泉，引流溉田，水溢則東南入汾。又白石水，源出白石谷，流合平泉。又中隱水，出中隱谷，入汾。

文水。在交城縣西北。源出縣西北孝文山南，流逕縣西，又南，至文水縣東南入汾水。一名文谷水。水經注：文水出大陵縣西山文谷，東到其縣，屈而南，有泌水注之。又南逕平陶縣之故城東，西逕其城内，南流出郭，又南逕縣右，會隱泉谷水。又南逕茲氏縣故城東，爲文湖。元和志：文谷水，出交城縣西南文谷，東南流入文水縣，行八十里，經縣西，又南入隰城縣界。府志：文水有兩源，一出交城縣孝文山後，名渾谷水，至文水縣谷口、開柵二村入汾；一出交城縣劉王嶂山，名西谷水，流至榆城合渾谷水。

步渾水。在交城縣西北。源出狐突山南步渾谷，流逕縣西，又東南入汾。

塔莎水。在交城縣東北。源出縣東北五十里塔莎谷，南逕縣東南入汾。又有福泉水，出縣東北一百七十里福泉山，亦東南流入汾。

沁水。在文水縣北八里。水經注：大陵縣西南山下，武氏穿井，一朝水溢平流，東南注文水。寰宇記謂之神福泉〔一七〕。

猷水。在文水縣東北，古大陵城東南。周十餘里，或以爲即水經注所謂鄔澤也。

龍王堂水。在岢嵐州東二里東山下，亦名蒙泉，味甘冽。明嘉靖末兵備副使王遴引流入城，以資汲飲，後堙。萬曆中副使李時芳力加開濬，因名李泉。

蔚汾水。在嵐縣西。源出黄嶮山，西流入興縣界，合諸澗水，西南入黄河。

澗河。在太原縣南。源出壽陽縣李家山，亦名赤坑水〔一八〕，西南逕榆次縣，會芹谷、蒜谷、白龍諸水，至太原縣界入汾。芹谷水，出榆次縣東北五十里芹谷；蒜谷水，出榆次縣北四十里蒜谷；白龍河，源出縣北二十五里白龍村〔一九〕。又有蘇河源出縣北四十里，清水河源出縣北罕山西孟家井，俱西南入澗河。

沙河。在太原縣西七里。源出風谷山，經晉陽故城南隍中，東流入汾。又文水縣東南亦有沙河，源出祁縣界，流經文水縣雲周村入汾。

金水河。在榆次縣西南。源出太谷縣東北大塔山，合衆泉，逕榆次縣西，至徐溝縣入洞渦水，即古涂水。水經注：涂水出陽邑東北大嵰山涂谷，西南逕蘿磐亭南，與蔣谷水合。

城南河。在太谷縣南。源出馬鳴王谷，直抵城下。明嘉靖二十三年因築城，改南五里，合咸陽谷水。

石佛河。在祁縣東南四十里南坡下。流至下申等村，漫流入田。

孔河。在交城縣東北。源出縣西北龍鬚山，東南逕馬蘭城北，又東逕故交村南，注汾。

岢嵐河。在岢嵐州南。源出州東南乏馬嶺北，流逕城南，西合巨麓嶺水，又西經興縣界，至縣西北五十里入黄河。一名嵐漪河。寰宇記：嵐河，在嵐谷縣東，從嵐州宜芳縣走馬嶺下流出，去縣四十里，西入合河縣界。

砂河。在嵐州東北五十里。繞城西南，入嵐漪河。又州北五十里有名源水，州城北有長溝流水，俱西南入黄河。

清水河。在嵐縣東，一名緑水河。源出縣北四十里雙松山，經忻州静樂縣之樓煩鎮，入汾水。

大賢河。在嵐縣南。源出縣南四十里柳峪村，東北至忻州静樂縣界入汾水。

南川河。在興縣南五十里。源出合查山，西北合蔚汾水，又有秋水亦出合查山，西南至臨縣界入黄河。

黄河。在興縣西五十里。自保德州南流入，又南入汾州府臨縣界，西岸爲陝西界。元和志：黄河在合河縣西一里。

東湖。在徐溝縣西舊清源縣城内，白石水所匯。東、南、北三面臨城〔二〇〕，廣居城邑之半，有水門通灌稼渠以達汾。

却月湖。在交城縣城内東南隅，廣三四頃。

煖水潭。在嵐州東二里。隆冬不凍。

昭餘池。在祁縣東南七里。水經注：太谷水自祁縣連延，西接鄔澤，是爲祁藪，即爾雅所謂昭餘祁也。方輿紀要：昭餘祁藪，水久涸鹵，元至元十一年濬得細水，爲昭餘池，旁建成湯廟。至明又涸，本朝順治九年復溢。按：周禮職方昭餘祁在今介休縣界。

龍泉。在陽曲縣西北。自忻州静樂縣入埽谷水。

寒泉。在榆次縣東十里。水旱不溢不涸，西注洞渦水，上有龍祠。

難老泉。在太谷縣西。相近有善利泉，俱大旱不涸，隆冬不凍，溉田百餘頃。

通會泉。在興縣東關北岡下。自崖間三穴湧出，西南入蔚汾水。

黃龍港。在榆次縣東北半里。本漢、唐故道，歲久爲霖潦所瀦，因疏爲港。

古蹟

燕然故城。在陽曲縣西北七十里。唐書地理志：貞觀六年以蘇農部落置燕然縣，隸順州。八年僑治陽曲，十七年省。

汾陽故城。在陽曲縣西北九十里。漢初爲侯國。水經注：汾水又南逕汾陽縣故城東，川土寬平，峘山夷水，漢高帝十一年封靳彊爲侯國是也。後爲縣，屬太原郡，後漢省。隋移陽直縣於此，因改爲汾陽。尋省。唐初復置，後併入陽曲。元和志：隋開皇十年，移陽直縣於今陽曲縣東北四十里汾陽故縣。十六年改爲汾陽縣，因漢舊名也。煬帝又改爲陽直，移今縣治。武德三年於今縣西四十五里分置汾陽縣，屬并州。七年，改爲陽曲縣。

狼孟故城。元和志：在陽曲縣東北三十六里，史記曰「始皇十五年大興兵，至太原，取狼孟」是也。漢以爲縣，屬太原郡，晉末省。城左右夾澗幽深，南面大壑俗謂之狼馬澗，舊斷澗爲城，今餘壁猶存。通典：漢狼孟故城，今名黃頭寨。縣志：在縣東北六十里。

羅陰故城。在陽曲縣東北七十里。古洛陰城，後爲羅陰。唐初置縣，尋省。今爲羅陰城。水經注：洛陰水逕洛陰城北。魏書地形志：陽曲有羅陰城。舊唐書地理志：武德七年，分陽曲置羅陰縣，貞觀元年省。

盂縣故城。在陽曲縣東北八十里。元和志：故盂城，漢盂縣也。本春秋時晉大夫祁氏邑，在陽曲縣東北十里。左傳曰：晉分祁氏爲七縣，以孟丙爲盂大夫。漢以爲縣，屬太原郡，後魏省。舊志：隋開皇十六年復分汾陽置盂縣，大業初廢。今謂之大盂城，亦稱大祁城。

陽曲故城。在今陽曲縣東北。元和志：陽曲本漢舊縣，今忻州定襄縣是也。後漢末移於太原縣北四十五里陽曲故城，後魏又移於今縣南四里陽直故城。隋開皇六年改爲陽直縣，十年又移於今縣東北四十里汾陽故縣。煬帝復改爲陽直縣，移治木井城，即今縣治也。唐武德七年省。故木井城，東魏孝静帝築，城中有井，以木爲甃，因名。舊唐書地理志：武德七年改汾陽爲陽曲縣，仍移治陽直廢縣〔二一〕。舊志：宋太平興國四年平漢，移并州治於陽曲縣三交寨，遂爲郭下縣。七年又移治唐明鎮，即今縣治。後漢陽曲故城在縣東北四十五里，木井城在縣東北七十里。

晉陽故城。即今太原縣治。古唐國，相傳帝堯始都此。周初滅唐，成王封其弟叔虞於此，虞子燮以有晉水，改國曰晉。左傳定公十三年：趙鞅入於晉陽以叛，其後簡子使尹鐸爲晉陽，及智伯攻趙，襄子走晉陽，卒滅智伯。史記：秦莊襄王三年拔趙晉陽，置太原郡。漢高十一年封子恒爲代王，都晉陽。晉永嘉時爲劉曜所陷。後魏永熙元年高歡破爾朱兆，以晉陽四塞，建大丞相府居之。隋大業十二年以李淵爲太原留守，十三年遂自晉陽起義，定天下。元和志：晉陽，漢舊縣，屬太原郡，至後魏不改，治并州城中。高齊武成帝河清四年移於汾水東。武平六年於今治置龍山縣。隋開皇十年廢龍山縣，移晉陽縣治焉。唐因之。又府城，故老相傳晉并州刺史劉琨築。城中又有三城，其一曰大明城，即古晉陽城，左傳言董安于所築，高齊後主於此置大明宫，因名；又一城，東魏孝静帝於此置晉陽宫，隋文帝更名新城；又一城，隋開皇十六年築，今名倉城。文獻通考：并州，後唐爲西京，又爲北京。周太祖即位，劉崇據河東，都其地。宋太平興國四年平劉繼元，毁其城，移州治於榆次縣。舊志：五代晉天福中以劉知遠爲太原留守，十二年晉主北遷，知遠遂即帝位於太原。既而赴洛，以弟崇爲北京留守，周廣順元年崇復據晉陽即位，是爲北漢。宋平劉繼元，城邑、宫闕皆毁廢。至明洪武四年復移縣治於故唐城之南，尋復曰太原，即今治。按：宋史地理志及文獻通考俱謂太平興國四年并州改治榆次，惟寰宇記謂四年即治陽曲縣。寰宇記當時所纂，自必有據。

平晉故城。在太原縣東北二十里。舊志：宋太平興國四年平太原，毁其城，置新城於城北，改曰平晉縣。九年於縣置監務，咸平四年升爲永利監。熙寧三年縣省，政和五年復置〔二二〕。金大定中廢監官，止立縣事。貞祐四年省平晉縣，興定元年復置。元因之。明洪武四年改爲太原縣〔一三〕，移縣治於故唐城南，即今治也。

太原故城。在今太原縣東北。元和志：太原縣，本漢晉陽縣地。高齊河清四年自今州城中移晉陽縣於汾水東。隋開皇十年移晉陽於州城中，仍於其處置太原縣，屬并州。大業三年罷州置太原郡，縣仍屬焉，隋末移入州城。貞觀十一年還遷於舊治，在州東二里。

中都故城。在榆次縣東十五里。漢中都城在今汾州府平遥縣界，後魏移置於此。元和志：中都故城在榆次縣東十里，高齊移於廢榆次縣城，即今縣治是也。

榆次故城。在今榆次縣西北。元和志：春秋時晉魏榆地。左傳：石言于晉魏榆，服虔曰：「魏，晉邑。榆，州里名也。」史記曰：莊襄王二年使蒙驁攻趙魏榆。漢以爲縣，屬太原郡。後魏太武帝併入晉陽，宣武帝復置。高齊文宣帝省，自今縣東十里移中都縣治之，屬太原郡。隋開皇十年改中都爲榆次縣，唐因之。舊志：漢縣城，後魏時徙。

陽邑故城。在太谷縣東南十五里。元和志：太谷縣，本漢陽邑縣，屬太原郡，今縣東十五里陽邑故城是也。後漢明帝以馮魴爲陽邑侯。後魏太武帝省，景明三年復置，屬太原郡，即今縣是也。高齊及周因之。隋開皇三年罷郡入并州，十八年改陽邑爲太谷縣。

雲州故城。在祁縣東。魏書地形志：雲州，孝昌中寄治并州界〔一四〕。元和志：雲州故城，在縣西二十里。

祁縣故城。在今祁縣東南。元和志：祁縣，本漢舊縣，即春秋時晉大夫祁奚邑。左傳：晉滅祁氏分爲七縣，以賈辛爲祁大夫。注曰：「太原祁縣。」按：漢舊縣在縣東南五里故祁城是也，後漢訖後魏不改。高齊天保七年省，隋開皇十年重置。明統志：漢祁縣治祁城村，後魏徙今治。

梗陽故城。在徐溝縣西。元和志：梗陽故城，春秋晉大夫祁氏邑。左傳曰晉滅祁氏分爲七縣，魏戊爲梗陽大夫是也。

隋開皇十六年於其城内置清源縣，重加拓築。本朝順治十七年增修。今爲舊清源縣南關。

交城故城。在今交城縣北七十里。元和志：交城縣，本漢晉陽縣地。隋開皇十六年分晉陽縣置，取古交城爲名，屬并州。唐因之。天授二年〔三五〕，長史王及善自山北故交城縣移就却波村置。縣志：却波村即今縣治。隋交城縣，今名古交村，在縣北汾水、孔河交流處。

文水故城。在今文水縣東十里。元和志：文水縣，本漢大陵縣地。後魏於今治置受陽縣，屬太原郡。隋開皇十年改受陽爲文水縣，因縣西文谷水爲名。唐因之。天授元年改爲武興縣，神龍元年復爲文水縣。城甚寬大，約三十里。舊志：宋元符間因水患，徙南漳沱村高阜，即今治，故城今爲舊縣都。

平陶故城。在文水縣西南。元和志：平陶城，漢平陶縣城也，在縣西南二十五里，屬太原郡。後魏改爲平遥縣，徙治京陵，在今汾州界。

大陵故城。在文水縣東北二十五里，周十餘里。晉平陵邑，左傳昭公二十八年司馬烏爲平陵大夫，即此。趙爲大陵。史記：趙肅侯十六年游大陵〔三六〕，至於鹿門。武靈王十六年游大陵，夢處女鼓琴而歌。漢置大陵縣，屬太原郡。後魏廢。魏書地形志：受陽縣有大陵城。元和志：大陵城，漢大陵縣也，在文水縣東北十里。

岢嵐故城。在嵐縣北。本漢汾陽縣地。後魏於此置岢嵐縣，屬嵐州。隋開皇中省入静樂，大業八年復置嵐城縣，屬樓煩郡。唐武德四年改嵐城爲宜芳縣，六年置嵐州，治宜芳。舊志：元嵐州治宜芳縣，至元二年省州、縣入管州，五年復置州，不設縣。明洪武二年降嵐州爲縣。

合河故城。在興縣西北五十里。元和志：合河縣東至嵐州一百八十里。本漢汾陽縣地。後魏於蔚汾谷置蔚汾縣，屬神武郡。隋開皇三年罷郡，縣屬石州。大業四年改爲臨泉縣，屬樓煩郡。唐武德七年改爲臨津縣，屬嵐州。貞觀元年改爲合河縣。

以城下有蔚汾水，西與黄河合，故曰合河。舊志：合河縣，宋元豐中徙治蔚汾水北。金升爲興州，明初降爲興縣。縣東南六十里又有故臨津城，疑唐臨津縣治此。

清源廢縣。在徐溝縣西。春秋晉梗陽邑，漢爲榆次縣地，後魏爲晉陽縣地。隋開皇十六年置縣，屬并州。大業初省入晉陽。唐武德元年復置，開元十一年屬太原府，五代及宋、金因之。元屬冀寧路。明屬太原府，本朝因之。乾隆二十八年省入徐溝。

靈川廢縣。在交城縣東北四十五里。舊唐書地理志：先天二年於交城故縣分置靈川縣，開元二年省。

合會廢縣。在嵐縣西南三十里。今名合會鎮。舊唐書地理志：武德四年宜芳縣分置合會縣，九年省。

豐潤廢縣〔二七〕。在嵐縣。舊唐書地理志：宜芳縣，武德四年析置豐潤縣，五年省。

太和廢縣。在興縣北。隋置。舊唐書地理志：嵐州，武德四年以北和州之太和縣來屬，九年省。貞觀三年又置，八年又省。

三交城。在陽曲縣北十五里。李燾長編：河東有地名三交。宋史太宗紀：太平興國四年，命潘美屯河東三交口。寰宇記：皇朝平晉，移并州於三交寨，陽曲縣界。縣志：舊有三交驛，今裁。

東城。在太原縣東。唐書地理志：北都城，左汾右晉，汾東曰東城，貞觀十一年長史李勣築。兩城之間有中城，武后時築，以合東城。

三角城。在太原縣西北。元和志：在晉陽縣西北十九里，一名徒人城。

唐城。在太原縣北。括地志云：故唐城在并州晉陽縣北。都城記云堯所築，叔虞始封此，子燮父徙居晉水旁，并理故唐城。

捍胡城。在太原縣北。元和志：一名看胡城，在晉陽縣北二十三里。

王陵城。在太原縣東北，舊縣汾水側，今爲黄陵村。寰宇記：王陵城有晉太原王司馬輔冢。

信都城。在榆次縣東十八里。北魏時所僑置。宋圖經：縣東鄉嘗名信都，即今來暮鄉。

涂水城。在榆次縣西南二十里。左傳昭公二十八年「知徐吾爲涂水大夫」，杜預曰：「涂水，太原榆次縣。」漢書地理志：榆次涂水鄉，晉大夫知徐吾邑。

武觀城。在榆次縣西南二十里陳侃村，一名武館城。水經注：洞渦水西南流，逕武觀城西北，盧諶征艱賦曰「逕武館之故郛」〔三八〕。

箕城。在太谷縣東三十五里。左氏春秋僖公三十有三年「晉人敗狄于箕」，杜預曰：「太原陽邑縣南有箕城。」水經注：蔣谷水西逕箕城北。

副井城。在太谷縣西南七里。戰國時趙人戍守處，今曰副井村。

咸陽城。在太谷縣西南十里。今爲咸陽村。元和志：秦伐趙時築，以咸陽兵戍之，因名。

洛漠城。在太谷縣西北。一名蘿磐亭，亦謂之蘿摩亭，相傳秦將王翦伐趙所築。唐明皇幸太原，置永豐頓兼立青城宫於此。今名登豐村。水經注：涂水逕蘿磐亭南。元和志：蘿摩亭，俗名洛漠城，在太谷縣西北十九里。

隆舟城。在祁縣東南三十里。相傳北漢劉繼元築以拒敵。

郜城。在祁縣西南七里。一名鵠城，今爲高城村。相傳晉大夫解狐所居。

沙城。在祁縣西五里。相傳慕容垂所築。

趙襄子城。在祁縣西北七里。今曰城趙村。元和志：在縣西六里。

秃髮城。在祁縣東北二十里。相傳秃髮氏所築。又有楊六郎城，在縣東南二十五里。

鵝城。在徐溝縣西南二十里。元和志：在清源縣東南二十二里，晉陽秋曰「永嘉元年洛陽步廣里地陷，有二鵝，蒼者飛沖天，白者不能飛。劉曜以爲己瑞，築此城以應之」。

印駒城。在徐溝縣西南五十里。漢文帝置牧於交城縣，築此城以印駒。

榆城。在交城縣西北一百三十里。其地多榆，因名。

馬蘭城。在交城縣北九十里，孔河之南。漢、魏、北齊皆牧馬於此，今名馬蘭村。

大干城。在文水縣南十里。元和志：在文水縣西南十一里。本劉元海築，令兄延年鎮之，其俗謂長兄爲大干，因以爲名。

柵城。在文水縣北二十五里。後魏宣武時所築，今名開柵村。

蘇孤戍城。在岢嵐州東三十里。相傳北齊所築，其東北隅没於水，僅存三面，今名三角村。

安元城。在岢嵐州西五里梁家會。故址猶存。

新州城。在岢嵐州北五十里天窊口。今有遺址。

長城。在岢嵐州北。魏書孝静帝紀：武定元年齊獻武王召夫五萬，於肆州北山築城，西至馬陵戍，東至土隥。元和志：隋長城，起合河縣北四十里，東經幽州，延袤千餘里。開皇十六年因古跡修築。

秀容城。在嵐縣南。此南秀容也，今爲秀容都。北秀容在今朔平府界，去南秀容三百餘里。水經注：魏土地記：「秀容胡人徙居汾陽，立秀容護軍治，東去汾水六十里。」元和志：秀容故城，在宜芳縣南三十里〔二九〕。劉元海感神而生，姿容秀美，因以爲名。

徐溝故鎮。即徐溝縣治。九域志：清源縣有徐溝鎮。金史地理志：徐溝，本清源縣之徐溝鎮，大定二十九年升。

集義村。在徐溝縣東十里。唐安禄山反，李光弼復太原，本村民集衆舉義兵應之，故名。

屠賈村。在徐溝縣西南四十里。相傳爲屠岸賈故里。

避暑宫。在太原縣西南三十里。相傳北齊神武帝避暑處。

晉陽宫。在太原縣北。魏書地形志：武定初齊獻武王置晉陽宫。元和志：晉陽宫在并州城内。唐書地理志：在北都之西北，宫城周二千五百二十步。按：據魏書、唐書所言，則唐并州城在後魏并州城東，蓋太原縣本在州城東，唐築東城、中城以聯之，遂與晉陽俱爲郭下縣也。

白馬府。在陽曲縣西北五十里。隋置戍之所，謂之故府。

竹馬府。在太原縣。又榆次縣東八里有洞渦府、東南十里有昌寧府，太谷縣治東有寧静府，皆唐貞觀中置以居府兵者。唐書地理志：太原府，有府十八，曰興政、復化、寧静、洞渦、五泉、昌寧、志節、汾陽、静智、信童、晉原、聞陽、清定、豐川、竹馬、攘胡、西胡、文谷，城中有天兵軍，開元十一年廢。

受瑞壇。在太原縣西北。元和志：在并州理倉城中。唐書地理志：唐初高祖使子元吉留守，獲瑞石文曰「李淵萬吉」，築壇，祀以少牢。

狄梁公故里。在陽曲縣西南二十里狄村。其村内慈觀寺有碑記。

萬年頓。在太谷縣西北十里。本名龍泉頓，晉陽記：唐開元十年帝幸太原時，北都留守杜暹奏曰「龍泉地主姓唐名萬年，姓符國號，名表天長，乞改爲萬年頓」，從之。

講武臺。在太原縣西北。元和志：在晉陽縣西北十五里，顯慶五年置。

鑿臺。在榆次縣西。戰國策：韓、魏殺智伯瑶於鑿臺之下。後漢書郡國志：榆次縣有鑿臺。元和志：在縣南四里〔三〇〕。今爲洞渦水所侵，無復餘跡。舊志：又縣東五十里有廢臺，相傳冉閔爲并州刺史時所築。又有晾馬臺，在縣北十里。

籌邊樓。在府治内。宋馮京守太原時所建。

彤霞樓。在陽曲縣西汾水隄上。宋州守陳堯佐建。

棣華堂。在陽曲縣西。宋韓絳、韓縝兄弟相繼守太原時所建，李清臣作碑記。

安武堂。在陽曲縣西。明統志：下臨汾水，宋時每春秋仲月講武於此。

號令堂。在太原縣城内。唐書地理志：晉陽有號令堂，高祖誓義師於此。

柏堂。在太原縣城内。唐北平王馬燧建。

起義堂。在太原縣東。唐書地理志：北都，宫城東有起義堂。元和志：起義堂碑在乾陽門街，開元十一年明皇幸太原所立。

愛月亭。在府城内。宋馮京守太原時建。又有四照亭、水心亭，俱在陽曲縣西。

山亭。在太原縣西。唐建，有張弘靖諸人石刻。

思鳳亭。在榆次縣治東。晉荀蕤爲令，鳳集其境，後人思之，宋天聖中建亭。

清暉亭。在興縣東六十里。明嘉靖三十七年建。

西山冶。在交城縣西北。寰宇記：大通監管東、西二冶，西山冶在監西文谷内義泉社，去監六十里。此冶取狐突山鐵鑛烹煉。縣志：今縣西北八十里西冶村有大通鐵冶，即大通監也。宋太平興國四年置，設都提舉司及鐵冶所巡司，金廢。

雁丘。在陽曲縣西汾水旁。金元好問赴府試，道中羅者捕二雁，一雁死，一脱網，盤旋哀鳴，亦投地死，好問贖瘞汾水旁，壘土爲丘，作雁丘詞。

潛丘。元和志：在太原縣南三里。爾雅曰「晉有潛丘」，隋開皇二年於其上置大興國觀。舊志：在縣東八里。宋修惠明寺浮屠，陶土作瓦，是丘遂湮。

臺駘澤。在太原縣南。一名晉澤。元和志：在晉陽縣西南六里。隋開皇六年引晉水溉稻田，周迴四十一里〔三二〕。縣志：在縣南十里。舊爲晉水匯處，蒲魚所鍾，今久涸。

武勞泊〔三三〕。在文水縣南二十里。唐天授二年賜名朱雀泊。又縣東南二十里有伯魚泊，今皆涸。

戰壕。在徐溝縣東一里。相傳唐太宗與劉黑闥戰於此。

御井。在太原縣西。世傳宋太祖下河東，飲馬於此。

關隘

天門關。在陽曲縣西北六十里。唐書地理志：陽曲縣有天門關。宋史高繼宣傳：趙元昊寇麟府，繼宣帥兵營陵井，抵天門關。府志：天門、陵井一道相連，互爲首尾，山之東盡爲天門，山之西盡爲陵井。山勢險阻，旁有深溝，稍上有石梯，可二丈許。新志：明崇禎十六年築安民堡於此，與陵井、紅土橋共相犄角。舊有巡司，本朝乾隆三十二年移駐清源城。

馬嶺關。在太谷縣東南七十里馬嶺上。其地控扼要險，自昔爲戍守處。唐書地理志：嶺上有長城，自平城至魯口三百里，貞觀元年廢。太平寰宇記：路通古邢州。明統志：路通直隸順德府界。曹學佺名勝志：五代梁伐太原，刺史張歸厚自馬嶺關入〔三三〕，即此。

龍舟峪關。在祁縣東南九十里。南通沁州，北通徐溝，兩壁皆山，旁有胡甲水。舊有巡司，今裁。

蔚汾關。在興縣東。唐書地理志：嵐州合河縣，東有蔚汾關，北有合河關。元和志：在合河縣東七十里。

合河關。在興縣。元和郡縣志：在合河縣北三十五里。唐開元八年〔三四〕，并州長史張説出合河關，掩擊叛羌，大破之。宋慶曆元年，趙元昊陷豐州，遣兵絶麟州餉道，議者請棄河外，保合河津。金史地理志嵐州合河縣有合河津鎮，即此。新志：在興縣西北七十里。

洪谷堡隘。在岢嵐州南四十里。唐書僖宗紀：乾符五年，崔季康及李克用戰於洪谷。宋史地理志：嵐谷縣有永和、洪谷等砦。通鑑注：岢嵐軍南有洪谷。今爲洪谷堡隘，路出汾州府永寧州。

天澗堡隘。在岢嵐州北五里。路通朔平府朔州。兩山並峙，深狹如澗，俗名暗門子。又有于坑堡隘，在州西北八十里，路通保德州。

石嶺關巡司。在陽曲縣東北一百二十里。北去忻州四十里，爲并、代、雲、朔要衝，勢甚險固。唐武德三年突厥窺晉陽，自石嶺以北皆留軍戍之。至德中置石嶺軍。宋開寶二年太祖征晉陽，遼師來援，命何繼筠將兵赴石嶺關拒却之。太平興國四年，以郭進爲太原石嶺關都部署，斷燕薊援師。元至正二十年命博落特穆爾守石嶺關以北，察罕特穆爾守石嶺關以南。明初常築土城戍守，後圮。萬曆二十二年改爲石築，延袤二百丈有奇，置巡司於此。今因之。「博洛特穆爾」舊作「孛羅帖木兒」，「察罕特穆爾」舊作「察罕帖木兒」，今並改正。

清源鄉巡司。在徐溝縣西三十三里。本朝乾隆三十二年移天門關巡司駐此。

故交村巡司。在交城縣東北九十里，與靜樂、陽曲接界。當神師、羊腸兩山之奥，左汾右孔，二河夾之。本朝康熙四十年設巡司駐此。

百井鎮。在陽曲縣北四十里，一作柏井。宋書地理志：陽曲縣有百井砦。府志：今城東北七十里有柏井鋪，或以爲即古柏井鎮云。

源渦鎮。在榆次縣東八里。又東陽鎮在縣南三十里，永康鎮在縣西南三十里，皆有堡城。又王胡鎮在縣北八里。四鎮皆大聚落，爲商旅止宿之地。

什貼鎮。在榆次縣東北五十五里，接壽陽縣界。壽陽山道，又爲井陘驛道。

范村鎮。在太谷縣東。本朝乾隆四十三年設主簿駐此。

子洪鎮。在祁縣東南三十里，南倚雙泉山。又縣東北三十里有白圭鎮。

盤陀鎮。在祁縣東南五十里。宋史姚古傳：靖康元年金人進兵迎古，遇於盤陀。縣志又有來遠鎮，在盤陀東南，去縣七十里。有寨在東山巔，明嘉靖間設。四面臨溝，上壘石橋〔三五〕。

團柏鎮。在祁縣東南六十里，東接太谷，南接武鄉。金史地理志：祁縣有團柏鎮，亦曰團柏谷。新志：又北關鎮，在縣東南九十里。相傳宋太祖取河東，克金鎖關，即此。

賈令鎮。在祁縣北十五里，以春秋時晉大夫賈辛名。舊置賈令驛，明嘉靖十二年移置城西，因築堡於此。其北又有新韓鎮，明萬曆二十五年建。

故驛鎮。在徐溝縣北十里。又堯城鎮，在縣西南三十里；高白鎮，在縣西南二十里，一名蒿泊鎮。

孝義鎮。在文水縣南三十里。

東村鎮。在嵐縣東南四十里，有堡。又大賢鎮、普明鎮，俱在縣南；合會鎮，在縣西南；上明鎮、吸百里鎮、大蛇頭鎮，俱在縣西；河口鎮，在縣北。

交城營。在交城縣西城外。本朝康熙十一年創設。

埽峪村石寨。在陽曲縣西北九十里。陵井口、天門關之險要也。

陽興寨。在陽曲縣東北一百里。宋史地理志：陽曲縣有百井、陽興二寨。府志：陽曲縣境内堡寨凡七十餘所，皆爲防禦要地。

晉安寨。在太原縣故晉陽城南，亦曰晉安鄉。史略注：晉安寨在太原縣西南三十餘里晉祠南。

聖賢寨。在榆次縣西北二十里，甎井堡後。又陽壁寨，中平如砥，四面深溝，惟東一逕僅容旋軌。麓臺寨即溝爲塹，旁通曲徑，中平衍。

谷頭寨。在榆次縣北十五里。又訓谷寨，在縣東北二十里，形險天成。

杏林寨。在太谷縣東十里。又奄谷寨在縣東南十五里，東咸陽寨在縣西南十里，朝陽寨在縣東北十里，又東北有牛許寨、東賈寨、閻村寨，俱明嘉靖間置。

安寨。在祁縣東南三十里雙泉山巔。明嘉靖間置。

石壁寨。在交城縣西北石壁山上。一嶺孤高，下視溝谷，極爲險峻。又縣西北有盧頭寨、拔水寨，西南有三山寨、三層寨，皆高百餘丈，壁壘巉巖，僅通單騎。

水泉寨。在交城縣北一百里故交村。又龍頭寨，在縣北一百二十里。皆高百餘丈，周圍石崖，僅通一逕。

馬西寨。在文水縣西隱泉山上。因山設險，堰石爲城，周三里。明嘉靖十九年置。

寒光寨。在岢嵐州北五十里。金史地理志：嵐谷有寒光堡。新志作韓光寨。又州東南有天牢寨，西南有温泉小寨。

天村寨。在嵐縣北二十五里。有城，周三里。明洪武九年調鎮西衛官軍守禦〔三六〕，尋罷。

鹿徑嶺寨。在嵐縣北六十里。舊有巡司，今裁。

安民堡。在陽曲縣西北六十里天門關。又全民堡，在縣西北八十里陵井驛，俱明崇禎十六年築。又新城村堡、永安堡、向陽堡、鎮城堡，俱在縣西北，皆民堡也。

紅土橋堡。在陽曲縣東北八十里，當盂縣、壽陽孔道。其地焦鹵，無居民，明崇禎中築生民堡於此，以備守禦。又范家堡、辛莊堡、三和上堡、三和下堡，俱在縣東北。

小店堡。在太原縣東十五里。東至榆次甎井村墩汛二十里，南至徐溝同戈村墩汛三十五里，北至陽曲老軍營墩汛二十五里，東北至陽曲親賢村墩汛十七里，乃太原四達道也。

鄭村堡。在太原縣東三十里。其東爲西賈堡，接榆次縣界。又縣西南有故驛堡、棗園堡，東北有許東堡。

東莊水堡。在太原縣南八里，周二里。因晉水爲濠，甚險固。其西南有王郭村堡、姚邵堡、高家堡，又縣東南有南格堡，其東爲張花堡。

董茹堡。在太原縣西北十三里。其北爲南堰堡，又北爲義井堡。又西爲北堰堡，因山爲險，高數十丈。

嘉節堡。在太原縣東北汾河東岸。其南爲孫家寨堡，其東爲賈家寨堡，折而西爲鞏家堡，又西北爲范家堡。

東郝堡。在榆次縣東南十里。又長壽堡、開白堡、陳胡堡，俱在縣南；懷仁堡、馬村堡、張慶堡、胡喬堡，俱在縣西南。

使趙南堡。在榆次縣西北八里。外爲馳道，環甃以甎，門以鐵爲之，南北建樓，四隅置鋪。稍北又有北堡。又楊盤堡在縣西北十五里，磚井堡在縣西北二十里，皆明嘉靖二十一年築。

惠安堡。在太谷縣東南十八里。又東南有桃園堡、四卦堡、回馬堡。又白村堡、郭村堡俱在縣北，登豐堡在縣西北，胡村堡、小常堡、東里堡、西薄堡俱在縣東北，皆民堡也。

武村堡。在太谷縣東北。臨象谷水，三面石崖，勢極險阻，唐武德初築，爲戍守處。又陽邑堡在縣東，洸村堡、白城堡俱在縣西南，上善堡在縣北，太白堡在縣東北，皆官堡也。

武鄉堡。在祁縣東二十里。又温曲堡、東六支堡在縣東南，南谷豐堡在縣西北，高村堡、王村堡、西六支堡、谷戀堡在縣東北，皆明嘉靖間築。

懷遠堡。在徐溝縣西南。又有楚王堡，在縣南。

靖安堡。在交城縣西北百四十里。明崇禎三年建營，設守備，十一年築堡，後移駐文水縣之開柵鎮。本朝康熙十年復設守備駐此，雍正十年改設都司。

孝義堡。在文水縣南十三里。其南二里有孝義墩，接交城縣界。又縣東南有仁義堡，西南有岳青堡，俱明嘉靖時置。

開柵堡。在文水縣北二十五里開柵鎮，接交城縣界。周四里，其半爲文峪水所嚙毁。又縣東有原東堡，接祁縣界，西南有青泉堡，雲州村有雲州東、西二堡，俱明嘉靖二十一年置。

三井堡。在岢嵐州西北四十里。元爲岢嵐鎮立巡司，明廢爲三井村，萬曆中於村北復設三井堡。

飛鳶堡。在嵐縣西北六十里乏馬嶺。宋史地理志：宜芳縣有飛鳶堡。按：明初爲乏馬嶺寨，洪武九年調鎮西衛官軍守禦〔三七〕，尋罷。

界河口。在興縣東六十里，路通岢嵐州。明初設巡司，後裁。

黑峪口。在興縣西五十里，即黄河官渡，通陝西神木、榆林諸處。

孟家峪。在興縣西南五十里黄河崖，路通陝西神木縣。明初置巡司，後裁。

陵井驛。在陽曲縣西北八十里。金史地理志陽曲縣有陵井驛，後訛「陵」爲「凌」。舊有驛丞，今裁。

成晉驛。在陽曲縣北七十里。舊有驛丞，今裁。

鳴謙驛。在榆次縣北二十里，西去府城五十里。明景泰七年築城，周三里許，門三，池繞其外。本朝設驛丞，後裁。

盤陀驛。在祁縣東南三十里子洪鎮。明洪武三年建，七年嘗置盤陀遞運所於此。本朝初設驛丞，乾隆七年裁。

同戈驛。在徐溝縣北關外西隅。即洞渦，字之訛也。本朝初設驛丞，雍正七年裁。

王封村。在陽曲縣西四十里。本朝設巡檢，乾隆二十二年改設同知。

岔口村。在交城縣北一百十里，北至静樂天成川四十里。明天啓間曾建營房於孔河都岔口諸村，防兵二百，守備統之。

柳林。在太原縣東南三十里。縣志：今縣東十五里有柳林莊，又東南有東柳林莊。

津梁

汾橋。在陽曲縣東一里。水經注：魏土地記曰：「太原城東汾水上舊有梁，襄子解衣之所。」元和志：汾橋架汾水，即豫讓刺趙襄子處，橋長七十五步，廣六丈四尺。今圮。

迎澤橋。在陽曲縣南門外。明萬曆中建。府志又有承恩橋，在南門外；宜春橋、迎暉橋，在東門外；振武橋、阜成橋，在西門外；鎮遠橋、拱極橋，在北門外。皆因門得名。

赤橋。在太原縣南七里晉水北渠上。舊名豫讓橋，宋太祖鑿臥虎山，血流成河，因更今名。

清跨橋。在太原縣南八里，跨晉水上。晉水一名清水，因名。

柳林莊橋。在太原縣南汾河上。又汾河上有南屯橋、小店橋。

源渦橋。在榆次縣東八里。甃石爲之。

萬春橋。在榆次縣南二里許〔三八〕。旁翼以欄，其下壘石爲洞，中平如砥。又南有郭村橋、修文橋，東南有中郝橋，三橋皆架木覆土，水涸則成，水漲則撤。

張慶橋。在榆次縣西南二十里。竪巨石爲梁，繞以石檻，四周堅緻。又永康橋，在縣西南三十里，乃徐溝縣之通京道。又永濟橋，在縣西十里。

流村橋。在榆次縣北二十里。明萬曆中築。

什貼橋。在榆次縣東北四十里。橋跨深溝，積土爲之，無水患。

永濟橋。在太谷縣南門外。明成化中建。又西門外有濟民橋，嘉靖中建；北門外有利涉橋，萬曆中建。

韓令橋。在祁縣南門外。又團柏橋，在縣東南團柏鎮。又澗村橋，在縣東南二十里。

上段橋。在祁縣西二十里。又賈令橋，在縣北十五里。皆以土木結構，夏初則撤，秋杪復修。

米陽橋。在徐溝縣西，因米陽渡爲名。又有孔村橋、青堆橋，俱跨汾水上，秋、冬架木爲之，夏則撤去。

通濟橋。在交城縣東門外。又南城橋〔三九〕，在縣城南八里禿尾河；廣仁橋，在縣北門外。

交河橋。在交城縣古交村汾、孔交流之會。本朝康熙四十七年建。

朝陽石橋。在文水縣東門外。又縣南門外有連城橋，本朝康熙十一年用石重構。縣西門外有樂成橋，北門外有通濟橋，俱甃甎石。又廣濟橋，在縣北；文谷善濟橋，在汾水上。

通濟橋。在岢嵐州東。又嵐漪橋〔四〇〕，在州南門外。

通惠橋。在興縣城内通惠水上。又利涉橋，在東門外，通惠泉水經流橋下，明嘉靖中石甃。

汾河渡。在陽曲縣西南十里。道通太原縣，秋、夏置船，冬、春爲木橋以渡。

隄堰

捍水隄。在榆次縣。有三，一在縣西南懷仁村，一在縣南王郝村，一在縣南西長壽村，明萬曆中築，皆因涂水暴漲，築隄捍之。

護城隄。在徐溝縣南。明萬曆初築，以禦象谷水。

長隄。在徐溝縣北，延袤七里。明萬曆四十一年築，以禦小河水。

沙堰。在太原縣西七里風谷口。舊築以障風谷水，後圮，明正德七年修築。

白石堰。在徐溝縣西三十五里。明洪武中築，以捍白石水。

瓦窑官堰。在交城縣西北五里。元至正中築。本朝康熙七年知縣趙吉士重修，壘石爲隄，障水南流，長百五十餘丈，夾岸置柳固隄，名卧虹隄。

瓷窑官堰。在交城縣東北五里。元至正初築，以防塔莎河之衝（四一）。後圮，本朝康熙初重築。

風峪口溝。在太原縣西五里。本朝乾隆四十一年開。

上戈渠。在榆次縣東十八里。又南要、雙村、牛耕、王都諸渠，皆引洞渦水；永春、中郝、小東關、王村、楊村、萬春（四二）、偃武、懷仁、王郝、張慶、永康、陳胡諸渠，皆引大涂水；胡喬渠、西河堡渠，皆引小涂水；要村渠、德音渠、沙渠，皆引金水河水；長壽渠。引牛坑水；西榮、使張、使趙、楊盤、鳴李、洪水諸渠，皆引澗河水；甄井、沙河、小谷口諸渠，皆引山水；秋村渠，引寺峪河水；沙溝村渠，引沙河水，皆滋灌溉之利。

沙渠。在祁縣東。又有小沙、大東、胡帳、范公諸渠，俱在縣東；子洪、魯村、龍濟諸渠，俱在縣東南；官渠、斜渠、賈令渠，俱在縣東北，皆引昌源河水以溉田。又南梁渠，在縣東南，引通光水以溉田。

灌稼渠。在徐溝縣西，舊清源縣東門外。洩城内東湖水，以達於汾。又廣濟渠，在縣西二十七里；永濟渠，在縣西十八里，皆引汾水溉田。

分水渠。在徐溝縣西北。又救荒渠，在舊清源縣西南。俱本朝順治十七年開濬。

甘泉渠。在交城縣西南，自文水縣流入。又石堠渠、官渠，皆引文水溉田。

新渠。在交城縣北。引磁、瓦二河水以溉田。

青高村渠。在文水縣東。本朝雍正二年，自青高村至尹家社開引渠二道，東城村河自闢數十丈，袤二十五里。

柵城渠。在文水縣西北。唐書地理志：文水縣，西北二十里有柵城渠，貞觀三年民相率引文谷水，溉田數百頃。西十里有常渠（四三），武德二年汾州刺史蕭顗引文水南流入汾州（四四）。東北五十里有甘泉渠，二十五里有蕩沙渠，二十里有靈長渠、千畞渠，俱引文谷水，溉田數千頃，皆開元二年令戴謙所鑿。縣志：今引汾水溉田之渠五，曰廣濟、曰永濟、曰永會、曰原開、曰烏麻，皆在縣東南。引文水溉田之渠七，曰常稔、曰廣濟、曰甘泉、曰洪橋、曰清水、曰崇通、曰青龍，皆在縣東北。又有永賴渠，自文谷口南崖下，鑿石穿澗並西山，引文水入城。

陵墓

周

叔虞墓。在太原縣西南十五里馬鞍山，俗謂之晉王墓，又曰晉王嶺。寰宇通志：叔虞子燮父葬在縣治東南，人呼晉侯墓。

祁奚墓。在祁縣，又見絳州。魏書地形志：祁縣有祁奚墓。元和志：在縣西之高城鎮〔四五〕。縣志：在縣南榮仁村，子祁午墓在其右。

閻没墓。在徐溝縣西南三十五里。元和志：在清源縣西南三里。

狐突墓。在交城縣西北狐突山。山上有祠，禱雨最靈。

漢

周黨墓。在祁縣東南。魏書地形志：祁縣有周黨冢。元和志：在縣東南十四里〔四六〕。名勝志：縣東南十里小韓村，漢周黨宅、墓在焉。

温序墓。在祁縣西北修善村。後漢書温序傳：序爲隗囂别將苟宇所拘劫〔四七〕，伏劍而死。光武命送喪到洛陽，賜城旁爲冢地。子壽夢序告之曰：「久客思鄉里。」壽棄官，上書乞歸葬，帝許之，乃反舊焉。唐章懷太子注：「序墓在今并州祁縣。」元和志：在縣西北十四里〔四八〕。

王允墓。在祁縣西北修善村。後漢書王允傳：獻帝思允忠節，改殯，遣送還本郡。

晉

冉閔墓。在榆次縣東南二十里。

南北朝　魏

郭祚墓。在榆次縣東八里源渦村。

鸞王墓。在徐溝縣南二十里〔四九〕。相傳後魏正平初鸞王梅安來朝，道卒葬此，今名青堆。

北齊

斛律金墓。在太原縣西南十五里。

可朱渾元墓。在榆次縣東源渦村。

唐邕墓。在祁縣東南七十里。碑云：齊尚書令、晉昌王。

隋

韓子誕墓。在文水縣南十九里。

唐

李良臣墓。在榆次縣西北十里。子光進、光顔，孫昌元等皆祔。前有石柱二、碑二，極高闊。金石文字記：安定郡王李光進碑，令狐楚撰，嗣子季元書〔五〇〕；太尉李光顔碑，李程撰，郭虔正書，今俱在榆次縣。

温大雅墓。在祁縣東南五里〔五一〕。名勝志：大雅與其弟彦博俱葬縣之東北，有碑。

李淳風墓。在徐溝縣北十里同戈村。

五代　唐

周德威墓。在陽曲縣西北十里。

符存審墓。在太原縣西南。

李存孝墓。在太原縣西七里風谷口。

李存進墓。在太原縣東北三十里。

張承業墓。在交城縣西南十五里洪相村。

晉

史匡翰墓。在太原縣東北三十里。金石文字記：駙馬都尉史匡翰碑，陶穀撰，閻光遠行書。今在太原縣皇陵村。

北漢

劉氏墓。在太原縣西南三十里天龍谷中，或云北漢主劉崇等葬所也。

宋

邢昂墓。在太原縣晉祠南原上。昂，太原人，高蹈不仕。寇準、文彦博、陳堯佐、范仲淹皆有詩刻石。

折克行墓。在岢嵐州西北三里〔五二〕。其地有折氏家祠。

金

劉明達墓。在太谷縣北水秀村東七里。明達養母至孝，金貞祐中封金吾上將軍。通志入唐代，誤〔五三〕。

元

郝天挺墓。在交城縣北二里〔五四〕。

明

薄彦徽墓。在陽曲縣東四十里北山頭。

周經墓。在陽曲縣西三里裴村。

晉憲王墓。在陽曲縣西北三里劉莊〔五五〕。

王瓊墓。在太原縣西北七里蒙山之麓。

晉恭王墓。在太原縣東北三十五里駝山之陽。

祠廟

忠烈祠。在陽曲縣城内三橋街。本朝順治七年建，祀姜瓖叛逆時死節諸臣，自巡撫都御史祝世昌以下，共三十九人。

昭忠祠。在陽曲縣城隍廟。本朝嘉慶八年建。

竇鳴犢祠。在陽曲縣西北四十里洌石山，一名洌石廟。宋封英濟侯。府志：廟中有木在神龕中，狀如沈香，蚊蠅不敢近，俗名辟蠅木。又有碑，捫之光潤，洞照人影，俗名透玲碑。

介子推祠。在太原縣東五里。水經注：汾水西逕晉陽縣城南，舊有介子推祠，祠前有碑。魏書地形志晉陽有介子推祠。

趙襄子祠。在太原縣南。五代史：唐潞王從珂與石敬塘同入廟中，神像屹然起立。

晉祠。在太原縣西南十里懸甕山麓晉水發源處，祀唐叔虞。叔虞封唐，子燮因晉水更國號，因以名祠。魏書地形志：懸甕山，晉水所出，有晉王祠。水經注：枕水有唐叔虞祠，水側有涼堂，結飛梁於水上，左右雜樹交蔭，希見曦景，於晉川之中最爲勝處。北史齊紀：天統五年改晉祠爲大崇皇寺。元和志：在縣西南十二里。姚最敘行記：晉祠碑，在乾陽門街，開元十一年明皇幸并州所立〔五六〕，御製并書。金石録：唐高祖起兵禱於晉祠，貞觀二十年太宗爲立碑。今尚矗立，覆以亭。縣志：晉祠内又有晉源神祠，舊名女郎祠。宋天聖中建，歷代祈雨甚靈，故加封號。内有古柏。通志引宋史：太原城西十里谷中有娘子廟，太平興國四年曹翰從征太原，軍中乏水，往禱之，穿源得水，人馬以給。當即晉源神。按：北史：薛孝通詣晉祠，獨不拜，曰：「此乃諸侯之國，去我何遠！」是當時所祠者叔虞，非水神也。志稱宋天聖間建女郎祠於水源之西，殆即所謂娘子廟者，與叔虞合祠當在此時。一祀晉水源之神，一祀晉始封之君，後人或以其加封聖母，疑爲叔姜，則傳譌已甚，宜洪武初之改稱今號也。

尹鐸祠。在太原縣西門外。明時建。

原過祠。在榆次縣東，祀趙襄子臣原過。水經注：原過水西阜上有原過祠，棟宇雖淪，攢木猶茂。元和志：在榆次縣東九里，俗名原公祠。

麓臺山祠。在榆次縣東南。元和志：俗名智伯祠，在麓臺山上。縣志：其下有神頭村，相傳爲智伯墓。

諸葛武侯祠。有二，一在太谷縣南十三里咸陽谷，一在徐溝縣東賈村。

趙簡子祠。在徐溝縣西北五里平泉村〔五七〕。元至正四年建。

里克祠。在徐溝縣西北十里仁山之巔〔五八〕。金大定十年建。

狐突祠。在交城縣北狐突山下。宋景祐中賜額忠惠祠。按：陽曲、太谷、徐溝、文水四縣具有祠廟。又徐溝縣有狐偃廟，在縣南内道村。

廣應王神祠。在興縣南合查山上，有龍池。舊建合溪龍王廟，明洪武七年改稱今號。

五龍祠。在興縣東北十里。又龍母祠亦在縣西北。

八蜡廟。在陽曲縣南郭官亭東。

汾神廟。有二，一在陽曲縣西門外，以尹鐸、董安于配；一在太原縣晉澤南，曰汾水川祠。金天氏有子曰昧，爲玄冥師，生臺駘，能業其官，後人立祠祀焉。縣志：本名臺駘廟，唐時節度使盧鈞改今名。宋掌禹錫有昌寧公廟碑記。

漢文帝廟。在陽曲縣東北。按漢紀：文帝初封代，都晉陽。三年嘗如太原〔五九〕，故後人立廟祠之。

成湯廟。在祁縣。有二，一在縣東南七里昭餘祁故地，元至元中建〔六〇〕，歲旱，土人爆沙聚祠中，置瓶其上以禱雨，得水輒應；一在縣東南三十里子洪鎮南雙泉山，金大定中建。

帝堯廟。在徐溝縣西二十里堯城鎮。元至正中建。

魏孝文帝廟。在交城縣西北。寰宇通志：縣西有孝文山，乃魏道武牧地。孝文魏賢君，人思其德，故立廟於此。

樊噲廟。在交城縣西北瓦窑河東。相傳噲從高祖攻韓王信於代北，道過交城，後人立廟以祀。一名舞陽侯廟。

子夏廟。在文水縣。有三，一在商山陽，一在南武都，一在欒村。

寺觀

崛嵋寺。在府城西北四十里。唐貞元中建，有李克用父子題名刻石。

壽安寺。在陽曲縣治東。宋大中祥符中建，有真宗御製碑，字多剥落。

天龍寺。在太原縣西南三十里。北齊皇建元年建，内有石室二十四龕、石佛像四。明嘉靖二十五年於西巖鑿石洞三龕，以避寇。

童子寺。在太原縣西十里龍山上。北齊天保七年建。

法華寺。在太原縣西北十五里。北齊天保三年建〔六一〕，賜額開化寺，有五代蘇禹珪、王好古所撰碑〔六二〕。

永壽寺。在榆次縣東源渦村。漢建寧初建。唐元和十二年自村東移置今所。宋大中祥符初增建經閣、浮圖。

永寧寺。在交城縣西北二十里石壁山南〔六三〕。北魏延興三年建〔六四〕。太和中修，有甘露之應。唐貞元十二年重修〔六五〕，甘露復降，賜名石壁永寧寺。元和七年甘露又降，賜名龍山石壁永寧禪寺。内有甘露壇。殿後東北由石磴而上有千佛閣，李白書「壯觀」二字扁於上寺後北巖下。有龍潭泉，俗傳古龍潭禪師演法於此。

雲際寺。在岢嵐州西四十里。宋宣和三年建。

慶安寺。在興縣西北岡。元至元十四年建。

天慶觀。在陽曲縣治東南。元中統中建。内有通明閣，高數丈，明洪武中建。

長春觀。在太原縣西南。元延祐元年建〔六六〕，有學士陳儼碑記。

昊天觀。在太原縣西十里龍山絶頂〔六七〕。元元貞元年建〔六八〕，内有石室八龕。明洪武中併北極觀入焉。

神霄玉清觀。在岢嵐州治東。宋徽宗御製并書，碑刻俱在。

棲霞觀。在興縣東北岡上。金明昌中建。

校勘記

〔一〕天授元年置北都　乾隆志卷九六太原府建置沿革（下同卷簡稱乾隆志）同。按，據通典卷一七九州郡九、唐會要卷六八太原尹、文獻通考卷三一六輿地考二，「天授」當爲「長壽」之誤。

〔二〕在榆次縣東源渦村　「源」，原闕，據乾隆志、雍正山西通志卷三五學校補。

〔三〕在交城縣西北卧龍岡　「西」，原闕，據乾隆志補。

〔四〕武陵書院　「武陵」，乾隆志作「武林」。

〔五〕在今晉陽縣西　「西」下原衍「北」字，乾隆志同，據山海經卷三北山經删。

〔六〕遂獵牢山　「牢山」，乾隆志同，魏書卷一四神元平文諸帝子孫傳作「壽陽山」。

〔七〕南有黑龍洞　「洞」，乾隆志同，雍正山西通志卷一七山川一作「祠」。

〔八〕寰宇記　「記」，原作「志」，據乾隆志改。

〔九〕古西河上郡置關於此　「西」，原作「南」，據太平寰宇記卷五〇河東道一一改。太平御覽卷一五五州郡部一引帝王世紀此句作「爲通西上郡關」。

〔一〇〕下有白龍池　乾隆志同，雍正山西通志卷一七山川一「大萬山下有白龍池」，又卷一六四祠廟一「大萬山下有白龍池」，則此句當在「又西南十里爲大萬山」下。

〔一一〕白壁嶺　此與小注中之「壁」，原作「璧」，據乾隆志、魏書卷一〇六上地形上改。

〔一二〕在太谷縣南十三里　「十三」，原作「三十」，據乾隆志乙正。雍正山西通志卷九關隘一、卷一七山川一並作「十五」。

〔一三〕城濠記　「濠」，乾隆志同，雍正山西通志卷九關隘一、卷一七山川一並作「壕」。

〔一四〕今名銅街堝　「街」，乾隆志同，雍正山西通志卷一七山川一、卷五七古蹟一並作「家」。

〔一五〕又西南至清源縣東十里有米陽渡　「十」，乾隆志同，雍正山西通志卷二九水利一作「五」。

〔一六〕西去縣三十里　「三十」，原作「十三」，乾隆志同，據雍正山西通志卷一七山川一、太平寰宇記卷四〇河東道一乙正。

〔一七〕寰宇記謂之神福泉　乾隆志同。按，太平寰宇記卷四〇河東道一於神福泉、泌水分别立條，非以彼爲此也。自明天順志始創此説，後志皆沿之。

〔一八〕亦名赤坑水　「水」，原作「河」，乾隆志同，據雍正山西通志卷一七山川一改。

〔一九〕源出縣北二十五里白龍村　乾隆志同，雍正山西通志卷一七山川一作「縣東北二十五里白龍溝」。

〔二〇〕東南北三面臨城　「南」，原作「西」，乾隆志同，據雍正山西通志卷一七山川一改。按儲方慶東湖記云「令長之來宰茲邑者，又以西北少水泉之美，輒快意於茲湖」，又云「傍湖城垣受水冲激，崩塌無完土，西岸水侵，民居日毁壞」，則「南」字之訛顯然。

〔二一〕仍移治陽直廢縣　「直」，原作「曲」，乾隆志同，據雍正山西通志卷五七古蹟一、舊唐書卷三九地理二改。

〔二二〕政和五年復置　「五」，原作「元」，乾隆志同，據本卷建置沿革及宋史卷八六地理二改。

〔二三〕洪武四年改爲太原縣　本卷建置沿革云「洪武八年復曰太原縣」，明史卷四一地理二太原縣「洪武四年移於汾水西故晉陽城之南關，八年更名太原」，是移縣治在四年，改名在八年，本條二事並隷於四年，殊誤。

〔二四〕孝昌中寄治并州界　「孝昌」，乾隆志同，魏書卷一〇六上地形上作「永熙」。

〔二五〕天授二年　「二年」，乾隆志同，舊唐書卷三九地理二作「元年」。

〔二六〕趙肅侯十六年游大陵　「十」，原闕，乾隆志同，據雍正山西通志卷三沿革一、史記卷四三趙世家補。

〔二七〕豐潤廢縣　此與小注中之「潤」，原作「閏」，據雍正山西通志卷三沿革一、舊唐書卷三九地理二改。

〔二八〕逕武館之故郛　「館」，原作「觀」，據乾隆志、水經注卷六洞過水改。

〔二九〕在宜芳縣南三十里　「南」，原作「西」，乾隆志同，據元和郡縣志卷一七河東道四改。

〔三〇〕在縣南四里　「南」，原作「西」，乾隆志同，據明天順志卷一九太原府、元和郡縣志卷一六河東道三改。

〔三一〕周迴四十一里　「一」，原作「二」，據元和郡縣志卷一六河東道三、太平寰宇記卷四〇河東道一改。

〔三二〕武勞泊　「勞」，雍正山西通志卷一七山川一、卷五七古蹟一並作「澇」，文水縣又有武澇村，則作「澇」是。

〔三三〕刺史張歸厚自馬嶺關入　「自」下原衍「白」字，據乾隆志卷九七太原府二（下同卷簡稱乾隆志）、舊五代史卷二太祖紀二删。

〔三四〕唐開元八年　乾隆志同。按，舊唐書卷九七張説傳、資治通鑑卷二一二唐紀二八皆在九年，蓋兵事起於八年，而張説出關擊叛則在九年。

〔三五〕上壘石橋　「橋」，乾隆志同，雍正山西通志卷九關隘一作「牆」，疑是。

〔三六〕明洪武九年調鎮西衛官軍守禦　「鎮」，原作「振」，乾隆志同，據雍正山西通志卷九關隘一及本志寧武府建置沿革改。

〔三七〕洪武九年調鎮西衛官軍守禦　「鎮」，原作「振」，改同上條校勘記。

〔三八〕在榆次縣南二里許　「二」，原作「一」，據乾隆志、雍正山西通志卷二九水利一改。

〔三九〕又南城橋　「城」，乾隆志同，雍正山西通志卷二九水利一作「河」。

〔四〇〕又嵐漪橋　「漪」，原作「猗」，據乾隆志、雍正山西通志卷二九水利一改。

〔四一〕以防塔莎河之衝　「塔莎」，原作「搭沙」，乾隆志同，據雍正山西通志卷二九水利一及本卷山川改。

〔四二〕萬春　按，雍正山西通志卷二九水利一謂該渠引洞渦水，此處列作引大涂水，疑誤。

〔四三〕西十里有常渠　「常」，原作「長」，據雍正山西通志卷三一水利三、新唐書卷三九地理三改。

〔四四〕武德二年汾州刺史蕭顗引文水南流入汾州　「二」，原作「三」，今據雍正山西通志卷三一水利三、新唐書卷三九地理三改。

〔四五〕元和志在縣西之高城鎮　乾隆志同，元和郡縣志無此文，明天順志卷一九太原府云祁奚墓「在祁縣西七十里高城村」，與此合。疑乾隆志誤標出處，並訛「村」爲「鎮」，而本志襲之。

〔四六〕在縣東南十四里　「十」，原闕，乾隆志同，據元和郡縣志卷一六河東道三補。

〔四七〕序爲隗囂别將苟宇所拘劫　「苟」，原作「荀」，乾隆志同，據後漢書卷八一獨行列傳改。

〔四八〕在縣西北十四里　「十四」，原作「四十」，乾隆志同，據元和郡縣志卷一六河東道三乙正。

〔四九〕在徐溝縣南二十里　「二十」，原作「四十」，據乾隆志改。　按本卷建置沿革謂徐溝縣「南至太谷縣界十八里」，南四十里則出界矣。

〔五〇〕嗣子季元書　「季」，原作「李」，乾隆志同，據雍正山西通志卷五七古蹟一、金石文字記卷五改。

〔五一〕在祁縣東南五里　「東南」，乾隆志同，雍正山西通志卷一七二陵墓一、明天順志卷一九太原府均作「東北」。

〔五二〕在岢嵐州西北三里　「三」，原作「二」，據乾隆志、雍正山西通志卷一七二陵墓一改。

〔五三〕通志入唐代誤　按，元豐九域志卷四河東路已載有「孝子劉明達墓」，則歸入金代亦誤。

〔五四〕在交城縣北二里　「二」下原衍「十」字，據乾隆志、雍正山西通志卷一七二陵墓一删。

〔五五〕在陽曲縣西北三里劉莊　按，雍正山西通志卷一七二陵墓一作「縣北三十里劉庄」，疑是。

〔五六〕開元十一年明皇幸并州所立　乾隆志同。按，元和郡縣志卷一六河東道三謂晉祠碑「貞觀二十二年太宗幸并州所置，御製并書」，起義堂碑「開元十一年玄宗幸太原所立，御製并書」，又舊唐書卷一九九上新羅傳云貞觀二十二年來朝，「太宗因賜以所制温湯及晉祠碑并新撰晉書」，則「開元十一年明皇幸并州所立」乃誤録。

〔五七〕在徐溝縣西北五里平泉村　「五」上原衍「三十」二字，乾隆志同，據雍正山西通志卷一六四祠廟一删。　按本卷建置沿革謂徐溝縣「西北至太原縣界二十里」，又山川謂清源水「在徐溝縣西北五里」，其水「亦曰平泉」，平泉村因水得名，則作「五里」是。

〔五八〕在徐溝縣西北十里仁山之巔　「十」上原衍「四」字，乾隆志同，據雍正山西通志卷九關隘一删。　按本卷建置沿革謂徐溝縣「西北至太原縣界二十里」，又山川謂中隱山「在徐溝縣西北八里」，「又西北二里有仁山」，合計正爲十里，與山西通志可互證。

〔五九〕三年嘗如太原　「三」上原衍「二十」二字，乾隆志同，據雍正山西通志卷一六四祠廟一、漢書卷四文帝紀删。

〔六〇〕元至元中建　「元」，原作「正」，據乾隆志及雍正山西通志卷五七古蹟一、卷一六四祠廟一改。

〔六一〕北齊天保三年建　「三」，乾隆志同，雍正山西通志卷一六八寺觀一作「二」。

〔六二〕王好古所撰碑　乾隆志同。按，王好古乃元人，依述例其名上當補「元」字。

〔六三〕在交城縣西北二十里石壁山南　「里」上原衍「五」字，據乾隆志、雍正山西通志卷一六八寺觀一及本卷山川删。

〔六四〕北魏延興三年建　「延」，原作「廷」，據乾隆志、雍正山西通志卷一六八寺觀一改。

〔六五〕唐貞元十二年重修　「二」，乾隆志同。按，雍正山西通志卷一六八寺觀一作「一」，又卷一七山川一云「魏太和六年、唐貞觀十一年、元和七年甘露胥降於石壁山」，雖誤「貞元」爲「貞觀」，然年份亦作「十一」。

〔六六〕元延祐元年建　「元」，原作「宋」，乾隆志同，據雍正山西通志卷一六八寺觀一改。

〔六七〕在太原縣西十里龍山絶頂　「里」上原衍「五」字，乾隆志同，據雍正山西通志卷一六八寺觀一及本卷山川删。

〔六八〕元元貞元年建　原作「唐貞元中建」，據乾隆志、雍正山西通志卷一六八寺觀一改。

大清一統志卷一百三十七

太原府二

名宦

漢

張敞。其先平陽人，後徙杜陵。宣帝時爲太原太守，滿歲爲真，太原郡清。

鄭昌。剛人。成帝時爲太原太守。著治迹，條教法度爲後所述。

彭宣。陽夏人。成帝時爲太原太守。

馮衍。杜陵人。更始二年尚書僕射鮑永行大將軍事，以衍爲立漢將軍，領狼孟長，屯太原，繕甲養士，捍衛并土。

劉瓆。平原人。桓帝時爲太原太守。時小黄門晉陽趙津等諂事宦官，貪横放恣，爲一縣巨患。瓆使郡吏王允考按其罪，雖經赦令，竟殺之。宦官因緣譖訴，帝震怒，徵瓆下獄死。

晉

荀蕤。潁川人。榆次令。爲政以德而民懷之，會鳳集其境，武帝下詔褒美曰：「就之如日月，敬之如神明，愛之如父母，樂之如時雨。」

王陟。瑯琊人。永興初爲嵐州守，時劉淵稱帝，將攻嵐、石等州，劉琨與陟約拒寇，陟曰：「公不負朝廷，陟敢負公哉？」協力守禦，卒賴保全。後陟既還，其地乃陷。

南北朝　魏

元徽。景穆帝曾孫。明帝時爲并州刺史。先是，州界夏霜，安業者少，徽輒開倉賑之，文武共諫止，徽曰：「昔汲長孺郡守耳，尚輒開倉，救人災弊，況我受委大藩，豈可拘法而不救人困也？」先給後奏，明帝嘉之，加安北將軍。汾州山胡舊多劫掠，自徽爲郡，群胡相戒勿得侵擾。鄰州之人多來詣徽投訴，願得公判。除秦州刺史〔一〕，還都，吏人泣涕攀車，不能自已，徽車馬羸弊，皆京來舊物，見者莫不歎其清儉。

北齊

段韶。武威人，家五原郡。大寧二年除并州刺史。爲政舉大綱，不存小察，甚得民和。

周

宇文神舉。文帝族子。建德中從平并州，即授刺史。州本齊氏別都，控帶要重，又甫平定，多有姦猾，神舉勵精爲治，示以威恩，旬月之間，遠近悅服。

隋

皇甫誕。烏氏人。開皇末，漢王諒爲并州總管，盛選寮佐，上以誕公方著稱，拜并州總管司馬，總府政事一以諮之，諒甚敬焉。煬帝即位，諒發兵作亂，誕諫止，以死請，諒怒，囚之。及楊素將至，諒屯清源以拒之，諒主簿豆盧毓出誕於獄，協謀拒諒，諒襲擊破之，並抗節遇害。

陶模。京兆人。仁壽初爲嵐州司馬。漢王諒作亂，刺史喬鍾葵將赴逆，模拒之，臨之以兵，辭氣不撓，遂繫獄。及諒平，拜開府。

唐

竇静。平陸人。武德初，并州大總管府長史。時突厥數爲邊患〔二〕，糧道不屬，静表請屯田太原，以省餽運。歲收粟數萬斛，詔檢校并州大總管。又請斷石嶺以爲障塞，制突厥之入。

李靖。三原人。武德八年，突厥寇太原，靖爲行軍總管，以江淮兵萬人屯太谷。時諸將多敗，獨靖以完軍歸。

李勣。離狐人。貞觀初，行并州大都督府長史。治并十六年，以威肅聞。帝曰：「煬帝不擇人守邊，勞中國築長城以備虜。今朕用勣守并，突厥不敢南，賢長城遠矣。」

張文瓘。武城人，徙家魏州之昌樂。貞觀初并州參軍。時李勣爲長史，常以管、蕭比之。勣入朝，文瓘與僚屬二人皆餞，勣贈二人以佩刀、玉帶，而不及文瓘，文瓘疑之，勣曰：「贈刀欲其果斷，贈帶俾其守約束。子才無施不可，焉用贈？」

李義琰。昌樂人〔三〕。爲太原尉。時李勣爲并州都督，僚吏憚其威，義琰獨敢廷辨曲直，勣甚禮之。

韓思彦。南陽人。高宗時使并州。方賊殺人，主名不立，醉胡懷刀而汙，訊掠已服，思彦疑之。晨集童兒數百，暮出之，如是者三，因問：「兒出，亦有問者乎？」皆曰：「有之。」乃物色推訊，遂擒真盜。

裴懷古。壽春人。武后時爲并州大都督府長史，吏民懷愛。神龍中遷左羽林大將軍，未至官，還爲并州。人知其還，攜扶老稚出迎。崔宣道始代爲長史，亦野次。懷古不欲厚愧宣道，使人驅迎者還，而來者愈衆，其得民心如此。

崔神慶。武城人。武后時拜并州長史。始至，有詔改錢幣法，州縣布下，俄而物價踴昂，商賈驚擾，神慶得豪猾之煽惑愚民者誅之，法遂行。后喜，下詔褒美。初，州隔汾爲東、西二城，神慶跨水連堞，合而一之，省防禦兵歲數千。

韋安石。萬年人。武后時并州司馬，有善政。

張説。洛陽人。明皇時授檢校并州長史兼天兵軍大使。時朔方軍大使王晙誅河曲降虜阿布思也，九姓同羅、拔野固皆疑懼，説持節從輕騎二十，直詣其部，宿帳下，召見酋豪慰安之，由是九姓遂安。

李暠。宗室淮安王神通玄孫。明皇時以黄門侍郎檢校太原以北諸軍節度使。太原俗爲浮屠法者，死不葬，以尸棄郊飼鳥獸，號其地曰「黄阬」。暠至，申勵禁條約，毋敢再犯，遂革其風。

戴謙。開元二年爲文水令。於縣東北鑿甘泉、蕩沙、靈長、千畝等渠，俱引文谷水，傳溉田數千頃，民用富饒。

嚴挺之。華陰人。開元初太原少尹。時殿中監王毛仲抵太原，朔方籍兵馬，後數年仍牒太原取兵仗，挺之恐毛仲有變，密啓於帝。及毛仲敗，帝嘉其忠，擢刑部侍郎。

張嘉貞。猗氏人。爲并州長史，政以嚴辦，吏下畏之。奏事京師，明皇數慰勞。突厥九姓新内屬，雜處太原北，嘉貞請置天兵軍綏護其衆，即以爲天兵軍使。

裴寬。聞喜人。開元中授太原尹，明皇賦詩褒餞。

崔日用。靈昌人。開元十年并州大都督府長史。卒官，并人懷其惠，吏民數百皆縞服送喪。

崔衍。安平人。天寶末爲清源令。勸民力田，懷附流亡，觀察使馬燧表其能。

辛雲京。金城人，客籍京兆。寶應元年授太原尹。治謹於法，下有犯，雖絲毫不肯貸，賞功亦如之，故軍中畏而信。回紇入朝，所在暴掠，至太原，惕息不敢縱。數年，太原大治。

令狐楚。華原人。貞元中爲太原尹鄭儋判官。儋暴卒，不及占後事，軍大譁，將爲亂，夜十數騎邀取楚，使草遺奏，諸將圜視。楚色不變，秉筆輒就，以徧示之，皆感泣，一軍乃安定。

李景略。良鄉人。貞元中爲太原少尹行軍司馬。先是，景略爲豐州刺史，回紇使梅録將軍入朝，景略常折服之。至是復入朝，過太原，節度使李説大會，争坐，説不能遏，景略叱之，梅録識其聲，驚拜曰：「非李豐州耶？」遂就坐，將吏相顧嚴憚。

韋宙。萬年人。盧鈞節度太原，表宙爲副。時回鶻破諸部，入塞下，剽殺吏民，鈞欲得信重吏視邊，宙請往，徧見酋豪，鐫諭之〔四〕，視亭障守卒，增其廩，約吏不得擅以兵侵諸戎，於是三部六蕃諸種皆信悦。

宋

高瓊。蒙城人。端拱中授爲并州馬步軍都部署。戍兵有以廪食陳腐譁言者，瓊出巡諸營，士卒方食，因取其飯自啖之，謂衆曰：「今邊鄙無警，爾等坐食甘豐，宜知幸也。」衆言遂息。真宗時復爲并代都部署，轉運使上其政績，詔褒之。

王嗣宗。汾州人。咸平中知并州兼并代部署。州境有卧龍王廟，每窮冬，闔境致祭，值風雪寒甚，老弱踣於道，嗣宗亟毁之。鄭文寶上其政績，有詔褒美。先是，西邊市馬，以給北邊戰士，有瘠弱者即送闕下，暑月道遠多死。嗣宗建議，以汾州地涼，接樓煩諸監，美水草，請就收牧。從之。

張禹珪。河朔人。咸平中知嵐州。西人勒厥麻誘衆叛，禹珪率衆討之，俘獲甚衆。

雷有終。郃陽人。景德初爲并代副都部署〔五〕。遼兵入寇，帝幸澶淵，有終赴援，威聲甚振。俄遼人修好，命還屯所，就判并州。

劉綜。虞鄉人。景德四年知并州，以政績聞，州民乞留，優詔嘉奬。

康保裔。洛陽人。真宗時爲并代都部署。徙知天雄軍，并代列狀請留，詔褒之。

高繼勳。瓊子。真宗時爲并代州鈐轄，徙屯岢嵐軍。遼兵五萬屯草城川，繼勳誘令南，發伏寒光嶺大敗之，獲馬牛橐駝甚衆。

鄭戩。吴縣人。知并州。遼兵與元昊交兵，奏互上，戩不以聞，曰：「敵自相攻，中國不足憂也。」

韓琦。安陽人。拜武康軍節度使，知并州。奏中貴廖浩然怙勢貪恣，誣逐前帥李昭亮，所爲益不法，帝命鞭諸本省。遼人冒占天池廟地，琦召其豪帥，示以曩日所求修廟檄，證爲宋土，遼人無以對。既又侵耕陽武砦地，琦鑿塹立石以限之。始潘美鎮河東，患寇鈔，令民悉内徙，而空塞下不耕，於是忻、代、寧化大山之北多廢壤，琦以爲此皆良田，不耕適足以資敵，遂請距北界十里爲禁地，其南則募弓箭手居之，益田九千六百頃。

富弼。河南人。仁宗時以宣徽南院使判并州。

馮京。江夏人。仁宗時知太原府。諸縣公事至即歷究之，苟與縣牘合而處斷麗於法者，呼法吏決罪，不以付獄，報下捷疾，一無壅滯，人服其敏云。

張孜。開封人。仁宗時爲并代副總管，有奇績。

楊偕。坊州人。仁宗時知并州。有中官預軍事，素横，偕一繩以法，軍政肅然，改本路經略安撫招討使。

陳堯佐。閬中人。仁宗時知并州。每汾水暴漲，州民輒憂擾，堯佐爲築隄，植柳數萬本，作柳谿〔六〕，民賴其利。

李若谷。緱氏人。仁宗時知并州。民貧失婚姻者，若谷出私錢助其嫁娶。贅壻、無賴委妻去，爲立期，不還，許更嫁。并多降人，喜盜竊，籍累犯者以三人爲保，有犯并坐之，悛者削去籍名，由是盜賊屏跡。

司馬旦。夏縣人。知祁縣。天旱乏食，群盜剽寇，富豪以兵自備，旦召至，開以禍福，於是争出粟，減直以糶，饑者獲濟，盜患亦弭。

司馬光。旦弟。寶元初從龐籍辟，通判并州。

唐介。江陵人。英宗時知太原府。夏人數擾代邊，多築堡境上，介遣兵悉撤之，諭以利害，遂不敢動。

范純仁。吴縣人。哲宗時知太原府。其境土狹民衆，惜地不葬，純仁遣僚屬收無主燼骨，别男女異穴，葬者三千餘人。又推之一路，葬以萬數計〔七〕。

王素。莘人，太尉旦季子。熙寧初知太原府。汾河大溢，亟命築隄捍之，人賴以安。

吕公弼。壽州人。神宗時知太原府。韓絳宣撫秦、晉，將取囉兀城，令河東兵趣神堂新路。公弼曰：「虜必設伏以待我。」乃由永和，既而新路援兵果遇伏。詔褒之。

王安禮。臨川人，安石之弟也。從河東唐介辟。熙寧中鄜延路城囉兀，河東發民四萬負餉，宣撫使韓絳檄使佐役，後帥吕公弼將從之。安禮争曰：「民兵不習武事，今毆之深入，此不爲寇所乘，則凍餓而死耳。」公弼用其言，民得歸，他路遇敵者全軍皆覆。公弼執安禮手曰：「四萬之衆，豈偶然哉？」紹聖二年知太原府。苦風痺，卧帳中決事，下不敢欺。

孫永。長社人。神宗時知太原府。忻、代産鹽苦惡不堪食，轉運使欲以盜販闌越之罪罪兵吏，永言：「鹽，民食也，不可禁。兵，武備也，不可闕。顧以惡鹽累防兵，非計也。」詔弛其禁。

滕元發。東陽人。哲宗時知太原府。元發治邊凛然，威行西北，號稱名帥。

陶節夫。鄱陽人。知太原府。盜李勉等起遼州、北平之間，河東、河北騷動，至出臺郎督捕之，節夫請悉罷所遣兵卒，以計獲勉。

郭永。元城人。徽宗時知太谷縣。太原帥率用重臣，每宴饗費千金，取諸縣以給，斂太谷尤亟。永曰：「用民膏血，資豆觴之費，可乎？」投劾而去，府不敢迫。縣有潭出雲雨，歲旱，巫乘此譁民，永杖巫暴日中，雨立至。部使者及郡，文移不便民者，必條利病反復，或遂寢不行。民安其政，以爲自有令無永比者。既去數年，復過之，老稚遮留，如始去時。

唐恪。錢塘人。知榆次縣。豪子雄於鄉，萃逋庇姦，不輸公賦，前後莫敢語，恪以理善曉之，悟而自悔，折節爲長者。

劉士英。靖康初通判太原府。金人入境，帥臣張孝純欲避之，士英率將官王禀力止孝純。及城陷，禀焚火死〔八〕，士英持短兵接戰，死之。

金

楊邦基。華陰人。熙宗時太原交城令。太原尹徒單恭托名鑄金佛，命屬縣輸金，邦基獨不與，徒單恭怒，召至府，將以手持鐵拄杖撞邦基面，邦基不動。秉德廉察官吏，尹與九縣令皆免去，邦基以廉爲河東第一。

盧孝儉。宣德人。爲太原少尹。大定二年陝西用兵，尚書省發本路税粟赴平涼充軍實，期甚嚴迫，孝儉輒易以金帛，馳至平涼，用省而不失期，并人稱之。用廉進官二階。

張大節。五臺人。知太原府。近郭男子被殺，妻哭不哀，召審之，果姦夫所殺，人以爲神。晉叔虞祠舊以施錢輸公使庫，大節還其廟，以給營繕。

烏庫里德升。明安人。興定二年太原府左監軍〔九〕，行元帥府事。元兵圍太原，破濠垣，德升植柵爲拒，出其家銀幣及馬賞戰士，及壞城西北隅，德升聯車塞之，三却三登。城破，德升謂其姑及妻曰：「吾守此數年，不幸力窮。」乃自縊而死。其姑及妻皆自殺。「烏庫里德升」舊名「烏古論德升」，「明安」舊作「猛安」，今並改正。

烏庫里仲温。蓋州人。貞祐初爲鎮西軍節度使。時中都被圍，移書安撫使賈益謙，約以鄉兵救中都，馳驛如平陽，將與益謙會於絳，不能進。仲温嘗治平陽，吏民留之，仲温曰：「平陽巨鎮易守，私計得矣，如嵐州何？」遂還鎮。元兵大至，城破，不屈死之。「烏庫里仲温」舊作「烏古論仲温」，今改正。

喬天翼。哀宗時合河令。元兵攻城急，天翼竭力拒守，城陷不屈，遂遇害。

元

攸哈喇巴圖。渤海人。太祖時授河東北路兵馬都元帥，鎮太原。時太原新破，修城池，繕兵甲，招降屬邑，市肆不改，遠近相率來歸。金兵來犯，屢戰却之。後人獻太原東門於金，兵入，攸哈喇巴圖鏖戰死。「攸哈喇巴圖」舊作「攸哈喇拔都」，今改正。

譚澄。懷來人。父資榮，金末爲交城令，澄年十九襲職。文谷水舊分溉交城田，文陽郭帥堰之，訟累歲莫能直，澄折以理，令決水以利於民。豪民持吏短長爲姦者，察得主名，皆法治之。時籍民户，有司多以浮客占籍，及徵賦逃竄，官爲稱貸，積息數倍，民無以償。澄入覲，因中書耶律楚材面陳其害，太宗爲免其逋，亡民能歸者復三年，公私便之。後復大籍，澄盡削交城之不土著者，賦以時集。

李德輝。潞人。至元元年太原路總管。崇學校，表孝節，勸耕桑，立社倉，一權度，凡可以阜民者無不爲之，嘉禾瑞麥六出其境。

齊元彝。欒城人。至正中知興州。撫字有方，流離者皆復業，民爲立碑。

顏瑜。顏子五十七代孫。以行誼舉爲陽曲縣教諭，善啓迪士子。

楊克恭。景州人。至正中知興州。革弊平訟，吏民思之。

明

黄福。昌邑人。洪武中清源縣主簿。首建學校，仁廉愛民。

尹遲。安豐人。洪武初知興縣。政平訟簡，賦役均平，民懷其惠。

燕雲。咸寧人。正統中知陽曲。陽曲民愛之，九年考滿，争伏闕乞留，詔增秩還任。

滕淵。祥符人。正統間嵐縣典史。有廉能聲。嘗承檄戍偏頭關，與士卒同辛苦。秩滿去，惟攜琴、書而已。

張壽。華陰人。成化間知太谷縣。剛正有爲，著故布袍，時遣僮採藜莧佐食。

陳鎰。臨清人。成化初知岢嵐州。莅任三載，盜賊屏蹤，公廨後生嘉禾，多一本五穗者。遇旱自繫禱於神廟，雨即大澍。

劉經。順天人。弘治中知太原縣。政尚寬厚，每笞人，笞地而已，人感其德，亦無有犯者。

楊光澤。沂州人。弘治中治興縣。撫字有方，調洪洞，老稚俱垂涕送之。

蘇民。陝西人。正德初知榆次縣。爲政務持大體，民有犯者，先曉以禮義而後治之。尤加意學校，召諸生勤講課，士習一變。

黄卿。益都人。嘉靖初知太原府。寬仁廉正，治獄多所平反。黄土寨大水，漂民居以千計，卿掩骸賑恤，不遺餘力。民舍火，將延學宫，再拜禱之，風反火熄。在任六載，治聲卓然。

於惟一。懷寧人。嘉靖末知太原府。歲饑請賑，不待報可，徑發倉廩，全活甚多。擢陝西副使，去之日，民遮道泣送。

畢文。太原營遊擊。以事繫獄，嘉靖中標兵作亂，破其械，奉以爲帥，不從，死之。

高鵬。嘉靖中太原參將。標兵亂，脅使主兵，不從，被害。

于天經。冠縣人。萬曆中知陽曲縣。清勤愛民，每巡行阡陌，勸課農桑，一馬一吏而已，遇訟者以片詞折之。歲饑停徵調，屢被譴不爲動。尋以憂歸，送者擁車不得行。

吴三省。洛陽人。萬曆初知徐溝縣。廉正有爲。城舊以土築，圮於涂水，三省用甎石甃之，三年而成，永爲保障。

周璧。歷城人。萬曆間知交城縣。闢地穿渠，繕城堡，賑恤寒畯，士民咸愛敬之。

毛文炳。鄭州人。崇禎中山西兵備副使，駐太原。李自成來寇，乘城固守，城陷被執，誘以官不從，抗駡數日被殺。妻妾投井死，子數歲被掠去，士民以忠臣子贖而歸之。

畢拱辰。掖縣人。崇禎中山西冀寧兵備僉事。李自成陷太原，被執，賊適得新刀，拱辰睨視之，問：「何睨？」曰：「欲得此斫頭耳。」賊遂取斬之。

孫康周。安丘人。崇禎末知太原府。闖賊陷城，率兵巷戰，被執不屈，死之。

李一清。太原府同知。已遷官，闖賊圍太原，巡撫留一清守城，城陷，不屈死。

范志泰。虞城人。晉州長史，署陽曲縣。從孫康周守城，城陷，不食死。

趙希壯。文水典史。流寇入境，督鄉兵往偵，猝遇賊，力戰死。

本朝

徐淳。遼東人。岢嵐道兵備僉事。大同降將姜瓖之亂，偏關兵應之，被執，不屈死，贈光禄寺少卿。

王昌齡。遼東人。順治四年知太原府，遷冀寧道〔一〇〕。姜瓖叛，留轉餉軍中，遇賊被害，贈光禄寺卿。以上二人祀忠烈祠。

邊大綬。任丘人。順治八年知太原府。有綜理才。姜瓖初平，悉心撫綏，多著治績。

張國賢。宛平人。順治五年以舉人任太原府中路同知。死姜瓖難，贈按察司副使。

馬維熙。忻州州同，署太原府西路通判。姜瓖亂，偏關兵應之，被執，不屈死，贈忻州知州。以上二人祀忠烈祠。

楊三知。良鄉人。順治三年以進士知榆次縣。姜瓖亂，率百姓守城，宿陴下六月，卒全其城。又捐俸立社學訓士，並置廚饌田。

楊其籍。按察司照磨，署太谷縣。有政聲。姜瓖亂，偕教諭蒲州賈道醇、典史王自亮守城，城陷被執，俱不屈，繫獄死。其籍贈布政司知事〔一一〕，道醇贈國子監助教，自亮贈濟源主簿。

周邦翰。布政司都事，署交城縣。與典史鄭運昌守城，拒姜瓖，適賊有内應，俱被殺。邦翰贈都司經歷，運昌贈山陽主簿。

曹之賢。遼東人。順治四年知文水縣。精敏善剖決。姜瓖黨陷城，遇害。

李昌汴。豐潤人。順治四年知興縣。剛方有守。姜瓖陷城索印，力拒不屈，被殺，贈按察司僉事。

謝應舉。巡捕都司。死姜瓖亂，贈遊擊。同時死難者，守備李進忠、董廷儒〔一二〕，贈都司；千總宋貴中、王命新，並恤其家。自楊其籍下十二人俱祀忠烈祠。

甘國基。正藍旗漢軍。康熙二十七年知太原府。明敏善折獄，姦豪斂迹，仁聲甚著。

劉果。諸城人。康熙三年以進士任太原推官。修文廟，立義學。引汾水溉太原、榆次諸縣田，分水先後胥有次第，民以不爭。交城盜傅青山等據葫蘆峪，授計交城令趙吉士平之。富人訟產，餽黄金五百兩，假黄鼠以進，峻却之。後弟棨以進士知平陽府，亦有治績。

唐廉。四川人。康熙三十六年知陽曲縣。儉樸不事上官，中吏議罷歸，再起知縣事，卒不少屈。禮接士大夫，不可以私引。民以公事至，語亹亹不厭，骫法者按治不少貸。解歸，行李蕭然，人謂不愧其名云。

孫閎達。江南通州人。康熙中以進士知太原縣〔一三〕。食不重味，慈恕不輕敲扑，犯者雖至死，感頌不輟。後以病歸，行李如始至時。

趙良璧。奉天人。康熙八年知徐溝縣。邑當衝，民苦供億，良璧送迎餽獻胥絶。莅政五年，寬嚴並濟。

趙吉士。休寧人。康熙七年知交城縣。縣居萬山中，饒良馬，多灌木，時禁民畜馬，又廢南堡村木廠，民重困，多踞險爲盜。吉士察其出没要地，十年十月奉檄進剿，葺靖安堡，期以月望進屯。先七日張樂讌會，密誡司夜者，於子刻鼓報五更，起送客出郭，飭守備姚順等統步騎四百，疾行四十里，分三隊直搗其窟，賊奔潰，獲渠魁二十二人，餘或降、或自殺。召山民不作賊者三十七家，賚以羊酒，其素不當役者千四百餘户，編籍入圖。旬有六日，寇悉平。

儲方慶。宜興人。康熙十四年以進士知清源縣。山水數害城，修白石堰禦之，吏緣爲奸利，方慶設法以辦，不徵民錢，以費不給停役，步禱龍神廟，明年春，水改道西南，去城十里，喜曰：「可保清邑數十年無患矣。」方慶不延幕客，遇事悉自裁決，上官重之。

陳履和。石屏人。嘉慶二十一年以舉人知太谷縣。興學勤政，除弊杜私。隣邑積訟，争請赴質。以憂去，士民遮道泣送，籲上官請服闋仍回本任，格於例不行，私祠祀之。

人物

漢

衛綰。大陵人。事文帝爲中郎將，醇謹無它。景帝立，拜河間王太傅。吴、楚反，詔將河間兵擊吴、楚有功，拜中尉。後封建陵侯，爲丞相。上以綰爲敦厚，可相少主，尊寵之。建元中薨，謚曰哀侯。

常惠。太原人。應募隨移中監蘇武使匈奴，拘留十餘年，昭帝時乃還，拜光禄大夫。宣帝本始二年爲校尉，持節護烏孫兵，擊匈奴還，封長羅侯，後代蘇武爲典屬國。明習外國事，勤勞數有功。甘露中爲右將軍。薨，謚莊武侯。

郇越。字臣仲，太原人。與族弟相並舉州郡孝廉茂才，數病，去官。越散其先人貲千餘萬，分施九族州里，志節尤高。

劉茂。字子衛，晉陽人。孝行著於鄉里。習禮經，教授常數百人。哀帝時察孝廉，建武二年爲郡門下掾。赤眉來攻，茂負太守孫福觸刃踰城，出保盂縣，晝逃隱，夜求食，積百餘日賊去，乃得歸府。明年詔求天下義士，福上茂，徵拜議郎。後拜侍中，卒官。

温序。字次房，祁人。建武六年爲護羌校尉。行部至襄武，爲隗囂別將苟宇拘劫，序曰：「受國重任，分當效死，義不貪生。」宇等復曉譬之，序大怒，以節撾殺數人。賊衆争欲殺之，宇曰：「此義士死節，可賜以劍。」序受劍，銜鬚於口，顧左右曰：「既爲賊所迫殺〔一四〕，無令鬚汙土。」遂伏劍死。子壽爲鄒平侯相，棄官歸葬。

譚賢。字伯升，太原人。守節不仕，王莽世、建武中徵，並不到。

閔貢。字仲叔，太原人。世稱節士，雖周黨之潔清，自謂弗及也。黨見其含菽飲水，遺以生蒜，受而不食。建武中應司徒侯霸之辟，既至，霸不及政事，徒勞苦而已，仲叔恨曰：「以仲叔爲不足問邪？不當辟也。辟而不問，是失人也。」遂辭出，投劾而去。後客沛，以壽終。

郝絜。太原人。與同郡胡武、袁著善，皆危言高論。嘗連名奏記三府，薦海内高士，而不詣梁冀，冀銜之。會著上書，指冀兇縱，冀笞殺著，又檄捕絜、武。絜初逃亡，知不得免，因輿櫬奏書冀門，書入仰藥而死。

王烈。字彦方，太原人。少師事陳寔，以義行稱。鄉里有盗牛者，主得之，盗請罪曰：「刑戮是甘，乞不使王彦方知也。」諸有争訟曲直，將質之於烈，或至塗而反，或望廬而還，其以德感人若此。察孝廉，三府並辟，皆不就。黄巾、董卓之亂，避地遼東，曹操聞烈高明，遣徵不至，終於遼東。

王允。字子師，祁人。同郡郭林宗見而奇之，曰：「王生一日千里，王佐才也。」以司徒高第爲侍御史。黄巾賊起，拜豫州刺史，討擊大破之。初平元年爲司徒，董卓遷都關中，朝政悉委於允，允矯情承附，扶持王室，臣主内外，莫不倚恃。及見卓篡逆已兆，乃潛結卓將呂布刺殺之。卓將李傕、郭汜等不自安，合攻長安，城陷，呂布招允同去，允曰：「朝廷幼少，恃我而已，臨難苟免，吾不忍也。」與二子及宗族十餘人皆遇害。

王宏。字長文，太原人。獻帝遷都關中，司徒王允以同郡宋翼爲左馮翊、王宏爲右扶風。李傕等將害允，懼二郡爲患，乃先徵翼、宏。宏遣使謂翼曰：「郭汜、李傕以我二人在外，故未危王公，今日就徵，明日俱族。若舉兵共討惡人，山東必應之，此轉禍爲福之計也。」翼不從。宏不能獨立，遂俱就徵，傕皆殺之。

王柔。字叔優，弟澤字季道，晉陽人。兄弟總角共候郭林宗，訪以才行所宜，林宗曰：「叔優當以仕進顯，季道當以經術通。」後果如其言，柔爲護匈奴中郎將，澤爲代郡太守。

三國　魏

郭淮。字伯濟，陽曲人。建安中舉孝廉，除平原府丞，歷官鎮西長史、雍州刺史、征西將軍、都督雍涼諸軍事。淮方策精詳，在關右三十餘年，外拒强敵，内綏民夷。羌胡反叛，皆討破之，降服有至萬餘落者。詔嘉其功，以爲車騎將軍、儀同三司，進封陽曲侯。正元二年薨，追贈大將軍，謚曰貞侯。

郝昭。字伯道，太原人。爲雜號將軍，鎮守河西十餘年，軍民畏服。蜀相諸葛亮圍陳倉，使昭鄉人靳詳説之，昭曰：「我受國恩深而門户重，但有必死耳。」相攻拒二十餘日，亮引退。上嘉昭善守，賜爵列侯。

王昶。字文舒，晉陽人。文帝時爲洛陽典農，遷兗州刺史。昶雖在外任，心存朝廷，乃著治論，略依古制而合於時務者二十餘篇，著兵書十餘篇，言奇正之用，青龍中奏之。累官征南將軍、假節都督荆豫諸軍事。昶表徙治新野，習水軍，廣農墾殖，倉庫盈積。嘉平三年遣兵襲吴、蜀有功，進封京陵侯，遷司空。薨，謚曰穆。

温恢。字曼基，祁人。父恕爲涿州太守，卒，恢年十五，奉喪歸里，盡散家財賑宗族，州里高之。後舉孝廉，文帝時爲侍中，累遷涼州刺史、持節領護羌校尉。道病卒，詔愍其忠勤，賜恢子生爵關内侯。

晉

王渾。字玄沖，昶之子。沉雅有器量，襲父爵京陵侯。歷官安東將軍、都督揚州諸軍事。督率所統，擊破吴軍，遂平秣陵，以功進爵爲公。時吴人新附，頗懷畏懼，渾撫循綏納，莫不悦服。徵拜尚書左僕射，加散騎常侍，遷司徒。惠帝立，加侍中，録尚書事。薨，謚曰元。

王湛。字處沖，渾之弟。少有識度，人莫能知，兄弟宗族皆以爲癡。兄子濟嘗詣湛，見牀頭周易，請言之，湛剖析玄理，妙有奇趣。濟歎曰：「家有名士，三十年而不知，濟之罪也。」後武帝問湛於濟，濟稱其美，帝曰：「誰比？」濟曰：「山濤以下，魏舒以上。」歷官太子中庶子，出爲汝南内史。

郭奕。字大業，陽曲人。山濤稱其高簡有雅量。初爲野王令，累遷雍州刺史，太康中爲尚書。奕有重名，當世朝臣皆出其下。時帝委任楊駿，奕表駿小器，不可任以社稷，後駿果敗。

郭琦。字公偉，晉陽人。博學，善五行，作天文志、五行傳，注穀梁、京氏易百卷。鄉人王游等皆就學，武帝以爲佐著作郎。及趙王倫之亂，遂終身處於家。

王濟。字武子，渾之子。少有逸才，善易及莊、老，與和嶠、裴楷齊名。尚常山公主，拜中書郎，累遷侍中。每侍見武帝，未嘗不諮論人物及萬機得失。濟善清言，修飾辭令，諷議將順，朝臣莫能尚焉。會齊王攸當之藩，濟力諫忤旨，左遷國子祭酒，後以白衣領太僕。先渾卒。

温羨。字長卿，祁人，序之後也。兄弟六人並知名，號「六龍」。羨少以穎悟稱，惠帝時爲豫州刺史，入爲散騎常侍。轉吏部尚書，建議復張華官爵。後以從討成都王穎有功，封大陵縣公，官至司徒。卒，謚曰元。

温嶠。字太真，羨弟之子〔一五〕。少以孝弟稱。爲平北大將軍劉琨參軍〔一六〕，琨遷司空，以爲右司馬。時石勒、劉聰跨帶疆埸，嶠爲主謀，琨憑恃焉。元帝初鎮江左，琨使嶠奉表勸進，辭旨慷慨，舉朝屬目。明帝即位，以平王敦功，封建寧縣公。咸和初爲江州刺史、持節、都督、平南將軍，鎮武昌，有惠政。蘇峻反，要陶侃同赴國難，誅峻於石頭，封始安郡公。至鎮未旬卒，時年四十二，江州士庶聞之，相顧而泣。追贈侍中、大將軍，謚忠武。子放之嗣爵，官至給事黄門侍郎，牧交州，甚有威惠。

王承。字安期，湛之子。永寧中爲司空從事中郎。與迎大駕，賜爵藍田侯。復遷東海太守，政尚清净，不爲細察。渡江，爲元帝鎮東府從事中郎，甚見優禮。承少有重譽，而推誠接物，盡弘恕之理，爲中興第一名臣。子述，字懷祖。少孤，事母以孝聞。司徒王導闢爲中兵屬，嘗見導每發言，一座贊美，述正色曰：「人非堯、舜，何得每事盡善？」導改容謝之。累官散騎常侍、尚書令。

王濛。字仲祖，晉陽人，哀靖皇后父也。事諸母甚謹，俸禄、資産常推厚居薄，喜愠不形於色，以清約見稱。初辟司徒掾，終左長史。

南北朝　魏

張偉。字仲業，中都人。學通諸經，鄉里受業者數百，常依附經典，教以孝弟，門人感其仁化，事之如父。清雅篤慎，非法不言。世祖時拜中書博士，仕至平東將軍、營州刺史，爵建安公。卒，謚曰康。在州郡以仁德爲先，不任刑罰，清身率下，宰守不敢爲非。

郭祚。字季佑〔一七〕，晉陽人。涉歷經史，工文章。孝文初舉秀才，對策上第，累官黄門侍郎。以贊帝遷洛，賜爵東光子，尋拜尚書，進爵爲伯。宣武時除使持節、散騎常侍、都督、雍州刺史、征西將軍〔一八〕，爲領軍于忠所害。祚清勒在公，達於政事，凡所經履咸稱職，每有決斷，多爲故事。器重望深，非罪見殺，遠近惋惜。正光中贈車騎將軍、儀同三司，謚文貞。

北齊

王思政。祁人。魏孝武時以與定策功，封祁縣侯。齊神武潛有異圖，思政首策西遷，帝從之，進爵太原郡公，累加特進兼尚書左僕射、行臺都督、荆州刺史。大統十四年以大將軍守潁川，敗東魏太尉高岳步騎十萬，斃行臺慕容紹宗、儀同劉豐生等。俄而齊文襄來破城，被執不屈，文襄厚遇之。思政不營貲産，嘗賜園地，家人種桑果雜樹，怒曰：「匈奴未滅，去病辭家。況大賊未平，欲事産業，豈所謂憂公忘私耶？」命拔而棄之。

唐邕。字道和，晉陽人，其先自晉昌徙焉。天保中文宣出塞，邕必從，專掌兵機。或於御前簡閲將吏，雖三五千人，不執文簿，暗唱官位、姓名，未嘗謬誤。文宣嘗曰：「唐邕手作文書，口且處分，耳又聽受，實是異人。」嘗登佛寺，望并州城，曰：「此何等城？」或曰金城，帝曰：「我謂唐邕是金城，此非也。」累官中書監、尚書令，封晉昌王。

周

王軌。祁人，漢司徒允之後。從武帝平并、鄴，以功進位上大將軍，爵郯國公。陳將吴明徹入吕梁，軌俘獲明徹及將士三萬餘人，進位柱國，仍拜徐州總管。威振敵境，陳人甚憚之。軌以皇太子多涼德，不克負荷，極議於武帝前，武帝深然之而不能用。及宣帝即位，自知必及於禍，謂所親曰：「此州控帶淮南，鄰接强寇，欲爲身計，易同反掌。但忠義之節不可虧違，況荷先帝厚恩，每思以死自效，豈以獲罪嗣主，便欲背德。止可於此待死，義不爲他計，冀千載之後知吾此心。」大象元年，帝使内史杜虔信就徐州殺之。軌立朝忠恕，兼有大功，忽以無罪被戮，天下知與不知皆傷惜焉。

冀儁。字僧儁，陽邑人。善隸書，太祖引爲記室。世宗二年以車騎大將軍爲大使，巡歷州郡，察風俗，理冤滯。還，拜小御正，尋出爲湖州刺史。性静退，每以清約自處，所歷皆有聲稱，進爵昌邑縣侯。

王雄。太原人。有謀略。魏永安末從賀拔岳入關，累官大將軍、行同州事。入周，進柱國，封庸國公，出爲涇州總管。與齊將斛律光戰死，謚曰忠。子謙襲父爵，授益州總管。隋文輔政，謙以世受國恩，將圖匡復，舉兵爲梁睿等所敗，被害。

王慶。祁人。少開悟有才略，武成元年以戰功賜爵始安縣男。屢使吐谷渾、突厥，皆見感悦。後更至突厥，屬其國有喪，諷慶剺面表哀，慶抗詞不從，突厥見其守正，不敢逼。武帝聞而嘉之，録慶前後使功，遷開府儀同三司、兵部中大夫，進爵公。隋開皇中卒，謚曰莊。

隋

郭儁〔一九〕。字弘乂，文水人。家門雍睦，七葉同居，犬豕同乳，烏鵲同巢，時人以爲義感。事聞，文帝使宇文弼詣其家勞問。侍書御史柳彧巡省河北，表其門閭。

唐

許世緒。并州人。從起晉陽有功，累官蔡州刺史，封真定郡公。

唐儉。字茂約〔二〇〕，晉陽人，邕之孫。事親以孝聞。儉少與太宗游，見隋政亂，因説以建大計。武德初使至永安王孝基軍中，會軍敗，爲劉武周所拘，於賊中得獨孤懷恩反謀，密遣劉世讓歸發之，帝命捕反者，懷恩自殺。俄而武周敗，得還，帝嘉儉不忘朝廷，詔復舊官，還爲天策府長史、莒國公。顯慶初卒，贈開府儀同三司、并州都督，謚曰襄。

温大雅。字彥弘，祁人。性至孝，與弟彥博、大有皆知名，薛道衡歎曰：「三人皆卿相才。」高祖兵興，引爲記室參軍，主文檄。帝受禪，與竇威、陳叔達論定儀典。隱太子圖亂，秦王表大雅鎮洛陽待變，數陳密畫，多所嘉納。終禮部侍郎，封黎國公。卒，謚曰孝。四世孫佶，字輔國。安禄山亂，往見平原太守顔真卿，助爲守計。後居鄴，薛嵩薦之朝，授太常丞，謝去，屏處郊野，世推高節。

温彥博。大雅弟，字大臨。隋開皇末對策高第，入唐爲中書舍人，遷侍郎。高麗貢方物，高祖欲讓而不臣，彥博執不可，乃止。突厥入寇，彥博以并州道行軍長史戰敗被執，突厥數問國虚實，不肯對，囚陰山。太宗立，突厥歸款，得還。累遷中書令，封虞國公。彥博性周慎，既掌機務，謝賓客不通，進見必陳政事利害。家貧無正寢，卒殯別室，帝命有司特爲構寢，謚曰恭。子振，歷太子舍人，居喪以毀卒。彥博弟大有，字彥將。高祖舉兵，引爲太原令。從秦王徇西河，下之。累遷中書侍郎，封清河郡公。卒，謚曰敬。

武士逸。文水人，字逖。有戰功。爲齊王府户曹參軍。從王守太原。爲劉武周所執，嘗間遣人陳破賊計。賊平，擢授益州行臺左丞，數言當世得失，高祖嘉納之。終韶州刺史。

張道源。祁人，名河，以字顯。年十四居父喪，士人賢其孝，縣令署所居曰復禮鄉至孝里。嘗與客夜宿，客暴死，道源卧屍側，至曙，徒步護送還其家。高祖興，署大將府户曹參軍，歷大理卿。時何稠得罪，籍其家屬賜群臣，道源曰：「利人之亡，取其子女自奉，仁者不爲也。」更資以衣食遣之。終綿州刺史〔一二〕，贈工部尚書，謚曰節。

王方翼。字仲翔，祁人。早孤，哀毁如成人，時號「孝童」。後居母喪，哀瘠尤甚。其友趙持滿誅，親戚莫敢視，方翼具禮收葬之。累官檢校安西都護，徙庭州刺史、夏州都督。屢平寇亂，封太原郡公。事具陝西名宦。武后時以王后屬流崖州，道卒。子瑍、珣、瑨俱以文學稱，時號「三王」。

狄仁傑。字懷英，太原人。舉明經，調汴州參軍，黜陟使閻立本異其才，薦爲法曹參軍。稍遷大理丞，歲中斷久獄萬七千人，時稱平恕。歷江南安撫使，毁淫祠千七百房。爲豫州刺史，活詿誤論死者二千餘人。所至民愛仰之，往往爲立碑、置生祠。召拜鸞臺侍郎、同鳳閣鸞臺平章事。聖曆三年卒，贈文昌右相，謚文惠。中宗立，贈司空。睿宗又追封梁國公。子光嗣，仁傑薦爲地官員外郎，以稱職聞。歷淄、許、貝三州刺史。母喪，奪爲太府少卿，固讓，睿宗嘉其誠，許之。按：仁傑薦張柬之爲相，卒成反正之功，故其説武氏迎復廬陵王一事，史傳莫不艷稱。恭譯通鑑輯覽御批，則知姑姪母子之喻，已先發之於李昭德，而柬之被薦時年已八十餘，幸而後死，以成其功，而終仁傑之世，唐祚實未嘗復也，故於嗣聖十七年仁傑之卒，特書曰「周」。一字之斧鉞，真足使托言調護、委蛇亂朝者，無可藉口。茲故舉其歷仕之績，而於説武后語從略。

武弘度。文水人，武后父士彠兄子。補相州司兵參軍。永徽中父卒，自徐州被髮徒跣趨喪所，負土築塋，晨夕號，日一溢米，素芝産廬前，狸擾其旁。高宗下詔褒美，旌其門。

武平一。名甄，以字行，潁川郡王載德子也。通春秋，工文辭。武后時畏禍隱嵩山，屢詔不應。景龍中爲考功員外郎，太平、安樂公主各立黨相毁，帝患之，平一上書極論，帝美其忠切。平一見寵中宗，嘗因詩頌規戒。明皇立，被謫而名不衰。

武攸緒。武后兄惟良子也。恬淡寡欲，好易、莊周書。少變姓名，賣卜長安市，得錢輒委去。累官鴻臚少卿。武后時固辭官，廬巖下如素遁者，后遣其兄攸宜敦諭〔二二〕，卒不起，盤桓龍門、少室間，市田潁陽，使家奴雜作，自混於民。中宗即位，以安車召拜太子賓客，苦祈還山。後諸武之禍，惟攸緒不及。

王維。字摩詰，祁人。九歲知屬辭，與弟縉齊名。開元初擢進士，歷監察御史。母喪，哀毁幾不欲生。累遷尚書右丞。維工草隸，善畫，名盛開元、天寶間，與裴迪賦詩相酬爲樂。寶應中代宗語縉曰：「朕於諸王座間聞維樂章，今傳幾何？」縉裒集數十百篇上之。

李憕。文水人。少秀敏，舉明經高第，累官給事中，失李林甫意，出爲河南少尹。天寶初爲京兆尹，楊國忠惡之，改光禄卿。東京留守安祿山反，與盧奕、達奚珣繕城壘，勵士卒，將遏賊西鋒。帝聞，擢禮部尚書。祿山渡河，憕堅守，城陷死之，贈司徒，謚忠懿。河洛平，再贈太尉。子源以父死賊手，常悲憤不仕，自營墓爲終制，時時偃臥埏中。長慶初年八十，李德裕表其至孝，詔以源爲諫議大夫。

王緯。字文卿，太原人。舉明經，歷長安尉。大曆中與李泌俱爲路嗣恭判官，嗣恭欲殺李泌，緯解免。泌執政，進緯給事中。浙西觀察使缺〔二三〕，泌以緯清而忠，能惠養民，請遣緯，帝可之，果稱職。貞元十年加御史大夫，兼諸道鹽鐵轉運使。裴延齡以諸道負錢四百萬緡獻爲羨錢，緯奏「此諸州經費」，忤延齡意，改檢校工部尚書。

王仲舒。字弘中，祁人。貞元中賢良方正高第，拜左拾遺。德宗欲相裴延齡，與陽城交章言不可。改右補闕，遷禮部考功員外郎。奏議詳雅，省中伏其能。元和初爲吏部員外、知制誥。楊憑得罪，無敢過其家，仲舒屢存之。將直憑冤，貶峽州刺史〔二四〕，改婺州，徙蘇州，俱有惠政。終江西觀察使，贈左散騎常侍，謚曰成。

武元衡。字伯蒼，平一孫。舉進士。德宗欽其才略，遷御史中丞。嘗對延英，帝目送之曰：「是真宰相器。」順宗時，王叔文誘爲黨，拒不納。憲宗立，進户部侍郎〔二五〕。元和二年拜門下侍郎、同中書門下平章事。帝素知元衡堅正有守，信任異他相。淮、蔡用兵，帝悉以機政委之，王承宗、李師道等恐，使賊刺之，元衡入朝被害，帝聞震悼，爲再不食。贈司徒，謚忠愍。

武儒衡。字廷碩，元衡從兄弟。以莊詞正色，爲宰相鄭餘慶所重，累官户部郎中，知諫議大夫事，兼知制誥。論議勁正，有風節，且將大用，令狐楚忌而沮之，遷中書舍人。以疾惡太分明，終不至大任。卒官兵部侍郎。

李光進。其先河曲諸部，姓阿跌氏，貞觀中内屬，以其地爲雞田州，世襲刺史，隸朔方軍。光進與弟光顔居家太原，以沉果稱。從馬燧救臨洺，戰洹水有功。元和四年加檢校工部尚書，振武節度使，賜姓以光寵之。光進有至性，母喪，三年不歸寢。弟光顔先娶，委以家事，及光進娶，母已亡，弟婦藉貲貯、納管鑰於姒，光進命反之，曰：「弟婦逮事姑，且嘗命主家，不可改。」因持光顔泣，乃如初。

李光顏。字光遠。初從河東馬燧爲裨將，討李懷光、楊惠琳有戰功，又從高崇文平劍南，益知名。元和九年討蔡〔二六〕，擢忠武節度使，詔以其軍當一面。光顏先破賊，裴度宣慰諸軍還，言：「光顏勇而義，必立功。」韓弘挾賊自重，惡光顏忠力，乃飾名姝相遺，光顏謝曰：「戰士皆棄妻子、冒白刃，奈何以女色爲樂？天子於光顏恩厚，誓不與賊同生。」將卒數萬皆感泣，氣益勵。蔡平，加檢校司空。歷義成、邠寧、鳳翔諸節度使。敬宗初拜司徒、河東節度使。卒，贈太尉，謚曰忠。光顏性忠義，善撫士，其下樂爲用，故數立勳云。

温造。字簡輿，佶子。性嗜書，隱王屋山，壽州刺史張建封以書幣招禮，造往從之。李希烈反，建封奉詔，命造往幽州説劉濟，濟流涕願效死節。復隱東都，烏重胤奏置幕府。長慶初以京兆司録爲幽鎮宣諭使，以禍福開諭劉總入朝，還遷殿中侍御史。夏州節度使李祐違詔進馬〔二七〕，造劾之，祐膽落。累遷御史中丞，彈擊無所回畏。終禮部尚書。子璋以父廕官大理丞。陰平吏盜官物而焚其帑，璋刺得其情，擢侍御史。累遷京兆尹。同昌公主薨，懿宗誅醫無狀者，繫親屬三百餘人。璋與劉瞻極諫，貶振州司馬，仰藥而死。

狄兼謩。字汝諧，仁傑族孫。及進士第。辟襄陽使府，剛正有祖風。授左拾遺，數上書言事，累遷御史中丞。江西觀察使吴士矩擅用上供錢數十萬，兼謩劾奏之，士矩貶蔡州別駕。兼謩官至東京留守。

李景讓。字後己，憕之孫。性方毅有守。寶曆初遷右拾遺。淮南節度使王播以錢十萬市朝廷歡，求領鹽鐵，景讓詣延英，極論不可，遂知名。大中中爲御史大夫，威肅當朝。拜西川節度使，丐致仕，或諫：「公廉潔無素儲，不爲諸子謀耶？」景讓笑曰：「兒曹詎餓死乎？」書聞，輒還東都，以太子少保分司。卒，謚曰孝。弟景温，累官尚書右丞。盧攜當國〔二八〕，其弟隱由博士遷水部員外郎，材下資淺，景温不許赴省，衆韙其正。

温廷筠。字飛卿，彥博裔孫。少敏悟，工辭章，與李商隱皆有名，號「温李」。數舉進士不第。徐商鎮襄陽，署爲巡官，不得志。後遷隨縣尉，卒。

温廷皓。廷筠弟。咸通中署徐州觀察使崔彦曾幕府。龐勛反，以刀脅廷皓，使爲表求節度使，廷皓紿曰：「表聞天子，當爲公信宿思之。」歸與妻子訣。明日復見，勛索表，廷皓倨答曰：「我豈以筆硯事汝耶？其速殺我。」勛囚之，彦曾死，亦遇害，贈兵部郎中。

王凝。字成庶，晉陽人。曾祖翊，歷山南東道節度使，代宗目爲純臣，世稱謹廉，卒謚忠惠。凝舉明經、進士皆中，歷臺省，寖知名，擢禮部侍郎。不阿權近，出爲商州刺史。乾符四年遷宣歙池觀察使，時王仙芝之黨屠至德〔二九〕，勢益張，凝遣將綴賊，城守嚴，賊不能犯。會大星直寢庭墜，術家言宜上疾不視事以厭勝，凝以一方無賴，誓與城相存亡〔三〇〕，不敢脱禍，既而賊去。未幾卒，贈吏部尚書，謚曰貞。

王重榮。祁人。用父任爲列校，與兄重盈皆以毅武冠軍。累官河中節度使，與楊復光、李克用討平黄巢，以功檢校太尉、同中書門下平章事，封瑯琊郡王。

五代　唐

李嗣昭。太谷人。本姓韓，李克用使弟克柔養爲子，常從用兵。梁軍圍太原，克用謀走雲州，李存信勸奔契丹，嗣昭力争以爲不可，晝夜出奇兵擊梁軍，梁軍解去。是時鎮、定間已絶晉附梁，孤城被圍者再，嗣昭力戰之功爲多。天祐初爲昭義軍節度使，拒戰有功。十九年從莊宗擊契丹於望都，契丹圍數十重，嗣昭以三百騎決圍，取莊宗以出。尋討張文禮於鎮州，爲賊射中腦，卒。

張憲。字允中，晉陽人。少好學，累官東都副留守。精於吏事，甚有能政。郭崇韜伐蜀〔三一〕，薦憲可任宰相，宦官、伶人不欲憲在朝，乃以爲太原尹。北京留守趙在禮作亂，遣人以書招憲，憲斬其使。明宗入洛，永王存霸奔太原，憲左右教憲拘存霸，奉表明宗勸進，憲涕泣拒之，卒與存霸俱死。

周

鄭仁誨。字日新，晉陽人。事母以孝聞。漢高祖爲河東節度使，周太祖居帳下，時過仁誨，有疑從質問，仁誨所對不阿。太祖破李守貞於河中，軍機多所參決。官至樞密使，謙謹不伐，爲士大夫所稱。卒，封韓國公，謚忠正。

韓通。太原人。以勇力聞。周祖知通謹厚，委以心腹，築城、濬渠、禦遼，屢著功績，累官檢校太尉、同平章事。宋太祖至陳橋，爲諸軍推戴，通在殿閒聞變遽歸，軍校王彦昇逐之，爲所害，妻子皆死。詔贈通中書令。

李筠。太原人。善騎射。晉開運末遼衆數萬據常山，筠以控鶴指揮使敗走之。入周累官昭義軍節度使〔三二〕，加同平章事。復以擊退遼師功，加兼侍中。宋太祖受周禪，遣使諭筠，筠延使者置酒，遽索周祖畫像懸壁，涕泣不已。殺澤州刺史張福，據其城，引兵南向，太祖破筠衆於澤南，列栅圍之，拔其城，筠赴火死。

宋

王溥。字齊物，祁人。漢乾祐中舉進士甲科，爲秘書郎。周廣順中累拜中書侍郎、平章事。開寶初〔三三〕，累遷太子太師。太平興國初〔三四〕，封祁國公。卒贈侍中〔三五〕，謚文獻。溥性寬厚，好汲引後進，其所進薦至顯位者甚衆。嘗集蘇冕會要及崔鉉續會要，補其缺漏，爲百卷，曰唐會要。又著五代會要三十卷，又有集二十卷。子貽孫，字象賢。博聞强識，端拱中右僕射李昉求郡省百官集議舊儀，貽孫具以對，時論許其諳練云。

藥元福。晉陽人。晉開運初遼人圍魏郡，元福以左千牛衛將軍，與慕容鄴各領二百騎左右馳突〔三六〕，無不披靡。明年遼兵復入，元福與符彦卿等禦之於陽城，大戰追奔二十餘里，遷威州刺史。歷仕漢、周，皆有戰功，累官檢校太尉。建隆初，加太師。卒，贈侍中。元福雖老，筋骨不衰，時稱驍將。

慕容延釗。太原人。仕周以戰功爲北面行營馬步軍都虞候。太祖即位，命延釗按治邊境，以鎮静聞，加殿前都點檢、同中書門下三品。建隆四年爲湖南行軍都部署，擒賊將汪端，平荆湘，加檢校太尉。子德豐，字日新。歷知蔚、慶、邢、延、靈等州，輕財好施，厚享將士，進潁州團練使。及卒，家無餘財。

王全斌。太原人。建隆初拜安國軍節度，詔葺西山堡寨〔三七〕，不踰時而就。乾德二年伐蜀，全斌爲西川行營前軍都部署。蜀平，被訴獲罪，責授崇義軍節度觀察留後。開寶末爲武寧軍節度。卒，贈中書令。全斌輕財重士，不求聲譽，寬厚容衆，軍旅樂爲之用。黜居山郡十餘年，怡然自得，識者稱之。

郭從義。其先沙陀部人，後家太原。漢祖表爲馬步軍都虞候，屢率師破遼於代北。開寶二年以太子太師致仕。從義性厚重，有謀略，多技藝，尤善飛白書。

張永德。字抱一，陽曲人。曾祖丕，尚氣節。永德事繼母以孝聞，周祖時官至殿前都指揮使、泗州防禦使。劉崇引遼人來侵，世宗親戰高平，太祖與永德各領牙兵二千分進，大捷，降崇軍七千。從克壽州，授檢校太尉。太祖即位，加兼侍中。咸平三年卒，贈中書令。

李萬超。太原人。幼孤貧，負販以養母。晉祖起并州，萬超應募，以功歷肅鋭指揮使。遼入中原，萬超屯潞州，殺遼使，推王守恩爲帥。漢祖令史弘肇統兵至潞，語之曰：「得復此州，公之力也。吾欲殺守恩，以公爲帥，可乎？」萬超曰：「殺遼使，推守恩，爲社稷計爾。若賊人自利，非宿心也。」弘肇大奇之。建隆初，累官左驍衛大將軍。

安守忠。字信臣，晉陽人。建隆初爲左衛將軍。淳化三年知宋州兼制置營田使，卒。守忠謹慤淡泊，爲治簡静，有威德。

從征太原，多與謀略。所至藩郡樂施與，喜與士大夫游，時論多與之。

吳廷祚。字慶之，太原人。仕周爲檢校太尉。建隆初加同中書門下三品〔三八〕，三年特任爲雄武軍節度。廷祚謹厚寡言，性至孝，居母喪，絶水漿累日。好學，聚書萬卷，治家嚴肅。子元扆，字君華。尚太宗女，累官檢校太傅。性謹讓，歷藩郡俱有善政，待賓佐以禮，所得禄賜，悉給親族孤貧者。

邊光範。字子儀，陽曲人。爲人謙退和雍，有吏材。起家榆次令，開寶中拜御史中丞。性至孝，母病疽，嘗親吮之。

劉孝忠。太原人。母病，割股食母，母病心痛劇，然火掌中代母痛，母尋愈。後母死，傭爲富家奴，得錢以葬。富家知其孝行，養爲己子。養父兩目失明，爲舐之，復能視。太祖召見慰諭。

李進卿。晉陽人。晉天福中杜重威敗安重榮於宗城，進卿力戰有功。乾德二年伐蜀，爲歸州路行營步軍都指揮使，拔巫山寨，下夔、萬二州。蜀平，録功拜侍衛親軍步軍都虞候。卒，贈侍中。子延渥，禦遼有勞，終左武衛大將軍。

楊美。文水人。武力絶人。周廣順初從征淮南，以功擢鐵騎都指揮使，領白州刺史。建隆三年升青州北海縣爲軍，以美爲軍使。乾德初召還，民數百爲詣闕乞留。歷官保静軍節度使〔三九〕。美任氣好施，凡得賜予俸禄，盡周給故舊親戚，及卒，家無餘財。

侯贇。太原人。建隆初爲諸衛將軍。先是，朝廷歲仰關中穀麥以給用，贇掌其事三十年，國用無闕。開寶中歷知建安軍、揚徐二州刺史，皆有善政。太平興國七年知靈州，得邊士心，在任十餘年，卒於官。

郭守文。太原人。父暉，從周祖征河中戰死，守文年十四，居喪哀毀。建隆初爲西頭供奉官。太平興國初秦州内附，蕃部騷動，命守文撫諭，西夏悦服。後夏人擾攘，守文帥師破之，諸部畏懼，相率來降，銀、麟、夏三州歸附者百二十五族，西邊遂安。歷官北面行營都部署。卒，贈侍中，謚忠武。守文沉重有謀略，頗知書，每退朝習書百行。出言温雅，未嘗忤人意。得俸禄賜賚悉犒士卒，死之日家無餘財，士卒莫不流涕。

袁繼忠。其先振武人，後徙并州。開寶中伐廣南爲先鋒，以功遷供奉官。太宗征太原，預破鷹揚軍，先登陷陣。遼師入代，率兵擊走，與崔彦進破之於長城口，殺獲數萬衆。雍熙三年從田重進攻遼〔四〇〕，取飛狐，下靈丘，平蔚州。師還，重進欲斬降卒後期至者，繼忠救免之。淳化初遷引進使。繼忠長厚忠謹，士大夫多與游，前後賜賚鉅萬，悉以犒士卒，家無餘財。

石曦。太原人，晉祖弟韓王敬暉之子。建隆初官左驍衛大將軍。西人犯邊，曦率所領擊破之，斬渠帥十三人。雍熙四年知霸州兼部署〔四一〕，陳廷山謀以平戎軍叛入北邊〔四二〕，曦與侯延濟定計，擒廷山以獻，録功加領本州團練使。終右龍武軍大將軍。

楊業。太原人。弱冠事劉崇，屢立戰功，號爲「無敵」。太宗征太原得之，大喜，以爲右領軍衛大將軍。雍熙三年北征，以潘美爲雲、應路行營都部署，命業副之，連拔雲、應、寰、朔四州。時遼太后蕭氏領衆十餘萬，復陷寰州，業言：「遼兵益盛，不可與戰。」護軍王侁迫之，業因指陳家谷口曰：「諸君於此張步兵强弩爲左右翼，業轉戰至此，即夾擊救之，不然無遺類矣。」美即與侁陳谷口。自寅至巳，侁使人望之，以爲遼兵敗走，欲争其功，即引兵離谷口，俄聞業敗，即麾兵走。業力戰，自午至暮，果至谷口，望見無人，即撫膺大慟，仍力戰，身被數十創，士卒殆盡，猶手刃數十百人，馬重傷不能進，遂爲遼所擒，不食三日卒。帝聞之痛惜甚，贈太尉、大同軍節度。潘美降官，王侁除名。業忠烈武勇，有智謀，練習攻戰，禦下有恩，士卒樂爲用。朔州之敗，麾下尚百餘人，皆感泣不肯去，無一生還者。

楊延昭。業子，本名延朗。幼沉默寡言，多戲爲軍陳，業曰：「兒類我。」每征行，必以從。太平興國中補供奉官，歷官保州防禦使、高陽關副都部署。延昭有智善戰，出入騎從如小校，號令嚴明，遇敵必身先行陳，克捷推功於下，在邊防二十餘年，遼人憚之，目爲楊六郎。及卒，帝遣中使護櫬以歸，河朔之人多望柩而泣。子文廣，字仲容。討賊張海有功，授殿直。范仲淹宣撫陝西奇之，置麾下。遼人争代州地界，文廣獻陣圖並取幽燕策，未報而卒。

王貴。太原人。太平興國二年爲淄州刺史。從潘美北征，攻沁州，頗立戰功。及從楊業，爲遼兵所圍，親射殺數十人，矢盡，張空拳又擊殺數人，遂遇害，年七十三。

石普。其先幽州人，徙居太原。累官大將軍。倜儻有膽略，兩平蜀盜，大小數十戰，摧賊鋒，衆推其勇。頗通兵書、陰陽、六甲、星曆、推步之術。

武英。字漢傑，太原人。父密，與遼戰，殁於望都。英以戰功，歷涇原行營都監。元昊入寇，英與任福合諸將戰張家堡，斬首數十百，敵棄羊馬僞遁，諸將皆趨利争進，英以爲前必有伏，衆不聽。已而伏發，福等既敗，英力戰，自辰至申，矢盡遇害。贈邢州觀察使。

尹憲。晉陽人。太宗時，以供奉官護府州屯兵，與鄜州三族會攻嵐州，破敵千餘衆，擒僞知州馬延忠，拔緣河諸寨，入朔州界，破寧武軍，獲人馬、器甲甚衆。改護夏州兵，就知夏州，俱有戰功。後知定州，卒。

劉美。字世濟，并州人，真宗劉后之兄。由三班奉職累遷洛苑使，領勤州刺史，在官咸克舉其職。子從廣，性謹飭，喜交士大夫，時頗稱之。從子永年，仁宗嘗問禦戎策，對合旨，書「忠孝」字以賜。卒，謚莊恪。

呼延贊。太原人。以材勇授驍雄軍使。從王全斌討西川，當前鋒，中數創，以功補指揮使(四三)。太平興國初從征太原，先登及堞而墜者數四，面賜金帛獎之。淳化中官至康州團練使。真宗嘗補軍校，皆敘己功，或至歡譁，贊獨進曰：「臣月奉百千，用不及半，自念無以報國，不敢更就遷擢。」衆嘉其知分。

閻守恭。榆次人。聞郭進爲太宗寵遇，慨然曰：「吾自度豈不及進耶？」遂應募，擢殿前押班。明道中爲永興軍兵馬鈐轄，徙并、代路。守恭性沉勇，御軍嚴，雖家居如對賓客。常訪求士大夫，取郭進事師法之，所得俸賜悉散予人。

王貽永。祁人，溥之孫。性清慎寡言。咸平中尚鄭國公主。歷徐州團練使，知鄆州，皆築隄禦水患。累拜同中書門下平章事。貽永能遠權勢，在樞密十五年無過失，人稱其廉静。

高若訥。字敏之，榆次人，徙家衛州。進士及第，累官参知政事。强學善記，精於天文，兼通醫書，雖國醫皆屈服。皇祐中詔累黍定尺以制鐘律，若訥以漢貨泉度一寸，依隋書定尺十五種上之，並損益祠祭服器，悉施用。有集二十卷。

王信。字公亮，太原人。少勇悍。大中祥符中盜起晉、絳、潞、澤數州，信應募籍軍，與其徒生擒賊七十人，部使者表薦。累官西京作坊使，知保安軍，兼鄜延路兵馬都監。始至之夕，敵衆號數萬薄城，信領勁兵二千擊走之。官至步軍副都指揮使，卒。

楊畋。字樂道，太原人，重勛曾孫。知岳州，累遷荆湖南路兵馬鈐轄。嘉祐三年冬河北地震，明年日食正旦，上疏宜早立皇嗣以答天意。仕至龍圖閣直學士。畋出將家，折節喜學問。在山下討蠻，與士卒同甘苦，遂破諸峒。性清介，自奉甚約，及卒，家無餘貲。

盧政。文水人。爲德州兵馬監押。與討貝州，先登，守者莫能亢，大軍乘之以入。南征儂智高，亦有功。累拜武泰軍節度使〔四四〕，時年七十三，能上馬踴躍，觀者壯之。

趙密。太原府清源人。政和中用材武試河北隊將。金兵陷揚州，士民數萬從乘輿渡江，密露立水濱，麾舟濟之。從張俊征戰屢立功，遷龍神衛四廂都指揮使。隆興二年進少保。按：「清源」，本傳作「清河」，但宋志太原無清河，「河」字誤，今改正。

金

李汾。字長源〔四五〕，平晉人。爲人尚氣，跌宕不羈。善讀史，工詩，雄健有法。舉進士不中，用薦爲史館書寫，尋上書言時事，不合去，客唐、鄧間，死時年未四十。

劉昂。字之昂〔四六〕，興州人。大定進士。高、曾以下，七世登科。昂天資警悟，律賦自成一家，詩得晚唐體。官上京留守判官，卒。

郭文振。字拯之，太原人。承安二年進士，累官遼州刺史。興定三年太原不守〔四七〕，以文振權元帥左都監，行河東北路元帥府事。文振招降太原東山二百餘村，遷老幼於山寨，得壯士七千，分駐營栅，防護秋獲，尋與張開合兵復取太原。封晉陽公。文振有材略，屢上疏言軍國事，朝廷不能用。

趙益。太原人。元兵入境，合土豪保聚山陝，屢戰有功，晉陽公郭文振署爲壽陽令，駐兵榆次重原寨。率衆收復太原，獲老幼二萬餘口以出，升太原治中，擢同知府事、兼招撫使。元光元年八月元兵大至攻城，不可支，乃焚府庫，殺妻子，沉符印於井，遂自殺。

王渥。字仲澤，太原人。性明俊，博學善談論，長於詞賦。登興定二年進士第，爲時帥所致，故多在兵間。後辟寧陵令，有治績，入爲尚書省令史。使宋，應對敏給，宋人重之。

劉海。興州人。舉進士第一。仕至河南尹，死國難。

元

郝和南巴圖。太原人。通譯語，善騎射。太祖遣使宋，往返數四，以辨稱。從南伐，善戰，所在有功。太宗於行在所命解衣，數其瘡痕二十一，嘉其勞，進拜宣德、西京、太原、平陽、延安五路萬户。卒，贈太保、冀國公，謚忠定。「郝和南巴圖」舊作「郝和南拔都」，今改正。

張德輝。字耀卿，交城人。少力學。史天澤開府真定，辟爲經歷官，資其籌畫。世祖在藩邸深器重之，呼其字而不名。及即位，以爲河東南北路宣撫使〔四八〕，考績爲十路最。入見，疏急務四事，遷東平路宣慰使，有惠政。至元三年參議中書省事，以老乞歸。德輝天資剛直，博學有經濟，毅然不可犯，望之知爲端人。

劉宣。字伯宣，其先潞人，後徙太原。沉毅清介，居家孝友。宣撫張德輝至河東，見而器之，薦爲中書掾。至元十二年入爲户部郎中。從丞相巴顔平江南，詣闕上捷書，世祖親問南征事，稱旨，賜器服寵嘉之。累遷吏部尚書。時將伐交阯及征日本，宣上書切諫，帝嘉納其言。延祐四年追封彭城郡公，謚忠憲。「巴顔」舊作「伯顔」，今改正。

王守誠。字君實，陽曲人。氣宇和粹，性好學，從鄧文原、虞集游，文詞日進。泰定初試禮部第一，由秘書郎歷官至禮部尚書，與修遼、金、宋三史。至正五年使四川，舉劾精嚴，爲諸道最，進河南行省左丞。卒，謚文昭。

明

周瑄。字廷玉，陽曲人。正統中以鄉舉除刑部主事，尋遷郎中，超拜侍郎。奉命賑順天、河間飢民，先後賑二十六萬五千，給牛種各萬餘，奏行利民八事。還部，救正冤濫甚多。瑄官刑部久，屬吏不敢欺，意主寬恕，不爲深文，時稱長者。成化中遷南京刑部尚書，令諸司事非會勘者毋出五日，獄無滯囚。暑疫，悉縱輕繫者，曰：「召汝則來。」及期無違令者。卒，贈太子少保，謚莊懿。

王鑑。字彦昭，太原人。景泰中進士，授監察御史。石亨亂政，率同列廷論之，下獄搒掠幾死。謫膚施知縣，有善政。亨敗，升延安知府。

周經。字伯常，瑄子。天順進士，改庶吉士。弘治中累遷户部尚書。經悉按祖宗成憲，寬逋緩徵，裁節冗濫，四方告災，必覆奏蠲除。每委官監税課，入多者與下考，苛切之風爲衰。經剛介方正，好强諫，雖重忤旨不恤，宦官、貴戚皆憚而疾之。會星變乞休，中外論薦者至八十餘疏，咸報寢。卒，贈太保，謚文端。

王瓊。字德華，太原人。成化進士。爲工部郎中，以敏練稱。正德中累遷户部尚書，明習國計，轉兵部，制置周詳。宸濠反，用王守仁督戰，立擒之。嘉靖初謫戍，尋以邊警，起督陜西三邊軍務，吐魯番降服，北寇遠遁，邊陲晏然，人比之楊一清。官至吏部尚書。卒，贈太師，謚恭襄。

杜蓁。陽曲人。成化舉人。由城固知縣升南京户部主事，以不附逆瑾奪官。瑾誅，起擢員外郎。言行政事多可法，鄉評重之。

唐希介。字景賢，陽曲人。成化進士。以工科給事中稽省真定等四鎮儲備，盡得宿弊以聞，權倖見嫉，謫四川石硅宣撫司經歷，累遷陜西按察副使，皆有善政。中官不便，構諸逆瑾，遂罷歸。

薄彦徽。陽曲人。弘治進士。爲南京御史，論道士崔志端不可玷尚書。正德初八黨竊柄，偕同官極論其罪，疏上而劉健、謝遷已被逐，復上疏乞留，遂被逮，廷杖除名。

張文明。字應奎，陽曲人。正德初進士。以御史巡按陜西。車駕幸延綏，馳疏極諫，不省。既而文明朝行在，忤司禮太監張忠輩，下詔獄謫官。世宗立，召復故官，尋出爲松江知府，卒。巡按御史馬録頌其忠，詔贈太常寺少卿。

寇天敘。字子惇，榆次人。正德進士。授南京大理評事，歷寺副，讞獄多所平反。遷寧波知府，有聲，擢應天府丞。武宗南巡，江彬等怙寵爲虐，天敘力與之抗，民得不困。嘉靖初歷撫甘肅、陜西，以禦寇功擢刑部右侍郎，改兵部，卒。家貧，喪事不具。

解一貫。字曾唯，交城人。正德末進士。除工科給事中。嘉靖元年出覈牧馬草場，凡内臣、勛戚所據莊田，率歸之民。帝爲后父陳萬言營第，極壯麗，一貫力請裁節。尋進吏科都給事中。張璁、桂蕚同擠費宏，偕同官力詆之，竟謫開州判官，卒。

周鈇。字汝威，榆次人。嘉靖初進士。歷御史，監視十庫，嚴杜侵蝕，巨璫斂手。累遷右春坊清紀郎〔四九〕，兼翰林院侍書〔五〇〕，尋以言事謫官。起國子監丞，遷吏部主事。坐與王與齡發嚴嵩私事，貶河間府通判，已復褫職里居。出入徒步，蕭然若布衣，海内皆知其名。穆宗立，贈光禄少卿。

李敏。字鈍甫，榆次人。嘉靖中進士。選庶吉士，改刑科給事中，以論救楊守謙廷杖謫官。起禮科給事中，又以不與醮壇被杖。累遷順天府尹，自陳歸里，卒於家。

萬自約。太原人。萬曆進士。爲刑科給事中，改户科，前後劾罷兩尚書、兩都御史、一翰林學士。歷光禄寺少卿。適倭犯朝鮮，主兵事者謀以封貢款之，抗疏力争。累遷順天府尹，以停罷大内所索珠寶貶官。

王元雅。太原人。萬曆進士。歷官監察御史。巡撫遵化，崇禎二年城陷死。本朝乾隆四十一年，賜謚節愍。

鄭宗周。字伯忱，文水人。萬曆進士。爲監察御史，列首輔方從哲姦狀。光廟崩，累疏請正李可灼、崔文昇妄投藥劑之罪，與楊漣、左光斗並稱忠鯁。崇禎初遷太僕寺少卿，釐遼、薊諸鎮宿弊。擢兵部右侍郎，巡撫天津，遼東民之徙内地者，加意綏輯。以母喪歸，不復出。宗周遇義可否，挺特不少屈，其貌清臞，乃若不勝衣者。

張鳳奇。陽曲人。崇禎初永平知府。城陷，飲藥死，門内十餘人皆殉節，後贈太僕寺少卿。本朝乾隆四十一年，賜謚烈愍。

胡玉琴。興人。其父博，娶闞氏，生尚默；繼娶甄氏，生玉琴。甄疾卒，兄弟廬墓。父歿，玉琴復廬墓，哀思竟死墓側。

朱慎鏤。晉府宗室，攝靈丘郡王府事。崇禎末賊陷太原，冠帶祀家廟，驅家人入廟焚之，自投焰中死。本朝乾隆四十一年，賜謚烈愍。

楊方生。字爾楨，陽曲人。闖賊之變，兩弟被執，方生聞之，急詣賊曰：「我楊氏冢子某，有事當任，於弟無與。」賊因釋其弟，囚之兩月，幾死，後得脱。會弟當行戍，方生求代不得，乃偕弟行，左右之以及其歸。

本朝

王廷衡。陽曲人。順治初舉武鄉試第一，爲都司營中軍。姜瓖之亂，賊據太原晉祠鎮，廷衡繕攻具，賊爇之，熸焉。詔恤其家，祀忠烈祠。

潘一桂。陽曲人。鬻販事親。父好酒，必醉，醉必夜歸，執燭候門扶之，終身不改。父歿廬墓，人稱「潘孝子」。

李中馥。字鳳石〔五一〕，太原人。明天啓舉人。爲孝廉五十年，未嘗入官府，巡撫、御史薦之，辭不赴。甲申闖賊遣人授僞官，怒曰：「尚不趨召，肯爲賊屈耶？」順治四年姜瓖亂，爲縣令畫守禦計，縣人賴之。讀書晚年益勤，著述甚多。

常大忠。字二河，交城人。順治壬辰進士。爲潛山知縣，擢保定同知，皆有善政。在保定，朔望必拜楊忠愍祠，建忠烈祠以祀甲申盡節諸臣。卒官，櫬不能歸，衆賻之乃行。

胡全才。字體舜，文水人。明季進士。以職方主事贊畫李建泰軍，至真定，率所部百人爲疑幟於固關，闖賊不敢偪。順治初遷陝西漢羌道，平賀珍及川孽張定國。擢僉都御史，巡撫寧夏，猶親剿漢羌山寨，殺賊一萬四千餘人而去。四年平寧夏賊。十年巡撫鄖陽，平鄖陽賊，擢湖廣總督。卒，贈兵部尚書，謚勤毅。

孫世藎。字丹臺，興人。工文，精騎射。順治初以教諭遷知崇仁縣，平大盜羅漢七，撫按交章薦，世藎以老，力請歸。子天繡，好義，鄉里稱之。

甄于廷。興人。兄懷廷與邑豪趙姓隙，順治九年趙黨數百人猝至，圍堡門曰：「弟縛甄懷廷、孫奕熺二人來即解去。」孫亦隙於趙者。鄉人縛孫下，趙攢刃刺之。懷廷將下，于廷力挽求代，爭久之，鄉人感泣，乃下于廷，趙熟視曰：「非也。」于廷慟言狀，趙感動投刃而去。

傅山。字青主，陽曲人。自幼讀十三經、諸子史，如宿通者。明崇禎中袁繼咸督學山西，爲巡按御史張孫振誣劾被逮，山橐饘左右，伏闕上書白其冤。馬世奇作義士傳，比之裴瑜、魏劭〔五二〕。後爲道士裝，醫術入神，有司以醫見則見，不然不見也。康熙十八年徵聘至京，以老病辭，授中書舍人歸。山工分隸及金石篆刻，畫入逸品。子眉，字壽毛，亦工畫，能作古賦。

馬電。字耀如〔五三〕，太原人。補博士弟子，屢周人急。里人劉養病亟，以所積數十金寄電，後養妻他適，訟於官，電曰：「劉言遺其子，今子未十歲，若何？」縣令曰：「第與之。」即手金還之，又出數十金曰：「此數年來子錢也。」令益義之。康熙四十二年，聖祖仁皇帝西巡，幸其家，電率四世子孫跪迎，賜坐，問電年，曰：「九十。」解賜御衣，書「秀眉」二字扁其門。乾隆五十六年，入祀鄉賢祠。

閻若璩。字百詩，太原人。博極群書，考覈精當，多著作，尤嗜吟詩。康熙戊午舉博學宏辭。嘉慶二十一年入祀鄉賢祠。

張雲鳳〔五四〕。字建閣，徐溝人。八歲哭母，淚盡血流。事父及繼母色養。父病，同卧起二十餘年，比卒，苫塊饘粥，被髮終三年。

蘇曰祥。徐溝人。未十歲喪母，哭不絶聲，事繼母如所生。父病，不解帶二百日。父及繼母殁，皆手自築墳，廬墓三年。邑人將聞諸官，力辭。

張繼仲。清源人。生未浹歲而父商於外，年十六父不歸，誓往尋之。道出關東遇虎，默禱，虎逡巡去。明年，果得父歸，鄉稱孝子。

成元震。字東權，文水人。康熙戊子武舉。性端重，由徐協守備歷任至甘肅提督。在職以整練聞，撫營伍有恩威。鎮究州日，給催漕兵役以資糧，遂著爲例。在甘肅，安飭蕃人，奏改木廠水草地，隨事設宜，有益軍屯多類此。居家孝友，閭里稱之。

張旺。字月宇，興人。少能輓弓十五石，左右射。吳、耿搆逆，以守備從援漳州，復永定縣。從征尚逆，先登，軍乘之城破。調入閩，剿山海，擒渠寇，授遊擊。復龍虎山及長泰、海澄數縣，平金門、厦門諸島，授左都督。歷江西南瑞、南贛總兵，江南、福建提督。剿湖廣紅苗，先登如少年時。卒，贈太子少保。

李全。陽曲人。由行伍洊擢至雲南永順鎮總兵。乾隆三十二年從剿緬甸，大破賊於蠻結。三十三年轉戰至蠻花，賊蠭至，全戰益力，受鎗傷，卒。得旨優恤，入祀昭忠祠，並祀旌勇祠，賜祭葬。子萬年，襲職騎都尉，隨征金川，斬獲甚多。攻剿當噶爾拉碉卡負傷，力戰克之，累遷至廣西右江鎮總兵。

馬全。陽曲人。乾隆二十五年一甲一名武進士。由侍衛署總兵，洊升甘肅提督。三十八年赴金川軍營，爲領隊大臣。六月木果木大營失利，全殿後，力戰竟夜，死之。賜祭葬，謚壯節，入祀昭忠祠，圖形紫光閣。

賈士楚。陽曲人。八歲喪母，每父出，泣下沾襟，父返，輒知拭淚承順。及父卒，事祖母馮氏、繼母李氏，曲盡歡心，數十年如一日。

閻廣居。陽曲人。乾隆四十六年以舉人歷任湖南麻陽、芷江、耒陽等縣知縣，升乾州直隸廳同知，所至著有循聲。嘉慶十四年祀鄉賢祠。

周昌運。榆次人。早孤，育於祖母，及長，事祖母甚孝。貿易京師，忽心動曰：「祖母得無疾乎？」遽歸，果病劇。與妻王氏籲天泣禱，翼日旋愈。後復病，卧牀笫者十餘年，昌運與妻謹侍之，未嘗少怠。及卒，廬墓三年。

張星煜。榆次人。母侯氏病，截指血書佛經祈速愈，母竟卒，哀慟幾絶，鬚髮畢白。

牛天畀。太谷人。乾隆七年武進士。由侍衛授都司，洊升四川川北鎮總兵，從大兵討金川，多戰功。三十八年六月木果木大營失利，天畀力戰陣亡。賜祭葬，謚毅節，圖形紫光閣。

楊鉄。太谷人。母病，冒雪跪冰，籲天哀禱。及母殁，廬墓三年。同縣冀秉良，天性仁孝，好善樂施。俱乾隆年間旌。

張克容。徐溝人。孝義著聞。同縣孝子李陞鳳、蘇菱〔五五〕，俱乾隆年間旌。

牛名士。嵐人。素以孝聞。乾隆間旌。

孫嘉淦。字懿齋，興人，世蓋孫。少有至性，父天繡以事繫獄，嘉淦奔走呼籲，尋得釋。康熙癸巳成進士，授檢討。聞母病，乞假侍湯藥，衣不解帶者五月。及服闋，升國子監司業，遷祭酒，累遷刑部侍郎。乾隆元年晉尚書，總督直隸，移制湖廣，歷任吏部尚書、協辦大學士。卒，謚文定。嘉淦自諸生時潛心經學，有志發明，諸經皆有箋解。乾隆二十年入祀鄉賢祠。

馬瑀。陽曲人。乾隆二十二年武進士。由守備洊升總兵。六十年赴湖北軍營協剿苗匪，多著戰功。嘉慶元年加提督銜。六月奉命馳赴大寧，九月由奉節縣黑樓門會剿邪匪，至張家崖，賊據險負隅，瑀督兵擊之，殺賊甚衆，乘勢攻撲賊卡，中傷墮崖卒。事聞，賜恤廕子。

劉芳。太原人。官把總，篤行敦倫。嘉慶二十五年入祀忠義祠。

郭鳳翥。太谷人。孝行著聞，嘉慶八年旌。

王溶仁。徐溝縣職員。考行著聞，嘉慶二年旌。

孫孝愉。興人，嘉淦子。孝友性生，敦宗睦鄰。以廕生授刑部員外郎，歷福建糧驛、汀漳龍道。勘災發賑，實惠及民，捕巨寇、治大獄，精明勇決，上下賢之。升直隸按察使，卒於官。嘉慶十九年入祀鄉賢祠。

康基田。興人。乾隆進士。由知縣洊升江南河道總督。熟悉河務，辦事不辭勞瘁。嘉慶五年緣事革職，八年復授江南布政使。十六年，以太僕少卿銜休致，卒。

流寓

漢

孟敏。楊氏人，客居太原。荷甑墮地，不顧而去。郭泰見而問之，對曰：「甑已破矣，視之何益？」泰異之，因勸令遊學。十年知名，三公俱辟，並不就。

三國　魏

楊俊。獲嘉人，避地并州。本郡王象少孤，時爲人僕隸，年十七八，見使牧羊而私讀書，因被棰楚，俊嘉其才質，即贖象著家，聘娶立屋，然後與別。

南北朝　魏

辛紹先。狄道人。世祖平涼州，紹先内徙，家於晉陽。先是，蓼泉之戰，父淵以所乘馬援李歆，而身死於難，紹先三年口不甘味，頭不櫛沐，髮遂落盡，常著垂裙皂帽。

盧景裕。涿人。從兄仲禮據鄉應西魏，齊獻武王驛徵景裕，繫晉陽獄，後捨之，使教諸子。興和中補齊王開府屬，卒於晉陽，齊獻武王悼惜之。

李鉉。南皮人。武定中高祖令世宗簡碩學以教諸子，徵詣晉陽。時中山石曜、北平陽絢、北海王晞、清河崔瞻、廣平宋欽道及工書人韓毅同在東館，師友諸王。鉉於講授之暇，覽説文、蒼、雅，删正六藝經注中謬字，名曰字辨。

崔子約。清河人。武定中與兄子瞻俱謁晉陽，寄居佛寺。每憑几相對，儀望俱華，諸沙門竊窺之，以爲二天人也。

北齊

楊愔。華陰人。正光中隨父津之并州。性恬默，好山水，遂入晉陽西懸甕山讀書。永安中津爲并州刺史、北道大行臺，愔隨之任。

李德林。安平人。皇建初詔搜揚人物，追赴晉陽，撰春思賦一篇〔五六〕，世稱典麗。

唐

張後胤。崑山人。嘗從父在并州，以學行見稱。時高祖鎮太原，引居賓館，太宗就受春秋左氏傳。義師之舉，後胤首贊之。

段志玄。臨淄人。從父客太原，以剽果，諸少年畏之，甚爲太宗所識。義兵起，募得千餘人，授都督府軍頭。

李白。興聖帝九世孫。天寶中客并州，有太原早秋詩，晉祠尤爲亟游地。嘗見郭子儀奇之，子儀犯法，白爲救免。

崔從。武城人。與兄能偕隱太原山中力學，會歲饑，拾橡實以飯，講誦不輟，怡然終日，不出山巖，如是者十年。

劉巨敖。彭城人。爲太原晉陽令，樂其土俗，遂著籍太原之陽曲，曰：「我爲此邑人可也，何必彭城。」

五代　唐

趙玉。漁陽人。嘗客滄州，依節度判官呂兗，劉守光破滄州，收兗親族盡戮之，兗子琦年十四，玉負之以逃，至太原，變姓名，丐衣食以給琦。琦同光初爲藩郡從事，當時燕趙之士以玉能存呂氏之孤，翕然稱之。見宋史北漢世家。

宋

李瓊。幽州人。仗策詣太原，與周祖等十人約爲兄弟，周祖與瓊情好尤密。嘗過瓊，見其危坐讀書，因問所讀何書，瓊曰：「此閫外春秋也。」周祖令讀之，謂瓊曰：「兄當教我。」自是周祖出入常袖以自隨，遇暇輒讀。每問難瓊，謂瓊爲師。入宋，仕至右驍衛上將軍。

金

張中孚。其先自安定徙居張義堡。父達〔五七〕，宋封慶國公，中孚以父任補承節郎，侍父守太原。金宗翰圍太原，其父戰殁。中孚泣涕請迹父屍，乃獨率部曲十餘人，入金軍中，竟得其屍以還。

明

范濟。元進士。洪武中以文學舉爲廣信知府，坐累謫戍興州。宣宗即位，濟年八十餘矣，詣闕言八事，帝命廷臣議之，尚書呂震以爲不足采，帝曰：「所言甚有學識，多契朕心，當察其素履以聞。」震備言之，帝曰：「惜哉斯人，令久淹行伍，今猶足用。」震曰：「年老矣。」帝曰：「國家用人正須老成，但不宜以任繁劇耳。」乃以濟爲儒學訓導。

列女

唐

李景讓母鄭氏。文水人。早寡，治家嚴肅，身訓諸子。始貧乏之時，治墻得積錢，母曰：「士不勤而禄，猶災其身，况無妄而得，我何取？」亟使閉坎。景讓爲浙西觀察使，嘗怒牙將，杖殺之，軍且謀變，母召景讓廷責之，將鞭其背，將吏再拜請，不許，皆泣謝，乃罷，一軍遂定。

五代　周

李筠母。太原人，史亡其氏。筠拜義成軍節度。每怒將殺人，母屏後呼筠，筠趨至，母曰：「聞將殺人，可免乎？」筠遽釋之。

宋

王稟妻孟氏。嵓嵐軍人。稟爲太原總管〔五八〕，靖康末金訥默亨陷太原，稟死汾水中，孟氏曰：「妻以夫爲天，夫死我何生爲？」亦赴水死。「訥默亨」舊作「黏没喝」，今改正。

王履謙妻齊氏〔五九〕。太原人。治家嚴肅，克守婦道。至正十八年賊陷太原，齊與二婦蕭氏、吕氏及二女避難於趙莊石巖，賊且至，度不能免，俱投崖死。

元

李弘益妻申氏。冀寧人。至正二十年賊陷冀寧，申語弘益曰：「君當速去，勿以我相累。若賊入室，必以妾故害及君。」言訖投井死。弘益既免難，再娶安氏，居二歲而弘益卒，安亦自縊於柩側。

白氏。太原人。夫棄家爲僧，白年二十，留養姑不去，績紝以供租賦。夫一日還，迫使他適，白斷髮誓不從，夫不能奪，乃去。姑年九十卒，竭力營葬，畫姑像祀之終身。

武祺妻王氏。太谷人。祺爲甘肅行省參政。值寇入其家，欲污之，王氏罵不絶口，賊以刀劈其首死。

武氏女。名管嬰，太原人。年十七未嫁，至正間避兵山洞。父被執，管嬰奔父所，請以身代，衆釋其父去，又言井邊有瘞金，衆掘得争取之，女即投井死，後人名其井曰烈女井。

明

姬公輔妻常氏。太谷人。正德中被流賊執，欲污之，常罵賊不從，遂遇害。同邑趙守貴女，年十六，亦以拒賊被害。

孔俊妻武氏。祁人。正德間流賊入祁，縛俊連射六矢，因脅武使從，武大罵，遂被害。時同邑段奎妻閻氏、楊子秀妻田氏、趙文茂妻高氏、王原妻郝氏、張才玘妻范氏、温廷美妻郭氏，俱以被掠不從死。

李氏。興人，爲李君璵之姑，適吕某。君璵父巨富，而君璵蕩産幾盡，父將死，密出二千金付氏曰：「子改行付之，不則與甥。」氏泣而受之，密藏近村樹下。君璵父死數年，益落魄，氏數賙而激之，君璵愧悔甚，氏乃發金付之，告以故。君璵感泣，獻其半，氏堅辭之。君璵持歸自勵，復至富，氏死，爲成服。

郭憲妻王氏。陽曲人。嘉靖中俺答入寇，被掠不從，遂遇害。憲繼娶牛氏，憲亡，牛散遺貲於親族，不食十四日而絶。

李文傑妻梁氏。太原人。嘉靖中遇寇掠不從，斬其首，血濺尺餘，屍行數步而仆。又李永剛妻姜氏，同時被執，亦以不從死。

仲顯妻李氏。榆次人。嘉靖中避寇王碧寨，寇來破寨，掠婦女百餘北行，及李，李大罵曰：「安敢犯我。」遂從寨後投崖死。又郭思德妻安氏，隨思德避寇，思德被害，繫安與二女行，中道俱乘間赴井死。

張大紀妻徐氏。岢嵐人。嘉靖中俺答入寇，闔家被驅北行，大紀投巖死，徐氏繼之。妾武氏擲幼兒巖下，紿賊下馬，拉賊俱墜巖死。又武勛妻王氏，年十七未婚，寇亂被獲，罵賊遇害。

戴宛女。祁人。隆慶初隨母遇寇，殺其母，以刃劫女，女駡不從，亦死之。

王應璧妻郝氏。祁人。隆慶初被寇掠，迫之，乘隙投井死。

聶三妻曹氏。交城人。天啓初山賊嘯掠，被執欲污之，紿以他辭，得間自經死。

武氏。慶成王之妃。崇禎末年闖賊渡河，妃聞之，蓬垢不事櫛沐，宫媪問其故，曰：「天之所壞，人不能支，待死而已。」賊至，投井死。

陳見妻孔氏。陽曲人。孀居二十年，闖賊陷城，掠其家，駡賊被害。子婦朱氏、孫性福並孫女，俱投井死。又同縣李桂芳妻朱氏投井死，幼女、侍婢皆從之。

郝堯宰妻柴氏。陽曲人。夫死守志，闖賊逼城，匿地窨中，讎家引賊入，柴恐被污，以鐵器自擊其額，流血仆地，賊捨之，不食三日死。又同縣王紘妻陳氏，城破亦不食死。

朱萬壽妻於氏。陽曲人。闖賊陷城，偕群婦走匿夾墻失後，衆以爲必獲於賊，及賊退，得屍井中，兩脅俱有刀痕寸許，裹衣繩縛數帀，見者歎爲真節婦。又同縣李時春妻任氏駡賊觸石死，秦謙妻康氏、武瓚妻程氏俱自縊死，程姪女亦投井死。

朱新甄妻張氏。陽曲人。新甄，蒲城知縣。李自成之變，張氏被執，紿賊取貲財，乃乘間投井死。同縣静海知縣崔嗣遠妻黄氏，率其婦於氏并女、孫女、侍女同死一井。又諸生聶輝妻李氏，城陷投井，水淺，賊欲出之，以頭濡水死。又裴潤妻范氏、侯三接妻高氏俱投井死。

趙氏。太原人。適陽曲羅某，羅初娶婦時曾貸匪人金，約與私之，既娶，匪人先匿寢室，趙堅拒，姑强之，怒，乃以他詞訴匪人於官〔六〇〕，稍繩以法。已而逼如故，趙遂斷髮垢面，自刎死。

王一元妻李氏。榆次人。崇禎末闖賊陷城，被執不屈，受烙死。其母馬氏，亦駡賊投井死。

侯化龍妻李氏。太谷人。闖賊之亂，與子婦任氏〔六一〕、姪婦王氏趙氏、女五人及諸婢妾十三人，俱投井死。又同縣李元芳妻員氏〔六二〕、張孔教母孔氏，並罵賊死。

張翀妻侯氏。太谷人。流寇之變，攜夫妾王氏、夫妹張氏避兵母家，賊逼之，侯投井死，母李氏、弟妻任氏、夫妾、夫妹暨婢妾輩十有三口胥從之。本朝順治中旌。

楊士隆妻孟氏。祁人。流賊逼其家，脅以刃不屈，夫與子俱被害，罵賊死。

劉祚隆妻王氏。清源人。流賊逼城下，偕婢投井死。

惠貞旺妻安氏。交城人。流寇亂，夫被殺，安年十九，生女甫三月，舅姑將避亂，以攜少婦有難色，欲使更適人，安聞啼哭終日，至夜卧女於牀，潛出自縊。

康所里妻孫氏。興人。遇流賊逼污之，不從，罵賊求死，賊不加刃，挾之去，至黄河岸投水死。又同縣劉文妻樊氏，被賊執，投崖死。

本朝

孟孫蕙妻楊氏。陽曲人。年十八夫亡，無子，欲殉，姑慰止之，尋以哀毁成疾，其父延醫視之，卒不受醫而死。

申燦妻温氏。祁人。姜瓖之亂，夫婦被執，賊殺燦，挾温上馬，温怒罵之，墮馬遇害。

閻士特妻馮氏。徐溝人。夫亡，瀕死者再，子甫五歲，姑勸以立孤。苦守十年餘，子既長，卒投井死。同縣閻士弘妻劉氏，年二十七，夫亡殉節。李星錦妻任氏，年十九，夫亡守節。教子和梅，以孝行舉。

李珮妻孫氏。交城人。與佩弟環妻曹氏，聞賊至，並投井中，賊出之，復奮躍而入。

閻環奇妻李氏。交城人。幼字環奇，環奇出遊不返，及笄不肯改適，自縊死。

郭超宗妻文氏。文水人。賊至恐被辱，投井死。

喬之珩妻康氏。興人。年二十一夫亡，踰年一子又殤，舅姑老而疾，康孝養惟謹，舅姑歿，孑然苦節終身。又同縣王氏，不詳其夫姓，氏少寡，子廢疾，守志不奪。

王授基妻康氏。興人。年十九夫亡，遺腹子立，閱十餘歲，爲締姻畢，率立哭奠夫墓，歸即自縊。又孫雲獛妻白氏，夫亡二十年，爲子娶婦，遂攜奠夫墓，曰：「子有室，可延夫祀，吾事畢矣。」一慟而絕。

劉士麒妻康氏。興縣舉人康體元女。少字士麒，將婚而士麒癲，久益甚，或議解婚，女誓死不移，體元喜而歸之。年十九，侍疾四十年，士麒死，守節終身。又劉光榮妻王氏，事三姑俱盡孝。夫弟光世生五日而姑卒，王代撫之，乳汁自生。光世苦病，七歲不釋懷。

李進選妻龐氏。榆次人。早寡，惡少逼之，龐忿恚，指裂其膚，自投井死。康熙四十三年旌。

郭命弘妻李氏。岢嵐人。强暴逼污之，不從被殺。康熙五十三年旌。

程爾潔女。祁人。年十六，未字，守正捐軀。雍正三年旌。

宋發富妻劉氏。陽曲人。守正捐軀。同縣烈婦王玉環妻康氏、傅榮妻陳氏、張廣妻康氏、謝俊妻武氏、李昌妻劉氏、白萬保妻胡氏，烈女王朝藩聘妻韓開姐、韓雲女潤姐，節婦梁棟妻李氏、賈鉉妻盧氏、賈登仕妻喬氏〔六三〕、趙鍾秀妻蕭氏、炭良棟妻任氏、馬鵬鴻妻榮氏、楊祥妻孫氏、劉國瑄妻慕氏、閻玉妻趙氏、黄暘妻張氏、李瓚妻季氏、王撫遠妻李氏、楊連妻劉氏、閻威俊妻賈氏、王瑞妻李氏、鄭小三妻郭氏、張弘緒妻賈氏、李廷翼妻張氏、賈霈妻郝氏、徐琠妻孫氏、李鄰妻阮氏、王春元妻郭氏、侯貴妻張氏、吴瑛妻馮氏、崔世藩妻薛氏、羅麟英妻武氏、劉錫妻孫氏、張玠妻史氏、王蒞妻李氏、靳貴連妻閻氏、馮天喜妻靳氏、蔣濬妻王氏，俱乾隆年間旌。

郝林女三姐。太原人。守正捐軀。同縣節婦王道隆妻李氏、劉復興妻石氏、楊阿鳳妻暢氏、張廷元妻劉氏、孟光瀛妻杜氏，俱乾隆年間旌。

張貴生妻殷氏。榆次人。守正捐軀。同縣烈婦李福妻張氏、楊二黑旦妻李氏、牛成會妻張氏、許吉榮妻許氏、女順姐兒，節婦李作極妻龐氏、閻士麟妻郭氏〔六四〕，孝婦王氏、朱邦珽妻侯氏、郭登舉妻馬氏、張國鼎妻齊氏、白佳玉妻張氏、王綍妻喬氏、王檀妻趙氏、張成美妻秦氏、桑國華妻韓氏、張信妻趙氏、要化金妻王氏、馬秉智妻范氏、郝建功妻趙氏，俱乾隆年間旌。

翼成妻李氏〔六五〕。太谷人。守正捐軀。同縣烈女張翠女碰女兒，節婦程崇嬰妻趙氏、牛樹德妻韓氏、李雩妻孟氏、孟敏妻吴氏、李恭妻楊氏、侯宣妻魏氏、白焕妻程氏、牛樹銓妻孫氏、何應大妻喬氏、史爾輔妻郭氏、胡顯舜妻田氏、員良勳妻楊氏、車履福妻吴氏、郭琬妻成氏、車咸妻郭氏、賈明鑑妻崔氏，俱乾隆年間旌。

王定邦妻温氏。祁人。守正捐軀。同縣烈婦高德山妻孟氏、吕振興妻馬氏，烈女李永照女九兒，節婦王保齡妻汪氏、渠天錫妻暢氏、程存和妻胡氏、郝如璧妻岳氏、梁釗妻李氏、郝九成妻連氏、孟良才妻馮氏、孟玉璽妻王氏、曹善行妻常氏、李維梅妻張氏、程師孔妻杜氏，俱乾隆年間旌。

張光妻杜氏。徐溝人。夫亡守節。同縣節婦李秀品妻王氏、王貴妻楊氏、常弘謨妻續氏，又清源鄉節婦郭大盛妻張氏，俱乾隆年間旌。

宋氏。交城人。夫亡，氏殉節。同縣烈婦李廷妻王氏、張廣妻康氏、賈廷芝妻孟氏，節婦張奇傑妻王氏、李麓妾韓氏、李經方妻張氏、武玫妻胡氏、薛應富妻石氏、宋祖誠妻羅氏、孫繩妻陳氏、史聖明妻鄭氏，俱乾隆年間旌。

李廷漢妻王氏。文水人。守正捐軀。同縣烈婦李大有妻趙氏，節婦楊占春妻陳氏、張健妻王氏、武景望妻李氏、范增光妻武氏、李九敘妻康氏、李九齡妻吕氏、麻名揚妻韓氏、貢生某妻白氏、宋紹殷妻王氏、王廷弼妻郭氏、王屏妻白氏，俱乾隆年間旌。

楊外外妻馬氏。嵐人。守正捐軀。同縣節婦劉聖基妻李氏、劉安都妻李氏、祖盛美妻劉氏、范啅繼妻牛氏、李本確妻程氏、郭萬壽妻張氏、樊建妻牛氏，孝婦牛名士妻謝氏，俱乾隆年間旌。

趙好女撻兒。興人。守正捐軀，乾隆年間旌。

張映奎妻馬氏。陽曲人。夫亡守節。同縣節婦曹元妻馬氏、要全真妻高氏、加和鼎妻周氏、武生劉存仁妻王氏、秦肇堅妻張氏、季鳳翮妻李氏、喬楷妻路氏、李新春妻吕氏、常統緒妻白氏、張衍祚妻王氏、張旭妻王氏、張天德妻侯氏、趙希蘭妻武氏、馬藻妻王氏、慕永新妻王氏、劉仲妻郭氏、王焕妻郭氏、馮倫妻李氏、周段氏、閻振貴妻弓氏，俱嘉慶年間旌。

牛敏妻曹氏。太原人。守正捐軀。同縣烈婦李宗福妻原氏，烈女武定邊女大姐，節婦段青雲妻王氏、王鳴鳳妻胡氏，俱嘉慶年間旌。

趙茗保妻李氏。榆次人。義烈可風。同縣烈婦尹光輝妻任氏、韓琮母杜氏，節婦賈沂妻桑氏、要夢槐妻李氏、要夢蘭妻彭氏、侯大振妻趙氏、鞏光裕妻要氏、許育德妻員氏、趙聯芳妻胡氏、何大鵬妻張氏、白寅妻楊氏、王元隆妻喬氏、王家彦妻王氏、杜若棠妻李氏，俱嘉慶年間旌。

楊秀普妻馮氏。太谷人。守正捐軀。同縣節婦劉國秀妻薛氏、孫鶴年妻朱氏、員璧妻楊氏、楊沛妻師氏、游巨川妻賈氏、白尚德妻孟氏、王文秀妻白氏、王漢翀妻胡氏、武德恒妻任氏、韓晉朝妻白氏、杜大名妻白氏、李景官妻郝氏、杜大夏妻吕氏、白中正妻楊氏、李浥妻武氏、牛學伋妻武氏、胡安定妻王氏、賈光陽妻朱氏、范璐妻侯氏、姚維翰妻王氏、牛天定妻温氏、李高妻武氏、楊檀妻孟氏，俱嘉慶年間旌。

高全維妻岳氏。祁人。夫亡守節。同縣節婦武舉閻麟妻李氏、暢位中妻劉氏、閻定邦妻郭氏、劉宗堯妻閻氏、閻興邦妻呂氏、李俊妻馬氏、閻國士妻史氏、暢春熙妻劉氏、袁統妻高氏、柳應發妻曹氏、岳高光妻薛氏、閻績妻何氏、梁文煌妻郭氏、何應奎妻趙氏，俱嘉慶年間旌。

張連魁妻啜氏。徐溝人。夫亡守節。同縣節婦甘肅鎮海營參將温常勝妻馬氏、陳茂芳妻武氏、秦善貴妻田氏、郭玉珍妻董氏、龐應明妻康氏、常修懋妻趙氏，俱嘉慶年間旌。

樊魚姐。交城人，樊泰之女。守正捐軀。同縣烈婦李得名妻魏氏，節婦孫大誥妻康氏、王璧妻賈氏、田起元妻張氏、賈玉金妻蔚氏、張學孔妻張氏、高志謙妻徐氏、閻賦銘妻賈氏、賀爾正妻任氏、喬沖璧妻張氏、路受期妻閻氏、豐恩繼妻孫氏、呂必昌繼妻梁氏、薛恩賜妻潘氏、石敏繼妻韓氏、石巖妻劉氏，俱嘉慶年間旌。

寇安妻宋氏。文水人。守正捐軀。同縣烈婦王殷氏，節婦郭崇妻杜氏、劉泳興妻張氏，俱嘉慶年間旌。

劉世昌妻郝氏。嵐人。夫亡守節，嘉慶年間旌。

孫孝愉妾余氏。興人。夫亡守節，嘉慶年間旌。

仙釋

三國　魏

尹軌。字公度，太原人。

甘始。太原人。二人俱見晉葛洪神仙傳。

北齊

阿禿師。晉陽沙門。乍愚乍智，時人呼爲阿禿師。齊文宣少時與諸童共見之，歷問祿位，至帝，舉手再三指天而已，口無所言。

唐

智滿。太原奉聖寺開山師。尉遲敬德禮智滿云：「割絶他命，敢問還否？」師曰：「將軍悔心，天啓之也。」「若齋僧建刹，何如？」曰：「一念善生，獲福無涯。」敬德稽首拜，施别業爲梵宇，高祖賜額「十方奉聖禪寺」，延智滿居之。見元王居實記。

哲法師。太原人。母曹氏，嘗夢日光滿室，因有娠。及生，有過人之才，名重當世。武后臨朝，屢徵不起。開元間示化於福聚寺。

宋

諸仙禪師。俗姓裴，祁縣人。居幽仙寺，一日午夢覺，云：「河南好麥。」時三月中旬也。徒衆皆竊笑，師乃出麥穗袖中示之，衆大異。嘗游汴，徽宗詔入朝，賜號諸仙。設譙不食，問之，云：「聞本寺鐘聲方食。」少頃果聞鐘聲。上遣兵衛取其鐘，鐘飛西崖，今名墜鐘崖。踰百歲，髮尚黑，不食百日而化。

元

印寶。榆次人，俗性康。師妙聰禪師，戒行甚高。後住持汾州法興院，坐逝，三日荼毗，烈焰中有金光，獲舍利數千粒，眼舌胥備。有人見寶於黄蘆嶺，單騎西去云。

宋德方。號披雲子。隱居太原昊天觀，鑿石洞七龕爲修煉所，至元七年贈玄通披雲真人。

明

板特達。西域僧。洪武初從晉恭王之國，居普光寺。能驅雷雨、役鬼神，敕封大國師。圓寂，獲舍利萬餘。

昌海。太原人，俗姓許。參徹半藏禪師，與洪蓮、義金談道，人稱三高士。旱禱輒應。隱崛嵋山，刺血書五大部經百十三卷。永樂中詔選赴京，纂修大藏經。一日更衣趺坐逝，時年八十有二。

義金。太原人，俗姓張。禮了空爲師，游金陵，受戒，衍曹洞宗。永樂中詔赴京，讎校内典并三藏法。授官弗就，歸故山。

洪蓮。太原人，姓吴氏。幼孤，事母孝，母殁出家，戒行卓越。詣天龍洞，刺血書五大部經文。永樂中，詔選注大明三藏法數，校大藏經典。授官，懇辭還山。景泰初，趺坐説偈而逝。

土産

鐵。出太原諸縣。漢書地理志：大陵有鐵官。府志：太原、榆次俱出，有冶。

鹽。出陽曲、太原、徐溝、文水各縣。漢書地理志：太原郡有鹽官。府志：太原、清源二縣出。

麻。出陽曲、太谷各縣。元和志：太原府賦麻布。又嵐州貢麻。

龍骨。出交城縣。唐書地理志：太原府土貢。

礬。出陽曲、太原二縣。唐書地理志：太原府土貢礬石。

瓜。出榆次縣三郝村。按：唐書地理志太原府土貢銅鐵鏡、馬鞍、熊鞹、石鉀、柏實、葡萄酒，又嵐州土貢麝香，元和志太原貢石蜜，今並未聞。至榆次産瓜，歲充土貢，而前志無聞，今補入。

校勘記

〔一〕除秦州刺史　「秦」，原作「泰」，乾隆志卷九七太原府名宦(下同卷簡稱乾隆志)同，據魏書卷一九下景穆十二王傳改。

〔二〕時突厥數爲邊患　「爲」上原衍「萬」字，乾隆志同，據雍正山西通志卷八三名宦一、新唐書卷九五竇威傳删。

〔三〕昌樂人　「昌樂」，原作「樂昌」，乾隆志同，據雍正山西通志卷八三名宦一、新唐書卷一〇五李義琰傳乙正。

〔四〕鐫諭之　「鐫」，原作「譎」，乾隆志同，據雍正山西通志卷八三名宦一、新唐書卷一九七循吏傳改。

〔五〕景德初爲并代副都部署　「代」，原作「州」，乾隆志同，據雍正山西通志卷七六職官四、卷九九名宦一七及宋史卷二七八雷有終傳改。

〔六〕作柳谿　太平治迹統類卷九、續資治通鑑長編卷一〇三「谿」下有「亭」字。

〔七〕葬以萬數計　「萬數」，原作「數萬」，乾隆志同，據雍正山西通志卷九七名宦一五、宋史卷三一四范純仁傳乙正。

〔八〕稟焚火死　「焚」，乾隆志同，宋史卷四五二忠義七作「赴」。按，下文列女王稟妻孟氏條云「稟死汾水中」，大金國志卷四亦云「稟赴汾水而死」，則宋史忠義七之「赴火」乃「赴水」之訛。

〔九〕左監軍　「左」，原作「佐」，乾隆志同，據雍正山西通志卷八七名宦五、金史卷一二二忠義二改。

〔一〇〕遷冀寧道　「冀寧」，原作「寧夏」，乾隆志同，據雍正山西通志卷八〇職官八改。

〔一一〕其籍贈布政司知事　乾隆志同，清世祖實録卷四九順治七年五月戊寅紀事作「按察使司知事」。

〔一二〕董廷儒　「廷」，原作「延」，乾隆志同，據雍正山西通志卷八六名宦四、清世祖實録卷四九順治七年五月丁丑紀事改。

〔一三〕康熙中以進士知太原縣　此條依例當有任職年份，乾隆志、雍正山西通志卷八八名宦六作「康熙十三年」。

〔一四〕既爲賊所迫殺　「既」，原作「即」，據乾隆志、後漢書卷八一獨行列傳改。

〔一五〕羨弟之子　「弟」下「之子」二字原闕，據乾隆志、晉書卷六七温嶠傳補。

〔一六〕爲平北大將軍劉琨參軍　「平北」，原作「北平」，乾隆志同，據晉書卷六七温嶠傳乙正。

〔一七〕字季佑　「佑」，原作「祐」，據乾隆志、魏書卷六四郭祚傳改。

〔一八〕征西將軍　「征」，原作「鎮」，據乾隆志、魏書卷六四郭祚傳改。

〔一九〕郭儁　「儁」，原作「儁」，據乾隆志、隋書卷七二孝義傳改。北史卷八五節義傳作「郭世雋」，蓋隋書因避諱而改也。

〔二〇〕字茂約　「約」，原作「系」，乾隆志同，據舊唐書卷五八、新唐書卷八九唐儉傳改。

〔二一〕終綿州刺史　「綿」，原作「棉」，據乾隆志及雍正山西通志卷一〇三人物三、新唐書卷一九一忠義上改。

〔二二〕后遣其兄攸宜敦諭　「宜」，原作「宣」，乾隆志同，據新唐書卷一九六隱逸傳改。

〔二三〕浙西觀察使缺　「西」，原作「江」，乾隆志同，據雍正山西通志卷一〇四人物四、新唐書卷一五九王緯傳改。

〔二四〕貶峽州刺史　「峽」，原作「陜」，乾隆志作「陝」，據雍正山西通志卷一〇四人物四、新唐書卷一六一王仲舒傳改。

〔二五〕進户部侍郎　「侍」上原衍「右」字，乾隆志同，據舊唐書卷一四憲宗上、新唐書卷一五二武元衡傳删。

〔二六〕元和九年討蔡　「九」，原作「元」，乾隆志同，據新唐書卷一七一李光顔傳、舊唐書卷一六一李光顔傳改。

〔二七〕夏州節度使李祐違詔進馬　此與下文「祐膽落」之「祐」，原皆作「佑」，今據雍正山西通志卷一〇四人物四、新唐書卷九一温大雅傳改。

〔二八〕盧攜當國　「攜」，原作「儁」，據乾隆志及雍正山西通志卷一〇四人物四、新唐書卷一八四盧攜傳改。

〔二九〕時王仙芝之黨屠至德　「至」，原作「建」，乾隆志同，據新唐書卷一四三王翃傳改。

〔三〇〕誓與城相存亡　「城」，原作「賊」，乾隆志同，據雍正山西通志卷一〇四人物四、新唐書卷一四三王翃傳改。

〔三一〕郭崇韜伐蜀　「伐」，原作「代」，據乾隆志及雍正山西通志卷一〇五人物五、新五代史卷二八張憲傳改。

〔三二〕入周累官昭義軍節度使　「昭」，原作「招」，乾隆志同，據雍正山西通志卷一〇五人物五、宋史卷四八四李筠傳改。

〔三三〕開寶初　「開寶」，原作「建隆」，乾隆志作「宋」，據雍正山西通志卷一〇五人物五、宋史卷二四九王溥傳改。

〔三四〕太平興國初　「初」，原作「中」，乾隆志同，據雍正山西通志卷一〇五人物五、宋史卷二四九王溥傳改。

〔三五〕卒贈侍中　「中」，原作「郎」，據乾隆志、宋史卷二四九王溥傳改。

〔三六〕與慕容鄴各領二百騎左右馳突　「二」，原作「三」，乾隆志同，據雍正山西通志卷一〇五人物五、宋史卷二五四藥元福傳改。

〔三七〕詔葺西山堡寨　「堡」，原作「保」，據乾隆志及雍正山西通志卷一〇五人物五、宋史卷二五五王全斌傳改。

〔三八〕建隆初加同中書門下三品　「三」，乾隆志同，宋史卷一太祖紀一、續資治通鑑長編卷一建隆元年二月乙亥紀事作「二」。

〔三九〕歷官保静軍節度使　「静」，原作「靖」，乾隆志同，據雍正山西通志卷一〇五人物五、宋史卷二七三楊美傳改。

〔四〇〕雍熙三年從田重進攻遼　「三」，原作「二」，乾隆志同，據雍正山西通志卷一〇五人物五、宋史卷二五九袁繼忠傳改。

〔四一〕雍熙四年知霸州兼部署　「雍熙」，原作「太平興國」，乾隆志同，據雍正山西通志卷一〇五人物五、宋史卷二七一石曦傳改。

〔四二〕陳廷山謀以平戍軍叛入北邊　乾隆志、雍正山西通志、殿本宋史本傳等皆如此，「戍」當爲「戎」之訛。

〔四三〕以功補指揮使　乾隆志同。按，據宋史卷二七九呼延贊傳，當時以功所補者乃副指揮使，「太平興國初，太宗親選軍校，以贊爲鐵騎軍指揮使」。

〔四四〕累拜武泰軍節度使　「泰」，原作「參」，據乾隆志及雍正山西通志卷一〇六人物六、宋史卷三四九盧政傳改。

〔四五〕字長源　「源」，原作「原」，據乾隆志、金史卷一二六文藝下改。

〔四六〕字之昂　「之」，原作「子」，乾隆志同，據雍正山西通志卷一三六人物三六、金史卷一二六文藝下改。

〔四七〕興定三年太原不守　「三」，原作「二」，乾隆志同，據雍正山西通志卷一〇六人物六、金史卷一一八郭文振傳改。

〔四八〕以爲河東南北路宣撫使　「南」，原作「河」，據乾隆志、元史卷一六三張德輝傳改。

〔四九〕累遷右春坊清紀郎　「右」，原作「左」，乾隆志同，據雍正山西通志卷一〇七人物七、明史卷二〇七周鈇傳改。

〔五〇〕兼翰林院侍書　「書」，原作「讀」，乾隆志同，據雍正山西通志卷一〇七人物七、明史卷二〇七周鈇傳改。

〔五一〕字鳳石　「字」，乾隆志同，雍正山西通志卷一三六人物三六作「號」。

〔五二〕魏劭　「劭」，原作「邵」，乾隆志同，據池北偶談卷八傅山父子、後漢書卷六四史弼傳改。

〔五三〕字耀如　「耀」，乾隆志同，雍正山西通志卷一四一孝義一作「躍」。

〔五四〕張雲鳳　「雲」，原作「雪」，據乾隆志、雍正山西通志卷一四一孝義一改。

〔五五〕蘇菱　「菱」，乾隆志作「蔆」。

〔五六〕春思賦一篇　「春思」，原作「思春」，乾隆志同，據隋書卷四二李德林傳乙正。

〔五七〕父達　「達」，原作「遠」，乾隆志同，據金史卷七九張中孚傳改。

〔五八〕稟爲太原總管　三朝北盟會編卷一九三、大金國志卷四作「副總管」，宋史卷二三欽宗紀作「副都總管」。

〔五九〕王履謙妻齊氏　按，此條當入元代，蓋履謙任元職，其妻等死節亦在元。雍正山西通志卷一五六列女八及本志卷一四九平定州列女皆入元，是也。

〔六〇〕姑强之怒乃以他詞訴匪人於官　按，雍正山西通志卷一四九列女一云「姑强亦不納，乃誣以他詞訴於官，稍繩以法，氏赧顔不自白，退而匪人逼如故」，則「姑强之」下如無「不納」二字，「怒」字宜删，乾隆志即如此。又，「匪人」二字亦衍。

〔六一〕與子婦任氏　「子」，原闕，乾隆志同，據雍正山西通志卷一四九列女一補。

〔六二〕又同縣李元芳妻員氏　「元」，原闕，據乾隆志、雍正山西通志卷一四九列女一補。

〔六三〕賈登仕妻喬氏　「喬」，乾隆志作「趙」。

〔六四〕閻士麟妻郭氏　「士」，原作「上」，據乾隆志改。

〔六五〕翼成妻李氏　「翼」，乾隆志作「冀」。

平陽府圖

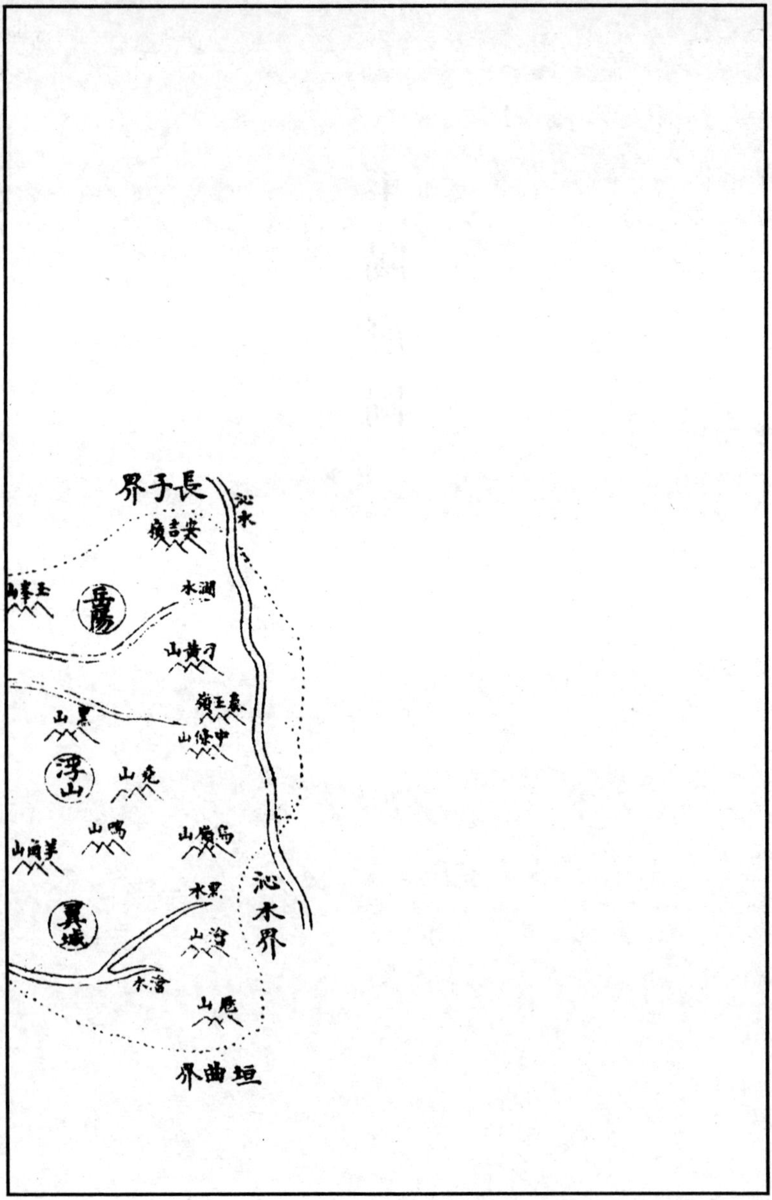
長子界
沁水
安吉嶺
王峯山
岳陽
澗水
刁黃山
浮山
烏嶺山
冀城
澮水
沁水界
垣曲界

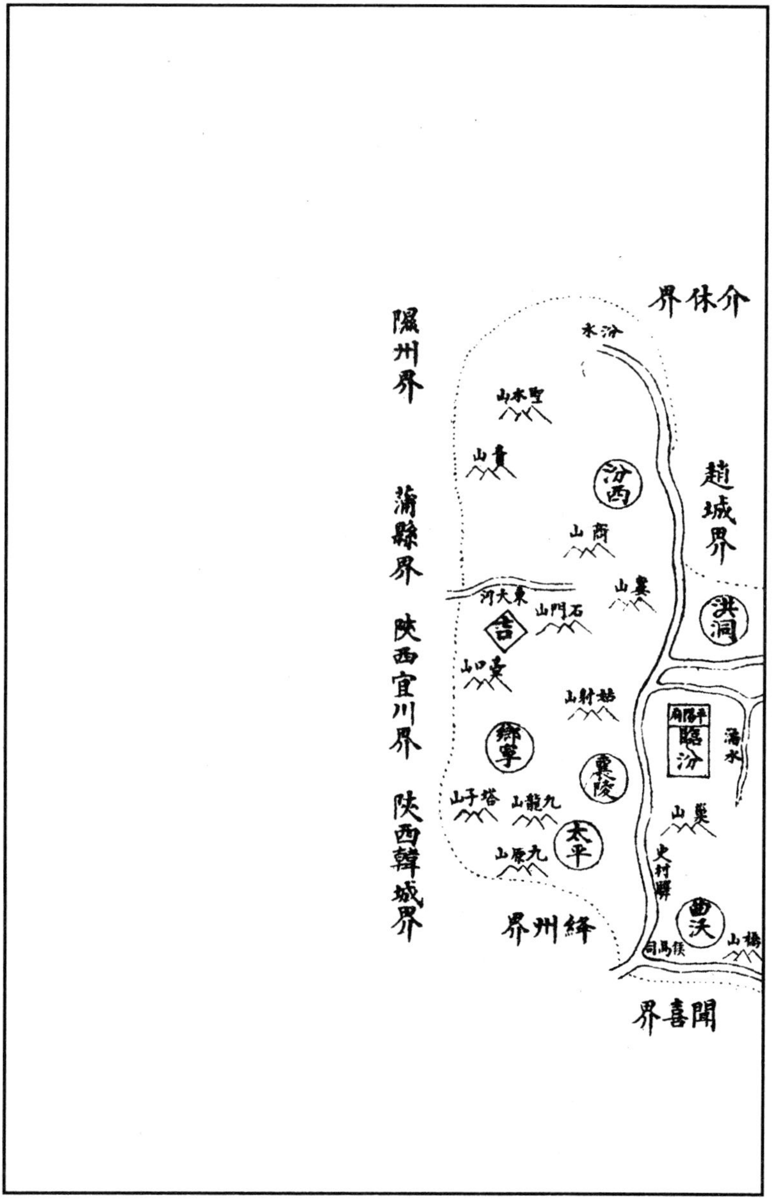
介休界
汾水
聖水山
貴山
汾西
商山
趙城界
隰州界
蒲縣界
陝西宜川界
陝西韓城界
東大河
石門山
吉
洪洞
姑射山
平陽府
臨汾
鄉寧
襄陵
塔子山
九龍山
太平
九原山
史村驛
曲沃
絳州界
聞喜界

平陽府表

	平陽府	臨汾縣
兩漢	河東郡地。	
三國魏晉	平陽郡 魏正始八年置。	
後魏	晉州平陽郡 太平真君四年置東雍州，太和十八年罷。孝昌中復置唐州，建義初改名。	平陽縣 太平真君六年省入會昌，太和十一年復置，治白馬城，爲州郡治。又有西河、敷城、五城、北五城、定陽五郡。
齊周	晉州平陽郡 周置總管府。	平陽縣 周廢五郡爲西河、定陽二郡。
隋	臨汾郡 開皇初府罷，改郡曰平河，尋廢。大業初廢州爲臨汾郡。義寧初復曰平陽郡。	臨汾縣 開皇初改名，爲郡治，仍省西河、定陽二郡。
唐	晉州平陽郡 武德元年復曰晉州，屬河東道。	臨汾縣 州治。貞觀十二年移治平陽城，後還今治。
五代	晉州平陽郡 梁開平中置定昌軍，尋改建寧軍。唐同光初改建雄軍。	臨汾縣
宋	平陽府 政和六年升府，屬河東路。	臨汾縣 府治。
金	平陽府 爲河東南路治。	臨汾縣
元	晉寧路 初曰平陽路，大德九年改名。	臨汾縣 路治。
明	平陽府 洪武初復故名，屬山西布政使司。	臨汾縣 府治。

續表

	洪洞縣
平陽縣 屬河東郡。	揚縣 屬河東郡。
平陽縣 魏爲平陽郡治。	揚縣 屬平陽郡，後省。
永安縣 孝昌中置，屬西河郡。	揚縣 太和二十一年復置，屬永安郡。 會昌縣 太平真君二年自北屈移來治，屬平陽郡。後徙。
永安縣	揚縣
開皇初改曰西河，大業初省。	洪洞縣 屬臨汾郡，義寧元年改揚縣置。
武德初復置西河縣，屬晉州。貞觀十七年省。	洪洞縣 屬晉州。
	洪洞縣
	洪洞縣 屬平陽府。
	洪洞縣
	洪洞縣 屬晉寧路。
	洪洞縣 屬平陽府。

浮山縣	岳陽縣
襄陵縣地。	屬上黨郡。
會昌縣地。	安澤縣 建義元年置，屬義寧郡。 冀氏縣 建義元年改置，爲冀氏郡治。
	安澤縣 冀氏縣 齊廢郡。
襄陵縣地。	岳陽縣 大業初移治西赤壁城，改名，屬臨汾郡。 冀氏縣 屬臨汾郡。
神山縣 武德二年置曰浮山，屬晉州，四年改名。	岳陽縣 武德二年移治東池堡，貞觀六年又移今治，屬晉州。 冀氏縣 屬晉州。
神山縣	岳陽縣 冀氏縣
神山縣 屬平陽府。	岳陽縣 屬平陽府。 冀氏縣 屬平陽府。
忠孝縣 大定七年復曰浮山，興定四年又改。	岳陽縣 冀氏縣
浮山縣 復故名，屬晉寧路。	岳陽縣 至元四年省入冀氏，尋復置，屬晉寧路。 初改爲猗氏，至元三年省，四年復置，尋又省。
浮山縣 屬平陽府。	岳陽縣 屬平陽府。

	曲沃縣
陭氏縣 屬上黨郡。後漢曰猗氏。	
晉省。	
合陽縣 建義元年置，屬冀氏郡。 義寧縣 建義元年置，屬義寧郡。	曲沃縣 太和十一年改置，屬正平郡。
齊省入冀氏。 義寧縣	曲沃縣 周明帝移治樂昌城。
和川縣 開皇十八年改曰和川，大業初省入沁源。	曲沃縣 開皇十年移治絳邑北，屬絳郡。
和川縣 武德二年復置，屬沁州。	曲沃縣 屬絳州。
和川縣	曲沃縣
和川縣 熙寧五年省入冀氏，元祐元年復。	曲沃縣
和川縣	曲沃縣
至元四年省。	曲沃縣
	曲沃縣 屬平陽府。

續表

續表

	翼城縣
絳縣 屬河東郡。後漢曰絳邑。	絳縣地。
絳邑縣 屬平陽郡，後罷。	
	北絳郡 孝昌三年置。 北絳縣 太和十二年置，屬北絳郡。 新安縣 孝昌二年置，三年屬北絳郡。
	北絳郡 北絳縣 齊省入北絳。
	開皇初郡廢，義寧初置翼城郡。 翼城縣 開皇十八年改名，屬絳郡。
	武德初置澮州，二年曰北澮州，四年廢。 澮川縣 武德初屬北澮州，後屬絳州，天祐四年改名。
	澮川縣 後唐長興元年移治王逢寨。
	翼城縣 復故名。
	翼州 興定四年升州。
	翼城縣 復改翼城縣，屬絳州。
	翼城縣 屬平陽府。

續表

	太平縣	襄陵縣
	臨汾縣地。	
小鄉縣 建義元年置，屬南絳郡。	泰平縣 太平真君七年置，屬平陽郡。	
小鄉縣	太平縣 周改「泰」曰「太」。	
小鄉縣 開皇十八年改曰汾東，大業初省入正平，義寧元年復置。	太平縣 屬絳郡。	
武德九年省。	太平縣 屬絳州。貞觀七年移治敬德堡。	
	太平縣	
	太平縣	襄陵縣 移治宿水店，又移治晉橋，屬平陽郡。
	太平縣	襄陵縣
	太平縣	襄陵縣 屬晉寧路。
	太平縣 屬平陽府。	襄陵縣 屬平陽府。

續表

	汾西縣	鄉寧縣
襄陵縣屬河東郡。	彘縣地，屬河東郡。後漢永安縣地。	臨汾縣地。
襄陵縣屬平陽郡。		
襄陵縣		昌寧縣延興四年置，屬定陽郡。東魏又置中陽郡。
會昌縣北齊省，周移禽昌來治。	臨汾縣齊置，兼置汾西郡。	昌寧縣
襄陵縣大業初改名，屬臨汾郡。	汾西縣開皇十八年郡廢，改縣名，屬臨汾郡。	昌寧縣開皇初郡廢，屬文城郡。
襄陵縣初屬晉州，元和十四年改屬絳州，太和元年又改屬河中府。	汾西縣武德初屬呂州，貞觀十年屬晉州。	昌寧縣屬慈州。
襄陵縣	汾西縣	鄉寧縣後唐改名。
	汾西縣屬平陽府。	鄉寧縣皇祐三年移治鄂侯壘，熙寧五年省，元祐元年復置。
	汾西縣貞祐三年割屬霍州。	鄉寧縣屬吉州。
	汾西縣	鄉寧縣至元三年省入吉州，後復。
	汾西縣還屬平陽府。	鄉寧縣屬吉州。

續表

	吉州	
驥縣 屬河東郡。後漢省。	河東郡地。	
	平陽郡地。	
平昌縣 初置刑軍縣，太和二十一年改名，屬五城郡。	定陽郡 延興四年置，天平元年置南汾州。	定陽縣 延興四年置，爲郡治。
平昌縣	南汾州定陽郡 周改曰汾州。	定陽縣
平昌縣 開皇十五年省入五城，義寧元年復置。	文城郡 開皇初郡廢，十六年改曰耿州，十八年復曰汾州，大業初復爲郡，改名。	吉昌縣 開皇十八年改名。
吕香縣 貞觀元年改名。	慈州文城郡 武德元年復曰汾州，五年曰南汾州。貞觀八年改曰慈州，屬河東道。	吉昌縣
周顯德三年省。	慈州文城郡	吉鄉縣 後唐改名。
	慈州文城郡 熙寧五年廢爲吉鄉軍，元祐元年復置。	吉鄉縣
	吉州 天德三年改曰耿州，明昌元年又改吉州，屬河東南路。	吉鄉縣
	吉州 屬晉寧路。	至元二年省。
	吉州 屬平陽府。	

北屈縣屬河東郡。		
北屈縣		
神䴥元年改置禽昌郡，太平真君二年改爲縣，後徙廢。	仵城縣孝文帝置，屬定陽郡。	五城縣初置京軍縣，太和二十一年改曰五城，正平二年兼置五城郡。
	仵城縣	五城縣
	文城縣改名，屬文城郡。	伍城縣開皇初郡廢，改縣曰伍城，屬文城郡。
	文城縣屬慈州，天祐中改曰屈邑。	仵城縣改名。
	文城縣後唐復故。	周顯德三年省。
	熙寧五年省。	

大清一統志卷一百三十八

平陽府一

在山西省治西南六百里。東西距二百九十里，南北距三百二十五里。東至澤州府沁水縣界一百五十里，西至陝西延安府宜川縣界一百四十里，南至絳州聞喜縣界一百四十五里，北至霍州趙城縣界一百八十里。東南至絳州垣曲縣界一百九十里〔一〕，西南至絳州稷山縣界一百十七里，東北至沁州沁源縣界二百十里，西北至隰州界一百九十里。自府治至京師一千八百里。

分野

天文觜、參分野，實沈之次。

建置沿革

古帝堯所都，禹貢冀州之域。春秋屬晉，戰國屬韓。秦爲河東郡地。漢高帝元年項羽置西魏國。二年屬漢，仍爲河東郡地。三國魏正始八年始分置平陽郡。三國志魏紀：分河東之汾北十縣置平陽郡。晉初因之。永嘉三年爲劉淵所都。後魏太平真君四年置東雍州，太和十八年罷。孝昌中復置唐州，建義初改曰晉州。按：元和郡縣志高齊武成帝於晉州置行臺，而北齊書、隋書地理志皆不載。後周置總管府，隋開皇初府罷，改郡爲平河。大業初州廢，改郡爲臨汾。義寧初復曰平陽郡。

唐武德元年復爲晉州，三年置總管府，貞觀六年府罷。天寶初復曰平陽郡。乾元初仍爲晉州，屬河東道。唐書方鎮表：興元元年置晉慈隰節度使(二)，治晉州，尋罷。貞元四年置晉慈隰防禦觀察使，元和三年罷，以三州隸河中節度。長慶二年置晉慈都團練觀察使，治晉州。太和元年升爲保義軍節度，是年罷，以二州隸河東節度。五代梁開平四年置定昌軍。貞明三年改建寧軍，後唐同光元年改建雄軍。宋仍曰晉州、平陽郡、建雄軍節度。政和六年升爲平陽府，屬河東路。金仍爲平陽府。天會六年升總管府，爲河東南路治所。元初曰平陽路，大德九年改晉寧路，屬中書省。

明洪武初復曰平陽府，屬山西布政使司。本朝因之，隸山西省。領州一、縣十。

臨汾縣。附郭。東西距一百四十里，南北距五十三里。東至浮山縣界五十五里，西至隰州蒲縣界八十五里，南至襄陵縣界二十八里，北至洪洞縣界二十五里。東南至翼城縣界一百五十里，西南至襄陵縣界三十里，東北至岳陽縣界一百二十里，西北至汾西縣界一百八十里。古爲堯都，春秋晉平陽邑。漢置平陽縣，屬河東郡。後漢爲平陽侯國。三國魏爲平陽郡治，晉因之。後魏太平真君六年併入禽昌。太和十一年復置平陽縣。孝昌中爲唐州治，建義元年爲晉州治。隋開皇初改爲臨汾縣。大業初爲臨汾郡治。唐爲晉州治，五代因之。宋爲平陽府治，金因之。元爲晉寧路治。明爲平陽府治，本朝因之。

洪洞縣。在府東北五十五里。東西距八十五里，南北距四十五里。東至岳陽縣界三十五里，西至隰州蒲縣界五十里，南至臨汾縣界三十里，北至霍州趙城縣界十五里。東南至浮山縣界二十五里，西南至臨汾縣界四十里，東北至沁州沁源縣界一百二十里，西北至霍州趙城縣界三十五里。周揚侯國。春秋晉揚氏邑。漢置揚縣，屬河東郡，後漢因之。晉屬平陽郡，後省。後魏太和二十一年復置，建義元年屬永安郡。隋屬臨汾郡。義寧元年改曰洪洞。唐屬晉州，五代因之。宋屬平陽府，金因之。元屬晉寧路。明屬平陽府，本朝因之。

浮山縣。在府東南八十里。東西距一百里，南北距八十里。東至澤州府沁水縣界七十五里，西至臨汾縣界二十五里，南至翼城縣界四十里，北至岳陽縣界四十里。東南至澤州府陽城縣界二百里，西南至太平縣界一百三十里，東北至岳陽縣界七十里，西北至洪洞縣界八十里。漢襄陵縣地。後魏及齊爲禽昌縣地。隋爲襄陵縣地。唐武德二年置浮山縣，屬晉州。四年改曰神山，五代因之。宋屬平陽府。金大定七年復曰浮山，興定四年更名忠孝。元復曰浮山，屬晉寧路。明屬平陽府，本朝因之。

岳陽縣。在府東北一百二十里。東西距一百六十五里，南北距一百六十里。東至潞安府屯留縣界一百五十里，西至霍州趙城縣界十五里，南至浮山縣界六十里，北至沁州沁源縣界一百里。東南至澤州府沁水縣界一百十里，西南至洪洞縣界二十里，東北至沁州沁源縣界九十里，西北至霍州界七十里。漢置猗氏縣，屬上黨郡。後漢曰猗氏，晉省。後魏建義元年置安澤縣，屬義寧郡。隋開皇十六年改屬沁州。大業初改曰岳陽，屬臨汾郡。唐屬晉州，五代因之。宋、金屬平陽府。元至元四年省，尋復置，屬晉寧路。明屬平陽府，本朝因之。

曲沃縣。在府南一百二十里。東西距七十里，南北距七十里。東至翼城縣界三十里，西至絳州界四十里，南至絳州絳縣界三十里，北至襄陵縣界四十里。東南至絳縣界二十五里，西南至絳州聞喜縣界五十里，東北至浮山縣界四十里，西北至太平縣界四十里。春秋晉新田，亦曰新絳。漢置絳縣，屬河東郡。後漢曰絳邑縣。晉改屬平陽郡，後省。後魏太和十一年改置曲沃縣，屬正平郡。隋屬絳郡。唐屬絳州，五代、宋、金、元皆因之。明洪武二年改屬平陽府，本朝因之。

翼城縣。在府東南一百二十里。東西距九十里，南北距五十里。東至澤州府沁水縣界六十五里，西至曲沃縣界二十五里，南至絳州絳縣界二十里，北至浮山縣界三十里。東南至絳州垣曲縣界七十里〔三〕，西南至絳縣界七十里，東北至浮山縣界六十里，西北至太平縣界五十里。春秋晉都翼邑，亦曰故絳。漢絳縣地。後魏太和十二年置北絳縣，孝昌三年兼置北絳郡。隋開皇初郡廢，十八年改縣曰翼城，屬絳郡。義寧元年置翼城郡。唐武德元年改郡曰澮州，二年曰北澮州。四年州廢，縣屬絳州。天祐二年改曰澮川縣，五代因之。宋仍曰翼城。金興定四年升爲翼州，元光二年又升翼安軍節度。元初州廢，復曰翼城縣，屬絳州。明洪武二年改屬平陽府，本朝因之。

太平縣。在府西南九十里。東西距六十里，南北距五十五里。東至曲沃縣界四十里，西至鄉寧縣界二十里，南至絳州界三十里，北至襄陵縣界二十五里。東南至曲沃縣界三十里，西南至絳州界二十五里，東北至襄陵縣界三十里，西北至鄉寧縣界三十五里。漢臨汾縣地。後魏太平真君七年析置泰平縣，屬平陽郡。後周改曰太平。隋初屬晉州，後屬絳郡。唐屬絳州，五代、宋、金、元皆因之。明洪武二年改屬平陽府，本朝因之。

襄陵縣。在府西南三十里。東西距七十里，南北距三十七里。東至浮山縣界五十五里，西至鄉寧縣界十五里，南至太平縣界三十五里，北至臨汾縣界二里。東南至曲沃縣界五十里，西南至絳州稷山縣界一百二十里，東北至臨汾縣界十里，西北至隰州蒲縣界一百四十里。戰國魏襄陵邑。漢置襄陵縣，屬河東郡，後漢因之。三國魏屬平陽郡，晉及後魏因之。北齊省。後周平齊，移禽昌縣來治。隋大業二年仍改爲襄陵縣，屬臨汾郡。唐初屬晉州，元和十四年改屬絳州，太和元年又改屬河中府，五代因之。宋初屬晉州，後屬平陽府，金因之。元屬晉寧路。明屬平陽府，本朝因之。

汾西縣。在府西北一百八十里。東西距九十里，南北距一百十七里。東至霍州界二十里，西至隰州界七十里，南至隰州蒲縣界七十里，北至霍州靈石縣界四十七里。東南至霍州趙城縣界七十里，西南至蒲縣界八十里，東北至靈石縣界四十里，西北至隰州界六十里。漢彘縣地。後漢以後爲永安縣地。北齊分置臨汾縣，兼置汾西郡。隋開皇初郡廢，十八年改縣曰汾西，屬晉州。大業初屬臨汾郡。唐武德初屬呂州，貞觀十年屬晉州，五代因之。宋屬平陽府。金貞祐三年改屬霍州，元因之。明屬平陽府，本朝因之。雍正二年分屬隰州，九年還屬平陽府。

鄉寧縣。在府西南二百二十里。東西距二百三十五里，南北距一百二十五里。東至襄陵縣界一百三十五里，西至陝西同州府韓城縣界一百里，南至絳州河津縣界九十五里，北至吉州界三十里。東南至絳州稷山縣界一百二十里，西南至河津縣界九十里，東北至隰州蒲縣界八十里，西北至韓城縣界一百里。漢臨汾縣地。後魏延興四年置昌寧縣，屬定陽郡。東魏分置中陽郡。隋開皇初郡廢，屬文城郡。唐屬慈州。五代唐避諱改曰鄉寧。宋熙寧五年省入襄陵縣，元祐元年復置，還屬慈州。金屬吉州。元至元三年省入吉州，後復置。明屬平陽府吉州。本朝雍正二年屬吉州直隸州，乾隆三十七年改屬平陽府。

吉州。在府西一百七十里。東西距一百二十里，南北距一百五里。東至隰州蒲縣界六十里，西至陝西延安府宜川縣界六十里，南至鄉寧縣界三十里，北至大寧縣界七十五里。東南至鄉寧縣界三十五里，西南至鄉寧縣界五十里，東北至蒲縣界一百二十里，西北至宜川縣界一百二十里。漢北屈縣地，屬河東郡，後漢因之。晉改屬平陽郡。後魏延興四年改置定陽縣，兼置定陽郡，屬汾州。東魏天平元年于郡置南汾州，後周改汾州，北齊復曰南汾州。周曰西汾州，置總管府。隋開皇元年改爲武城郡，三年郡廢，四年府廢，十六年改爲耿州，十八年復曰汾州，改縣曰吉昌。大業初改置文城郡。唐武德元年復爲汾州，五年曰南汾州，貞觀八年改爲慈州，天寶元年復曰文城郡。乾元元年復曰慈州，屬河東道。後唐改吉昌縣曰吉鄉，宋初因之。熙寧五年州廢，以縣置吉鄉軍，屬隰州。元祐元年復置慈州，屬河東路。金天德三年改曰耿州，置文城郡軍。明昌元年改曰吉州，屬河東南路。元至元二年省州治吉鄉縣入州，屬晉寧路。明屬平陽府。本朝雍正二年升爲直隸州，乾隆三十七年改屬平陽府。

形勢

景霍以爲城，汾、河、涑、澮以爲淵。周語。被山帶河。天下要地。三國志杜畿傳。太行猗之，首陽起之，黄河迤之，大陸靡之。柳宗元晉問。南枕河曲，北涉汾水。詩地理考。

風俗

其民有先王遺教，君子深思，小人儉陋。漢書地理志。瘠多沃少，是以傷於儉嗇。隋書地理志。有温恭克讓之德，故其人至於今善讓。晉問。剛强多豪傑，矜功名。寰宇記。

城池

平陽府城。周十一里有奇，門四，池深二丈。明洪武初土築，景泰初甃甎。本朝康熙三十四年修，乾隆十三年重修。臨汾縣附郭。

洪洞縣城。周五里有奇，門六，池廣三丈。明正統中土築，隆慶初甃甎。

浮山縣城。周四里餘，門四，池深一丈。後唐長興中土築，明嘉靖中增築。本朝康熙三十四年修，雍正九年、乾隆十八年重修。

岳陽縣城。周二里餘，門二，池深五尺。隋大業中土築，明萬曆中甃甎。本朝順治十二年修，康熙中重修。

曲沃縣城。周六里餘，門八，池廣四丈。明嘉靖中因舊址展築。本朝康熙二十四年修，三十四年重修。

翼城縣城。周六里有奇，門四，池深數丈。明崇禎中因舊址築。本朝康熙十二年增修，乾隆二十八年重修。

太平縣城。周三里有奇，門五，池廣四丈。明正德間因舊址展築，嘉靖中甃甎。本朝康熙十八年修。

襄陵縣城。周五里有奇，門四。宋天聖中土築，明隆慶初甃甎。本朝康熙三十四年修，四十六年重修。

汾西縣城。周四里，門四，西南臨壑，東、西、北三面濬池。宋太平興國中築，明萬曆中甃甎。本朝康熙四十六年修，雍正七年重修。

鄉寧縣城。周四里有奇，東、西、南三門，池廣二丈。宋皇祐中築，明嘉靖間增築，萬曆間甃石。本朝康熙五年重修，併築護城石堰。

吉州城。外城周四里，高三丈五尺，門四，南臨山澗，無池，内城周一里二百九十步。明嘉靖間築。本朝順治間修，康熙中重修。

學校

平陽府學。在府治内。宋紹熙中建在治前，明嘉靖中移建今所。本朝康熙三十四年發帑重建，雍正十年修。入學額數十七名。

臨汾縣學。在縣治西。舊在城外北坂下，元徙置城中，明洪武十一年復徙今所。本朝康熙三十四年發帑重建。入學額數二十名。

洪洞縣學。在縣東北隅。元至元中建在縣治後，明嘉靖初改建今所。本朝順治十年修，康熙十八年重建。入學額數二十名。

浮山縣學。在縣治西。元至元中建，明萬曆初展修。本朝順治中修，康熙五十五年重修。入學額數十二名。

岳陽縣學。在縣治西偏。元延祐中建，明洪武中增建。本朝順治十二年修，康熙二十九年重修。入學額數八名。

曲沃縣學。在縣治西。宋慶曆中建，在縣東南，後廢。元大德中改建今所，明成化中增修。本朝順治十四年修，康熙十六年重修。入學額數二十名。

翼城縣學。在縣治西門内。後唐長興間建在縣治南，宋天聖八年改建今所，明弘治中增建。本朝順治十四年修，康熙四十年重修。入學額數二十名。

太平縣學。在縣治西北。唐貞觀間建，元至元中增建兩序，後廢。明洪武中重建。本朝順治十五年修，康熙三十八年重修。入學額數二十名。

襄陵縣學。在縣治西南。舊在城西北三里，金大定初移建今所。本朝康熙三十四年重修。入學額數二十名。

汾西縣學。在縣治西。元至元中建，明萬曆三十四年增建。本朝順治十四年修，康熙十三年修。入學額數八名。

鄉寧縣學。在縣治西。宋皇祐初建，明嘉靖中重修。入學額數八名。

吉州學。在州東門外。元延祐初建，明末毁。本朝順治初重建，康熙初修。入學額數十二名。

平陽書院。在府城東關外。本朝康熙五十年建。

玉峰書院。在洪洞縣治東南。本朝雍正二年建。

神山書院。在浮山縣治東。本朝康熙六十一年建。

樂昌書院。在曲沃縣學東。本朝乾隆十二年建。

龍門書院。在太平縣西門外。本朝康熙五十七年建。

文城書院。在吉州南一里錦屏山。明正德初建。按：舊志載晉山書院，在府治北；正誼書院，在府東關外；講學書院，在洪洞縣學東南，本朝康熙中建；麗澤書院、相觀書院，俱在洪洞縣治東北；翔山書院，在翼城縣治東北，俱明建；扶風書院，在翼城縣西門外，本朝康熙中建。今並廢，謹附記。

户口

原額人丁二十一萬七千六百三十六，今滋生男婦共一百三十九萬七千五百四十六名口，計二十五萬七千一百一十三户。

田賦

田地四萬八千九百八十一頃三十七畝二分有奇，額徵地丁正、雜銀四十四萬一千三百四十六兩七錢七分六釐，糧四千一十八石二斗一升有奇。

山川

卧虎山。在臨汾縣東三十里，即浮山北岡。

浮山。在臨汾縣東南。相傳洪水橫流，此山隨水消長，故名。水經注：潏水北逕浮山東。元和志：浮山在襄陵縣東南七里。新志：在縣東南三十里。

平山。在臨汾縣西南。水經注：平水出平陽西壺口山。元和志：平山，一名壺口山，在縣西八里，平水出焉。新志：在縣西南二十五里，接襄陵縣界。按：禹貢壺口，兩漢志、尚書疏俱云在北屈縣東南，即今吉州境。水經注以此爲禹貢之壺口，非也。

姑射山。在臨汾縣西。隋書地理志：臨汾縣有姑射山。寰宇記：臨汾縣有石孔山，九孔相通，深不能窮。新志：姑射山在縣西三十五里，即古石孔山也，上有姑射、蓮花二洞。其山南跨襄陵、太平二縣界。按：姑射山，舊引山海經：「姑射之山，無草木多水。」注云：「山在平陽城西，莊子所謂藐姑射之山也。」今考山海經内姑射山，又南水行三百里有北姑射之山，又南三百里有南姑射之山，是姑射一名而三，未可專指。又曰：列姑射在海河洲中，郭璞注云：「列姑射，山名也。山有神人，莊子所謂藐姑射之山也。」陸德明莊子音義云：「藐姑射，山名，在北海中。」據此二注所稱，姑射乃海中之山，未必即指平陽境内。第莊子又云「堯見四子藐姑射之山，汾水之陽」，似又指此山者。要之，莊周多寓言，未可盡覈，記載家正不必藉以數典耳。

礬石山。在臨汾縣西北五十里。有石似礬，故名。

九箕山。在洪洞縣東十三里，東北接霍山之麓。狀類箕，南向者九，故名。

英山。在洪洞縣西二十五里，與姑射山相接。

婁山。在洪洞縣西三十里，北接趙城縣之羅雲山。

玉峰山。在洪洞縣東北。脈自九箕山來，西臨汾水。

堯山。在浮山縣東八里。上有帝堯廟。又南堯山，在縣東南五里；北堯山，在縣東北二十里。上俱有堯祠。北堯山南有石壇三級，名天壇，壇東有龍井。

中條山。在浮山縣東四十里。東接烏嶺，南通翼城，北達岳陽草峪嶺，俗稱横嶺。去此山數里爲佛嶺山。

司空山。在浮山縣東南二十里。舊名風穴山，以上有司空廟，改今名。

鳴山。在浮山縣東南二十五里。寰宇記：每天欲雨，此山颯然有聲，草木不動，俗傳爲鳴山。

銀洞山。在浮山縣東南四十里。西北與龍角山相連。舊傳其下有金銀礦及硃砂、石緑，其洞水南流，達翼城縣界，名金河。

羊角山。在浮山縣南。元和志：在神山縣東三十五里。寰宇記：唐武德三年見神人於羊角山下，因改縣爲神山。舊志謂之龍角山，唐時改名。去縣三十五里，南麓跨翼城縣界，東、西兩峰並峙，高出雲表。下有穴，名珍珠洞，深不可測。東峰巔有泉，曰華池，流入澮水。

月山。在浮山縣西南二十里。南接卧龍山，西距漫天嶺。

壺口山。在浮山縣西南四十五里，一名蜀山。延亘數十里，東連龍角山，西接崇山。

黑山。在浮山縣北四十里，接岳陽縣界。澇水所出。元和志：黑山，今名烏嶺山，在神山縣東四十四里，黑水出焉。寰宇記：一名牛首山。

屏風山。在岳陽縣東四里，俗名挂榜山。

刁黄山。在岳陽縣東南。寰宇記：在冀氏縣東五十八里。新志：在縣東南一百五十里，高八里，長二十里，接潞安府長子縣界。

鳳凰山。在岳陽縣西北七十里，一名露巖山。頂有風洞，有泉二道出其中。

尖陽山。在岳陽縣西北七十里。崇岡峭壁，旭日先照。

雪白山。在岳陽縣北四十里。上多白石。

三稜山。在岳陽縣北五十里。三峰並峙，相近爲鼇頭山。

蓮花山。在岳陽縣北七十里。七峰並峙。又北二十里爲党家山，皆霍山之支也。

絳山。在曲沃縣。水經注：絳縣南對絳山。隋書地理志：曲沃縣有絳山。元和志：山在縣南十三里，出銅鑛。新志：在縣西南二十里，一名紫金山。東達太行，西極隘口，盤距百里。其巔爲四稜寨，其東爲景明山，其西爲郝家山，又西爲冰巖，巖下有龍底泉。

佛山。在翼城縣東。

澮山。在翼城縣。水經注：澮水出翔高山，亦曰河南山，又曰澮山。括地志：澮山在絳州翼城縣東北。元和志：澮高山在縣東南二十五里，出鐵，隋置平泉冶。舊志：山形似鳥翼，又名翔臯山，在縣東南十五里，後有千佛窟。

歷山。在翼城縣東南七十里。相傳舜耕於此，上有舜王坪。西北屬本縣，西南屬絳州垣曲縣，東屬澤州府陽城、沁水二縣，爲四縣之交。

覆釜山。在翼城縣西北十五里，俗名小棉山。下有介之推廟。又陵山，在縣西五里。

丹山。在翼城縣北二十里。一名丹陵，嘗産丹砂，縣之鎮山也。

蜀山。在翼城縣北三十里。相傳舊鑄錢處，唐銅源監置此。相近有七寶山，又縣東北二十五里有八寶山，兩山相對。

小銀山。在翼城縣北，接浮山縣界。金大定時曾出銀，故名。

烏嶺山。在翼城縣東北六十五里，南接澤州府沁水縣界。一名黑水嶺，有二嶺相對，曰東烏、西烏，其南有闕子河。隋書地理志：翼城縣有烏嶺山。寰宇記：在縣東七十五里。山南北有長嶺，嶺上東西有通道，穆天子傳云「鈃蹬」即此也〔四〕。按：此即水經注之東陘山，與浮山縣之黑山各爲一山，中隔澮水，不能相通。因彼亦有烏嶺之名，或以爲一山，誤也。

汾陰山。在太平縣南二十里。東西延亘，爲縣南屏。

九原山。在太平縣西南二十五里，接絳州界。相傳即禮記所載趙文子與叔譽觀於九原之處。詳見絳州。

⿰𠂤區山。在襄陵縣東三十五里。平地隆然特起，阡陌、小石二澗出此。其後爲少石山，上有石洞。

崇山。在襄陵縣東南四十里。東接浮山，南接曲沃、翼城，北接臨汾縣界。其巔有塔。一名卧龍山，一名大尖山，三交水出焉。

壽星山。在襄陵縣東南四十里，俗名南岱山。

橋山。在襄陵縣東南四十里，接曲沃縣界。山形峭拔，其東北支嶺曰石牛。曲沃縣志：橋山在縣東北四十里。中有石洞，窈然無際，山覆其上如橋然。今省作「喬」。

三磴山。在襄陵縣西南三十里。其形三層，故名。雀水澗出此。其後爲盤龍山，旁有摩雲頂。

九龍山。在襄陵縣西南三十五里，三磴山之南。其山脊有九曲，下有水曰九龍溝。

商山。在汾西縣南六十里。上有神祠。

聖水山。在汾西縣西五十里。有泉不竭。

青山。在汾西縣西六十里。見寰宇記。南入趙城，西北至温泉，總一百六十里。舊名青山，天寶六年改爲汾西山，亦姑射山之支延也。新志〔五〕：在縣西南六十里，其上有蓮花洞。

岱山。在鄉寧縣東十里。

柏山。在鄉寧縣東十五里。山多柏樹。

崿山。在鄉寧縣東三十里，一名鄂山。隋書地理志：昌寧縣有崿山〔六〕。

高天山。在鄉寧縣東四十里。峰巒峻絶，高出群山。

尖山。在鄉寧縣東南二十里。孤峰特出。

馬頭山。在鄉寧縣東南八十里，南與絳州稷山縣接界。上有黄龍洞。元和志：在吕香縣南六十里，峭嶷如馬首，故名。

車轍山。在鄉寧縣南三十里。下有車轍泉。

雲丘山。在鄉寧縣南九十里。

林山。在鄉寧縣西南三十里。林木森秀。

兩乳山。在鄉寧縣西南七十里。元和志：山有兩岫，望如乳形，因以爲名。

石塔山。在鄉寧縣西南九十里。上有雲中寺石塔。

高田山。在吉州東，接鄉寧縣界。極高峻，一名高天山。

錦屏山。在吉州南一里。以山饒花木，故名。舊名挂甲山，相傳唐尉遲敬德從征，嘗挂甲于此。

壺口山。在吉州西南。尚書禹貢：既載壺口。漢書地理志：北屈縣，禹貢壺口山在東南。括地志：壺口山，在慈州吉昌縣西南五十里。州志：在州西南七十里。河勢北來，至此全傾于西崖，奔放而下約五六百尺，懸注瀠旋，有若壺然。

壽山。在吉州西南半里。中有觀音洞。又西有山層次如級，名九龍堰。

孟門山。在吉州西。山海經：孟門之山，上多金、玉，下多黃堊、涅石。穆天子傳：北登孟門九河之隥。淮南子〔七〕：龍門未闢，呂梁未鑿，河出孟門之上，名曰洪水，大禹疏通，謂之孟門。水經注：風山西四十里河南孟門山，即龍門之上口也，實爲黃河之巨阸。此石經始禹鑿，河中漱廣，夾岸崇深，傾崖返捍，巨石臨危，若墜復倚。元和志：俗名石槽，在文城縣西南三十六里，河中有山，鑿中如槽，東流懸注七十餘尺。州志：在州西四十里，壺口之北，黃河中流。

高祖山。在吉州西三十里。峰巒奇秀。其上舊有漢高祖廟，因名。

管頭山。在吉州西北三十里，接高祖山。樹木數十里。

吉山。在吉州北，舊城半枕其麓。俗傳自古不被兵革，故名。

風山。在吉州北。水經注：北屈故城西十里有風山，上有穴如輪，風氣蕭瑟，習常不止〔八〕，當其衝飄，略無生草。隋書地理志：吉昌縣有風山。元和志：在吉昌縣北三十里。州志：在州北九十里。

庖山。在吉州北三十里，周六十里。迤北而上又三十里，至絶頂，上有伏羲廟，俗名人祖山。

雞山。在吉州東北。魏書地形志：五城縣有雞亭。唐書地理志：仵城縣有雞山。

石門山。在吉州東北。隋書地理志：文城縣有石門山。元和志：在仵城縣北六十里。寰宇記：在文城縣北六十里。其山石壁夾道如門，因以爲名。按：唐志謂之石鼓山。

横嶺山。在吉州東北。元和志：在呂香縣西北六十里。寰宇記：在仵城縣東六十五里。

明珠山。在吉州東北九十里。

分水嶺。在臨汾縣西四十里，西接隰州蒲縣界，南接襄陵縣界。水經注云：天井水出東陘山，其山南北有長嶺，嶺上有東西通道。蓋即此。

漫天嶺。在臨汾縣東北五十里，與浮山縣之龍角山東西相距。

西左嶺。在浮山縣西十五里。一名黄花嶺，以其地産芫花也。南距月山，西達府城，横亘十餘里。

秦王嶺。在浮山縣東北四十里，接趙城縣界〔九〕。相傳唐太宗與宋老生相拒於霍邑，從霍山東分兵潛行至此，率遊騎轉戰於柏壁村，故名。

洪門嶺。在岳陽縣東八十里。

草峪嶺。在岳陽縣東南七十里。又東鄔嶺，在縣東南一百里。

安吉嶺。在岳陽縣東北五十里。

百草嶺。在翼城縣東南四十里。多産藥草。

焦石嶺。在襄陵縣西。其石皆紫黄色。

寶崖。在洪洞縣東七里。四壁巉絶，俯臨澗河，明嘉靖二十年築城堡於其上。

洪崖。在洪洞縣南一里許。高踰百尺，近爲澗水所囓，漸徙而南。

滲水崖。在岳陽縣北六十里。有水湧流，透山而過，至霍州趙城縣廣勝寺山下湧出。

石佛崖。在汾西縣北三十里。高三丈許，崖上鑿大小佛像百餘。又吉州寬静河上有石佛崖，唐勒心經於上。

香爐崖。在鄉寧縣西北一百里。濱河，以形似名。

龍澍峪。在襄陵縣西南二十里。深七里許，一名龍鬬峪。又華池峪，在縣西十五里，中有石洞。

豁都峪。在鄉寧縣東一百三十五里，一名官水峪。通襄陵、太平二縣界。

三官峪。在鄉寧縣東南，通太平縣界。

石門峪。在鄉寧縣東南，通絳州界。

安分峪。在鄉寧縣東南。又馬壁峪，亦在縣東南，俱通絳州稷山縣界。

莊頭峪。在鄉寧縣南。少西爲桑平峪，俱通絳州稷山縣界。

青石峪。在鄉寧縣南。

雙柏朴峪。在鄉寧縣西南八十里。有滴水崖，峭壁萬仞，中有石洞，上有清泉，有文中子洞，通絳州稷山縣界。

龐統峪。在鄉寧縣西南八十里。通絳州河津縣界。

白石坂。在襄陵縣西南三十五里，姑射山南，又南五里即鄉寧縣之豁都谷也。山逕崎嶇，明弘治十二年闢爲大路，吉、隰諸屬縣皆由此赴省。坂廣丈有四尺，亘千六百步有奇，自坂下而東里餘有渠曰雀水，構橋其上。

觀音洞。在翼城縣東二十里，一名菩薩崖。

桃花洞。在太平縣西北二十五里。

九仙洞。在汾西縣東南六十里。石壁峭立，俯臨汾水，洞深莫測，月夜輒有仙樂聲。

汾水。在府城西，自汾州府介休縣流入，經霍州靈石縣西南，入汾西縣東，又南入霍州西，經霍州趙城、洪洞二縣，至臨汾縣西，又南經襄陵、太平二縣，又南入曲沃縣西，西南入絳州界。水經注：汾水南入河東界，又南過永安縣西，歷唐城東，又東與彘水合，又南逕霍城東，又逕趙城西南，又南霍水入焉，又南逕揚縣西，西南過高梁邑西，又南逕白馬城西，又南逕平陽縣故城東，又南與平陽水合，又南歷襄陵縣故城西，又南過臨汾縣東，又屈從縣南西流，逕絳縣故城北。元和志：汾河在靈石縣北十步，在汾西縣東三十五里〔一〇〕，經霍邑縣西二里，趙城縣西四里，自趙城縣東流入洪洞縣，自洪洞縣界流入臨汾縣，經太平縣東二十九里，又西南去曲沃縣二十三里。府志：汾水自介休縣流入，徑冷泉等鎮，直逼縣城，北合小河水，環繞縣西，復轉而東，抵翠峰山下，折而西南流，逕汾西縣東，入霍州界，又南入趙城縣界，又南至洪洞縣西二里，又南至府城西二里，又南至襄陵縣東一里，又南至太平縣東，又南至曲沃縣西十八里，西南流入絳州界。

平水。在臨汾縣西。源出平山，東流至縣西五里名平湖，又分流至襄陵縣界入汾，一名平陽水。應劭曰：平陽縣在平河之陽。水經注：平水出平陽西壺口山，其水東逕狐谷亭北，又東逕平陽城南，又東入汾，俗以爲晉水。魏書地形志：平陽縣有晉水。寰宇記引冀州圖云：平陽故縣西南十五里有平水，即晉水也。

潏水。在臨汾縣北。有二源，一出襄陵縣崇山，一出浮山縣龍角山，俱西北流，合澇水，至臨汾縣北入汾水。水經注：潏水源出巢山，北流逕浮山東，又西北流與澇水合流，逕高梁城北，西流入於汾水。元和志：潏水，今名三交水，在襄陵縣北十五里，自襄陵縣流入臨汾縣。寰宇記：潏水，一名巢山水，源出襄陵縣東南。又膚投汾水〔一一〕，在神山縣南二十里，出龍角山、西橋山，東北流入縣，即潏水也。唐書地理志：永徽二年，刺史李寬自臨汾縣東二十里夏柴堰引潏水溉田〔一二〕，令陶善鼎治百金泊，亦引潏水溉田。浮山縣志：潏水源出龍角山，至交頭河折而西流，徑汗水澱，合濟瀆澗，繞大義寺而北，趨龍神溝，歷下寨橋入汾。

澇水。在臨汾縣北。源出浮山縣黑山，西流合潏水，至臨汾縣北入於汾，一名黑水。山海經：牛首之山，澇水出焉，西流至於潏水。水經注：黑水出黑山，西逕揚城南〔一三〕，又西與巢山水會。元和志：黑水經襄陵縣北二十五里。寰宇記：澇水源出烏嶺山，俗名長壽水。舊志：澇水在臨汾縣北五里，一名高梁水，一名高河。自浮山縣東趨龍神溝會金水河，又西至樊家莊，去城八里，亦名樊家河。明嘉靖三十五年築樊家莊石堰，引澇水穿永利渠溉田，三十餘年渠壞，萬曆十八年復築石堰，疏流膏洞受水，洞旁鑿月池以潴蓄水，開渠十三里，引水溉田，仍引入城内外蓮池便民汲飲，并灌城濠。

澗水。在洪洞縣南。有二源，一出岳陽縣安吉嶺，一出岳陽縣金堆里〔一四〕，合而西流，至洪洞縣南入於汾。水經注：澗水出縠遠縣西山，西南逕揚縣、霍山南，又西逕故城北，西流入於汾水。舊志：澗水在洪洞縣南門外，西流至城西南隅，漸轉而北，環抱城郭。明弘治十七年水溢，侵塌城垣，築堤捍之，長二百丈，嘉靖二十二年甃石。

棄波水。在岳陽縣東。元和志：在和川縣東八十步。

赤壁水。在岳陽縣南。西北流合澗水，一名通軍水。

沁水。在岳陽縣東北九十里。自沁州沁源縣入縣境，又東南入澤州府沁水縣界。水經注：沁水自縠遠縣南逕猗氏縣故城東，又南歷猗氏關。元和志：沁水在冀氏縣東一里〔一五〕、和川縣東十里。

絳水。在曲沃縣南。源出絳州絳縣絳山下，西北至曲沃縣南入澮水。應劭曰：絳水出絳縣西南。水經注：絳水出絳山，西北流注於澮。括地志：絳水一名白水，今名沸泉。元和志：絳水出絳山東谷，懸流奔壑十許丈，在絳縣北十四里、曲沃縣南三十里。縣志：絳水自絳縣流入，經景明山，懸崖瀑布而下，轉流由石洞出，名分水渠。又清水，在縣南十里，合絳縣景明諸水，北流入澮。

天井水。在曲沃縣北。水經注：天井水出東陘山西，其水三泉奇發，總成一川，西逕堯城南，又西流入汾。寰宇記：天井水，一名石搥水〔一六〕。新志有合水，在縣北二十里，源出卧龍山，與温泉諸水合而成流，西入於汾，蓋即故天井水。

賀水。在翼城縣東。水經注：賀水東出近川，西南至澮交入澮。新志：源出縣東南賀水村，至縣西南二十里入澮水。

紫谷水。在翼城縣東。水經注：紫谷水東出白馬山白馬川，西逕熒庭城南，而西出紫谷，與乾河合。

澮水。源出翼城縣東南澮山下，西經縣南，又西經絳縣、曲沃縣南，又西入絳州界。左傳成公六年：晋韓獻子曰：「新田有汾、澮以流其惡。」杜預注：「澮水出平陽絳縣南，西入汾。」水經注：澮水出絳縣東翔高山，西逕翼城南，又西南合黑水，又西南與賀水、高泉水、紫谷水、女家水合，謂之澮交，又西南與絳水合。括地志：澮水出澮山北。元和志：澮水，今名翼水，在曲沃縣南二里。寰宇記：在翼城縣南二十里，經曲沃縣故城南，西流合絳水。

高泉水。在翼城縣東南。水經注：高泉水出東南近川，西北趨澮交注澮。

女家水。在翼城縣西南。水經注：女家水出于家谷〔一七〕，有范壁水出於壁下，並西北流至翼廣城，合而西北流，至澮交入澮。

黑水。在翼城縣北。源出烏嶺山，西入澮水。水經注：黑水嶺水導源東北黑水谷，西南流逕翼城北，右引北川水，西南入澮水。

龍谷水。在太平縣南二十五里。源出柴村，名南柴泉，南流入絳州界。

雷鳴水。在太平縣。其源有二，一在縣西北十五里，自蔚壁峪經縣西溉田；一在縣西北二十五里，自谿都峪經縣北溉田。其源皆自姑射山來，俱流入汾。

鄂水。在鄉寧縣東三十里。水經注：河水南至崿谷旁，東北窮澗，水源所導也，西南流注於河。縣志：源出鄂山之陰，西南逕縣城東與羅峪水合，又西北至縣西八十里入黃河。

谿都峪水。在鄉寧縣東一百二十五里。每大雨，四山諸水皆會，溉田甚廣。

羅峪水。在鄉寧縣東北三十里。源出高田山，西南逕縣城東北，繞縣東南與鄂水合。

羊求水。在吉州南。水經注：東出羊求川，西逕北屈縣故城南，西流注於河。寰宇記：水去吉鄉縣五十三里。州志：在州南五十里。

諸葛河。在浮山縣北六里。源出中條山，西流爲丞相河，又西與南河會，又西合黑水入汾。南河，在縣南一里，源亦出中條山，自東南環城，西北至馬臺，亦名馬臺河，合丞相河。又楊村河，在縣北二十五里，源亦出中條山，西北至楊村，與黑水合入汾。又金水河，在縣西南三十五里，土人時於流沙中見金屑，故名。源出浮山下，北合滈水入汾。

藺河。源出岳陽縣東北八十里，東流入沁水。

乾河。在翼城縣南。史記白起傳：起涉河，取韓安邑以東到乾河。水經注：乾河即教水之支川也，其水西與田川水合，西北至澮交入澮。

小水河。有四，一在吉州東門外，環門橫流，一在州東三官廟前〔一八〕，一在錦屏壽山之峽，一在州西五里曰蒲峪，皆入清水河。

清水河。在吉州南，即古燕完水也。水經注：燕完水異源合舍，西流注河。州志：清水河源出州東北，逕州南五十步，合山澗諸水，東南流注於河。

黄河。在吉州西。從隰州大寧縣南流入州界，南逕鄉寧縣西南，入絳州河津縣界，河西爲陝西宜川縣界。水經注：河水南過北屈縣西，河南孟門山，其水崩浪萬尋，懸流千尺〔一九〕，迄於下口，有燕完水注之，又南得鯉魚水，又南羊求水入焉，又南爲採桑津，又南過皮氏縣西，又南至崿谷旁〔二〇〕。元和志：黄河北去吉昌縣六十里，北去昌寧縣七十九里。地理通釋：河至慈州文城縣孟門山，是爲入龍門；至絳州汾陰縣合河之上，是爲出龍門口。鄉寧縣志：黄河自州南流入縣西北百里，經香爐崖，又二十里至師家灘，又五里至石鼻崖，又二十里至李家集，又三里至船窩鎮，又五里至高石崖，又二里至橋子溝，又三里至乾柴陂〔二一〕，又東南三十里至禹門，爲河津縣界。

縣底河。在吉州東北四十里。源出高田山下，北入隰州蒲縣第一河。

瀉溝澗。在襄陵縣東南二十五里。源出浮山縣界，明弘治二年疏鑿。又有長泊、牛角二澗，源亦出浮山峪，皆可溉田。

阡陌澗。在襄陵縣東南三十里。又小石澗，在縣東南三十五里，源皆出鼉山峪。又焦家峪澗，在縣東南五十里，源出卧龍山，皆可溉田。

飲虹澗。在襄陵縣南二十里，下通二郎溝。又雀水澗，在縣南三十五里，源出三磴山。

賈朱澗。在襄陵縣南三十五里。源出鄉寧縣界豁都峪，溉田七百餘頃。相近爲洞子澗，明弘治十四年疏濬。又西王澗、闞良澗，在縣西南四十里，源皆出豁都峪，可溉田。

小潺澗。在汾西縣東北五里。東流入汾，以聲潺潺，故名。冬寒其水若湯，嘗有白蛇出没，又名白龍池。

濟溪。在曲沃縣南四里。源出紫金山，引溉園圃。

八十里川。在岳陽縣。寰宇記：在冀氏縣東三十里〔二二〕。源出潞州長子縣界發鳩山，西南流入縣界，合沁水川，長八十里，故名。新志：在縣東南一百六十里。

善淵。在翼城縣東北十里。

金龍池。在臨汾縣西南平山下。寰宇記：劉淵築平陽城不就，募能城者賞之。有韓媪者，於野田得嬰兒養之，字曰橛兒，謂媪曰：「母其應募，我能城之。」竟如其言。元海問其故，橛兒遽化爲蛇，投入山穴，露尾數寸。使者斬之，仍掘其穴，忽有泉湧出，激溜奔注，與晉水合流，東入於汾。府志：晉劉淵時導，下合諸泉東流，分爲上官河、中官河、下官河、北磨河，并廟後小渠，共溉田三百六十餘頃。

夏水池〔二三〕。在臨汾縣西南。寰宇記：臨汾縣西南三十里有大池，其水六畜不敢飲，一名翻鑊池，水上有脂潤。舊志〔二四〕：其流合晉水入汾。

永利池。在臨汾縣城東北隅。宋慶曆三年，引東山卧虎岡黄蘆泉水入城爲蓮池〔二五〕，金時淤廢，明洪武十年改引汾河濛利渠水，穴城注池，名曰永利。後又廢，萬曆十八年改引澇水入池。

泊池。在汾西縣東門内。元天曆中開，冬夏不涸，流入汾。

龍王池。在鄉寧縣東南半里許。自石孔中出，西入鄂水，引以溉田。

黄蘆泉。在臨汾縣東二十五里卧虎山下。

澐泉。在臨汾縣東南二十里。相傳與濟源相通。舊名深泉，金改曰亢泉，元改今名。有渠引水溉田，上有澐泉神祠。

嘉泉。在臨汾縣西十里，周六十五步。又馬跑泉，在縣西南二十里，深不可測。又灰泉，在縣西南二十五里，皆可溉田。又鄉寧及岳陽、曲沃、翼城四縣俱有馬跑泉。

清泉。在洪洞縣東十里，一名尚家泉。宋慶曆中鄉人開渠導流，溉城東南地，西流爲副清渠，溉城西南地。又華池泉，亦在縣東十里，一名甘露泉，一名五龍池，西入清泉。

雙泉。在洪洞縣東二十里。一出龍王溝、一出小舌溝，金明昌五年鄉人引流溉田。

侯泉。在洪洞縣南三十里。又寶泉、東坡小泉，俱在縣南三十里。

英泉。在洪洞縣西南二十五里英山西南麓。水出石竇，不盈不涸，一名神泉。

普濟泉。在洪洞縣西二十里。又普潤泉，亦在縣西。

無底泉。在洪洞縣東北十八里。陰晦水濁，晴明水清，人有溺者，浮而不沈，俗傳爲海眼。

永惠泉。在浮山縣東四里天壇山西麓。

懸泉。在浮山縣東北二十里。西北流合黑水，一名清溪〔二六〕。

聖泉。在岳陽縣東三里。源出石中，導爲石渠，匯爲二池。又澤泉，在縣北二十五里。又縣北有神水，其水常滿，數百人飲之不涸，不取亦不溢。

下冶泉。在岳陽縣東北二十五里。出西山石崖下，經下冶村，流合澗水。

温泉。在曲沃縣東三十里。一名龍泉，一名七星泉。

拔劍泉。在曲沃縣東南十五里。又龍底泉，亦在縣東南十五里；溢溝泉，在縣東南二十里；金溝泉，在縣南十里。皆引以灌田。

夢感泉。在曲沃縣北橋山西麓。府志：昔有孝子思得甘泉奉母，夜夢北壑中有水如飴，明日探之果得，居民引以灌田。

沙泉。在翼城縣東南十七里。有二泉，溉西尹、東尹二村田。西尹故渠壞，弘治十三年重濬。

釵股泉。在翼城縣西十三里，雙泉並湧。又縣北冰清寨有神泉。

靈源泉。在太平縣東北。明嘉靖二十一年塞，本朝康熙十年濬。

靈泉。在襄陵縣東。平地湧出，匯而爲池，雖旱不涸。

娥英泉。在襄陵縣西南十里。又丹朱泉，在縣西南十五里，俱引流溉田。

洞泉。在汾西縣東十五里。洞深五丈餘，有清泉丈許，不涸。

暖泉。在鄉寧縣東門外百步許。嚴冬不凍，南入鄂水。

劍泉。在鄉寧縣東南。流入馬壁峪，入絳州稷山縣界。

馬跑泉。在鄉寧縣東南八十里。流入莊頭峪，入稷山縣界。

温泉。在鄉寧縣南半里許高山之陽。湛然深碧，冱寒弗冰，西流半里許至昭遠寺，從石龜口出，匯而爲池，又西流折而北，分溉田圃。

白雲泉。在鄉寧縣西南一里。出昭遠寺白雲洞佛龕下，歲旱，禱雨輒應。

柳渠泉。在鄉寧縣西南七十里。源出柳朴渠，流逕上馬臺澗中，溉河津縣田。

飲馬泉。在吉州城東文廟前。從石孔中湧出，流入州南清水河，相傳唐尉遲敬德嘗飲馬於此。

甘泉。在吉州治西。深八尺，味甘洌，作酒、醋最佳。

屈家溝。在鄉寧縣北。相傳即古産良馬處。

天井。在臨汾縣北汾水東。

古蹟

白馬故城。即今府治。南北朝魏置。水經注：汾水又南逕白馬城西，魏刑白馬而築之，故世謂之白馬城，今平陽郡治。府志：元魏及唐晉州皆治此。按：寰宇記：後魏於白馬故城置禽昌縣，是今府治，又即禽昌縣也。

平陽故城。在臨汾縣西南。帝王世紀：堯都平陽。於詩爲唐國，春秋晉羊舌氏邑。左傳昭公二十八年：晉分羊舌氏之田以爲三縣，趙朝爲平陽大夫。史記韓世家：晉定公十五年韓貞子移居平陽〔二七〕。又魏豹傳：漢元年項羽徙魏王豹於河東，都平陽。漢書地理志河東郡領平陽縣，應劭曰：「堯都也。」隋書地理志：臨汾郡臨汾縣，後魏曰平陽，并置平陽郡。開皇初改郡爲平河，改縣爲臨汾。括地志：平陽故城，在晉州西南，今平陽城東面是也，堯築。寰宇記：魏正始八年分河東之汾北十縣置平陽郡，晉因之，劉元海僭位都此。後魏太平真君四年置東雍州。孝昌中改唐州，建義元年又改晉州，移故平陽城東北二十里白馬城爲治，歷東魏、北齊皆爲重鎮。隋煬帝初州廢，又立爲臨汾郡，仍移於白馬城南一里。義寧二年又改爲平陽郡。唐武德元年改爲晉州，四年移治白馬城。貞觀十二年移治所於平陽故城。舊志：唐以後平陽復移治白馬城。

揚縣故城。在洪洞縣東南十五里。周時揚國，春秋時晉羊舌氏邑。漢置縣。隋義寧初改洪洞。左傳襄公二十九年：晉司馬女叔侯曰：「虞、虢、焦、滑、霍、揚、韓、魏，皆姬姓也。」又昭公二十八年：晉魏獻子分羊舌氏之田以爲三縣，僚安爲揚氏大夫。漢書地理志河東郡揚縣，應劭曰：「揚侯國。」又揚雄傳：其先出自有周伯僑者，以支庶初食采於晉之揚，因氏焉。揚在河、汾之間。水經注：魏土地記曰，平陽郡治揚縣。魏書地形志：永安郡揚縣，二漢屬河東，晉屬平陽，後罷。太和二十一年復，後屬治揚城〔二八〕。舊唐書地理志洪洞縣：本漢揚縣，至隋不改，義寧元年改爲洪洞。寰宇記：故揚城，春秋時揚國，漢揚縣城也，在洪洞縣東南十八里。縣志：揚城，在縣東南范村。

禽昌故城。在洪洞縣東南。北魏置縣，初屬平陽郡，後徙。元和志：禽昌故縣，在洪洞縣東南二十里。按：魏書地形志禽昌即漢、晉之北屈，神麚元年置郡，太平真君二年改縣。北屈爲今吉州，去此殊遠，元和志所載與魏志不合。蓋神麚時置郡在北屈，真君時改縣乃徙此，至太和時又徙白馬城。

洪洞故城。在今洪洞縣北六里。括地志：洪洞縣，以縣有洪洞鎮，故名。通典：故城在今縣北，東魏、北齊鎮也。元和志：姚最序行記曰「周建德五年從行討齊，師次洪洞，百雉相臨，四周重複，控據要險，城主張元静率其所部肉袒軍門」，即此也。

浮山故城。在今浮山縣西南十里，即古郭城，北魏戍守處。魏書地形志：禽昌縣有郭城。元和志：神山縣，西至晉州七十八里。武德二年僕射裴寂奏分襄陵置浮山縣，因山爲名。至三年因羊角山神人見，又改爲神山。寰宇記：其城東西高四丈，南北二面絶崖險固，周迴五里。金史地理志：浮山縣，舊名神山，大定七年更爲浮山。

岳陽故城。在今岳陽縣東，宋移今治。寰宇記：隋大業二年改安澤爲岳陽縣，以在太岳之南，故名。武德元年移於今治南三十三里東池堡，貞觀六年又移於今治。又赤壁城，在縣西一里，隋岳陽縣治此。舊志：縣東有故縣鎮，蓋唐時縣治。按：元和志、寰宇記俱云岳陽縣在晉州東北一百五十里，王存九域志云縣在州東北九十五里，是宋元豐以前又移治也。

陭氏故城。在岳陽縣東南一百里。漢置縣，後漢改曰猗氏。晉省，劉聰復置。魏建義初改置冀氏縣，徙治而故城廢。漢書地理志上黨郡領陭氏縣。水經注：沁水又南逕猗氏故城東，劉聰以詹事魯繇爲冀州，治此。按：陭氏，後漢志作猗氏，與河東之猗氏縣無異，恐傳寫之訛。

冀氏故城。在岳陽縣東南一百二十里。後魏建義元年置冀氏郡、冀氏縣，後齊廢郡。隋屬臨汾郡，唐屬晉州，宋屬平陽府。元初改爲猗氏，後改爲岳陽。元和志：冀氏縣，本漢陭氏縣地，晉省，後魏孝莊帝於陭氏城南置冀氏縣。元史地理志：岳陽，本猗氏縣，至元三年省入岳陽縣，四年以縣當驛路之要，復置，併岳陽縣入焉，後復改爲岳陽縣。縣志：冀氏故城，今名冀氏鎮。按：元改猗氏爲岳陽，仍遷岳陽縣舊治，不在舊冀氏城也。

安澤故城。在岳陽縣西北。寰宇記：後魏孝莊帝於今岳陽縣西七十八里安澤故城置安澤縣，屬義寧郡，隋開皇十六年改屬晉州，大業二年改爲岳陽縣。

和川故城。在岳陽縣東北九十里。後魏置義寧縣，隋改名，大業初省入沁源。唐復置，屬沁州。魏書地形志：義寧縣。建義元年分禽昌置，屬義寧郡。元和志：和川縣，北至沁州七十里，本漢穀遠縣地。後魏孝莊帝於今縣南九里置義寧縣，隋開皇十八年改爲和川。大業二年省〔二九〕，武德二年重置〔三〇〕。宋史地理志：平陽府和川縣，熙寧五年省爲鎮，入冀氏，元祐元年復爲縣。元史地理志：岳陽縣，至元四年併和川縣入焉。名勝志：和川廢縣，今爲和川鎮。

曲沃故城。在今曲沃縣南。元和志：「曲沃縣，西至絳州五十里。後魏孝文帝於今縣東南十里置曲沃縣，因晉曲沃爲名。」寰宇記：「周明帝移治樂昌城，即今縣南七里樂昌堡。隋開皇十年又移於絳邑故城北，即今治也。」按：古曲沃，今聞喜縣，見杜預左傳注、韋昭國語注、史記索隱、兩漢及晉地志。今之曲沃則古之新田也，見括地志及文獻通考。通典以今之曲沃爲春秋曲沃邑，誤。

絳邑故城。在曲沃縣西南。晉新田地，景公遷都於此，亦謂之新絳。漢置絳縣，後漢改爲絳邑縣。後魏改置曲沃縣，移治。左傳成公六年：「晉遷於新田。」水經注：「晉居新田，又謂之絳，即絳陽也，蓋在絳、澮之陽，南對絳山，西背二水。」括地志：「漢絳縣本晉都新田，在絳州曲沃縣南二里，因絳山爲名。」元和志：「漢絳縣在曲沃縣南，周勃爲絳侯即其地也，今號絳邑故城。」舊志：「城南對紫金山，有中城、有外城，其南面爲澮水衝没，東、西、北遺址尚在。」肇域志云：「此城一名晉城。其地至今産棗，比他産者加重，名晉棗。」

小鄉故城。在翼城縣西二里。魏書地形志：「南絳郡小鄉縣，建義元年置，有小鄉城。」隋書地理志：「後周併南絳縣入小鄉縣，開皇十八年改曰汾東，大業初省入正平。」唐書地理志：「義寧元年置小鄉縣，武德九年省入翼城。」寰宇記：「故汾東城，在正平縣東北一百二十里。」按：後魏所置小鄉縣屬南絳郡，當在今絳州、曲沃之間，此則隋所置小鄉縣也。

泰平故城。在太平縣北。元和志：「太平縣，本漢臨汾縣地，後魏太武於今縣東北二十七里太平故關城置泰平縣，周改爲太平，因關名。」寰宇記：「隋治在今縣東北三十里，太平故城是也。唐武德元年移於今治東北二十七里太平關城，貞觀七年移於敬德堡，今治是也。」舊志：「故城有二，一爲故城鎮，在縣北二十五里，即故關城，魏置縣處；一爲北故縣里，在縣東北三十里，即隋時移治處。」

襄陵故城。在今襄陵縣東南十五里。漢置縣，宋移治汾西宿水店，後又移治晉橋，即今治。史記魏世家「文侯三十五年齊伐我取襄陵」，徐廣曰：「今在南平陽縣。」漢書地理志「河東郡襄陵縣」，應劭曰：「襄陵在西北。」師古曰：「晉襄公之陵，因以名縣。」隋書地理志：臨汾郡襄陵縣，後魏太武禽赫連昌，乃分置禽昌縣，齊併襄陵入禽昌縣，大業初又改爲襄陵。括地志：襄陵城在臨汾縣東南二十五里。元和志：襄陵縣，西北至晉州二十六里。高齊省，周平齊，自臨汾縣移禽昌縣於今治。大業二年改禽昌爲襄陵。寰宇記：襄陵縣在州東南二十六里。舊志：宿水店，在今縣西南十里。按：元和志、寰宇記俱云縣在晉州東南二十六里，是移治汾西當在宋太宗以後也。

汾西故城。即今汾西縣治，北齊置。舊唐書地理志：汾西縣，隋末陷賊，武德初權於今縣城南五十里申村堡置，貞觀六年移於今所。舊志：汾西縣，唐末遷徙無定，宋太平興國七年移歸舊治，即今治也。申村堡，今曰申村里，在縣南七十里。

昌寧故城。在鄉寧縣西四十里。魏書地形志：定陽郡昌寧縣，延興四年置。元和志：昌寧縣，西北至慈州五十里。漢臨汾縣地，後魏太武帝分置太平縣，孝文帝又分太平置昌寧縣。舊志：宋知縣事劉舒重建文廟記曰「鄉寧舊邑，以附河多水患，皇祐三年卜鄂侯故壘而遷治焉」，即今治也。昌寧廢縣後改名西寧村，今名全城嶺。又有泊城，在縣西三里，亦鄉寧舊城。蓋縣治自後魏至今，凡再遷也。

吉昌故城。即今吉州治。元和志：吉昌縣，本漢北屈縣地，後魏孝文帝置定陽郡并定陽縣，隋開皇十八年改爲吉昌縣。貞觀八年改置慈州，縣依舊屬焉。寰宇記：後唐改吉鄉，避國諱。元史地理志：唐慈州，宋置吉鄉軍，金改耿州，又改吉州，元至元二年省吉鄉入州。

文城故城。在吉州西北六十里。隋書地理志：文城郡文城縣，後魏置。舊唐書地理志：慈州文城縣，元魏曰仵城縣，隋改爲文城，顯慶三年移仵城縣東北文城村。宋史地理志：熙寧五年即吉鄉縣治置吉鄉軍使，省文城爲鎮，隸焉。舊志：文城，唐天祐中避朱全忠父諱，改曰屈邑，後唐復曰文城。

翼城故郡。在今翼城縣東十里。晉故絳都，後魏置北絳郡，隋義寧初改置翼城郡，唐武德中改郡爲州，天祐中州廢。左傳隱公五年：曲沃莊伯以鄭人、邢人伐翼。又桓公八年：曲沃伯滅翼。後漢書郡國志絳邑縣有翼城，杜預曰：「在縣東八十里。」水經注：澮水西逕翼城南，詩譜言晉穆侯遷都於絳，翼侯孫孝侯改絳爲翼〔三二〕，翼爲晉之舊都也。魏書地形志北絳郡：孝昌三年置。隋書地理志：絳郡翼城：後魏置北絳郡，開皇初郡廢。唐書：義寧元年以翼城、絳置翼城郡，武德元年曰澮州，二年曰北澮州，四年州廢。元和志：故翼城，在翼城縣東南十五里。

北絳故郡。在翼城縣東二十里。魏書地形志：北絳郡領北絳縣，兩漢、晉曰絳，後罷，太和十二年復。隋書地理志：絳郡翼城縣，後魏置，曰北絳，開皇十八年改爲翼城。元和志：翼城縣，因縣東古翼城爲名。舊志：翼城縣，唐天祐中改名澮川，後唐長興元年徙治王逢寨，乃唐會昌中王逢討澤、潞時屯兵處，即今治也。北絳故城在縣東，今曰北絳村。

西河廢郡。在臨汾縣西。魏書地形志：西河郡，舊汾州西河邑，孝昌二年爲胡賊所破，遂居平陽界，還置郡。又敷城郡，天平四年置；五城郡，天平中置；北五城郡，興和二年置；定陽郡，興和四年置。隋書地理志：臨汾，有東魏西河、敷城、伍城、北伍城、定陽等五郡，後周廢爲西河、定陽二郡，開皇初郡並廢。

新安故縣。在翼城縣。後魏置，北齊省。魏書地形志：北絳郡新安縣，孝昌二年置。隋書地理志：絳郡翼城縣，後魏置，曰北絳縣，後齊廢新安縣入焉。

西河廢縣。在臨汾縣北。魏書地形志：西河郡永安縣，孝昌中置，治白坑城。隋書地理志：臨汾，有後魏永安縣，開皇初改爲西河，大業初省。舊唐書地理志：武德元年分洪洞置西河縣，貞觀十七年省入臨汾。

合陽廢縣。在岳陽縣東北。魏置縣，北齊廢。魏書地形志：冀氏郡合陽縣，建義元年置，有合陽城。隋書地理志：後齊廢冀氏郡，又廢合陽縣入冀氏。

新城廢縣。在汾西縣西北。隋書地理志：汾西，有後周新城縣，開皇十年省入。縣志：縣西北王提里有迴城、雲城二村，即其故址。

騏縣廢縣。在鄉寧縣東南。漢書功臣表：騏侯駒幾，元鼎五年封。又地理志：河東郡騏縣，本侯國。寰宇記：騏，漢縣，後漢省。鄉寧縣東南約六七十里有馬頭山，山形似馬，騏則馬之駿者，縣因山故名。

呂香廢縣。在鄉寧縣西南八十里。本後魏平昌縣。魏書地形志：五城郡平昌縣，世祖置刑軍縣，太和二十一年改名。隋書地理志：開皇初廢後魏平昌縣入伍城縣。元和志：呂香縣，至慈州一百二十里，隋義寧元年於此置平昌縣，貞觀元年改爲呂香，因舊呂香鎮爲名。舊唐書地理志：上元三年移治所於故平昌縣南。寰宇記：周顯德三年省入鄉寧。縣志：西南八十里有城裏村，城址宛然，蓋即呂香廢縣。舊志訛爲「東南」。

五城廢縣。在吉州東北六十里。北魏置五城郡五城縣，隋初廢郡，改縣曰伍城，唐改曰仵城。魏書地形志：五城郡五城縣，世祖名京軍，太和二十一年改。舊唐書地理志：仵城，後魏置縣，取鎮戍名也。元和志：仵城縣，西南至慈州五十八里。寰宇記：周顯德三年併入吉鄉縣。按：魏志晉州又有五城、北五城郡，南汾州又有五城、西五城郡，並汾州之五城，其名凡有五焉。隋志臨汾縣有東魏五城、北五城郡，周廢。又蒲縣有魏五城郡，周末廢。元和志蒲縣南魏五城郡，是晉州之五城也。又大寧縣有魏五城縣，蓋南汾州之五城也。惟南汾州之西五城無考。

北屈廢縣。在吉州東北。春秋時晉屈邑，漢置北屈縣，屬河東郡。晉屬平陽郡，後魏置禽昌郡。後改縣，尋徙。左傳莊公二十八年蒲與二屈，注：「二屈，今平陽北屈縣。或云『二』當爲『北』。」漢書地理志河東郡領北屈縣，應劭曰：「有南，故稱北。」魏書地形志：平陽郡禽昌縣，即漢、晉之北屈，神麚元年置禽昌郡，太平真君二年改縣。元和志：後魏於北屈縣南二十一里置定陽郡，即今慈州治也。續通典：慈州吉鄉縣，漢北屈縣，今縣北二十一里古城即漢治。按：禽昌縣在今洪洞縣，說並見禽昌故城注。

武遂城。在臨汾縣西南。史記秦本紀：武王四年拔韓宜陽，涉河城武遂。又韓世家：襄王六年秦復與我武遂，九年秦復取我武遂，十六年秦與我河外及武遂，釐王六年與秦武遂地二百里。

西平城。在臨汾縣西北四十里。通鑑：晉永嘉六年，漢主劉聰以其子濟南王驥爲征西將軍，築西平城居之。注：「西平城當築於平陽西。」

高梁城。在臨汾縣東北三十七里。左傳僖公九年：齊侯以諸侯之師伐晉，及高梁而還。二十四年：晉公子重耳殺懷公于高梁。史記酈食其傳：食其子疥封爲高梁侯。後漢書郡國志揚縣有高梁亭，杜預曰：「在縣西南。」晉地道記有高梁城，去揚縣五十里，叔向邑也。水經注：汾水又南逕高梁故城西，故高梁之墟也。竹書紀年：晉出公三十年智伯瑶城高梁。魏書地形志平陽縣有高梁城。括地志：高梁城，在臨汾縣東北二十七里。新志：今縣北有高河鎮，即古高梁也。

唐堯城。在岳陽縣東北八十里。相傳堯時所築，今有唐城堡。

陘庭城。在曲沃縣西北十里。左傳桓公二年：哀侯侵陘庭之田，陘庭南鄙啓曲沃伐翼。三年：曲沃武公伐翼，次于陘庭。史記韓世家：桓惠王九年秦拔我陘庭城汾旁。括地志：陘庭城，在曲沃縣西北二十里，絳州東北三十五里汾水之旁。按：白起傳謂之陘城，范雎傳謂之汾陘，皆此地也。

皮牢城。在翼城縣東三十里，今名牢寨村。史記趙世家：成侯十三年魏敗我澮，取皮牢。正義：「澮水在縣東南，皮牢當在澮之側。」

晉城。在翼城縣東南十五里，今名故城村。

熒庭城。在翼城縣東南七十五里。左傳襄公二十三年：齊侯伐晉，入孟門，登大行，張武軍於熒庭。水經注：紫谷水西逕熒庭城南。寰宇記：古熒庭城，在翼城縣東南八十五里，蓋齊侯所築也。文獻通考：翼城有古熒庭城。

唐城。在翼城縣南。括地志：在縣西二十里，堯裔子所封。寰宇記：都城記云「夏后孔甲時有劉累者，夏后賜氏曰御龍，封其孫於此。至周成王時唐作亂〔三二〕，成王滅之，而封其弟太叔虞，更遷唐之子孫於杜」，然則唐是叔虞初封之處。按：日知録：左傳昭公元年遷實沈于大夏，定公四年命以唐誥而封于夏虛。服虔曰大夏在汾、澮之間，杜氏則以爲太原晉陽縣。按晉之始見春秋，其都在翼，北距晉陽七百餘里，遠不相及。又史記晉世家曰成王封叔虞於唐，唐在河、汾之東方百里，翼城正在二水之東，而晉陽在汾水之西，又不相合。竊疑唐叔之封以至侯緡之滅，並在於翼。史記屢言鑿龍門、通大夏，所謂大夏者，正今晉、絳、吉、隰之間，當以服氏之説爲信。縣志：唐城坊在今縣西北隅。

息城。在翼城縣西北五里，今名壽城。相傳鄭康公太子壽質晉，封此。府志：息城，在三張村。

屠岸賈城。在太平縣東南二十五里。

圈羊城。在太平縣東南三十里永固村。

乾壁城。在襄陵縣東南。魏書地形志禽昌有乾城。又太祖紀：天興五年詔并州諸軍積穀於平陽之乾壁。

鄂城。在鄉寧縣南一里。左傳隱公六年：翼九宗、五正、頃父之子嘉父逆晉侯於隨，納諸鄂，晉人謂之鄂侯。杜預注：「鄂，晉別邑。」括地志：故鄂城，在慈州昌寧縣東二里。縣志：今謂之鄂侯故壘。按：鄂侯故城有二，其北壘即宋劉舒改遷縣城者，今治是也。魏書地形志云昌寧縣有陰、陽二城，可以爲證。

倚梯城。在鄉寧縣西南八十里，今名萬歲堡。元和志：在昌寧縣西南一百五十里。累石爲之，東、北兩面據崖臨谷〔三三〕，西、南兩面俯眺黃河，懸崖絶壁百餘尺，其西南角即龍門之上口。以城在高嶺，非倚梯不得上，因名。

耿城。在吉州南。一名耿吉城，隋、金置耿州取此。通典：慈州，隋置耿州，治耿吉城。

姚襄城。在吉州西五十里。通典：姚襄城在吉昌縣西，姚襄所築。西臨黃河，控帶龍門、孟門之險，周、齊交争之地。元和志：在縣西五十二里。齊武平二年斛律明月、段孝先破周兵於此城，立碑表功，其碑現存。齊氏又於此城置鎮，隋開皇中廢。

唐武德二年又置鎮，九年廢。城高二丈，周迴五里。

文城。在吉州西北九十里。元和志：文城，在文城縣北二十里。故老曰，晉文公從蒲奔狄，因築此城，人遂呼爲文城。

拓定城。在吉州東北六十里。元和志：在仵城縣西一里。周保定四年置，以拓齊境爲名。隋廢。

平寧里。在浮山縣北十五里。寰宇通志：漢光武令鮑永安集河東，破青犢賊，既平，還報光武曰：「賊已平，國已寧。」因賜其鄉爲平寧里。

七星臺。在府城北會仙觀内。

九層臺。在太平縣東南二十五里。説苑：晉獻公築九層臺，荀息諫曰：「臣能累十二碁子，加卵其上。」公曰：「危哉！」遂止其役。府志：今其遺址改爲涼馬寺。

鬭雞臺。在太平縣楊威村。相傳晉公子鬭雞處。

河山一覽樓。在府城内。明統志：洪武初國子監助教張昌題扁。府志：本朝康熙四十五年重建，更名大中樓。

白石樓。在曲沃縣白水村西。明嘉靖五年建。

税駕堂。在府城内。名勝志：税駕堂，宋黄庭堅書扁，在府學大成殿後。

清音亭。在府城西五里平水上。元時建。

觀瀾亭。在府城北八里澇河渠上。明萬曆十八年建。

梅月亭。在曲沃縣南濟溪上，下有滿水井。

犨氏鄉亭。在襄陵縣東南汾水東岸。水經注：襄陵縣故城，晉大夫郤犨之邑也，故其地有犨氏鄉亭。按：漢志作「班氏鄉亭」，乃傳寫之訛。

玉香亭。在襄陵縣南三十五里故關鎮。元延祐三年建。

狐谷亭。在襄陵縣西。左傳僖公十六年：狄侵晉，取狐厨。水經注：平陽水東逕狐谷亭北，春秋時狐厨也。

烟霞閣。在浮山縣南三十五里天聖宫内。金建。

待旦軒。在府治内。元王惲建。

潞公軒。在翼城縣城内，按察分司東。宋天聖六年文彦博知翼城時建，親書歲月，榜於屋楹。

桑維翰故居。在浮山縣東北五十里。

鄧伯道故居。在襄陵縣東南二十五里。

錢坊。在翼城縣東澮、蜀二山之下〔三四〕。唐書地理志：翼城有銅源、翔皋錢坊二。

慈烏戍。在吉州西。舊唐書地理志：慈州，以郡近慈烏戍，故名。

鐵冶。在吉州東一百五十里。唐書地理志慈州吉昌、昌寧俱有鐵。按：明洪武三十二年復置吉州豐國、富國二鐵冶〔三五〕，先以採鐵勞民罷之，至是以工部營造益廣，請復置冶以供國用，從之。今罷。

蒙坑。在曲沃縣北四十里。魏書安同傳：進計魏主曰：「汾東有蒙坑，東西三百餘里，逕路不通。姚興來，必從汾西直臨柴壁，不如爲浮梁渡汾西，築圍以拒之。」魏主從之，大敗興於蒙坑之南。五代史王峻傳：劉崇攻晉州，峻軍出自絳州，前鋒報過蒙坑，峻喜曰：「蒙坑，晉、絳之險，崇不分兵拒之，使吾過此，可知其必敗也。」

關隘

府城關。在岳陽縣東，見唐書地理志。宋史地理志冀氏縣有府城、永興二寨。

陭氏關。在岳陽縣東南。水經注：在陭氏縣南。

鐵嶺關。在曲沃縣西南五十里。五代晉置，今名隘口村，一名厄口。五代舊史：漢高祖自晉赴雒，次絳郡，有司奏置頓厄口鎮，帝惡其名，别路至聞喜縣。從騎由厄口者，多争道墮絶壑。府志：隘口東倚絶巘，西臨大壑，迤南石色如黛，峰峻徑仄，車難並軌，昔嘗置關於此。

太平關。在太平縣北，接襄陵縣界。隋書地理志太平縣有關官。元和志：太平故關，在太平縣東北二十七里，後魏置縣於此。唐書地理志：太平關，貞觀七年置。寰宇記：隋大業三年置太平關，隋末廢。縣志：今爲故城鎮〔三六〕，在縣北二十五里，有堡，即襄陵縣故關鎮。

烏仁關。在吉州城西六十里。下臨黄河，與陝西延安府宜川縣接界。

平渡關。在吉州城西北九十里。臨黄河，爲津濟要口。

千佛溝隘。在岳陽縣北五十里。溝甚深，有舊關址。

潼關隘。在岳陽縣北七十里，有石城。

侯馬鎮巡司。在曲沃縣西南三十里。本朝嘉慶二十四年置。

泊莊鎮。在臨汾縣西汾水西岸，其北爲劉村鎮。又吴村鎮，在縣西北；喬李鎮，在縣東北，俱有堡。

礬山鎮。在臨汾縣西北七十里。九域志：晉州有礬山務。又練礬務，在州城南，皆慶曆元年置。

郭盆鎮。在洪洞縣東三十里。又曲亭鎮，在縣東南四十里；萬安鎮，在縣西二十里；趙村鎮，在縣西三十里，俱有堡。

東張鎮。在浮山縣西南三十里。又王村鎮，在縣北二十里。

高縣鎮。在曲沃縣西北二十五里。又西莊鎮，在縣北二十里；曲村鎮，在縣東北二十五里；蒙城鎮，在縣東北四十里。

柴村鎮。在曲沃縣北九里。金史地理志曲沃縣有柴村、九王二鎮。

龍化鎮。在翼城縣東四十里。南連絳縣，北接浮山，爲商旅輳集之所。

清儲鎮。在太平縣南十里。有堡，長五百三十步，高一丈三尺，爲二門，各甃以石，中有義倉。明梁綱紀云：汾陰山旁多溪壑〔三七〕，藏姦盜，萬曆己丑知縣侯于魯即其巔爲鎮。

趙康鎮。在太平縣南二十五里，有堡。

趙曲鎮。在襄陵縣東南二十里。又京安鎮，在縣南三十五里。

乾河鎮。在汾西縣東南六十里。又水潤鎮，在縣南六十里，有堡；鳳頭鎮，在縣西七里。

營裏鎮。在鄉寧縣東十里。又官水鎮，在縣東九十里；西坡鎮，在縣西南七十里；船窩鎮，在縣西一百里。

三垢鎮。在吉州西南二十里。又桃源鎮，在州城東北六十里，路通隰州大寧縣界。又有大度、臨峪，共四鎮。

雕掌寨。在襄陵縣。宋史地理志襄陵有雕掌、豹尾二砦。

袁達寨。在鄉寧縣南六十里。相傳舊有袁達據此，因名。又有清平寨、八角寨與此鼎峙，相距各三十里。

牛心寨。在吉州西六十里。按：通鑑〔三八〕：宋嘉定十五年金人僑置吉州于牛心寨，即此。

南山溝寨。在吉州北六十里深山中。四面石崖，壘級而上，一人扼要，萬人莫上。又有塌石崖、曹花坪〔三九〕、樓兒山三寨，險峻與南山溝同。

伊村堡。在臨汾縣南十里。村有滿水井，舊嘗引流灌田數頃。

韓買堡。在浮山縣。宋史地理志神山縣有韓買、安國、史壁、疊頭等堡〔四〇〕。

東池堡。在岳陽縣東南。元和志：在縣南三十三里。今堡中現貯義倉，北面絶崖，三面各二丈五尺，周圍二里。寰宇記：唐武德二年嘗移縣治於此。

安民堡。在岳陽縣西，附城。元末紅巾賊亂創築，今爲連城西堡。又喬岳堡，在安民堡南，明崇禎中築，今爲連城南堡。各鄉有灣裏、五馬、東池、堯興、故縣、永樂、高邑、曲城〔四一〕、東里、藍村、孔村、高壁、和川、唐城、亢驛、賈寨、弱柳、羅家山、辛莊、高城、徐村、賈村、左村等二十三堡。又宋史地理志云：冀氏縣有陶川〔四二〕、白練、當谷、横嶺四堡。今俱廢。

秦岡堡。在曲沃縣東二十五里。又驛橋堡，在縣西南四十里；東莊堡，在縣西十五里；南莊堡，在縣西北二十里；南柴堡，在縣北三十里。

中堡。在翼城縣南二十里。又合雲堡，在縣西南二十里；王莊堡，在縣東北二十里；上交堡，在縣東北五十里。

東汾陽堡。在太平縣南十五里。本朝順治中因舊堡重築，周一里四十步。其西爲西汾陽堡，明季築，周一百八十步。

南柴堡。在太平縣南二十五里。明季築，周三里八十七步。其北爲北柴堡，明成化中築，周四里一百四十步。

許褚堡。在襄陵縣西南許村。三國時建，四門，遺址尚存。

神符堡。在汾西縣東。又乾河堡，在縣東南；僧念堡、團柏堡，俱在縣南；頭化堡，在縣西北；對竹堡，在縣北；沙要堡，在縣東北。

高寧堡。在汾西縣西五十里。本朝康熙十二年建，周一百三十三丈八尺，高二丈。知縣蔣鳴龍記曰：蒲、隰通衢，姑射要道。山則壁立千尋，上凌霄漢，東、西、北三隅陡峻，惟南鳥道一綫可登。

青龍堡。在吉州東南。元史穆瑚黎傳：大兵薄青龍堡。州志又有趙家堡、白楊堡、塌村堡(四三)，俱係土山削築，極爲險要。「穆瑚黎」舊作「木華黎」，今改正。

子奇壘。在太平縣東三十里。元和志：後秦王姚興遣弟義陽公平字子奇，與征虜將軍狄伯支等步騎四萬伐魏，攻平陽陷之，遂據柴壁。魏軍大至，截汾水以守之，平大敗，將麾下三十騎赴汾水而死，狄伯支等十將四萬人皆爲魏擒。壘西臨汾水，側有柴村，子奇投汾水即此處也。

白波壘。在太平縣東南三十五里，今名永固村。元和志：白波壘，在縣東南十二里。後漢末黃巾賊由西河白波谷寇太原，於此築壘。

蝦蟇口。在翼城縣東南三十五里。兩山相夾，以形似名。

建雄馬驛。舊在臨汾縣北關，今移城南。

普潤驛。在洪洞縣北關。舊在縣北十里苗村里，明洪武中置，正統中爲汾水所侵，改建北洞里官路東，嘉靖中又遷北關導教廂街東。

侯馬驛。在曲沃縣西南三十里侯馬鎮。明洪武八年置。舊有驛丞，今裁。

蒙城驛。在曲沃縣北四十里蒙城鎮。明洪武八年置。舊有驛丞，今裁。

史村驛。在太平縣東三十里汾水東。本朝乾隆二十七年設驛丞駐此。

津梁

采桑津。在鄉寧縣西，大河津濟處也。左傳僖公八年：晉里克敗翟于采桑。杜預注：「北屈縣西南有采桑津。」史記晉世家翳桑即采桑也。

永利橋。在府城内永利池上。明洪武間建。

公濟橋。在臨汾縣北五里。明許成名記：高河會岳陽諸山泉達於汾，嘉靖乙酉春御史王溱建石橋，濶三丈，長十倍之，四載始成。

聚瑞橋。在洪洞縣南門外，一名通駟橋。明崇禎中建，本朝順治中修。縣志：城南百餘步澗水如帶，夏潦苦涉，崇禎十年創建大梁，疊甃巨石，二載乃竣。

羊獅橋。在洪洞縣南三十里，爲南北要衝。

濟川橋。有二，一在洪洞縣西二里，一在汾西縣東北三十里，俱跨汾河。

善人橋。在洪洞縣西二里許。汾水橫斷，明萬曆中建橋，本朝順治中復建三橋。又惠遠橋，在縣北五里，爲南北通衢，金天德中建。

虹霽橋。在曲沃縣東南二十里。明李浩記：景明山南曰沸泉，源出絳縣，合流成派，至此益洪。舊橋腐敗，里人撤其木，以石甃之。

通濟橋。在曲沃縣西南三十里侯馬鎮南澮河上。相傳晉平公與齊景公相會地。汾西縣志：縣東南六十里水潤鎮有通濟橋，跨汾河。

金溝橋。在曲沃縣西南三十五里隘口南金溝水上。明萬曆中建。又獻文橋，在縣西南四十里；溢河橋，在縣西北二十里。

石橋。在翼城縣東五里即澮水橫橋。橫五尺，縱二丈許，頂僅一石承重，衝漲不漂。

偏橋。在翼城縣東二十五里，又名偏橋莊。

豫讓橋。在太平縣東四十里，接曲沃縣界。

廣濟橋。在太平縣，有三，一在西門外、一在縣西南七里，俱明弘治中建；一在縣東北十八里柴王村，本朝順治十四年建。

雷水橋。有南、北二橋，俱在太平縣北二十五里故城鎮。金皇統四年建。

遺愛橋。在襄陵縣東南十五里北鄧村。元大德六年建。世傳晉鄧攸嘗建橋於此，後人因名遺愛。

龍飛橋。在襄陵縣西南二十里龍澍谷前。元元貞元年建〔四四〕。

飛虹橋。在襄陵縣西南三十里。明邢雷記：先是，人皆病涉，里人侯思政建橋於故元之丙辰，懸崖巧構，棟宇凌空。正統庚申重葺，迄六十年，弘治己未春新之。通志：衆木攢成，不見斧痕，俗呼魯班橋。

晉橋。在襄陵縣北門外。宋嘉祐六年建。明高邦佐記：橋長九丈，廣二丈餘，上植石欄，兩岸甃以石堤。

惠民橋。在鄉寧縣西門外。明萬曆中置。

淇水橋。在吉州城宣化坊西，下有淇水穿城入河。

龍門飛橋。在吉州城西南壺口山石峽上。元末于石岸鑿孔樹樁，纏以鐵索，上架板橋以渡兵，今圮。

嘉泉渡。在臨汾縣西。又吴村渡，亦在縣西，俱渡汾水。

郭村渡。在襄陵縣東門外。又北陳渡，在縣東南五里；東徐渡，在縣南十五里。又十里爲大陳渡。俱渡汾水。

龍尾磧。在鄉寧縣西北一百里黄河岸。冬結冰橋，路通陝西同州府韓城縣界。

隄堰

蕭公隄。在襄陵縣東汾河西岸。明王應吉記：襄陵在汾水之西，郭東去汾不百步，秋水溢岸，每歲爲患。嘉靖乙卯冬〔四五〕，繕隄以爲保障，水勢迅激處悉甃巨石，延袤二百二十餘丈。

千金堰。在臨汾縣東北八里。明萬曆間建，高一丈六尺，濶七尺，長一百二十丈，建閘四以障澇水。其西北三十步爲洞，砌以甎石，高三丈。

潤源渠。在洪洞縣東三十里。宋天聖四年置堰，導赤沙河水灌田，明嘉靖三年重濬。又衆議渠、陳珍渠、長潤渠、沃陽渠、先濟渠皆在縣東，廣利渠、小渠、園渠、要截渠、流澤渠〔四六〕、晉源渠皆在縣南，諸渠俱引潤水溉田。

南霍渠。在洪洞縣北，即霍水下流，唐貞元間開。又副霍渠，俗名南堰，在縣北三里，明建文四年開。通霍渠，一名小霍，俗名北堰，在縣北五里，宋慶曆六年開。

利澤渠。在洪洞縣北。元中統間自趙城縣衛店村置堰開渠，導汾水溉洪洞、臨汾二縣田，後渠壞，明正統間復改引霍渠，經城南合澗水溉田。又通利渠，在縣西北三十里汾水西，金興定二年自趙城縣開渠導汾，溉趙城及本縣臨汾田。又興利渠，在縣北半里，引汾水溉田。

沙渠。在襄陵縣南三十五里，接太平縣界。引流溉田，東入於汾。

中渠。在襄陵縣西南二里。又横渠，在縣西南五里；李郭渠，在縣北一里；高石渠，在縣北二里，皆引平水溉田，東入於汾。

新濬河渠。在鄉寧縣。通志：明萬曆間知縣彭萬里濬河渠十三道，溉田三百三十五畝。

陵墓

堯陵。在臨汾縣東七十里。城冢記：俗謂之神林，又曰神臨。陵高一百五十尺，廣二百餘步。通志：陶唐氏陵旁皆山石，惟此地爲平土，深丈餘。有金泰和二年碑記。明初訪歷代帝王陵墓，山東東平州有以堯陵聞者，至今載在祀典，而臨汾者闕如。縣志：明嘉靖間立守冢道士五，置守冢户十，取陵旁閒田給焉。按：漢書劉向疏：堯葬濟陰，丘壟皆小，葬具甚微。括地志：堯陵在濮州雷澤縣西三里。述征記：城陽縣東有堯冢。皇覽〔四七〕：堯冢在濟陽城。文獻通考：唐堯葬城陽穀林。又曹州志有堯陵，東平州志有堯陵。諸書多載堯陵在山東，惟城冢記載在平陽，而非唐、宋前書，難以徵信。然堯都平陽，在位七十載而殂落，陵似宜在平陽。今存之。

其側。

周

師曠墓。在洪洞縣東南二十里。元和志：師曠祠在洪洞縣東南二十五里。新志：有墓在縣東南二十里師村東，廟在其側。

冀缺墓。在岳陽縣東。寰宇記：在和川縣南三十六里。新志：在縣東七十里。

藺相如墓。在岳陽縣北八十里。墓前有河，因名藺河。其祖塋在趙城縣許村里。按：相如趙人，岳陽、邯鄲皆屬趙地。史記正義曰：藺相如墓在邯鄲縣西南二十三里。然其祖塋在趙城，則相如之墓在岳陽近是。

申生墓。在曲沃縣西門内，墓前有祠。晉惠公改葬太子即此。

里克墓。在曲沃縣南五里。

荀息墓。在曲沃縣北十里。

程子墓。在曲沃縣。寰宇記：程公祠在曲沃縣界，郡國志云「龍頭城有程公祠，即晉賢士程子華，與孔子相遇，傾蓋與語，孔子以束帛贈之，死葬於此」。

晉小子侯墓。在翼城縣東十五里。冢高三丈，周百步，俗呼小王墳。

晉厲公墓。在翼城縣。寰宇記：在翼城縣東南十六里，高一丈六尺，葬在城東門之後。杜預云：「不以君禮葬。」按絳縣晉文公墓高十丈，厲公不以禮葬，故墓小耳。新志：在縣東南故城村。

鄭太子墓。在翼城縣西十里。唐盧照鄰銘：太子壽者，康公之子，桓公二十代孫也。聰明仁智，邑封千户，今之壽城，是其地也。年七十八，薨於晉，葬於天陵南。

趙盾墓。在太平縣南十五里。元和志：趙盾祠在太平縣西南十八里〔四八〕。新志：盾墓在縣南十五里汾陽村，有廟。

程嬰公孫杵臼墓。在太平縣。元和志：在趙盾墓塋中。文獻通考：元豐中嬰封成信侯、杵臼封忠智侯，立祠於墓側，載之祀典。又見忻州。

晉襄公墓。在襄陵縣。顔師古曰：襄陵縣有晉襄公之陵，因以名縣。新志：在縣南十里。

漢

郅都墓。在洪洞縣東南二十里許。又見代州〔四九〕。

周勃墓。在曲沃縣東南周家莊。又太平縣東北七里郭店村有周勃墓。按：史記周勃世家，勃食絳縣，在絳州曲沃縣南二里，勃墓當在曲沃。

三國　魏

許褚墓。在襄陵縣南十八里。

晉

劉和墓。在臨汾縣南三十五里，元海太子也。劉聰墓，在縣西南十一里，元海第四子也。通志：按晉書劉聰載記，靳準發淵、聰墓，則劉氏父子墓當其時已毀，或故址至今存耳。

劉淵墓。在洪洞縣東南八里。通志：墓高三丈，周一百四十步。

隋

王通墓。在曲沃縣西北三十八里汾河東。

唐

孫思邈墓。在洪洞縣南二十里。

五代 晉

桑維翰墓。在浮山縣東北六十里。

元

石元亨墓。在洪洞縣東二里，周三十畝。

張著墓。在襄陵縣東南四十里，王惲撰碑。

張翥墓。在襄陵縣南三十八里。又縣西南二十五里，翥之祖塋在焉。

屈繼平墓。在翼城縣西。

傅巖起墓。在汾西縣西。

明

韓文墓。在洪洞縣東十里。

祠廟

四賢祠。在府學内。元李守賢建，祀荀況、楊雄、王通、韓愈，後增孫復、司馬光、趙鼎。又名景賢堂。

汾水神祠。在臨汾縣西一里，俗名河神祠。

龍子祠。在臨汾縣西。寰宇記：在姑射山東平水之源。其地茂林鬱蓊，俯枕清流，晉地之勝境也。新志謂之平水神祠，在縣西南二十五里。

澇水神祠。在臨汾縣北八里澇河渠上。

姑射神廟。在臨汾縣北十三里姑射山東，見元和志，武德元年敕建。

霍將軍祠。在臨汾縣。寰宇記：在晉州西南。唐天寶七年敕建。新志：在縣西八里，祀漢霍光。

李衛公祠。有三，一在臨汾縣東關外，一在浮山縣北二十里，一在翼城縣之四望村，名曰風雨神廟，俱祀唐李靖。

臺駘神祠。在曲沃縣西。元和志：祠在曲沃縣西三十六里，汾神也。通典：曲沃，漢絳縣地，春秋時曲沃地，臺駘在此。寰宇記：祠蓋晉都絳時立。

恭世子祠。在曲沃縣西門内。

李牧祠。在太平縣東北十三里。

三皇廟。有三，一在臨汾縣右市坊，一在襄陵縣，一在洪洞縣東十五里。

堯廟。在臨汾縣。魏書孝文帝紀：太和十六年詔祀唐堯於平陽。魏土地記：平陽縣東十里汾水東原小臺上有神屋石碑。水經注：汾水南逕平陽故城東，水側有堯廟，前有碑。元和志：堯廟在縣東八里汾水東。寰宇記：堯碑舊在汾水西，晉元康中移於汾水東，顯慶三年移就今廟。金史張浩傳：天眷二年改平陽尹，繕葺帝堯祠，作擊壤遺風亭。元史世祖紀：中統四年六月建帝堯廟於平陽，給田十五頃。新志：在縣南八里。明正統間修，合祀舜、禹三大聖於此。本朝康熙三十四年發帑重修，頒御書扁額，堯殿曰「光被四表」，舜殿曰「濬哲文明」，禹殿曰「萬世永賴」。雍正七年又修。又洪洞、浮山、太平三縣界内亦並立有廟、祠。

唐太宗廟。有二，一在臨汾縣東十五里，一在浮山縣。

孫真人廟。在洪洞縣南三里。元至元中建，祀唐孫思邈。

舜廟。有三，一在洪洞縣英山，一在太平縣西一里，一在翼城縣東南七十里舜王坪上。

禹湯廟。在浮山縣北十里。唐時建，元大德中重修，以伯益、伊尹配。

漢文帝廟。在翼城縣東南。

唐叔虞廟。在翼城縣，有二，一在縣東南翦桐坊，一在縣東南十五里故城村。

禹廟。有二，一在太平縣東南十五里，一在浮山縣東南二十里司空山，名司空廟。

三侯廟。在太平縣古晉城北門外。宋史禮志：崇寧間封韓厥義成侯，紹興中改封啓佑公〔五〇〕，升爲中祀。通志：宋元豐四年建廟祀程嬰、公孫杵臼，崇寧三年祀厥，共爲三侯廟。

寺觀

大雲禪寺。在臨汾縣城内安道坊。唐貞觀中建，俗名鐵佛寺。内有大鐵佛，頭上建浮圖。又有北禪、慈雲等寺，俱唐時建。

奉慈寺。在臨汾縣城西南隅。元至正初建。

福巖寺〔五一〕。在洪洞縣東南。一名鹿苑寺，宋治平二年建，王安石有記。

西藍寺。在洪洞縣西二里。一名羅漢寺，晉永和二年建，寺内有通幽橋、流杯池、寒翠軒，雪香、邃緑、花心、月波、環碧、宜雨六亭。後寺爲汾水浸塌，移建近城。

玉兔寺。在浮山縣西南十里。唐建。

露巖寺。在岳陽縣北五十里鳳凰山頂。

靈光寺。在曲沃縣東三十里。唐初建，有王勃碑文。

金仙寺。在翼城縣東門外澮水旁，宋建，元延祐間徙同穎坊。

太平興國寺。在翼城縣西門外。唐貞元三年建〔五二〕，名慶國寺，宋敕賜今名。

涼馬寺。在太平縣東南二十五里，即晉獻公九層臺遺址。

善惠寺。在太平縣西八里。北齊天統中建，初名敬屈寺〔五三〕，宋嘉祐中賜今名，明初併慈化院入焉。

普救寺。在襄陵縣東南四十里大尖山巔。唐廣德中賜額，上建浮圖。

天慶觀。在臨汾縣城内大通坊。原名玄妙觀，唐顯慶中建。

玄都觀。在洪洞縣治東北朝陽坊。元泰定四年建，明洪武中併玉虚、玉清、玉峰三觀入焉。

慶唐觀。在浮山縣南。寰宇記：老君祠，在神山縣東南二十里。唐武德三年見神於羊角山下，因敕通事舍人柳憲立祠，至開元十四年於舊廟置慶唐觀。唐書五行志：大曆九年晉州神山縣慶唐觀枯檜復生。金石文字記：龍角山慶唐觀紀聖銘，玄宗御製并八分書。

寧貞觀。在浮山縣西八里。元延祐七年建，明洪武中併洪禧、二真、龍祥、太清、太華五觀入焉。新志：一名天聖宫，在縣南三十五里。

延慶觀。在岳陽縣東三里。宋宣和中建，明洪武間併通玄、清華、仙遊、棲貞、臨溪、龍泉、清泉七觀入焉，内有泉曰聖泉。

九龍觀。在曲沃縣南二十里。内有古柏一株，大十數圍。

真游觀。在太平縣東四十里。

修真觀。在太平縣南關高阜處。殿壁間人物係元人朱好古筆，精妙入神。有鐘，聲聞百里。

萬聖觀。在襄陵縣西齊村。元至元初酈希誠修煉處，世祖賜額。

光宅宫。在臨汾縣南帝堯廟東。元至元中建。

崇聖宫。在臨汾縣北二里。元至元中建，趙孟頫書碑。

紫陽宫。在翼城縣唐城坊。相傳宋紫陽真人張伯端修煉處。

慈氏院。在襄陵縣東南。唐開元間建，宋太平興國中賜額。

阜山道院。在襄陵縣南故關鎮。元至元四年建〔五四〕，明宣德六年改爲朝陽觀。

校勘記

〔一〕東南至絳州垣曲縣界一百九十里　「絳」，原作「解」，乾隆志卷九九平陽府(下同卷簡稱乾隆志)同。按，垣曲縣屬絳州，不屬解州，本志卷一五五絳州直隸州建置沿革列屬縣垣曲是也。據改正。

〔二〕興元元年置晉慈隰節度使　「元」，原作「二」，乾隆志同，據新唐書卷六六方鎮表三改。

〔三〕東南至絳州垣曲縣界七十里　「絳」，原作「解」，乾隆志同，皆誤，改同校勘記〔一〕。

〔四〕穆天子傳云鈃蹬即此也　「蹬」，原作「鐙」，乾隆志同，據太平寰宇記卷四七河東道八改。按，傳本穆天子傳卷六作「隥」。

〔五〕新志　二字原闕，據乾隆志補。

〔六〕昌寧縣有崿山　「崿」，原作「鄂」，乾隆志同，據雍正山西通志卷一七九辨證四、隋書卷三〇地理中改。

〔七〕淮南子　按，本條山海經、穆天子傳、淮南子引文皆轉引自水經注卷四河水，唯淮南子無類似文字，實出於呂氏春秋卷二一愛類，乃水經注誤標出處。

〔八〕習常不止　「常」，原作「習」，據乾隆志、水經注卷四改。

〔九〕接趙城縣界　乾隆志同。按，浮山縣不與趙城縣接界，本卷建置沿革云「北至岳陽縣界四十里，東北至岳陽縣界七十里」，謂「接趙城縣界」疑有誤。

〔一〇〕在汾西縣東三十五里　「里」，原作「步」，乾隆志同，據元和郡縣志卷一五河東道二改。

〔一一〕又虒投汾水　原作「又虒投交水」，乾隆志同，據太平寰宇記卷四三河東道四改。

〔一二〕刺史李寬自臨汾縣東二十里夏柴堰引潏水溉田　「柴」，原作「築」，據乾隆志、新唐書卷三九地理三改。

〔一三〕西逕揚城南　「揚」，原作「陽」，乾隆志同，據雍正山西通志卷一八山川二改，水經注卷六、魏書卷一〇六上地形上作「楊」。

〔一四〕一出岳陽縣金堆里　「金堆」，原作「堆金」，據乾隆志、雍正山西通志卷一八山川二乙正。

〔一五〕沁水在冀氏縣東一里　「冀」，原作「翼」，據乾隆志、元和郡縣志卷一五河東道二改。

〔一六〕一名石搥水　「搥」，乾隆志同，太平寰宇記卷四七河東道八作「槌」。

〔一七〕女家水出于家谷　「于」，原作「於」，據乾隆志、水經注卷六改。

〔一八〕一在州東三官廟前　「州」，原作「水」，乾隆志同，據雍正山西通志卷二八山川一二改。

〔一九〕懸流千尺　「尺」，乾隆志同，水經注卷四作「丈」。

〔二〇〕又南至崿谷旁　「至」，原作「過」，乾隆志同，據雍正山西通志卷三四水利六、水經注卷四改。

〔二一〕又三里至乾柴陂　乾隆志同，雍正山西通志卷一六關隘八云黄河自「橋子溝南至乾柴坡三里」。

〔二二〕在冀氏縣東三十里　「冀」，原作「翼」，乾隆志同，據太平寰宇記卷四三河東道四改。

〔二三〕夏水池　「夏」，乾隆志同，太平寰宇記卷四三河東道四作「臭」。

〔二四〕舊志　二字原闕，據乾隆志補。

〔二五〕引東山卧虎岡黄蘆泉水入城爲莲池　「蘆」，原作「盧」，據乾隆志、雍正山西通志卷二八山川一二改。

〔二六〕一名清溪　「溪」，乾隆志同，雍正山西通志卷一八山川二作「流」。

〔二七〕晉定公十五年韓貞子移居平陽　史記韓世家云「晉定公十五年宣子與趙簡子侵伐范、中行氏。宣子卒，子貞子代立，貞子徙居平陽」，則貞子移居平陽非定公十五年明矣。

〔二八〕後屬治揚城　「揚」，原作「陽」，據乾隆志改。按，魏書卷一〇六上地形上作「楊」。

〔二九〕大業二年省　「二」，乾隆志同，元和郡縣志卷一七河東道四作「三」。

〔三〇〕武德二年重置　乾隆志同，「二」，元和郡縣志卷一七河東道四作「元」。

〔三一〕翼侯孫孝侯改絳爲翼　乾隆志同。按，孝侯非翼侯孫。「翼侯」，水經注卷六作「暨」，雍正山西通志卷一七六辨證一作「至」，并誤，太平寰宇記卷四七河東道八、太平御覽卷一六三引皆作「曾」，是也。

〔三二〕至周成王時唐作亂　「成」，原作「武」，乾隆志同，據雍正山西通志卷一七六辨證一、太平寰宇記卷四七河東道八改。按，史記晉世家亦云「成王立，唐有亂」，可證作「武」非是。

〔三三〕北兩面據崖臨谷　「崖」，乾隆志同，雍正山西通志卷六〇古蹟四、元和郡縣志卷一五河東道二作「嶺」。

〔三四〕在翼城縣東澮蜀二山之下　「澮」，原作「會」，據乾隆志及本卷山川改。

〔三五〕洪武三十二年復置吉州豐國富國二鐵冶　乾隆志同。按，據清修續文獻通考卷二三征榷考、明太祖實録卷二三一，復置二鐵冶在洪武二十七年，「三十二年」誤。

〔三六〕今爲故城鎮　「故」，原作「吉」，乾隆志作「古」，據雍正山西通志卷五七古蹟一及本卷前文「泰平故城」條改。

〔三七〕汾陰山旁多溪壑　「陰」，原作「陽」，乾隆志同，據雍正山西通志卷九關隘一及本卷山川改。

〔三八〕通鑑　乾隆志同。按，此下當脱「輯覽」二字。後文如此之類屢見，蓋其述例如此，不再一一出校。

〔三九〕曹花坪　「坪」，乾隆志、雍正山西通志卷一六關隘八作「平」。

〔四〇〕疊頭等堡　「疊」，原作「壘」，乾隆志同，據雍正山西通志卷九關隘一、宋史卷八六地理二改。

〔四一〕曲城　「城」，乾隆志同，雍正山西通志卷九關隘一作「成」。

〔四二〕冀氏縣有陶川　「冀」，原作「翼」，據乾隆志、宋史卷八六地理二改。

〔四三〕堨村堡　「堨」，乾隆志同，雍正山西通志卷一六關隘八作「榻」。

〔四四〕元元貞元年建　「元年」，乾隆志同，雍正山西通志卷三〇水利二作「二年」。

〔四五〕嘉靖乙卯冬　「嘉靖乙卯」，乾隆志同，雍正山西通志卷三〇水利二引王應吉汾河石岸記作「萬曆己卯」，是。按，王應吉記云「嘉靖壬子以來，其患特甚，萬曆己卯冬，邑侯蕭公大才繕堤於汾之西崖」，纂修者漏看萬曆年號，復誤「己卯」爲「乙卯」，遂成今貌。

〔四六〕流澤渠　「流」，雍正山西通志卷三〇水利二作「麗」。

〔四七〕皇覽　「皇」上原衍「宋」字，乾隆志同，據文獻通考卷一二三王禮考一八引删。

〔四八〕趙盾祠在太平縣西南十八里　「八」，原作「五」，據乾隆志、元和郡縣志卷一四河東道一改。

〔四九〕又見代州　「州」下原衍「部」字，據乾隆志删。

〔五〇〕紹興中改封啓侑公　「侑」，原作「信」，乾隆志同，據宋史卷一〇五禮八改。

〔五一〕福巖寺　「巖」，乾隆志同，雍正山西通志卷一六八寺觀一作「嚴」。

〔五二〕唐貞元三年建　乾隆志同，雍正山西通志卷一六八寺觀一作「咸通中」。

〔五三〕初名敬屈寺　「寺」，原作「亭」，乾隆志同，據雍正山西通志卷一六八寺觀一改。

〔五四〕元至元四年建　「至元」，乾隆志同，雍正山西通志卷一六八寺觀一作「至正」。

大清一統志卷一百三十九

平陽府二

名宦

三國　魏

呂虔。任城人〔一〕。魏武使將家兵守湖陸。時襄陵校尉杜松部民炅母作亂，命虔代松。虔誘炅母渠率及同惡數十人賜酒食，伏壯士其側，察炅母等醉，盡格殺之。撫其餘衆，賊悉平。

晉

劉毅。掖人。魏末僑居平陽，太守杜恕請爲功曹。沙汰郡吏百餘人，三魏稱焉，爲之語曰：「但聞劉功曹，不聞杜府君。」

李重。鍾武人。惠帝時爲平陽太守。崇德化，修學校，表篤行，拔賢能，清簡無欲，正身率下，在職三年，彈黜四縣。

李矩。本郡人。元帝時領平陽太守。時饑疫相仍，矩盡心撫恤，百姓賴焉。會長安群盜東下，所在多擄掠，矩遣部將擊破之，盡得賊所掠婦女千餘人，諸將以爲非矩所部，欲遂留之，矩曰：「俱是國家臣妾，焉有彼此？」乃一時遣之。

南北朝　魏

穆亮。代人。孝文時除征南大將軍、領護西戎校尉、仇池鎮將。宕昌王梁彌機死，子彌博立，爲吐谷渾所逼，來奔仇池，亮以彌博兇悖，氐羌所棄，機兄子彌承，戎人歸樂，表請納之，孝文從焉。于是擊走吐谷渾，立彌承而還。氐豪楊卜，自延興以來從軍二十一戰，前鎮將抑而不聞，亮表爲廣業太守，豪右咸服，境内大安。

吴平仁。孝文時定陽令。有恩信，户增數倍，吏民懷之，刺史穆羆爲之請留，從之。

房謨。洛陽人。以晉州刺史攝南汾州事。先時境接西魏，士人多受其官，爲之防守，至是鎮將及都督、守令前後降附者三百餘人，謨撫接殷勤，人樂爲用。西魏懼，乃增置城戍，慕義者自相糾合擊破之，自是龍門以北西魏戍皆平。

寇儁。上谷人。孝昌中爲鹽池都將，仍主簿永安。初，華州人史底與司徒楊椿訟田，長史以椿勢貴，皆言椿直，欲以田給椿，儁曰：「史底窮人，楊則横奪其地，若欲損不足以給有餘，未敢聞命。」遂以地還史底。孝莊帝後知之，嘉儁守正不撓，拜司馬，其附椿者咸責焉。

封子繪。蓨人。孝静初爲平陽太守。晉州北界霍山千里徑，山坂高峻，每大軍往來，士馬勞苦。子繪請于舊徑東谷别開一路，從之，仍令子繪領汾、晉二州夫修治，旬日而就。時齊神武新總六軍，路經新道，嘉其省便，賜穀二百斛。

劉豐。普樂人。永安初齊神武上爲南汾州刺史，與諸將征討，平定寇亂。

周

梁士彦。烏氏人。從武帝拔晉州，除刺史。帝還，齊後主親攻圍之，樓堞皆盡，短兵相接，士彦慷慨謂將士曰：「死在今曰，「吾爲爾先。」于是勇烈齊奮，呼聲動地，無不一當百，齊師少却。乃令妻妾及軍人子女晝夜修城，三日而就，武帝六軍亦至，齊師圍解。

隋

周搖。洛陽人。周武帝時拜晉州總管。時文帝爲定州總管，文獻后自京師詣之，路經晉州，搖主禮甚薄，既而白后曰：「公廨甚富于財，限于法不敢輒費，又王臣無得效私。」其質直如此。文帝以其奉法，每嘉之。

唐

崔翳。清河人。曲沃令。永徽元年引古堆水溉田百餘頃。

劉齊賢。觀城人。高宗朝由侍御史出爲晉州司馬。帝以其方直，尊憚之。時將軍史興宗從獵苑中，言晉州出佳鷂，可捕取，帝曰：「齊賢豈捕鷂人耶？」

陶善鼎。高宗時晉州臨汾令，治百金泊，引潏水溉田。

張懷器。武城人。中宗初爲翼城令。引翔高泉，開會陰道，以便汲者行者，又闢荒田五百餘頃，邑人愛之。

蕭至忠。沂州人。中宗時爲晉州刺史，治有名。

李愬。臨潭人。憲宗時爲晉州刺史。以治異等，加金紫光禄大夫。

石雄。徐州人。武宗時李彦佐討劉稹逗留，以雄爲晉絳行營諸軍副使，助彦佐。雄受命，勒兵越烏嶺，破賊五壁，斬獲千計，賊大震。雄臨財廉，每朝廷賜予輒置軍門，自取一匹縑，餘悉分士伍，由是衆感發，無不奮。武宗喜曰：「今將帥義而勇，罕有雄比者。」就拜行營節度使。

王式。其先太原人，家揚州。大中中爲晉州刺史。飭郵傳，器用畢給。會河曲大歉，民流徙，他州不納，獨式勞恤之，活數千人。時特峨胡亦饑，將入掠汾、澮，聞式嚴備，不敢道境，報其種落曰：「晉州刺史當避之。」以善最稱。

五代

梁

徐懷玉。焦夷人。太祖時爲晉州刺史。晉數攻之，懷玉堅守，敗晉師于洪洞。

唐

張仲温。長興初爲翼城令。縣治舊在翔高山下，仲温爲察原隰泉流之宜，移治王逢寨，迄今尚仍其地。

周

楊廷璋。真定人。世宗時以爲建雄軍節度使。在鎮數年，頗有惠愛，前後率兵入太原境，拔仁義、高壁等砦，并人棄沁州二百里，退保新城，廷璋遂置保安、興同、白壁等十餘砦。顯德六年率所部入河東界，下堡砦十三〔二〕。宋初吏民詣闕請立碑頌功德，太祖命盧多遜撰文賜之。

李謙溥。盂人。世宗時爲晉州兵馬都監。以偏師入河東境，頻致克捷。

宋

荆罕儒。信都人。建隆初爲晉州兵馬鈐轄。嘗領千餘騎抵汾州城下，焚其草市，退次京土原。劉鈞遣大將郝貴超領餘衆襲罕儒，罕儒錦袍衷甲，據胡床享士，方割羊臂臑以啖，上馬揮兵，徑犯敵鋒，手殺十數人，遇害。劉鈞素聞罕儒勇，欲生致之，聞其死，求殺罕儒者戮之。太祖痛惜不已。

崔遵度。淄川人。太平興國中爲臨汾主簿。饋芻粟，三抵綏州，涉無定河，沙水混流，陷溺相繼，遵度憫之，著銘以紀。端拱初轉運副使夏侯濤上其勤狀，召對便坐，擢著作佐郎。

陳希古。天禧中，以秘書著作郎知翼城縣事〔三〕。有文學，多所振刷，百度修舉，風俗一變。

李及之。濮州人。知晉州。吏事精明，居官稱職。

劉舒。皇祐中任鄉寧令。縣治瀕河，數遭水患，舒改遷今治，自是民有安宇。

文彦博。介休人。仁宗時知翼城縣事。有惠政，後人思之，稱其所建河亭曰潞公軒。

扈周卿。大名人。嘉祐中爲襄陵令。視事終日無倦色，未半載，刑清訟簡。

劉恕。筠州人。英宗時爲和川令。發强擿伏，一時能吏自以爲不及。郡守得罪被劾，屬吏皆連坐下獄，恕恤其妻子，如己骨肉。

李周。馮翊人。洪洞令。民有世絶而官録其産者，其族晚得遺券，周取以還之。郡吏咎周，周曰：「利民所以利國也。」縣南有澗，支流溢入，歲賦菑楗，調徒遏之，周始築新隄，民不告病。

呂誨。開封人。神宗初知晉州。

時彥。開封人。哲宗時爲晉州守。減職田所入什七八，佃户始脱苛斂之苦。

李察。開封人。以朝奉郎知翼城縣事。政平訟簡，不喜鉤距，時時訪民間疾苦，民皆頌之。

金

張浩。渤海人。天眷中爲平陽尹。平陽多盜，臨汾男子夜掠人婦，浩捕得榜殺之，盜遂衰息。近郊有淫祠，郡人頗事之，廟祝、田主爭香火之利，累年不決，浩撤其祠屋，投其像于水中，强宗黠吏屏跡莫敢犯，郡中大治。

劉徽柔。安次人。遷洪洞令，明敏善聽斷。縣人楊遠者投牒于縣，以爲夜雨屋壞，壓其姪死，號訴哀切。徽柔熟視而笑曰：「汝利姪財而殺之，乃誣雨耶？」叱付獄，其人立伏，曰：「公神明也，不敢延死。」遂寘于法。秩滿，縣人遮戀，不得去者彌日，爲立生祠，刻石頌德。

楊伯雄。藁城人。爲平陽令。先是，張浩治平陽有惠政。及伯雄爲尹，百姓稱之曰：「前有張，後有楊。」

丁暐仁。宛平人。遷和川令。申明法禁，群小屏息，或走入他縣避之。有董祐者最强悍，畏服暐仁，以刀斷指，誓終身不復犯法。凡租賦，與百姓前爲期，不事敲扑，率比他邑先辦。

李晏。高平人。皇統間授岳陽令，兼攝隰州蒲縣。積牘盈案，晏立判百餘事，衆皆畏服。

孫九鼎。定襄人。以尚書員外郎知翼城縣事。時多盜賊，鼎多方剿捕之，梟其渠魁，餘黨悉解散，邑賴以安。

胥鼎。繁時人。貞祐二年知平陽府，兼河東南路兵馬都總管，就拜宣撫使。元兵掠霍、吉、隰三州，已而步騎合六萬圍平陽，急攻者十餘日，鼎遣兵屢却之，招還脅從人七千有奇，續至者又六千餘，俱令復業。拜樞密副使，權尚書左丞，行省于平陽。累有陳請，無不從者。鼎通達吏事，有度量，爲政静鎮，無賢不肖皆得其歡心。

完顔從坦。金宗室。權元帥左監軍，行元帥府事，與參知政事李革同守平陽。元兵至平陽，提控郭用戰于城北壕壖，被執不屈死，城陷，從坦自殺，贈武昌軍節度使。

任厚禮。興定中任吉州同知。元兵陷城，厚禮與其妻墜崖死。

元

李守賢。義州人。知平陽府事，兼本路兵馬都總管。太宗南伐取道平陽，見田野不治，以問守賢，對曰：「民貧窘乏耕具。」詔給牛萬頭，仍徙關中生口墾地河東。後平陽當移粟萬石輸雲中，守賢奏以百姓疲敝，不任挽載，帝嘉納之。

李伯温。守賢從兄。行平陽元帥府事，鎮青龍堡。平陽已陷，弟守忠被執，選驍勇拒守。金人盡鋭來攻，守卒多夜遁，李成開水門導敵入，伯温登堞樓謂左右曰：「吾兄弟受方面之寄，當以死報國，弟已被執，我不可再辱。」拔劍殺家屬投井中，以刀植柱，刺心而死。金人登樓，見伯温抱柱如生，無不嗟歎。

李守正。守賢弟。爲平陽守。活俘鹵甚衆，以功授榮禄大夫、河東南路兵馬都元帥。金完顔哈達攻平陽，守正先以救隰州中矢傷足，及是裹瘡戰歿，大帥以其兄守忠代。「完顔哈達」舊作「完顔合達」，今改正。

李守忠。守賢弟。爲河東南路兵馬都元帥，兼知平陽府事。金襲擊招討使伊照爾于洪洞，師潰入城，城陷，金人執守忠至汴誘降，守忠駡之，金人怒，置守忠鋏籠中火炙死。按：舊以伯温爲守賢從兄，守正、守忠爲守賢弟，乃從元史守賢本傳，若忠義傳伯温世系誤敘，不可從。「伊照爾」舊作「按扎兒」，今改正。

鄭鼎。陽城人。至元三年遷平陽路總管。歲旱，鼎下車而雨。平陽地狹人衆，常乏食，鼎導汾水溉民田千餘頃，開潞河鵬黄嶺道〔四〕，以來上黨之粟。修學校，厲風俗，建横澗古橋以便行旅〔五〕，民德之。

王惲。汲縣人。至元中爲平陽路總管府判官。初，太平縣有獄，蔓引三百餘人，五年不決，惲一訊即得其實，乃盡出所逮繫者。時境内久旱，是夕大雨。

楊宜。翼城人，任本縣令。爲政廉明，不任刑罰。南川水灌田甚廣，民争訟不已，宜斷理明允，遂爲定例。縣東有炭窑，歲久患圮壓，宜相地别開，民甚便之。凡三十餘年，無病民事。

王元禮。至正初尹襄陵。扶植善良，摧抑姦慝，興學校于征戰之餘，有古循吏風。

郝信臣。至順間任太平尹，有惠政。

明

徐鐸。南昌人。洪武初以户部侍郎改知平陽府。疏濬水利，改建臨汾縣學，他所建置皆有益于民。

李諒。濰縣人。洪武初知翼城縣。修建壇壝廟學，移縣治以遠水患，除姦宄，安良善，遇事必以公正持之。

徐彪。商河人。洪武末臨汾縣丞。存心廉恕，復流離，闢荒蕪，均徭役，簡詞訟，政有成效，陞本府同知。官民信服，境内肅清。

袁景。甘泉人。洪武間太平主簿。有清標，貧能自守，隆冬單衣理事，有小吏夜持緼袍遺之，辭弗受，至旦諭衆痛懲之，自是姦頑斂迹。

劉濬。臨川人。永樂初知臨汾縣。有廉節，政平訟簡，吏民不敢欺。

萬觀。南昌人。宣德中知平陽府。政績茂異，有芝生堯祠棟上，士民皆言使君德化所致，觀曰：「太守知奉職而已，芝非吾事也。」

王彧。開州人。正統六年知洪洞縣。濬霍泉，廣溉民田，其民田濱河爲水沙衝徙者，彧悉爲核免其賦，民皆賴之。

張文佐〔六〕。西平人。弘治間知平陽府〔七〕。行朱子社倉法，築學宮，遠聘耆儒主師席。爲政五載，獄無繫囚。

劉璣〔八〕。咸寧人。成化十九年知曲沃縣。每歲巡行阡陌，教民播種，勸栽桑、棗各三百株。民有罪令入棗贖，積數萬斛，歲饑賑粟不給，發棗繼之，民不病災。

張鼒。歷城人。成化十二年知襄陵縣。縣俗故偷葬，鼒至，力革之以從厚。在任十六年，以廉恪顯。

李咨。故城人。成化間知襄陵縣。嘗置二牌〔九〕，書民善惡于其上示勸懲，民皆耻于爲惡。歲祲，出粟煮糜以食饑者，多所全活。

郭桂。咸寧人。正德中知平陽府。課耕桑，導禮義，盜賊衰息，藩府各戢其下，不敢梗法。

浦鋐。文登人。正德十三年知洪洞縣。潔己愛民，振興文教，嘗改佛殿爲學宮，規制宏敞，以治行徵拜御史。

單訥。棗强人。嘉靖四十二年知翼城縣。性介而勤，庭無留牘。丞以帑金羨餘餽，叱而却之。會疾革，邑人參議劉志賻以木，償其值。及卒，士民流涕。

張一敬。朝城人。隆慶間知鄉寧縣。精明强毅，均役清田，爲一時循吏冠。

何出光。扶溝人。萬曆十一年知曲沃縣。城南有澮水，瀕河地舊爲沙磧，出光導民引水溉田，民獲其利。歲大祲，發倉賑貸，設醫局以療民疾，全活甚衆。

毛炯。任丘人。萬曆中知汾西縣。政尚清簡，絶私謁，又教民織紝，隙地督植桑、棗，由是衣食漸饒。

李枝。咸寧人。萬曆初知鄉寧縣。均賦役，賑貧乏，築城濬河，具有成績。

李時茂。乾州人。萬曆中知鄉寧縣。馭吏嚴明，政事修舉。善斷獄，鄰民争訟者，咸願得時茂決之。

袁葵。東明人。崇禎中知洪洞縣。歲饑，請蠲租，出見棄兒于道，命收哺，後皆以袁爲氏。

李乘雲。高陽人。崇禎中知浮山縣。流賊數萬來寇，乘雲手發一矢斃其魁，衆遂遁。累遷山西僉事。

本朝

徐來麟。奉天人。順治五年知平陽府。姜瓖叛，遣其黨平德攻平陽，來麟捍禦獲全。延安王老虎應賊，渡河拔汾州，復攻平陽，來麟與巡道王無黨〔一〇〕、參將范永宗固守，間出擊之，擒其將劉光明。賊攻益急，會大兵至，解圍走，來麟追斬賊首劉四亨于峪口村，敗之。

安應麟。奉天人。順治六年知浮山縣。姜瓖餘孽踞縣東南，令千總秦文英、耆老張三鳳入賊巢諭之〔一一〕，降八百餘人，悉遣歸農。請豁荒糧數千石，修縣治之爲賊毁者。

趙昉。武城人。順治三年以進士知翼城縣〔一二〕。慈惠有才略，時東山邪教倡亂，昉密請兵剿之，殲其渠魁，城獲全。

何斯美。鎮番衛人。順治五年以舉人知翼城縣。姜瓖叛，翼被兵尤數，斯美與弟斯盛督鄉勇禦之。六年七月，賊數萬猝至，圍城九日夜，斯美力拒戰，城卒完。遷開封府同知，弟斯盛亦有戰功，後以剿賊歿于陣，翼人建兩祠祀之。又翼城典史之子王國安，亦與斯盛同戰死。時同死事者，鎮標營都司魯班禮，後贈遊擊，沂鎮營遊擊劉懋德，後贈參將，俱祀忠烈祠。

侯世爵。奉天人。順治七年知鄉寧縣。姜瓖黨衛敏破城據之，焚掠甚慘，世爵簡厲士卒，躬自督率，誓不與賊並立，賊懼，委城去。世爵招撫流亡，慰安反側，閲二年民始更生。及解去，百姓攀轅流涕。

許占魁。蒲城人。順治十一年任平陽副將。盜張武等踞山中肆劫爲害，占魁受事，佯不問，分兵布隘口，一日大雪，率精騎二百徑入山，賊衆皆竄伏，遂縛武而散其餘黨。擢都督僉事。

袁國梓。華亭人。順治己丑進士，康熙十二年知平陽府。早起即據堂治文書，端嚴若神，至日昃不懈，事至片言裁之，悉中要害，蠹胥歛手不敢肆。

石文晟。奉天人。康熙三十年知平陽府。時歲饑，方有造船運米役，上官又令民輸草三十五萬束于大同，文晟請就近收買，罷之。又言賑饑煮粥，止便少壯能就食者，老病婦孺且坐斃，請散賑，官親歷山僻，按户給之，全活無算。

王輔。奉天人。康熙三十三年知平陽府。有幹略。三十四年平陽地震，火數起，官署、民舍多燬堵，豪暴乘間剽掠，悉擒寘重典，民始獲安。死者給以棺，不足以席，又不足則爲大冢數十，別男女埋之。又榜招他郡邑人占籍曠地，胥爲永業，聞者爭集，户口不大耗云。

王承露。益都人。康熙二十二年以進士知臨汾縣。見上官輒抗論是非，不少屈。舊正供外多浮取于民，承露悉裁去之。

王槐一。彰德人。康熙二十二年以舉人知浮山縣。舊輸丁糧者〔一三〕，十年例一辦公務，費踰正額，商人高鹽價，且和以沙土，民多坐私鹽論罪，槐一悉禁止之。訐訟令自拘，立剖曲直，胥役終歲不出縣門，三署鄰邑，皆著能聲。

蔣鳴龍。建德人。康熙八年以拔貢知汾西縣。相度汾濱，濬棗平舊渠，又築一隄于前加樓村，濬三渠于福珠、衛家灘、後團柏村，田不苦旱。又革民養馬協費，建馬廠驛舍，胥得治體。

人物

漢

靳彊。其先西河人，後徙曲沃。以郎中騎從漢高祖擊項羽，遷中尉。破鍾離眛，封汾陽侯。

衛青。字仲卿，平陽人。爲人仁善退讓，奉法遵職，由建章監、侍中累官車騎將軍，封長平侯，拜爲大司馬、大將軍。凡七出擊匈奴，收河南地，置朔方郡。再益封，凡萬六千三百户。元封五年卒，謚烈侯。

霍去病。衛青姊子。年十八爲侍中，善騎射，爲嫖姚校尉，封冠軍侯，遷大司馬、驃騎將軍。凡六出擊匈奴，開河西酒泉之地，西方益少胡寇。四益封，凡萬七千七百户。去病爲人少言不泄，有氣敢任，上嘗欲教之孫吴兵法，對曰：「顧方略何如耳，不至學古兵法。」天子爲治第，令視之，對曰：「匈奴未滅，何以家爲！」上益愛重之。卒，謚景桓侯。

霍光。字子孟，去病異母弟。武帝時爲奉車都尉，出入禁闥二十餘年，小心謹慎，未嘗有過。後元二年爲大司馬、大將軍，受遺詔輔少主，封博陸侯〔一四〕，政事一決于光。訖十三年，百姓充實，四夷賓服。昭帝崩，立昌邑王賀，以淫亂廢，復迎立宣帝。光秉政前後二十年，地節二年薨，謚曰宣成。甘露中上思股肱之美，圖形麒麟閣，光居第一。

尹翁歸。字子兄，平陽人。爲市吏，諸霍奴客莫敢犯。田延年爲河東太守，行縣至平陽，翁歸自稱文武兼備，惟所施設，除補卒史。延年大重之，徙署督郵。舉廉，爲緱氏尉。歷弘農都尉，徵拜東海太守，以高第入守右扶風，滿歲爲真，扶風大治。翁歸爲政雖任刑，其在公卿之間清潔自守，温良謙退，不以行能驕人，甚得名譽于朝廷。元康四年卒，家無餘財，詔賜翁歸子黄金百斤以奉祭祀。翁歸三子皆爲郡守，少子岑歷位九卿至後將軍。

三國　魏

賈逵。字梁道，襄陵人。漢末爲絳邑長，郭援攻河東，城將潰，絳父老與援要不害逵。既潰，援欲使逵爲將，以兵劫之，逵不動，將斬之，絳吏民皆乘城呼曰：「負要殺我賢君，願俱死耳。」左右多爲請，乃免。後爲丞相主簿。魏武伐蜀，先遣逵至斜谷觀形勢，道逢水衡載囚人數十車，逵以軍事急，輒窮竟重者一人，皆放其餘。魏武善之，拜諫議大夫。魏武殂洛陽，鄢陵侯彰從長安來赴，問逵先王璽綬所在，逵正色曰：「太子在鄴，國有儲副，先王璽綬非君侯所宜問也。」文帝即王位，遷魏郡太守、豫州刺史。黄初中以伐吴功，封陽里亭侯。明帝立，復陳攻取之計，帝善之。薨，謚曰肅侯。逵少好春秋左傳，通兵法，忠直有謀，爲刺史、守令威恩兼著，朝廷重之。

徐晃。字公明，揚人。爲郡吏從楊奉討賊有功，拜騎都尉。李傕、郭汜亂長安，晃説奉令與天子還洛陽，封都亭侯。後歸魏，拜裨將軍，戰功最多，遷平寇將軍。破樊、襄陽之圍，魏武稱其功踰孫武、穰苴，及案行諸營，晃將士獨駐陳不動，魏武歎曰：「徐將軍可謂有周亞夫之風矣。」文帝踐阼，累封陽平侯。性儉約畏慎，將軍常遠斥堠，先爲不可勝然後戰，追奔争利，士不暇食。太和元年卒，謚曰壯侯。

晋

韋忠。字子節，平陽人。年十二喪父，哀慕毁悴，杖而後起，服闋尚廬墓所。司空張華辟之，辭疾不起。太守陳楚迫爲功曹，會山羌破郡，楚出走，賊射之中三創，忠冒刃伏楚，以身捍之，亦遭五矢，賊相謂曰：「義士也。」捨之。

李矩。字世迴，平陽人。勇毅多權略，爲征西將軍梁王肜牙門將，伐氐齊萬年有殊功，封東明亭侯。其後破石勒于滎陽，破劉聰從弟暢于韓王故壘，破劉聰太子粲于孟津北岸，莫不以少擊衆，戰勝獲多，勒遂挫衂，聰憤恚發病而死。元帝深嘉其功，累官都督司州諸軍事、司州刺史、安西將軍，累封平陽縣侯。矩乃心王室，以衆少不足立功，每慷慨憤歎，卒爲石勒將石良所敗，率衆南歸，至魯陽縣卒。

賈模。字思範，逵之孫。沉深有智算。起家邵陵令，累官車騎司馬。豫誅楊駿，封平陽鄉侯，尋擢侍中。模盡忠匡弼，推張華、裴頠同心輔政。卒，謚曰成。

鄧攸。字伯道，襄陵人。其祖父殷亮直强正，官至中庶子。攸少孤，居喪以孝聞。永嘉末没于石勒，諸胡敬之。石勒過泗水，攸擔其兒及其弟子綏以逃，度不能兩全，乃棄其子而去。至江東，爲太子中庶子，出爲吴郡守，廉明得百姓心，累遷尚書右僕射〔一五〕。每有進退，無喜愠之色。攸棄子之後竟無嗣，時人義而哀之，曰：「天道無知，使鄧伯道無兒。」

唐

柴紹。字嗣昌，臨汾人。隋太子千牛備身，高祖妻以平陽公主。將起兵，授右領軍大都督府長史，領彀騎，先抵霍邑城下，力戰有功，從下臨汾、絳郡，遂平京師。高祖即位，累從征討，以功多進封霍國公，遷右驍衛大將軍。吐谷渾、党項寇邊，大敗之。貞觀二年平梁師都，轉左衛大將軍。出爲華州刺史，加鎮軍大將軍，徙譙國。卒，謚曰襄。

尹知章。翼城人。明六經，長安中擢定王府文學，累遷國子博士。馬懷素緒定秘書，奏知章是正文字，于易、老、莊書尤縣解。弟子貧者賙給之。性和厚，人不見有喜愠，未嘗問産業。卒官。所注傳頗多，行于時。

五代　晉

桑維翰。字國僑。舉進士及第，高祖辟爲河陽節度掌書記，其後嘗以自從。求援于遼，滅唐興晉，皆維翰力也。高祖既立，以爲翰林學士，累遷中書侍郎、同中書門下平章事，兼樞密使。出帝即位，景延廣用事，與遼絶盟，未幾拜維翰中書令，復爲樞密使，封魏國公，事無巨細一以委之，數月之間百度浸理。後以讒罷爲開封尹，維翰遂稱疾，稀復朝見。遼攻京師，張彦澤以兵入府，維翰厲聲曰：「吾晉大臣，自當死國，安得無禮！」彦澤股栗不敢仰視，退使人縊殺之。按：本傳河南人，而墓及故宅並在今浮山縣東北夾榆村，故從舊志載之，蓋或遷于河南而返葬神山也。

宋

孫復。字明復，平陽人。舉進士不第，退居泰山，學春秋，著尊王發微十二篇。范仲淹、富弼言復有經術，除秘書省校書郎、國子監直講，累遷殿中丞，卒。復既病，韓琦言于仁宗，選書吏給紙筆，命其門人祖無擇就復家得書十五萬言，録藏秘閣，特官其一子。

郭純。洪洞人。治平中進士，官至宣德郎。長於史學，温公稱其有遷、固才。

甯智。曲沃人。舉鄉貢進士。精通五經，教授晉、絳。元祐中，上問樞密副使王巖叟曰：「從誰學？」對曰：「從河東甯先生。」其德行學問，一時重之。

許孝恭。字光祖，曲沃人。嗜讀書，嘗棲晉賢山，屏絶聲色，足不至城郭。仕彭州九隴縣尉兼主簿事，時李文吉劫彭州，官吏盡避，孝恭獨率公徒拒之，卒擒文吉。官至虞部員外郎。

史緒。字仲昌，曲沃人。徽宗時爲左清道帥府副，遷驍衛將軍。世明法律，爲人莊毅明恕，雖家人相對無惰容，居官决讞持平。卒，贈武衛大將軍。

李居仁。曲沃人。少孤，事母至孝，授徒以養。母歿，手築墳高四丈餘，時名其巷曰孝母，名其族曰墳臺李氏。

金

馮延登。字子駿〔一六〕，吉鄉人。承安二年登詞賦進士第。至大七年以國子祭酒假翰林學士承旨使于元，被留，使招鳳翔帥降，對曰：「臣奉書請和，招降豈使職？」諭之再三，執義不回，乃叱左右以刀截去其鬚，延登岸然不動。監之豐州，二年後放還，哀宗撫慰久之，復以爲祭酒。歷禮、吏二部侍郎，權刑部尚書。元兵圍汴京，爲騎兵所得，欲擁而北行，延登義不受辱，遂躍入井中死之。

楊貞。字平甫，吉州人。明昌中舉進士，仕至河東南路招撫、吉隰便宜經略使。相度險要，築牛心寨以禦元兵。子克義戰歿，元兵攻之急，命其子克敬、克讓俱死，妻孟氏自經，乃南望再拜，焚其廬，自投後河中，屍浮水上，門人爲之收葬焉。

鄭時昌。字仲康，洪洞人。性孝友，八歲通易。大定間對策第一，世宗命典樞要，辭不受，就汾州教授。衍河汾之傳，理學大明。

元

許國禎。字進之，曲沃人。博通經史，尤精醫術。世祖在潛邸，國禎以醫徵，能直諫，後從征雲南，參預機密。世祖圍鄂州，獲宋人數百族，諸將欲盡坑之，國禎請誅其兇暴者，餘皆獲免。及師還，招降民數十萬口，罷饑顛仆，國禎白發蔡州軍儲糧賑之〔一七〕，全活甚衆。至元十二年爲禮部尚書，嘗上疏言慎財賦、禁服色、明法律、嚴武備、設諫官、均衛兵、建學校、立朝儀，事多施行。凡所薦引皆知名士。終翰林、集賢大學士，謚忠憲，追封薊國公。

許扆。字君黼，國禎子。從父事世祖于潛邸，世祖俾從許衡學，入備宿衛，忠慎小心。除禮部尚書，每外國使至，必命與之語，辭理明辨，莫不傾服。與丞相安同善，國政多所裨益。累遷陝西行省右丞，有惠于民，民畫像祀之。仁宗時國有大政，詔近侍即其家問之，特授榮禄大夫、大司徒〔一八〕。卒，追封趙國公，謚僖簡。「安同」舊作「安童」，今改正。

傅巖起。汾西人。由進士任陝省都事，凡二十三遷至中書左丞，皆著聲績。以上疏忤權貴罷歸，屢徵不起。卒，謚正獻，封河東郡公。

郭狗狗。翼城人。父寧，戍大良平，宋將史太尉陷大良平，全家被俘，狗狗年五歲，曰：「勿殺我父，當殺我。」史問得其年，曰：「五歲兒能爲是言，吾當全汝家。」以騎送寧等往合州，道遇兵騎驚散，寧家俱得還。御史以事聞，命旌之。

張著。字仲明，襄陵人。至元初舉詞賦，既而歎曰：「士當以遠大自期。」遂沈潛伊洛之學。調潞城簿，以親老西歸。至元中薦授平陽路教授，成就後進，晉人以文名者，多出其門。

喬彝。字仲常，晉寧人。性高介有守，至正十八年賊由垣曲縣襲晉寧，城陷，城中死者十二三，彝整冠衣，令妻子輩循次投井中而已隨赴之。賊平，贈臨汾尹，賜謚純潔。

屈繼平。字正卿，翼城人。七歲而孤，性敏强記，至元間中鄉舉。以程、朱之學誘進學者，翼城人知有程、朱之學，自繼平始。

張翥。字仲舉，晉寧人。通經義，工詩。至正初以隱逸起爲國子助教，會修遼、金、宋三史，爲國史院編修官，史成，累遷翰林侍講學士兼祭酒。勤於誘掖，學者樂親炙之。俄除學士承旨，博洛特穆爾入京師，命翥草詔削奪洪霍特穆爾官爵，翥不從，曰：

「吾臂可斷，筆不能操也。」及博洛特穆爾誅，詔以翥爲河南行省平章政事，致仕。「博洛特穆爾」舊作「孛羅帖木兒」〔一九〕，「洪霍特穆爾」舊作「擴廓帖木兒」，今並改正。

胡光遠。太平人。母喪廬墓，一夕夢母欲食魚，晨起號天求魚，見生魚五尾列墓前，俱有嚙痕，隣里聚觀，有獺出草中去，衆知是獺所獻，以狀聞於官，表其閭。

李謙亨。曲沃人。英宗時以儒士辟，歷内臺侍御史。時建西山寺，謙亨與御史四人上疏極諫，帝怒，決杖文面，安置納哩罕，後思其忠鯁，召還，授浙東、海右二道廉訪使。卒〔二〇〕，封隴西郡侯，謚忠肅。「納哩罕」舊作「奴兒干」，今改正。

李忠。晉寧人。幼孤，事母至孝。大德七年地震，郇保山移，民廬摧壓，將近忠家，分爲二行五十餘步復合，忠家獨完。

靳昺。字克昌，曲沃人。兄榮爲奎章閣承制學士，奉母王氏官於朝，母歿，護喪還家〔二一〕，至平定大雷雨，水驟至，昺伏柩上，榮呼之避水，昺不忍捨去，遂爲水所没，後得柩及昺屍。詔賜孝子靳昺碑。

孫抑。字希武，洪洞人。登進士第，仕至刑部郎中。關保之變，挈父母、妻子避兵平陽柏樹村，有亂兵至村，拔白刃脅抑母求財，將斫之，抑以身蔽母，請代受斫，母乃得釋。抑父被掠不知所之，抑出入死地求之，屢瀕危殆，卒得父歸。

馮愈。吉州人。父敬夫病篤，籲天割股肉，調藥以進，父遂愈。至正間旌表。

明

仇敬。字中立，曲沃人。少與郝修己同棲紫金山，篤學礪行。洪武初舉鄉試第一，登進士。授綏德知州，遷鞏昌知府，皆有治績。以憂歸，卒於苫次。子基，以布衣直諫，舉高麗平泉尹〔二二〕。

郝修己。曲沃人。洪武九年舉明經第一。授户科給事中，敢諫，改朝城知縣。居官廉謹，任滿，偕其妻負囊步歸。朝廷聞而嘉之，擢刑部郎中，賜紫金山一區，子孫世居之，且薄其賦以示旌。

劉平。翼城人。洪武間知宜黄縣，負擔至任，廉介有政聲。職滿歸邑，人争送之，平曰：「昔負擔來，今負擔去，宜也，何送爲？」

祝信。襄陵人。性醇謹，事親備極孝養。洪武中以貢授金華判，清節自勵，遷太僕寺少卿。

崔敏。字好學，襄陵人。生四十日，其父仕元爲綿竹尹，不相識者三十年，敏依母兄以居，寇亂又相失。稍定入陝，尋母不得，即入川抵綿竹，時城邑蕭然，求父冢無知者，復還陝訪親故得其處，乃負其骸以歸，時稱崔孝子。

韓永。浮山人。建文時户科給事中。壬午六月北兵克都城，召永欲官之，不屈死。

王錫。翼城人。永樂舉人。授郿縣教諭，擢户科給事中，彈劾不避權貴，累官右通政。忠誠廉慎，人不忍欺。

續鳳。臨汾諸生。父殁既葬，晝往哭奠，夜歸奉母。母年八十一卒，廬墓三年，白鷰來集，枯木復生。正統中旌表〔一三〕。

劉元貞〔一四〕。翼城人。父卒，廬墓三年，哀毁骨立，有群烏飛繞、異草叢生、瓜蒂開蓮之異。宣德中旌表。

衛英。字時獻，洪洞人。景泰舉人，除鳳翔通判。弘治初爲開封知府，不以妻子自隨，所得俸寄之于庫。以河南參政致仕，累薦不起。父母殁，俱廬墓。巡撫韓邦奇建忠孝廉節坊旌之。

韓文。字貫道，洪洞人，宋宰相琦後。生時父夢紫衣人抱送文彦博至其家，故名之曰文。成化初進士。除工科給事中，劾都御史王越，語涉兩宫，帝怒，杖之文華殿，謫參議。弘治中歷南京兵部尚書。歲祲，請豫給軍餉三月，户部難之，文曰：「救荒如救焚，能忍死待耶？」乃發廩十六萬石。召拜户部尚書，力遏權倖。武宗立，舊奄馬永成、劉瑾等八人用事，文偕諸大臣伏闕極諫，明日召至左順門，文復力争，竟不得。未幾落職，指爲姦黨，榜諸朝堂。瑾誅，復官致仕。卒，贈太傅，謚忠定。

陳福。浮山人。有膂力，善劍。聞英宗北狩，誓死難，至大同北門與額森戰，斬馘甚衆。會大暑，七日不解甲，勞憊而卒。「額森」舊作「也先」，今改正。

陳孜。字敏學，福子。成化進士。初授慈谿知縣，累官貴州左布政使，致仕。所至有異政，尤尚廉潔，每於庭前懸楊震却金圖，杜餽問者。

李浩。字師孟，曲沃人。成化進士，授都水主事，累遷兵部員外郎。清畿内土田，奪豪右侵占者還之民。歷順天府尹。時久旱，疏論民所疾苦事當罷行者，詔嘉納之。劉瑾擅政，無名需求，浩一切裁抑，數與面議，可否不阿，瑾偵其過無所得。官至禮部尚書。卒，賜祭葬，謚莊簡。

王泰。字道亨，翼城人。成化進士。歷知儀封、衡水二縣，陞南京刑部主事，遷員外郎。劉瑾用事，索賄，泰曰：「以賄獲官，吾不爲也。」遂乞歸。瑾誅復起用，累官山東按察使，以清慎稱。

張潤。字汝霖，臨汾人。弘治進士。正德時爲給事中，劉瑾誅，劾其餘黨，罷黜者十二人。瑾嘗增遼東諸衛屯田糧額，以潤言復故。歷撫順天、寧夏，皆有聲。嘉靖中爲工部尚書。時工役繁興，奏西苑仁壽宫及鼓樓六聖碑亭，乞暫停罷，帝采納焉。後以户部尚書致仕。卒，贈太子太保，謚恭肅。

李大經。臨汾人。親喪廬墓，正德中旌表。子承芳亦如之。

丁汝謙。字子益，吉州人。正德甲戌進士。授太常寺博士，擢禮科給事中。世宗初議興獻禮忤旨，謫曲周丞，遷永平推官，終四川安綿道〔二五〕。所至皆有廉能聲。

周怡。字順之，太平人。嘉靖進士。除順德推官，舉卓異，擢吏科給事中，所摧擊率當時有勢力大臣，在廷多側目。二十二年六月以救吏部尚書許讚等，刺大學士翟鑾、嚴嵩，廷杖繫詔獄。隆慶元年擢太常少卿，陳新政五事，語多刺中貴，由是忤旨，出爲登萊兵備僉事。後復召爲太常少卿，未任卒，天啓初追謚恭節。

王與齡。字受甫，鄉寧人。嘉靖中進士。除蘇州府推官，治訟端平。累遷文選司郎中，澄清銓敘，所推薦皆廉静老成，大學士翟鑾、嚴嵩有所囑皆不從，遂被陷削籍歸，徵不起。隆慶初，追贈太常寺少卿。

王凛。鄉寧人。家貧，性至孝。父病久，思得肉食，凛謀之婦，翦髮易之。道經龍神廟致禱，夢神語曰：「此去十里，杏樹下有泉可飲。」明旦汲水飲父，父病尋愈。

楊天民。字正甫，太平人。萬曆進士。授朝城知縣，有異政，擢禮科給事中。時方纂修國史，與御史牛應元請復建文年號，從之。劾文武官之貪黷及妄奏捷者四人，論罪有差，尋進右給事中。册立久稽，再疏請不報。二十九年五月，復偕同官切諫，帝大怒，謫貴州永從典史。天啓中贈光禄少卿。

李弘道。字汝大，襄陵人。萬曆進士，任南陽知縣。擢兵科給事中，以直言出爲潁州僉事。後累調監司，告歸。生平篤學窮理，著有易補傳、春秋會傳〔二六〕、周禮解諸書。

高邦佐。字以道，襄陵人。萬曆進士。授壽光知縣，歷永平知府、天津兵備副使、神木參政，皆有治績。天啓初任廣寧參政，殉難，贈太僕寺卿，謚忠節。

鄭崇儉。字大章，鄉寧人。萬曆末進士。授河南推官，歷濟寧兵備副使，皆有政聲。崇禎中累遷兵部右侍郎，總督陝西三邊軍務，擊流賊張獻忠，先後獲首功三千級，降賊將四十人，威名大震。後被陷下獄誅，群臣冤之。

張鯤化。字襄海，太平人。天啓進士。授寶雞知縣，調繁盩厔，俱有善政。後累官關西分守道。會流寇攻城，竭力戰守，城得完。崇禎末殉節死。

桑拱陽。字暉升，臨汾人。受業曹于汴，大書「敬」字于室以自勵。崇禎中舉于鄉，巡撫蔡懋德請講學于三立書院，聞者感勵。李自成陷平陽，不食死。

范芸茂。洪洞諸生。有學行。崇禎末避難卦地山，夜半賊執其父，芸茂隨之入城，賊大怒曰：「汝聞令否？」對曰：「偕來者令當死，如父老且病何，請受刑。」賊義而釋之。同縣王昌祉父亦爲賊所執，昌祉請代受刑，賊憐其孝，亦釋之。

史可觀。翼城人。崇禎末文華殿中書舍人，加鴻臚少卿。城陷，自縊死。本朝乾隆四十一年，賜謚節愍。

袁雅度。翼城人。性至孝。闖賊陷翼，執其祖母薛氏責餉，雅度請代，賊以刀斫其臂，流血如注，呼曰：「願死，不願見祖母受刑也。」薛獲釋，賊縛雅度械之，械立壞，如是者再，賊驚愕捨去。

本朝

樊嶷。字九嶷，臨汾人。狷介負氣節，從學辛復元之門。順治初知盩厔縣，崇教化，抑奔競，一意休養。上官以爲迂，以事罷之，民争餽千金，一無所受。及歸，貧不能舉火，泊如也。

王永命。字九如，臨汾人。順治戊子舉人。知遷安縣，以興學校、絶苞苴、勸農事爲務，邑人稱之。擢行人，病歸。永命事父母孝。居喪，寢苫枕塊者三年，以孝子旌。著有懷堂等集。

晉淑軾。字長眉，洪洞人。順治丙戌進士。知中牟縣，以治行最，行取兵科給事中，轉工科。例出知大名府，時巨寇任鳳亭巢踞四省界，淑軾攜一役抵巢招撫之，鳳亭感泣聽命，奏授副將。五臺寇高三聞之，亦就撫焉。累遷通政使，卒。

王牧民。浮山人。順治初以貢授平湖縣丞，甫莅任海寇猝至，城陷，被執不屈死。

衛周印。字斯盛，曲沃人。明崇禎進士。少孤，事母以孝聞。順治初巡按畿南，撫流亡，招攜貳，解散群盗，一境晏然。還掌河南道，歷兵部左、右侍郎。性簡重，與人不設城府，而臨事不爲利害惑，人咸重之。

衛周祚。字聞石，周印弟。明崇禎進士。順治初爲吏部文選司郎中，銓政清肅，不可干以私。累遷工部尚書，督修三殿，省内府金錢數十萬。散賑畿南，措置有方，加少保，改吏部尚書、保和殿大學士。卒，謚文清。周祚歷官四十餘年，再入政府，田廬無改，以清簡慎密受知，始終弗替。子台瑞，知福建漳州府，有威惠，調臺灣，教以禮義，番俗一變。終兩廣鹽運使。

張冕。曲沃諸生。多謀略。順治間盗起圍城者再，竭力守禦，城得全。

上官鉉。字三立，翼城人。明崇禎進士。順治初爲中書舍人，累遷大理寺少卿，多所平反。歷左副都御史，疏數十上，尋以劾滇、廣、閩三藩跋扈狀，左遷太常卿。後三藩皆以謀逆誅，人稱其有先識。兄鑑，字金之，順治進士。潞安府教授，歷吏部郎，尋以嘉湖僉事擢河南分守參議，所在清肅有善政。

劉漢卿。翼城人。順治初知耀州，尋監郃陽軍，遷保寧同知，所在有平賊功，終肇慶知府。又同縣薛鳳鳴，順治初知盩厔縣，潔己愛民，招降叛黨，人皆德之。

曹續祖。字子成，鄉寧人。順治甲午舉人。性至孝，以養母終身不仕。母殁，居喪悉遵家禮儀節。年八十，猶莊誦宋六子書。著書凡數十種。

蔣弘道。字扶三，臨汾人。順治己亥進士，選庶吉士，授檢討，累遷至禮部右侍郎。凡遇諸大典禮，多所諳悉。尋調户部侍郎，陞左都御史。康熙三十四年平陽地震，特詔平陽所屬之人現官京師者，給假歸視其家。弘道至鄉里，即大集父老子弟，宣布朝廷德意，詢民疾苦，然後抵家，更捐資助恤，又日與當事周視城垣，經營修理。後以目疾解職，四十二年卒，賜祭葬具如典禮焉。

晉淑京。洪洞人。以歲貢授盂縣訓導，未仕請老。淑京七歲喪父，數日母亦殉卒，叔承宿撫字之。既長，留心理學，行誼醇備，執叔之喪哀慕盡禮。尤好義，多善舉，邑人誦服之。

李天植。曲沃人。未生時父客于外，不通問者十餘年，既長與母訣，誓不得父不歸。徒步求之三十載，至廣東高要縣境，時父死久，柩三易其處矣，乃函骨以歸葬。

李栻。臨汾人。生六月，父歿揚州，既長，泣請於母往尋之。至揚不得蹤跡，號泣街衢，忽遇父執聶姓者示以所葬處，遂負骨歸。

王師。臨汾人。少以孝聞，母患目疾甚苦，師屢以舌餂之，遂得復明。又嘗中蜈蚣毒，負痛不起，師吮之，立愈。雍正庚戌成進士。初知元城縣，累擢至江蘇巡撫。居官以清介自持，尤多善政，吏民咸感之。乾隆十六年卒于官，入祀鄉賢。

雒潤。臨汾人。性孝友。七歲喪父，哀毁如成人，鄉黨稱重之。嘗延師以教族里之子弟，其貧不自給及無力嫁娶者，並賑濟之。任定襄縣訓導，督課有方，以敦品力學爲首務。乾隆四十一年入祀鄉賢。

崔應招〔二七〕。臨汾人。孝義著聞。乾隆年間旌。

高鵬元。洪洞貢生。孝義著聞，同縣孝義監生景洪彦、岳湧，儒童楊宏鉞、劉嗣勝，俱乾隆年間旌。

樊翔鳳。曲沃人。孝義著聞。乾隆年間旌。

鄭振聲。鄉寧貢生。孝義著聞。同縣楊維藩、閻祝、鄭孝先，俱乾隆年間旌。

陳鳳翀。吉州人。孝行純摯，父病，籲天求以身代，及歿，哀毁踰禮，三年不離柩側。乾隆二年旌。

藺第錫。吉州人。乾隆十五年舉人。由教諭保題知縣，歷官至江南河道總督。居官以廉潔聞，卒後遺産僅值百金。嘉慶四年，入祀鄉賢祠。

裴宗錫。曲沃人。原任雲南巡撫，嘉慶十五年入祀鄉賢祠。

劉秉恬。洪洞人。乾隆二十六年由舉人取中中書，洊升兵部侍郎。三十七年赴金川軍營經理糧務，屢蒙嘉獎。四十五年任雲南巡撫，妥辦銅鹽事務。調倉場侍郎，籌辦截漕事宜，得旨議敘。嘉慶五年調兵部侍郎，卒。

晉嵩元。洪洞諸生。孝友著聞。同縣孝子生員陳美士、陳拱辰，監生董修業，俱嘉慶年間旌。

翟必珏。曲沃人。孝行著聞。同縣孝子王丕澍，俱嘉慶年間旌。

賈存仁。浮山人。孝行著聞。同縣孝子張樅，俱嘉慶年間旌。

流寓

晉

庾珉。鄢陵人。歷官侍中，懷帝歿於劉淵，珉從在平陽，淵大會使帝行酒，珉不勝悲憤，載拜上酒，因大號哭，賊惡之，並遇害。太元末追謚曰貞。

辛勉。狄道人。懷帝侍中，隨帝至平陽，劉聰將署爲光禄大夫，固辭不受，聰遣喬度賫藥酒逼之，勉曰：「大丈夫豈以數年之命而虧高節、事二姓？」引藥將飲，度遽止之曰：「真義士也。」歎息而去。聰嘉其貞節，爲築室于平陽西山，月致酒米，勉亦辭不受，年八十卒。

辛賓。勉族弟。愍帝時爲尚書郎，及帝蒙塵于平陽，劉聰使帝行酒洗爵，賓起抱帝大哭，聰曰：「前殺庾珉輩不足爲戒耶？」引出加害焉。

唐

員半千。全節人。羈丱通書史。客晉州，州舉童子，房玄齡異之，對詔高第。

李拯。字昌時，隴西人。咸通中進士〔二八〕，累佐府幕。黄巢亂，避地平陽。後爲考功郎中、知制誥。時襄王煴之難，拯嘗退朝望南山而吟，吟已涕下，襄王敗，拯爲亂兵所殺，妻盧氏斷一臂死。

金

曹之謙。應州人。興定中進士。寓平陽三十載，講明道學，遠近多來從游。

元

張從諫。寧波人。官學士，元亡，遂遠遁佯狂，乞于翼城市中。後以詩贈學諭，學諭憫其寒，令諸生遺之以布，從諫曰：「何相輕如此，古之却衣而斃者何人哉？」遂索詩而反其布。

列女

晉

柳氏。襄陵人，賈充母。重節義，竟不知充與成濟事，以濟不忠，數追罵之〔二九〕。及將亡，充問所欲言，柳曰：「吾教汝迎李新婦尚不肯，安問他事？」遂無言。

唐

平陽公主。高祖第三女，下嫁臨汾柴紹。紹從高祖走并州，主于鄠發家資，招南山亡命，得數百人以應帝，因略地盩厔、武功、始平，皆下之。申法誓衆，禁剽奪，遠近咸附，勒兵七萬，威震關中，號「娘子軍」。武德六年薨，以軍功特加鼓吹以葬。

金

張慥妻馮氏。名妙真，吉州人，刑部尚書延登之女。年十八適進士張慥，慥爲洛川主簿〔三〇〕，會鄜州受兵，守臣檄慥往平涼督行軍芻粟，妙真奉舅姑居洛川，城陷，扶舅姑匿窟室中，爲亂兵所得，即與舅姑訣，攜三子俱赴井死。

趙烈女〔三一〕。臨汾人。年二十未嫁，寇亂被掠，紿賊曰：「吾取所藏金以遺汝。」遂還投井死。

元

周珠赫妻崔氏。臨汾人。從周珠赫官平陽，金將攻城克之，令官屬妻子敢匿者死，時周珠赫使在上黨，崔氏抱幼子禎詭言于將，將使軍吏書其臂出之，崔氏曰：「婦人臂使人執而書，非禮也。」以金賂吏使懸筆書袖。既出，與禎伏土窖三日，得免。已而周珠赫亡，崔年二十九，誓不更嫁，有權貴求娶，輒自爬毁其面。四十年未嘗妄言笑，治家教子有法，人比古烈婦云。「周珠赫」舊作「周朮忽」，今改正。

刁茂先妻劉氏。臨汾人。嫁五十日夫卒，哀號過情，遂自縊，人救之，泣曰：「婦人從一而終，何救爲？」竟不食而死。事聞，旌表其門。

秦閏夫妻柴氏。晉寧人。賊犯晉寧，閏夫前妻子陷賊中，既而得脱，有惡少嘗滅仇家，仇訴于官軍，事連閏夫長子，法當誅，柴氏引己子詣官泣訴曰：「從惡者吾次子，非長子也。」次子亦引爲己罪，鞫之幾死，不易其言。官反疑次子非柴所出，既得其情，義之，遂釋其長子，而次子亦得不死。詔旌之，且復其家。

宋仲榮妻梁氏。翼城人。舅歿，負土爲墳。

明

張晟妻李氏。臨汾人。晟元末爲乾州學正，卒于官，時關中兵起，道梗不能還，子文元甫九歲，李紡績度日，兵稍息，遂與子負骸骨歸葬，守節終身。永樂初旌表。

李洪妻張氏。曲沃人。洪早卒，遺孤金方七月，張撫之，誓不再適。母欲奪其志，不從，遂絶粒死。事聞旌表。

常俊俊。曲沃人，常銘女。未字，正德六年爲流寇所掠，投井死。

衛好艾。太平人。年十三，惡少牽衣戲之，怒駡投井死，屍出目不瞑，眦裂出血。巡按御史表其墓。

韓居觀妻鄭氏〔三二〕。洪洞人。崇禎末闖賊陷都城，居觀偕鄭及二子出遁，道經定興，匿稠桑下，賊奄至，鄭謂居觀曰：「我不死，君父子必不免。」遂縊桑中，年二十二。又趙國士妻范氏，年十九夫亡，二子皆幼，甘貧守節，闖賊至，范恐辱身，投井死。

李仲妻吉氏。洪洞人。崇禎末闖賊犯太原，時仲爲守備，吉勸之力戰，且勗以殉難。及城陷，脱釵自刺其頸，不死，尋抱幼女投井中，寇去具斂，面如生。

郭九仞妻張氏。浮山人。崇禎中賊至被獲，欲犯之，張誘以善言，防稍懈即投崖而死。

齊鳴臯妻張氏。浮山人。崇禎中爲賊所掠，迫之俱去，時張方有重服，紿賊曰：「我既行，宜易吉服以從。」賊意弛，遂乘間投井死。又齊國才妻葛氏亦被執，與張相繼死節，俱旌表。

孟鳴陽母王氏。岳陽人。年二十一夫亡，鳴陽纔三歲，守節紡績以養，崇禎五年爲流寇所掠，大駡不屈死。同時范志科妻王氏、范志大妻周氏俱爲賊所獲，投崖下，王死，周未死，復自縊于樹。

范蘭香。岳陽人，范星鼎之妹。年十四，有姿色，遭流賊亂，度不能免，遂縊死。

周承通母王氏〔三三〕。曲沃人。崇禎初流寇入境，王匿山洞中，洞破被掠，王怒，拉賊同墜千尺崖下死之，賊亦死。

吴中豸妻衛氏。曲沃人。崇禎末流寇至，衛登樓以避，聞群賊縛其夫肆毒，厲聲駡賊，倒墜樓下死，群賊爲之咋舌。事聞旌表。又李栅妻秦氏，夫爲賊掠去，疾投百尺崖下，絶而復蘇，眇目折足，終身殘廢。

常鴻洙繼妻楊氏。翼城人。嫁未三載，夫亡無子，楊矢志守節。崇禎五年流寇亂被掠，駡不絶聲，賊怒，腰斬之，旁賊憐其節，瘞之而去。

劉聲宏妻陳氏。翼城人。年二十，守節撫孤，經亂被掠，投河死。

張黑子妻賀氏。襄陵人。年三十，清白自守，流賊至，度不能免，閉門縊死。

劉廷瓚妻梁氏〔三四〕。襄陵人。僑寓江都，乙酉城陷，攜二子登樓，舉火自焚。

高榮妻師氏。鄉寧人。年二十夫亡，誓不再適，夫弟欲奪其志，遂抱石投潭水死。

成烈女。鄉寧人，成大化女。年十六未字，避亂山中，爲賊所執，欲污之，女好言紿賊，賊釋手即投崖死。

曹弘績妻賀氏。吉州人。崇禎末隨父母避兵山寨，流寇攻之急，女恐爲賊玷，遂呼母與訣，投崖死之，母張氏亦撞壁死。

本朝

烈婦某氏。平陽人。姜瓖之亂，被掠逼辱，瀕死不從，行至定州唐城村清水河側，書絶命詞于廟壁，自縊而死。州牧爲棺殮致祭，葬之廟後，勒詞于石云。

張應奇妻陳氏。岳陽人。早寡，歷兵荒，節彌厲，壽百餘歲卒。

許炳妻李氏。曲沃人。姜瓖之亂，避山堡間，堡破，呼子婦李氏投崖下身死，子婦殘廢。同時梁永建妻仇氏、李振采妻尉氏、李登壇妻馬氏〔三五〕，俱投崖死。

李鯤龍妻解氏。曲沃人。寇至被執，大呼躍入井。同時趙應春妻李氏、郭明儒妻行氏，俱投井死。

趙國昌妻褚氏。曲沃人。避寇汾曲小堡，堡破被執，上馬不從，賊怒斫死。已而復蘇，抉面折股，終身殘毀。同時吕雲樞妻許氏、郭可盛妻趙氏，俱以駡賊遇害。

王綉妻耿氏。翼城人。姜瓖之亂，賊縛綉將刃之，耿挺身前曰：「願留夫養姑，妾請代之。」賊釋綉，挾耿行〔三六〕，過井旁墮馬遽投入，賊急挽之，仆地不起，賊怒，手刃之。同時張一貫妻孫氏，夫被殺，賊挽孫去，孫堅抱一樹，駡不絶口，賊支裂之。月餘，樹爲之枯。

梁邦泰妻闞氏。太平人。夫客外，姜瓖之變，闞被執，紿賊至井邊，遥呼夫名曰：「吾不辱君也。」遂投井而死。

楊名譽妻裴氏。臨汾人。年十八適名譽，僦居傭食，遇强暴嚴拒之，遂被害。同縣喬五滿妻郭氏，俱以守正被戕。康熙年間旌。

張垚妾賈氏。浮山人。少敏慧，能讀論語、列女傳，事夫及嫡甚謹。年十八，垚病篤，以年少令別嫁，賈請身殉，垚微哂之，賈曰：「主疑我乎？請先死以明志。」遂自縊，而垚病轉瘳。

趙雲峰妻呂氏。曲沃人。夫病死，設二棺矢殉，隣人勸之，且曰：「死必累我。」呂投牒于縣祈無累隣，縣令止之，亦不應。會姻婭奠其夫，衆賓紛錯，呂乘間縊于室。時帽工曹應志妻王氏，其死事略同，邑人稱爲雙烈。

張永賢妻張氏。曲沃人。夫業钁煤宿山中，或瞰其獨處，夜入室，張大呼，其人遁，張語其隣，哭達旦。夫歸，囑跡其人，入井死，越四月始殮，顔色如生。又喬國恩妻劉氏，夫出，有惡少踰垣入，劉厲聲大駡，遂遇害。

石崖烈婦。翼城人，農家女，失其姓氏。夫商于外，婦與姑處，安定兵變，入其家，悦婦色欲亂之，不從，賊刃姑以脅之，婦紿曰：「汝葬我姑，當相從。」賊爲購棺葬已，婦墜石崖死，賊愕然，歎息而去。

王興娥。太平人。年十四，饁父于田，路遇惡少，逼之不從被殺，投井中，出屍鐮痕徧體，兩手握中衣，通邑義之。

許應鳳妻賈氏。襄陵人。貧家婦也，鬻女晚歸，遇强暴不從，遂被害。康熙年間旌。

張杞子妻吉氏。臨汾人。守正捐軀。同縣節婦宋瑤如妻韓氏、吕宏周妻李氏、奧可義妻王氏、劉芳譽妻張氏、亢律時妻李氏、亢時晉妻賈氏、尹大生妻宰氏、樊之棫妻李氏、楊春光妻張氏、劉三捷妻薛氏、郭振邦妻陳氏、安瑄妻范氏、徐廣先妻丁氏、張會昌妻郭氏、王毓琳妻李氏、郭鶴齡妻張氏、張復恭妻賈氏、郭照妻喬氏、范士湞妻王氏、盧鳳翔妻張氏、李天增妻趙氏、張元品妻白氏，俱乾隆年間旌。

晉承賓妻左氏。洪洞人。夫亡殉節。同縣烈婦林氏、賈登順妻閻氏、趙古絶妻林氏，孝婦張氏，節婦張幸妻段氏、楊宏鉞妻許氏、牛樞妻李氏、劉子房妻宋氏、薛居恩妻張氏、楊紹祖妻劉氏、趙祥妻邢氏、孔繼先妻李氏、喬子相妻王氏、趙珮妻孔氏、晉履懌妻王氏、任大繼妻段氏、任得民妻李氏、范永祉繼妻張氏、范輪妻李氏、韓雲燦妻晉氏、邢文煥妻楊氏、齊廣業妻許氏、李植繼妻董氏、柳栽崑妻李氏、任養性妻王氏、楊五善妻張氏、趙慶長妻高氏、陳循妻梁氏、范宗濂妻王氏、王檽妻李氏、劉世標妻韓氏、王永慶妻岳氏、史國文妻許氏、陰篤恭妻常氏、王孝濂妻曹氏、劉永清妻張氏、王士麟妻韓氏、杜舒紀妻李氏、曹玖妻商氏、劉士美妻李氏、景洪慶妻吕氏、柳朋蘭妻張氏、景智妻董氏、晉蒙妻趙氏、晉咸智妻鄭氏、范友向妻連氏、王有道妻李氏、左金光妻史氏、張宗齡妻胡氏、段遵道妻宋氏，俱乾隆年間旌。

喬履昌妻葛氏。浮山人。夫亡殉節。同縣節婦侯傅妻張氏、齊頡妻張氏、張大績妻崔氏、張嗣茂妻許氏、侯秉學妻高氏、張皇猷妻霍氏、柏長壽妻張氏、賈作桓妻孟氏、趙廷臣妻李氏楊淙妻衛氏、張欐妻喬氏、齊姜受妻楊氏、孟壽全妻段氏、王文經妻唐氏、張灼妻高氏、張鴻筆妻章氏、張鵬舉妻章氏、郭懷省妻段氏、楊越櫝妻程氏、張丕猷妻馬氏、楊起林妻張氏、衛澧妻邢氏、周暐妻楊氏、程宗頤妻李氏、李士植妻賈氏、高增妻張氏。俱乾隆年間旌。

張廷懷妻段氏。岳陽人。夫亡殉節。乾隆年間旌。

楊理妻劉氏。曲沃人。守正捐軀。同縣節婦王爲憲妻屈氏、行世法妻王氏、衛協妻李氏、翟居讓妻孫氏、吉奠墓妻李氏、董元興妻柴氏、黄思誠妻彭氏、常日通妻王氏、張致中妻董氏、吉孔陽妻張氏、鄭鵬飛妻崔氏、周經妻楊氏、秦誓欽妻郭氏、楊唐肇妻王氏、翟必翃妻因氏、張履謙妻郭氏、張履豫妻郭氏、許紹魯妻張氏、周克寬繼妻賈氏、柴桐繼妻褚氏、李澐妻張氏、李世鈞妻狄氏、張暐妻周氏、吉嘉謨妻鄧氏、王德義妻馬氏、李培林妻楊氏、趙復綸妻王氏、行世興妻衛氏、行世琬妻李氏、耿宗通妻陳氏，俱乾隆年間旌。

常瑄妻薛氏。翼城人。夫亡守節。同縣節婦張瑶妻安氏、張仙枝妻劉氏、薛彭齡妻孔氏、祁興旺妻吕氏、常銓鎮妻張氏、宋宗聖妻戴氏、李行修繼妻郭氏，俱乾隆年間旌。

張泰妻原氏。太平人。夫亡守節。同縣節婦胡丕兆繼妻柴氏、王承貴妻司氏、史霈妻師氏、劉鈺妻史氏、王乾妻張氏、劉鼎彝妻魯氏、丁立業妻趙氏、郭釗妻杜氏，俱乾隆年間旌。

祁大順妻劉氏。襄陵人。守正捐軀。同縣烈婦席善禄妻崔氏，俱乾隆年間旌。

薛忻妻逯氏。汾西人。夫亡守節。同縣節婦侯定命妻傅氏、孟桐妻金氏，俱乾隆年間旌。

張星元聘妻史氏〔三七〕。鄉寧人，史良奇女。未嫁夫亡殉節。同縣烈女李氏，節婦楊維坤妻任氏、鄭晶妻閻氏、劉繹祖妻劉氏、李偉妻盧氏、陳爾珹妻王氏、成自振妻楊氏，俱乾隆年間旌。

樊明妻李氏。吉州人。守正捐軀。乾隆年間旌。

郝徐氏。臨汾人，夫失姓名。義烈可風。同縣烈婦張根子妻吉氏，節婦范元英妻侯氏、行廣王妻楊氏、范元芳妻王氏、范大紳妻吉氏、范大倫繼妻王氏，俱嘉慶年間旌。

高俊傑妻景氏。洪洞人。夫亡殉節。同縣烈婦陳得新妻陳氏，節婦岳映汾妻南氏、岳映霞妻段氏、劉克振妻石氏、王衡妻薛氏、喬億祉繼妻胡氏、陳美政妻喬氏、王維統妻杜氏、董得山妻王氏、申玉磬妻劉氏、靳惟贄妻聶氏、焦連妻張氏、商雯妻石氏、張宗繼妻王氏、妾郭氏、晉春元繼妻鄭氏、晉廷璽繼妻張氏、董繼禹妻劉氏、張錦煌妻劉氏、楊文萃繼妻薛氏、孫三省妻胡氏，俱嘉慶年間旌。

馬毛蛋子妻崔氏。浮山人。守正捐軀。同縣節婦高增妻張氏、周晫妻楊氏、楊作端妻馮氏、李名思妻勵氏、李志恕妻程氏、許九錫妻張氏、徐永吉妻趙氏，俱嘉慶年間旌。

張國賓繼妻衛氏。曲沃人。夫亡守節。同縣節婦高攀桂妾袁氏、行奇仁妻楊氏、楊寬妻常氏、秦銑妻吉氏、王維藩妻秦氏、裴繡衮妻蘇氏、柴榛妻李氏、柴緒周妻祁氏、裴志勳妻馮氏、王如聖妻賈氏、裴繡褒妻侯氏、翟鏜妻辛氏、秦相周妻王氏、張倫妻褚氏、辛鏡妻李氏、周國賓妻柴氏、甄秉孝妻任氏、郭維祖妻趙氏、李榯妻胡氏、許強妾劉氏、謝蒼選妻趙氏、蓋炳蔚妻李氏、衛周信妻王氏、衛甸寰妻李氏、王雲衢繼妻蓋氏，俱嘉慶年間旌。

秦輝先妻祁氏。翼城人。守正捐軀。同縣節婦高汝份繼妻薛氏、崔大鵬妻吕氏、張祖裔繼妻李氏，俱嘉慶年間旌。

王三兒妻董氏。太平人。守正捐軀。同縣烈婦張圪墖妻李氏、楊友洛妻趙氏、吴五成妻衛氏，節婦王鈞妻李氏、李總緒妻柴氏、王似妻曹氏、賈臨川妻劉氏、吴蒼峰妻楊氏、王勷妻趙氏、王勛妻李氏、尉澐繼妻衛氏、劉若蘭妻盧氏、李菁玉妻鄭氏、劉秉直妻高氏、張岑妻李氏、谷登蟾繼妻裴氏，俱嘉慶年間旌。

梁永椿妻薛氏。襄陵人。夫亡守節。同縣節婦許楚玉妻亢氏，俱嘉慶年間旌。

郝進喜妻徐氏。汾西人。守正捐軀。同縣節婦龐應聘妻要氏、龐楚占妻某氏、龐作廓妻侯氏、龐一德妻孟氏、侯錫瑄妻傅氏、王五經妻郭氏、李夢麟妻張氏、仇大經妻王氏、薛溥妻趙氏，俱嘉慶年間旌。

蘭繼祖妻馮氏。吉州人。夫亡守節。嘉慶年間旌。

仙釋

漢

河上公。姓名不傳，結茅庵于河上賣藥，因稱河上公。文帝慕其人，往見之，忽駕茅庵騰空而去。後隱八寶山中，注老子道德經。帝再求見，遂以注授之。

唐

韓仙君。洪洞人。龍朔元年在蜀村山中煉丹，丹成化爲白鶴飛去，今丹竈遺址尚存。

曇璲。鄉寧人〔三八〕，姓王。父成，母皇甫氏，無子，禱于佛寺而生。長禮鳳翔妙覺禪師。寶應元年至襄陵崇山，二兔引徑入，遂于山巔起浮圖。戒行精嚴，龍神聽講，每亢旱禱雨立應。廣德二年表聞，代宗賜寺額曰普救，號慈濟大師。

孫思邈。華原人。嘗寄跡洪洞城南二里坂上。

景成先生。清奇契道，隱居臨汾姑射洞，功成升翥，遺蜕至今尚存。

五代　唐

洪厓子。神山人，名居敬。年四十辭家入山訪道，得姑射洞居焉。能變化，出入神異。明宗召對稱旨，賜爵不受。

宋

張伯端。天台人，一名用成，字平叔。嘗訪馬處厚于河東，授以所著悟真篇三卷，曰：「平生所學盡在是矣，願公流布此書，當有因文而會意者。」元豐五年夏尸解去，今翼城紫陽宮其修鍊地也，號紫陽真人。

王道源。太平人。善易學。南渡時避金兵，隱于西山之麓，淳熙五年遇異人杖钁而化，後人即其地爲清廉洞，歲旱禱雨輒應。

金

法敷。從妙空大師十年，盡師之道，得金剛經妙旨。天會六年住平陽天寧萬壽寺，演説金剛妙經。晚歲不出户閾，端坐而逝。

無名老人。襄陵農家子，姓陶。母賈氏夢青衣童捧金盤，果如瓜，紅、黄各半，言上仙賜汝無名果，因娠，十三月而生。性沉静寡欲，隨丹陽馬祖師過關，服勤三年，于是隨方乞化，體輕步健。一日讀太上西昇經有省，遂整衣逝，年八十六。平生所製詩皆仙家事。

皇甫靖。臨汾人。母武氏夢神人食以桃，已有娠而生。稍長，有方外志。後謁劉真人，示以神用，變化莫知紀極。政和八年走三山寶籙壇前，得三洞真篇暨法衣一襲而歸，曰：「吾夙志酬矣。」數日而逝。

王予可。字南雲，吉州人。年三十大病，後忽發狂，能揮筆作詩文。南渡後居上蔡，落魄嗜酒，每入城市，人争以酒食遺，夜宿土室中。人問其故，其應如響，其所引書皆世所無，人與之紙，落筆數百言，或詩、或文，多六經中語及韻學古文奇字。壬辰兵亂，爲順天將領軍所得，館于州之瑞雲觀，越三日病卒。後有見之于淮上者。

元

智楫。曲沃人。至元初住絳州寂照院，戒律精嚴，皈依者甚衆。嘗杜門不出，人或遇于里巷，咸異之。壽八十一荼毘，得舍利數百粒。

酈希誠。襄陵縣萬聖觀道士。自金季道士劉德仁以苦節危行，五傳而至希誠，居燕城天寶宫，見知憲宗，始名其教曰真大道，授希誠太玄真人，領教事。

張志清〔三九〕。酈希誠三傳弟子也。事親孝，尤耐辛苦，制行堅峻。嘗居東海珠牢山，虎皆避徙。後居臨汾，地大震，城郭廬屋摧壓死者不可勝計，獨志清所居裂爲二，無少損焉。乃徧巡木石間，聽呻吟聲，救活者甚衆。朝廷重其名，命掌教事，授演教大宗師、凝神沖妙玄應真人。

雄辨師。洪洞人，姓范，名洪源。至元間出家追報父母，井涸跏趺其上，水溢成河，指而喝之，波爲減退。門徒受教者不勝數。後至正定卧化，得舍利百十餘粒。

皮裘先生。洪洞人。修真玉峰山，冬、夏服一皮裘，後不知所往。

景素陽。襄陵人。師事梁古賓，居阜山道院。元季兵亂，獨侍師不去，兵至將殺古賓，素陽曰：「師老矣，願以身代。」兵即回刃斫之，刃忽折爲三，皆驚異，羅拜而去。

明

張三丰。平陽人。有仙骨，修髯如戟，膚如冰雪。路逢美姝，自稱麻姑，教以服四味龍芽。後游武當山，登祝融峰，嚼梅花滿口，朗誦南華秋水篇。觀潮上日出，大叫曰：「雲海蕩我心胷。」明太祖咨以時務，曰：「惟本忠孝。」後成祖遣胡濙物色之，終莫能得。

定山。太平人，俗姓彭，名滿。出家雲遊，洪武十二年在盧溝橋坐化。

圓鏡。臨汾人。早悟諸經密旨，嘗游隰州妙樓山石室寺，至北門瓦窰坂，鑿洞構庵，龕坐其中，囑徒衆曰：「明日午時當歸。」次日沐浴焚香，説偈而化。

本朝

成真智。岳陽人。幼爲道士，順治中年八十餘，語其弟子曰：「三月朔吾當化。」豫造龕具，至期泥丸裂，瞑目而逝。

土産

鐵。出臨汾、洪洞、汾西、鄉寧、吉州等處。漢書地理志：平陽有鐵官。唐書地理志：晉州岳陽、翼城俱有鐵。

礬。出府境。唐書地理志：晉州有平陽院礬官。又寰宇記：慈州賦緑礬。

石炭。出府境。明統志：臨汾、洪洞、浮山、岳陽、翼城等縣俱出石炭。

蔴布。出曲沃縣。元和志：晉州賦蔴布。

蠟燭。各縣俱出。唐書地理志：晉州土貢。

葡萄。出府境。寰宇記：晉州貢。

藥。出府境。寰宇記：晉州貢紅豆、紫草、紫參。

棗。各縣俱出。按：唐書地理志絳州曲沃縣絳山有銅，今久不開採。至府境産棗甚廣，頗資民食，今據府邑各志補入。

布。吉州出。元和志：慈州賦麻布。

石灰。吉州出。

白蜜。元和志：慈州出。

瓷器。吉州出。

漆。吉州出。按：唐書地理志慈州貢蠟燭。今未聞，謹附記。

校勘記

〔一〕任城人　「任」，原作「伍」，乾隆志卷一〇〇平陽府二名宦（下同卷簡稱乾隆志）同，據三國志卷一八吕虔傳改。

〔二〕下堡砦十三　「堡」，原作「保」，乾隆志同，據宋史卷二五五楊廷璋傳改。

〔三〕以秘書著作郎知翼城縣事　「縣」，原闕，乾隆志同，據本卷下文述例補。

〔四〕開潞河鵬黄嶺道　「鵬」，乾隆志、元史卷一五四鄭鼎傳同。按，本志卷一四五有雕黄嶺，云「在沁水縣東北一百里，接潞安府長子縣界，一名刁黄山」，又卷一四二有刁黄山，云「亦曰刁黄嶺」，則「鵬」乃「鵰」之訛。

〔五〕建横澗古橋以便行旅　「古」，乾隆志同，元史卷一五四鄭鼎傳作「故」。

〔六〕張文佐　「佐」，原作「在」，乾隆志同，據雍正山西通志卷九〇名宦八、明史卷二九六孝義傳改。

〔七〕弘治間知平陽府　「弘治」，原作「成化」，乾隆志同，據雍正山西通志卷九〇名宦八改。按，雍正通志屢言文佐爲弘治間平陽知府，可證其知府事確在斯時。文佐乃成化甲辰榜，蓋統志轉録通志「弘治十一年以進士任平陽府知府」，誤認通志以其爲弘治進士而改成化，不知通志乃言以進士出身於弘治十一年任職，非以其爲弘治進士也。

〔八〕劉璣　「璣」，原作「機」，乾隆志同，據雍正山西通志卷九〇名宦八改。

〔九〕嘗置二牌　「牌」，乾隆志作「碑」，雍正山西通志卷九〇名宦八作「簿」。

〔一〇〕來麟與巡道王無黨　「道」，原作「撫」，乾隆志同，據乾隆盛京通志卷八一改。考乾隆志卷一六四河南府三、河南通志卷五九人物三皆謂無黨「國初授山西平陽道」，清世祖實録卷三四亦云順治四年九月「以投誠指揮同知王無黨爲山西按察使司僉事，分巡河東道」，則其爲「道」明矣。

〔一一〕令千總秦文英耆老張三鳳入賊巢諭之　「令」，乾隆志同，盛京通志卷八一作「應麟偕」。

〔一二〕順治三年以進士知翼城縣　「三」，原作「二」，據雍正山西通志卷八一職官九改。按，乾隆志言昉順治丙戌進士，丙戌即順治三年。

〔一三〕舊輸丁糧者　「丁」上原衍「價」字，據乾隆志删。

〔一四〕封博陸侯　「陸」，原作「陵」，乾隆志同，據雍正山西通志卷一一〇人物一〇、漢書卷六八霍光傳改。

〔一五〕累遷尚書右僕射　「右」，原作「左」，乾隆志同，據雍正山西通志卷一一〇人物一〇、晉書卷九〇良吏傳改。

〔一六〕字子駿　「駿」，原作「俊」，乾隆志同，據大金國志卷二八文學翰苑上、金史卷一二四忠義四改。

〔一七〕國禎白發蔡州軍儲糧賑之　「白」，原作「自」，乾隆志同，據元史卷一六八許國禎傳改。

〔一八〕大司徒　「大」，原闕，乾隆志同，據雍正山西通志卷一一〇人物一〇、元史卷一六八許國禎傳補。

〔一九〕博洛特穆爾舊作孛羅帖木兒　「孛」，原作「索」，據乾隆志、元史卷一八六張翥傳改。

〔二〇〕卒　此字原闕，乾隆志同，據雍正山西通志卷一一〇人物一〇補。

〔二一〕護喪還家　「護」，原闕，乾隆志同，據雍正山西通志卷一四一孝義一、元史卷一九八孝友二補。

〔二二〕以布衣直諫舉高麗平泉尹　乾隆志同。按，雍正山西通志卷一一一人物志作「以布衣薦舉官高麗平泉尹」，「以布衣薦舉」是，疑此誤。又高麗平泉未明，亦疑有誤。

〔二三〕正統中旌表　乾隆志同，雍正山西通志卷一四一孝義一作「宣德間旌表」，明史卷二九六孝義傳序列其名於天順間，據明英宗實録卷二九一，其旌表在天順二年五月。

〔二四〕劉元貞　「元貞」，乾隆志同，明史卷二九六孝義傳、明宣宗實録卷六五作「原真」。

〔二五〕終四川安綿道　「綿」，原作「綏」，據乾隆志、雍正山西通志卷一三五人物三五改。

〔二六〕春秋會傳　乾隆志同，雍正山西通志卷一三六人物三六作「春秋傳」，卷一七五經籍作「春秋補傳」。

〔二七〕崔應招　「應」，乾隆志作「賽」。

〔二八〕咸通中進士　「中」，乾隆志同，新唐書卷二〇五列女傳作「末」。按，舊唐書卷一九〇下文苑下謂其「咸通十二年登進士第」，則作「末」是。

〔二九〕數追罵之　「追」，原作「遣」，乾隆志同，據晉書卷四〇賈充傳改。

〔三〇〕愷爲洛川主簿　「川」，原作「州」，乾隆志同，據雍正山西通志卷一五八列女一〇、金史卷一三〇列女傳改。

〔三一〕趙烈女　乾隆志同，雍正山西通志卷一五〇列女二列於元代，其傳見於元史列女二，則列於金誤也。

〔三二〕韓居觀妻鄭氏　乾隆志同，雍正山西通志卷一五〇列女二「妻」上有「繼」字。

〔三三〕周承通母王氏　「承」，乾隆志同，雍正山西通志卷一五一列女三作「永」。

〔三四〕劉廷瓚妻梁氏　「瓚」，乾隆志同，雍正山西通志卷一五〇列女二作「贊」。

〔三五〕李登壇妻馬氏　乾隆志同，雍正山西通志卷一五一列女三「妻」上有「繼」字。

〔三六〕挾耿行　「挾」，原作「扶」，乾隆志同，據雍正山西通志卷一五一列女三改。

〔三七〕張星元聘妻史氏　按，雍正山西通志卷一五八列女一〇云「農家史良奇女，許字張星元之子，年十六未婚，婿爲虎傷」，則張星元乃其翁，非夫。

〔三八〕鄉寧人　「鄉寧」，乾隆志、雍正山西通志卷一五九仙釋一俱作「襄陵」。

〔三九〕張志清　「志清」，乾隆志同，吴澄吴文正集卷五〇天寶宫碑、宋濂宋學士文集卷二八書劉真人事並作「清志」。

蒲州府圖

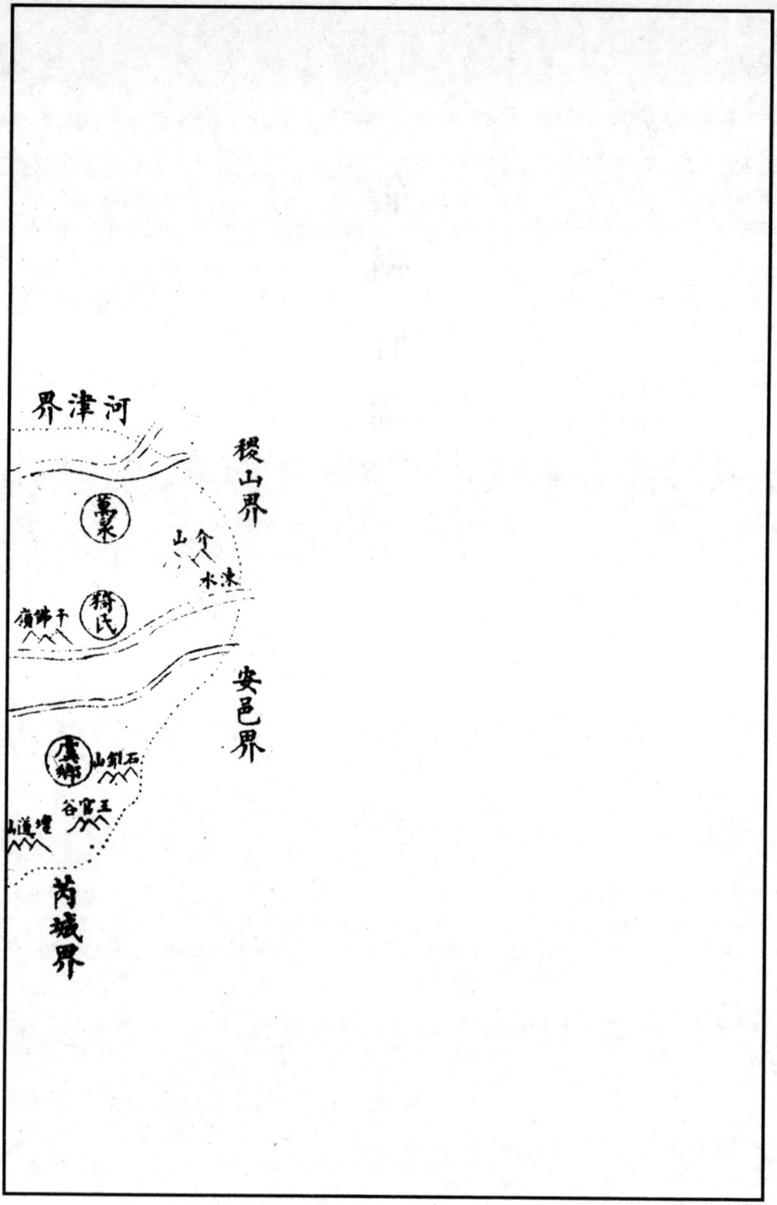
河津界
稷山界
萬泉
介山
涑水
猗氏
千佛嶺
安邑界
虞鄉
石錐山
王官谷
壇道山
芮城界

陝西韓城界
陝西郃陽界
陝西華陰界
陝西潼關界
榮河
峨嵋嶺
臨晉
蒲州府
永濟
五姓湖
長原
歷山
雲臺峯
離心灘
雷首山
永樂鎮
五老山

蒲州府表

	蒲州府	永濟縣
兩漢	河東郡地。	
三國魏晉	河東郡永和十年苻秦於蒲坂置秦州，咸安初改雍州。太元二十一年姚秦置并、冀二州。義熙十三年來歸，置并州河東郡。	
後魏	秦州河東郡神䴥元年改置雍州，延和元年又改秦州，太和中罷，天平初復置。	
齊周	蒲州河東郡周明帝二年改置蒲州。	
隋	河東郡開皇初郡廢，大業初州廢，復爲郡。	河東縣開皇十六年置，大業初省蒲坂縣入，爲郡治。
唐	河中府河東郡武德三年移蒲州來治。開元八年改河中府，兼置中都。其年罷都，屬河東道。	河東縣
五代	蒲州	河東縣
宋	河中府河東郡屬永興路。	河東縣
金	河中府天會六年降爲蒲州，天德元年復爲府，屬河東南路。	河東縣
元	河中府屬晉寧路。	河東縣
明	蒲州洪武二年復曰蒲州，屬平陽府。	洪武二年省入蒲州。

續表

	臨晉縣
蒲反縣 屬河東郡。後漢曰蒲坂。 河北縣地。	解縣 屬河東郡。
蒲坂縣 州郡治。	解縣
蒲坂縣	北解縣 太和十一年改名。
蒲坂縣 周置永樂縣，尋省入芮城。	省。
	桑泉縣 開皇十六年置，屬河東郡。
永樂縣 武德初復置，屬芮州，後屬鼎州。貞觀八年改屬蒲州。	臨晉縣 武德元年置蒲州，三年州移河東，又分置温泉縣屬之。九年省入。天寶十三載改縣名。
永樂縣	臨晉縣
熙寧六年省。	臨晉縣
	臨晉縣
	臨晉縣
	臨晉縣 屬蒲州。

虞鄉縣	榮河縣
解縣地。	汾陰縣屬河東郡。
	汾陰縣劉淵時省入蒲坂。
南解縣太和十一年置，屬河東郡。	北鄉郡太和十一年置。汾陰縣復置，爲郡治。
虞鄉縣周省，別置綏化縣，尋又改名。	汾陰郡周武帝改置。汾陰縣
虞鄉縣屬河東郡。大業九年徙廢。	汾陰郡開皇初郡廢，義寧初復置。汾陰縣
虞鄉縣武德初改置，屬蒲州。開元九年屬河中府。	武德元年改曰泰州，二年移治龍門。寶鼎縣初屬解州，後屬蒲州。開元九年屬河中府，十年改名。
虞鄉縣	寶鼎縣
虞鄉縣	大中祥符四年建慶成軍，熙寧元年廢。榮河縣大中祥符四年改名，屬河中府。
虞鄉縣	榮州貞祐三年置。榮河縣州治。
至元三年省入臨晉。	省。榮河縣屬河中府。
	榮河縣屬蒲州。

續表

萬泉縣	猗氏縣
汾陰縣地。	猗氏縣屬河東郡。
	猗氏縣
薛通城。	北猗氏縣太和十一年置，屬北鄉郡。西魏改曰桑泉。徙。
	猗氏縣周明帝復曰猗氏，屬汾陰郡。
	猗氏縣仍屬河東郡。
萬泉縣武德三年置，屬泰州。貞觀十七年屬絳州，大順二年改屬河中府。	猗氏縣屬河中府。
萬泉縣	猗氏縣
萬泉縣	猗氏縣
萬泉縣貞祐三年改屬榮州。	猗氏縣
萬泉縣至元三年省入猗氏，十五年復置，仍屬河中府。	猗氏縣
萬泉縣屬蒲州。	猗氏縣屬蒲州。

大清一統志卷一百四十

蒲州府一

在山西省治西南一千一百里。東西距一百里，南北距二百二十里。東至解州界九十五里，西至陝西同州府朝邑縣界五里，南至陝西潼關廳界六十里，北至絳州河津縣界一百六十里。東南至解州芮城縣界一百十五里，西南至潼關廳界七十里，東北至絳州稷山縣界一百二十里，西北至陝西同州府韓城縣界一百二十里。自府治至京師二千二百里。

分野

天文觜、參分野，實沈之次。

建置沿革

禹貢冀州之域。春秋屬晉，戰國屬魏。秦爲河東郡地，漢、魏因之。晉永和十年苻秦始置秦州，咸安元年改雍州。太元二十一年姚秦改置并、冀二州。義熙十三年還屬晉，置并州及河東郡，俱治蒲坂縣。元熙元年陷于赫連勃勃。後魏神䴥元年改置雍州，延和元年又改秦州，太和中州罷。東魏天平初復置，後周明帝二年改置蒲州。隋開皇初郡廢，大業三年州廢，復置河東郡，治河東縣。

唐武德元年于桑泉縣改置蒲州，二年置總管府，三年移州來治，九年府罷。開元八年改爲河中府，兼置中都，是年罷都復爲州。天寶元年改爲河東郡，乾元元年復爲蒲州，三年復曰河中府，置節度使，屬河東道。唐書方鎮表：至德元載置河中防禦守捉蒲關使，二載升爲河中節度兼蒲關防禦使，乾元元年兼河中尹〔一〕、耀德軍使。廣德二年廢河中節度，置河中五州都團練觀察使。興元元年復置河中節度使，貞元十五年罷河中節度，置河中防禦觀察使，十六年復置河中節度使。元和十四年罷河中節度，置河中都防禦觀察使，十五年復置河中節度使〔二〕。按：舊唐書地理志：上元二年復置中都，元和三年復爲河中府，而元和郡縣志及新唐書地理志皆不載。光啓元年曰護國軍節度，五代因之。

宋仍曰河中府、河東郡、護國軍節度，屬永興路。金天會六年降爲蒲州，天德元年升爲河中府，仍護國軍節度。大定五年置陝西元帥府，屬河東南路。元仍爲河中府，屬晉寧路。

明洪武二年復曰蒲州，省河東縣入焉，屬平陽府。本朝因之，屬山西省。雍正二年升爲直隸州，六年升爲蒲州府。領縣六。

永濟縣。附郭。東西距四十五里，南北距一百三十里。東至虞鄉縣界四十里，西至陝西同州府朝邑縣界五里，南至陝西潼關廳界六十里，北至臨晉縣界七十里。東南至解州芮城縣界一百十五里，西南至陝西華陰縣界八十里，東北至臨晉縣界七十里，西北至臨晉縣界六十里。古虞舜都，戰國魏蒲坂邑。漢置蒲反縣，後漢曰蒲坂，屬河東郡。三國魏及晉末爲河東郡治，後魏、後周皆因之。隋開皇初屬蒲州，十六年析置河東縣，大業初省蒲坂入河東，仍爲河東郡治。唐武德元年罷郡，屬蒲州，三年爲蒲州治。開元八年爲河中府治，五代及宋、金、元皆因之。明洪武二年省入蒲州。本朝雍正六年復置縣曰永濟，爲蒲州府治。

臨晉縣。在府東北七十里。東西距六十里，南北距七十里。東至猗氏縣界二十里，西至陝西同州府郃陽縣界四十里，南至虞鄉縣界三十里，北至榮河縣界四十里。東南至虞鄉縣界六十里，西南至永濟縣界二十里，東北至萬泉縣界六十里，西北至榮河縣界三十里。春秋晉解梁邑。漢置解縣，屬河東郡，後漢、魏、晉因之。後魏太和十一年改曰北解縣，後周省。隋開皇十六年改置桑泉縣，屬蒲州。大業初屬河東郡。唐武德元年于縣置蒲州，三年移州治河東，以縣屬之。天寶十三載更曰臨晉，屬河中府，五代、宋、金、元皆因之。明屬蒲州。本朝雍正六年屬蒲州府。

虞鄉縣。在府東六十里。東西距五十里，南北距七十五里。東至解州界二十五里，西至永濟縣界二十五里，南至解州芮城縣界三十里，北至臨晉縣界四十五里。東南至解州界三十五里，西南至永濟縣界三十五里，東北至猗氏縣界四十五里，西北至臨晉縣界四十里。漢解縣地。後魏太和十一年分置南解縣，屬河東郡。後周武成二年廢南解，別置綏化縣。保定元年改曰虞鄉，仍屬河東郡。隋大業九年徙廢。唐武德元年復改置虞鄉縣，屬蒲州。開元九年屬河中府，五代、宋、金因之。元至元三年省。本朝雍正八年復置，屬蒲州府。

榮河縣。在府北少東一百十里。東西距四十二里，南北距八十五里。東至萬泉縣界四十里，西至陝西同州府韓城縣界二里，南至臨晉縣界三十五里，北至絳州河津縣界五十里。東南至臨晉縣界六十里，西南至陝西同州府朝邑縣界一百二十里，東北至絳州河津縣界七十里，西北至韓城縣界三十里。戰國魏汾陰邑。漢置汾陰縣，屬河東郡，後漢、魏、晉因之。劉淵時省入蒲坂，後魏太和十一年復置，兼置北鄉郡。後周武帝改置汾陰郡。隋開皇三年郡廢，屬蒲州，大業三年仍屬河東郡。義寧元年復置汾陰郡。唐武德元年改郡曰泰州，二年移州治龍門，以縣屬之。貞觀十七年州廢，屬蒲州。開元九年屬河中府，十年改曰寶鼎，五代因之。宋大中祥符四年改曰榮河，置慶成軍。熙寧元年軍廢，縣屬河中府。金貞祐三年于縣置榮州。元初州廢，仍屬河中府。明屬蒲州。本朝雍正六年屬蒲州府。

萬泉縣。在府東北一百六十里。東西距八十里，南北距五十里。東至絳州稷山縣界五十里，西至榮河縣界三十里，南至猗氏縣界三十里，北至絳州河津縣界二十里。東南至解州安邑縣界三十里，西南至臨晉縣界三十里，東北至稷山縣界三十里，西北至河津縣界二十五里。漢汾陰縣地。唐武德三年置萬泉縣，屬泰州，貞觀十七年屬絳州。大順二年改屬河中府，五代及宋因之。金貞祐三年改屬榮州。元至元三年省入猗氏，十五年復置，仍屬河中府。明屬蒲州。本朝雍正六年屬蒲州府。

猗氏縣。在府東北一百十里。東西距四十里，南北距七十里。東至解州安邑縣界二十里，西至臨晉縣界二十里，南至解州界三十五里，北至萬泉縣界三十五里。東南至安邑縣界五十五里，西南至臨晉縣界四十里，東北至萬泉縣界五十里，西北至臨晉縣界二十里。本周郇國，春秋晉郇瑕氏之地。漢置猗氏縣，屬河東郡，後漢、魏、晉因之。後魏太和十一年分置北猗氏縣，屬北鄉郡。西魏恭帝二年改爲桑泉。後周明帝復曰猗氏，屬汾陰郡。隋屬河東郡。唐屬河中府，五代、宋、金、元因之。明屬蒲州。本朝雍正六年屬蒲州府。

形勢

黄河北來，太華南倚。總水陸之形勝，鬱關河之氣色。唐元載建中都議。全晉列藩，三河外屏。條山峙其左，紫淵居其右。前瞻巨嶽，却望隆脽。宋王欽若廣孝泉記。西阻大河，東倚太行。潼關在其南，龍門在其北。舊蒲州志。

風俗

土地沃少瘠多，以是傷於儉嗇，其俗剛强，亦風氣然。隋書地理志。魏晉以降，文學盛興，閭里之間，習於程法。文獻通考。民性質樸，好節儉，力田績紡，尤事商賈。舊蒲州志。

城池

蒲州府城。周八里有奇，門四，池廣十丈。金正大中土築，明洪武四年甃甎。本朝康熙元年重修。永濟縣附郭。

臨晉縣城。周三里有奇，門四，池廣一丈。唐天寶中土築，明隆慶中甃甎。本朝順治十三年修，康熙四十六年、乾隆五十四年重修。

虞鄉縣城。周四里，門四，池深一丈。唐武德初土築，本朝雍正八年重修。

榮河縣城。周九里有奇，門四，池深一丈。隋開皇時土築，明嘉靖中甃甎。本朝康熙元年修，四十六年重修。

萬泉縣城。周五里有奇，門四，有池。元至元中築。本朝順治十八年修，康熙三十四年重修。

猗氏縣城。周七里有奇，門四，池廣三丈。唐興元初土築，明隆慶中甃甎。本朝康熙二年重修。

學校

蒲州府學。在府治東南。舊在蒲坂故城内，元初移今所。本朝順治十六年修，康熙三十七年重修。入學額數十五名。

永濟縣學。附府學内。入學額數二十名。

臨晉縣學。在縣治東。元至元中建，明成化中因舊址重修。本朝順治十七年修，康熙三十八年重修。入學額數十五名。

虞鄉縣學。在縣治東。本朝雍正九年建。入學額數十名。

榮河縣學。在縣治東南。明洪武中因舊址重建。本朝順治十七年修，康熙十一年重修。入學額數十二名。

萬泉縣學。在縣治東。宋至和初建。本朝順治十七年修。入學額數十二名。

猗氏縣學。在縣治東。金承安中建，明萬曆中重建。本朝順治十五年修，康熙九年重修。入學額數二十名。

河東書院。在府城東關。本朝乾隆二十六年建。

永樂書院。在永濟縣永樂鎮。本朝乾隆七年建。

桑泉書院。在臨晉縣學宫左。本朝乾隆二十七年建。

方山書院。在萬泉縣城内。本朝乾隆二十九年建。

郇陽書院。在猗氏縣城北隅。本朝乾隆二十九年建。按：舊志載首陽書院，在永濟縣治西南隅，元至正初建；河中書院，在永濟縣三里峨嵋嶺上，明正德間以東嶽祠改建，本朝康熙間知州許嗣興重修；大寧書院，在榮河縣東北，明嘉靖中建。今並廢，謹附記。

户口

原額人丁八萬二千八百九十一，今滋生男婦共一百三十九萬八千八百一十一名口，計一十七萬七千八百一十二户。

田賦

田地三萬四千六百一十六頃四十三畝三分有奇，額徵地丁正、雜銀二十九萬三千九百三兩四錢九分三釐，糧四千七百九十四石四升有奇。

山川

中條山。在永濟縣東南十五里。南跨虞鄉縣界，又東接解州芮城縣界，自雷首山歷虞鄉、芮城、解州、安邑、夏縣至垣曲縣諸山，隨地異名，要皆中條也。元和志：雷首山，一名中條山，在河東縣南十五里。府志：以其中狹而延袤不絕，故名。按：

中條雖自有其名，要不外乎禹貢之雷首。或謂雷首、首陽皆中條之餘支，是又知中條而不知雷首，胡渭云「雷首之脈爲中條，東盡于垣曲」，殆得之矣。

歷山。在永濟縣東南六十里。後漢書郡國志：蒲坂縣南二十里有歷山。水經注：歷山謂之歷觀，舜所耕處也。寰宇記：三山在河東縣南三十里，即舜所耕歷山。曾鞏齊州二堂記：史記五帝紀謂「舜耕歷山，漁雷澤，陶河濱，作什器於壽丘，就時於負夏」，鄭康成釋歷山在河東，雷澤在濟陰，負夏衛地。皇甫謐釋壽丘在魯東門之北，河濱，濟陰定陶西南陶丘亭是也。以予考之，耕稼、陶、漁皆舜之初，宜同時，則其地不宜相遠。二家所釋雷澤、河濱、壽丘、負夏皆在魯、衛之間，地相望，則歷山不宜獨在河東也。孟子謂舜東夷之人，則歷山應在齊，故其城名歷城。圖記皆謂禹貢所稱雷首山，嬀水出焉。而此山有九號，歷山其一也。予觀虞書及五帝紀，蓋舜娶堯之二女乃居嬀汭，則耕歷山蓋不同時，而地亦當異。世之好事者，乃因嬀水出於雷首，遷就附益，謂歷山爲雷首之别號，不考其實矣。舊志：歷山在蒲州東南三十里，其東爲神嶺，兩水夾注。又有虞原在歷山東，相傳段干木隱處。

按：漢成帝幸河汾，登歷觀。揚雄上河東賦云「登歷觀而遥望兮〔三〕，喜虞氏之所耕」，則以舜所耕之歷山爲在河東蒲坂，其説舊矣。然曾鞏之辯最爲明晰，蒲坂之歷山未必即舜耕處也。

玉簪山。在永濟縣東南，接解州芮城縣界。相近又有貓兒〔四〕、九峰、鳳凰等山，皆中條之支，而玉簪尤奇，人比之武陵源。

雷首山。在永濟縣南。括地志：蒲州河東縣雷首山，一名首陽山，一名歷山，一名薄山，一名襄山，一名蒲山，一名中條山，一名獨頭山，一名甘棗山，一名渠豬山，一名吴山。此山西起雷首，東至吴坂，長數百里，蓋隨地異名也。尚書禹貢：壺口、雷首。詩唐風：采苓采苓，首陽之巔。論語：伯夷、叔齊餓於首陽之下。左傳「趙宣子田於首山」，杜預注：「首山在河東蒲坂縣東南。」史記封禪書：華山以西名山七，曰薄山。薄山者，襄山也。徐廣曰：「蒲坂縣有襄山。」漢書地理志：蒲坂縣，雷首山在南。水經注：雷首山臨大河，北去蒲坂三十里，俗亦謂之堯山。太平寰宇記：首陽山即雷首山南阜也。按：雷首、首陽本爲一山，或稱雷首，或稱首山，或稱首陽，初無一定。大抵山南爲陽，以首陽爲首山之陽者近是。述征記言華岳、首陽本同一山，巨靈擘之以通河流。未免涉於荒誕，附辨於此。

堯山。在永濟縣南。漢書地理志：蒲坂縣有堯山。寰宇記：堯山在河東縣南二十八里。按：縣南三十里有麻谷山，疑即此。水經注以雷首山爲即堯山，與漢志異，恐非。

八盤山。在永濟縣南二十里。八折至頂。其北五里有數峰攢立，拱對郡城，中高旁下，俗名筆架山。

三嶷山。在臨晉縣東北三十五里。隋書地理志：桑泉縣有三嶷山。寰宇記：在臨晉縣東北三十里。三山鼎足，因名。按：是山凡二，南北并列，土人稱爲二嶷，明統志亦有大、小嶷之稱，而隋志及寰宇記並稱三嶷，殆不可考。

石錐山。在虞鄉縣東，亦名石維山，接解州界。隋書地理志：虞鄉縣有石錐山。寰宇記：在縣東二十四里。通鑑：梁大通二年，長孫稚使其子子彦與楊侃帥騎兵自恒農北渡，據石錐壁。注：「五朝志河東郡虞鄉縣有石錐山，於此築壘壁也。」

五老山。在虞鄉縣西南，一名葱蘢山，亦中條之支。山海經：葱蘢之山，其中多大谷，是多白堊、黑青黄堊。元和志：五老山在永樂縣東北十三里。堯升首山觀河渚，有五老人飛爲流星，上入昴，因號其山爲五老山。通志謂之五老峰，一名玉峰，一名靈峰，即五老之南峰也。雲笈七籤謂是第五十二福地，唐侯道華昇仙於此。山有雷公洞，上洞在歸雲巖，下洞在北峰。又有北斗峰，峰上有北斗臺。又有東、西錦屏峰，東南有韓君洞。又有太乙峰，峰南有步虚坪。又有太乙、青城、玉峰、蒼龍、太白、王母、白沙、玄武、保德諸洞，洞之陽有棄瓢巖，旁有龍井，禱雨輒應。又有鹿飲〔五〕、金龜、金沙、玉女諸泉，俱出其麓。

壇道山。在虞鄉縣西南，即古鹽道山。水經注：鹽道山，其西則石壁千尋，東則蟠溪萬仞。路出北巘，勢多懸絶，於東則連木乃陟，百梯方降，故亦曰百梯山。隋書地理志：虞鄉縣有百梯山。元和志：壇道山，一名百梯山，在縣西南十二里。山高萬仞，南有穴，莫測淺深，每有敕使，投金龍於此。寰宇記：山下有水，俗謂鴦漿。其頂方平如壇，多産良藥。舊志又名方山，與縣治對。

介山。在萬泉縣東十五里。漢書地理志：汾陰縣，介山在南。又武帝紀：太初二年夏四月，詔曰：「朕用事介山，祭后土，皆有光應。」又揚雄傳：成帝横大河，湊汾陰，既祭，行游介山。師古曰：「介山在汾陰縣東北。」水經注：介山即汾山也，其山特立，周七十里，高十餘里。山上有神廟，廟側有靈泉，世亦謂之子推祠。晉太康地記及地道記與永初記並言介子推隱於是山，實非也。余按：介推所隱綿山也，文公環而封之，爲介推田，號其山爲介山，杜預曰在西河介休縣者是也。寰宇記：介山在萬泉縣南一里。

黑石山。在萬泉縣東南三十五里。其石色青黑，可爲碑碣。

孤山。在猗氏縣南五十里，廣八十里，接萬泉縣界。唐書地理志：猗氏縣有孤山。舊志：南谷有雕石崖，雕常巢其上。又有桃花洞在其麓，舊多於此種桃。金劉海蟾羽化於此，有登仙石遺迹。

峨嵋嶺。在滎河縣東二百四十步，一曰峨嵋坡，高四里，蜿蜒曲折，跨永濟、臨晉、猗氏、萬泉四縣，接絳州聞喜、河津二縣界。東南一峰曰靈吉山，山南諸坡曰亞夫、曰番底、曰高村，又南曰白馬廟、曰師家崖，山北諸坡曰寺坡、曰風坡、曰倉李、曰長坡，又北曰后土廟、曰孤石崖，或起或伏，聯貫如珠，坡間有大溝曰百峪。

千佛嶺。在猗氏縣南八里。自聞喜縣蜿蜒而來，跨縣西香落村，涑水南流，此嶺捍之。

雲蓋峰。在永濟縣東，中條山北。壁立萬仞，高出雲表。

寶玉峰。在永濟縣東南二十五里。舊志：一作抱榆峰，上建玄武祠。

鳴條岡。在猗氏縣南三十里，南接解州安邑、夏縣界〔六〕。

長原。在永濟縣東。括地志：蒲坂在蒲州城南五里，亦名長坂。元和志：長原亦名蒲坂，在河東縣東二里，其地出龍骨。

寰宇記：漢志始皇東巡見長坂，即此。又北五十三里有朔坂，即瀵水西南所經入河。

風陵堆。在永濟縣南，一名封陵。史記魏世家：襄王十六年秦拔我蒲坂、陽晉、封陵，二十三年秦復予我河外及封陵爲和。正義云：「封陵在蒲州。」水經注：潼關之直北，隔河有層阜，巍然獨秀，孤峙河陽，世謂之風陵，戴延之所謂風塠者也。元和志：風陵堆山在縣南五十五里，與潼關相對。寰宇記：有風陵城在其上。舊志：風陵坡，在州南六十里風陵鄉。

王官谷。在虞鄉縣東南十里中條山中石樓峪西，今名其地爲横嶺，峪北虞鄉，峪南芮城。唐書司空圖傳：圖居中條山王官谷，有先人田，遂隱不出，作亭觀素室，悉圖唐興節士文人，名亭曰休休。元王惲遊記：中條山又東得王官谷，漢故壘也，有唐司空表聖之别業，至今遺像在焉。舊志：王官谷深十里，巖洞奥邃，泉谷幽奇，有天柱、挂鶴諸峰，左、右兩瀑飛垂巖際，山水之勝，甲於河東。

雷水。在永濟縣南四十五里雷首山下。一名雷澤，相傳即舜所漁處，其水南流入河。水經注：水出雷首山西南流，亦曰雷水。按：雷澤本在定陶，好事者因水有雷名，强爲牽合，附辨於此。

蓼水。在永濟縣南五十里，即古之共水。山海經：甘棗之山，共水出焉。水經注：蓼水出襄山蓼谷，西南流注於河〔七〕。寰宇記：蓼水今名百丈澗，源出永樂縣北中條山。按：舊志有臨泉澗，在州南五十里胡營村，南入於河，疑即蓼水也。

嬀汭水。在永濟縣南六十里。源出歷山，西流入河。尚書堯典：釐降二女於嬀汭。帝王世紀：嬀水在虞城歷山西。水經注：歷山，嬀、汭二水出焉，南曰嬀水，北曰汭水，西逕歷山下。孔安國曰：「居嬀水之内。」王肅曰：「嬀汭，虞地名。」皇甫謐曰：「納二女於嬀水之汭。」馬季長曰：「水所出曰汭。」元和志：嬀汭水，源出河東縣南雷首山。按：嬀汭水異源同歸，本爲一水，如洛汭、渭汭，不可强分也，安國所訓於義爲允。

瀵水。在臨晉縣西。爾雅郭璞注：河東汾陰縣有水，口如車輪許，濆沸湧出，其深無限，名之曰瀵。水經注：瀵水出汾陰縣南四十里，西去河三里，平地開源，濆泉上湧，俗呼爲瀵魁，土人壅以爲陂種稻，東西二百步，南北一百餘步，與郃陽瀵水夾河，河中渚上又有一瀵相潛通〔八〕，西南流，經蒲坂西入河。寰宇記：瀵水，源出臨晉縣西三十八里。

汾水。在榮河縣北。水經注：汾水自皮氏西經汾陰縣北，又西注於河。漢武帝於水得寶鼎，改其年曰元鼎，即此處。元和志：汾水北去寶鼎縣二十五里。寰宇記：汾水自龍門縣界，東際汾陰脽，去縣三十五里。舊志：汾河舊自榮河縣北后土祠旁西流於黄河，明隆慶中移河津縣葫蘆灘南入河。

涑水。自解州安邑縣西南流入猗氏縣南，又西南經臨晉縣南、虞鄉縣北、永濟縣西南，入五姓湖，又西南入黄河。左傳成公十三年：晉吕相絶秦曰「康公伐我涑川」。杜預注：「涑水至蒲坂縣入河。」水經注：涑水又西逕猗氏縣故城北，又西逕郇城，又西南逕解縣故城南，又西南逕瑕城，又西南逕張陽城東，又西南屬於陂。元和志：涑水經猗氏縣南六里，臨晉縣東二十三里。猗氏縣志：涑水舊經解州北三婁里，明弘治十六年恐南決害鹽池，自猗氏開河八十里，稍引而北。本朝乾隆四十三年濬治。

黄河。自絳州河津縣流入榮河縣西，南經臨晉縣西，又南經永濟縣西，折而東，入解州芮城縣界，謂之河曲。春秋文公十有二年：晉人、秦人戰於河曲。杜預注：「在河東蒲坂縣南。」漢書溝洫志：武帝時河東守番係言：「穿渠引汾溉皮氏、汾陰下，引河溉汾陰、蒲坂下，度可得五千頃〔九〕。」從之。既而河徙，渠不利，久之廢。水經注：河水自汾陰經郃陽城東，又南瀵水入焉，又南經陶城西，又南逕蒲坂縣西，又南逕雷首山西，又南涑水注之，又東逕河北縣南，又東永樂澗水注之。元和志：黄河，在寶鼎縣北十一里，趙簡子沈佞臣欒徼之所也，又經臨晉縣西四十里，又自縣界流入河東縣，又經永樂縣南二里。榮河縣志：河舊在縣西五里，明時漸徙而東，正德二年遂至城下，去縣僅七十步。蒲州志：河舊在州西蒲津門外，明萬曆八年河決嚙城，甃石障之，漸徙而西，去城十里許。本朝康熙三十四年復徙而東，今去城五里。按：黄河由河津入榮河縣，在縣西七十步，行縣境六十里，其西岸爲陝之韓城。自榮河入臨晉縣，在縣西三十里，行縣境四十里，其西岸爲陝之郃陽。自臨晉入永濟縣，行縣境五十里，至府西郭外，其西岸爲陝之朝邑。自府西行縣境六十里，轉而東行，其南岸少西爲潼關。自潼關又東行縣境六十里，其南岸少東爲河南閿鄉。凡河帶府境西北，繞府西南，過縣三，行地二百七十里，東達於芮城。

五姓湖。在永濟縣東南三十里，分屬臨晉縣、虞鄉縣界，即古張陽池東、西二陂也。水經注：涑水又西南屬於陂，陂分爲二，東陂世謂之晉興澤，東西二十五里、南北八里；西陂即張陽澤，西北去蒲坂十五里，東西二十里、南北四五里，冬、夏積水，亦時有盈耗。縣志亦名五姓灘，灘旁有五姓村，因名。

泓龍潭。在永濟縣東四十里。東北流入姚暹渠，上有泓龍神祠。又神龍潭，在縣東南十五里，相近有玉龍潭；又水谷潭，在縣東南二十五里。

黑龍潭。在猗氏縣西南二十里。廣半畝，深丈許，旱禱輒應。

永樂澗。在永濟縣東南，又名渠豬水。山海經：渠豬山，渠豬水出焉，南流注於河。水經注：永樂澗水出於薄山，南流逕河北縣故城西，又南入於河。元和志：永樂澗水源出中條山，經永樂縣東二里，又南入於河。府志：一名寒谷澗。按：舊志有玉泉澗，在蒲州東南一百二十里，源出中條山玉洞泉，南至永樂鎮，引以溉田，餘流入河，疑即永樂澗也。

東澗。在萬泉縣東門外。源出孤山北壑，隨地涌泉，引渠灌溉爲利，東北入絳州稷山縣界，入汾。又西澗，在縣西門外，北流三里入沙澗。

貽溪。在虞鄉縣東南王官谷内，唐司空圖所名。又有石笋溪，在中條山北麓下，唐盧綸有奉陪渾侍中游石笋溪詩。

廣孝泉。在永濟縣東南二里。舊名舜井，東西相去四百餘步，泉脈相通，城中井水皆鹹，此水獨甘，釀酒尤佳。宋大中祥符四年駕如汾陰，賜名廣孝泉，命王欽若撰碑文。歲久碑泐，明時勒碑重書。

蒼陵泉。在永濟縣中條山陰之中麓。又大谷口泉，在中條山陰之東麓；大黄泉，在中條山之北麓。

桑泉。在臨晉縣東北七里桑泉故城北。汲之不枯，決之不流，既堙復出。

洗馬泉。在虞鄉縣東二里。

瀑布泉。在虞鄉縣東南。自中條山天柱峰東，懸流百丈而下，出王官谷入河。

鴦漿泉。在虞鄉縣南。山海經：高泉之山〔一〇〕，其上有水，甚寒而清，名帝臺之漿。郭璞注：「解縣南壇道山有水潛出，停而不流者是。」水經注：鹽道山，清泉灌頂，郭景純云世所謂鴦漿也，發於上而潛於下，水泉北流五里而伏。縣志：在縣南十二里方山頂。

瀵魁泉。在滎河縣南南趙村，明嘉靖中始掘得之。又縣界凡有四泉，一在縣南屈村，一在縣北辛莊村，一在縣北孫石村，一在王信村，皆可溉田。

漉漉泉。在萬泉縣東四十里。縣境少井，咸遠汲之。

暖泉。在萬泉縣南孤山之陰。數穴涌出，隆冬不凍，明萬曆中鐫石，名和豐泉。相近又有半截桶泉，其形如桶，水止不流。

聖水泉。在萬泉縣南孤山之陽。又有雕石泉，在山南雕石巖下，南流與聖水泉合。

文波泉。在猗氏縣治東北隅仁壽寺右，流逕城東，繞縣南入涑水。

雙璧泉。在猗氏縣西北五里靈巖寺後。明萬曆間二泉湧出，南流五十餘步。

大凹西溝。在永濟縣東南六十里歷山舜祠之側。又大陽溝〔一一〕，在縣南七十里，相近有澗口溝與大陽溝通。

鴉兒溝。在永濟縣東北峨嵋嶺。兩巖多穴寒鴉，土人因以名溝。又柳溝，在縣東南十五里；通濟溝，在縣南十里；老陳溝，在縣東南三十里。

雞心灘。在永濟縣西南黃河中，與陝西之朝邑、華陰接界。秦、晉之民雜耕其間，本朝乾隆十四年丈量分給，屬永濟者一百三十六頃四十六畝，築墻爲界，收税課焉。

穆公井。在萬泉縣城内。明嘉靖七年巡按御史穆伯寅鑿。舊志：縣名萬泉，其實水少，縣境止有數井，民用不給，半取澗水，或儲雨雪以供用。少旱則遠汲他處，動踰一二十里，且井深百丈，淺者八九十丈。相傳土厚水深，惟縣境爲最。

古蹟

蒲坂故城。在府城東南。帝王世紀：舜都蒲坂。史記秦本紀：昭襄王四年取魏蒲坂，五年復予魏蒲坂。漢書地理志：河東郡蒲反縣，本蒲縣。應劭注：「秦始皇東巡見長坂，故加『反』云。」十六國春秋：苻堅建元七年改置雍州〔一二〕，治蒲坂。隋書地理志：河東郡河東縣，舊曰蒲坂縣，開皇十六年析置河東縣，大業初併蒲坂入焉。括地志：蒲坂故城在蒲州河東縣東南二里。元和志：蒲州城，即蒲坂城也。隋開皇時移蒲坂縣於城東，於今治别置河東縣，大業二年省蒲坂入之。寰宇記：河東縣有蒲坂故城，郡國記云州南二里有蒲坂城，舊地理書相傳云漢蒲坂城，今郡所治大城即後人增築〔一三〕。大河在其西，雷首山在其南。後魏太武帝神䴥元年自安邑移郡此城。舊志：今蒲州城外東南隅有虞都故城，與州城相連，周九里一百三十步，即故蒲坂城。

永樂故城。在永濟縣東南。隋書地理志：河東郡芮城縣，後周置永樂郡，後省入焉。唐書地理志：河中府永樂縣，武德元年置，隸芮州，州廢隸鼎州，貞觀間來屬。元和志：永樂縣，北至河中府九十里。本漢河北縣地，周明帝改河北縣爲永樂縣，武帝省永樂縣，以地屬芮城縣。武德二年分芮城於縣東北二里永固堡重置永樂縣，屬芮州，七年移於今治。宋史地理志：河中府河東縣，熙寧六年省永樂縣爲鎮入焉。金史地理志：河中府河東縣有永樂鎮。舊志：永樂城在永濟縣東一百二十里，後周置永樂郡，後省。按：元和志、寰宇記皆云後周置永樂縣，不云置郡，蓋隋志「郡」字誤也。

解縣故城。在臨晉縣西南五姓湖北。左傳僖公十五年：晉侯賂秦伯以河外列城五，内及解梁城。杜預注：「今河東解縣。」戰國策：赧王二十一年秦敗魏師於解。水經注：涑水經解縣故城南。後漢書注：解縣，故城在今蒲州桑泉縣東南。元和志：故解城，本春秋時解梁城，又爲漢解縣城也，在臨晉縣東南十八里。寰宇記：漢解縣，後魏改爲北解縣，後周省。按：魏書地形志以爲漢解縣改爲南解縣，與寰宇記異。今考水經注：涑水經解縣故城南。南解今虞鄉縣，涑水在其北，北解今臨晉縣，涑水在其南，故從後漢書注及元和志、寰宇記，況魏書地形志南解有桑泉城，在今臨晉縣，其地在北；北解有張楊城，在今虞鄉縣，其地在南，則今本魏志「南」、「北」二字必傳寫舛訛而互易也。

桑泉故城。在臨晉縣東北。左傳僖公二十四年：晉公子濟河入桑泉。杜預注：「在河東解縣西。」後漢書郡國志：河東郡解縣有桑泉城。劉昭注：「在解縣西二十里。」元和志：隋開皇十六年分猗氏縣，於今臨晉縣治置桑泉縣，因縣東桑泉故城以爲名也。故桑泉城在縣東十三里。縣志：桑泉城，今亭東村南小蓋原是其處，其下爲泉子溝。

虞鄉故城。即今虞鄉縣治。元和志：虞鄉縣西至河中府七十里，本漢解縣地。後魏孝文帝改置南解縣。周明帝武成二年廢南解縣，別置綏化縣。武帝改綏化爲虞鄉。隋大業九年自綏化故城移虞鄉於廢解縣治。舊唐書地理志：隋虞鄉縣，武德元年改爲解縣，蒲州別置虞鄉縣。元史地理志：至元三年省虞鄉入臨晉。舊志：虞鄉縣，今爲虞鄉鎮。按：寰宇記後周末於解縣西五十里別置虞鄉縣，即今治。不知省於何時，仍移綏化故城。唐所置縣當即周末之治，今所置縣亦即唐縣治也。

南解故城。在虞鄉縣西。魏書地形志：河東郡領南解縣。寰宇記：後魏太和十一年於今虞鄉縣西十三里置南解縣，周明帝廢。

綏化故城。在虞鄉縣西北，接臨晉縣界，今名綏化鄉古城村。寰宇記：綏化故城，後魏綏化郡及綏化縣所治也，在虞鄉縣西北三十里，周廢。

汾陰故城。在榮河縣北。戰國魏地，漢置縣。史記秦本紀：惠文君九年渡河取魏汾陰。又高祖功臣侯表：汾陰悼侯周昌，高祖六年正月封。後漢書郡國志：河東郡領汾陰縣。魏土地記：河東郡北八十里有汾陰城，北去汾水三里。括地志：汾陰故城在蒲州汾陰北九里，俗名殷湯城。寰宇記：寶鼎縣北去蒲州一百十里，漢爲汾陰縣。汾水南流過縣，故曰汾陰，今縣北九里汾陰故城是也。後漢至晉不改。劉元海省汾陰入蒲坂縣。後魏太和十一年復置汾陰縣於后土城，後周武帝又移於殷湯故城。按：劉昭後漢志注引博物記，以汾陰爲夏少康綸邑，今綸邑見河南虞城縣。

萬泉故城。在今萬泉縣南百步許。元和志：萬泉縣，東北至絳州一百二十里，本漢汾陰縣地，屬河東郡。又薛通城者，後魏道武天賜元年赫連勃勃侵河外，時有縣人薛通率宗族千餘家，西去漢汾陰縣城八十里，築城自固，因名之。武德三年於薛通故城置萬泉縣，縣東谷中有井泉百餘區，因名萬泉。唐書地理志：河中府萬泉縣，武德三年析稷山、安邑、猗氏、汾陰、龍門置。元史地理志：至元三年省萬泉入猗氏，十五年復置萬泉縣。縣志：元至正十四年縣人皇甫祐等以户滿數千，復請爲縣，改築新城，舊址遂廢。

猗氏故城。在今猗氏縣南。孔叢子：猗頓，魯之窮士，陶朱公教之適西河，大畜牛羊於猗氏之南，十年貲擬王公，以富興於猗氏，故曰猗頓。漢置猗氏縣，高帝封功臣陳遬爲侯邑。水經注：涑水又西，逕猗氏縣故城北，縣南對澤即猗頓之故居。元和志：猗氏縣西南至河中府一百一十里，本漢舊縣，西魏恭帝二年改猗氏爲桑泉縣，周明帝復改桑泉爲猗氏縣。寰宇記：猗氏縣，古郇國之地，漢舊縣在今縣南二十里，猗氏故城是也。按：水經注有猗氏故城，晉、魏之末已自移置，惟寰宇記曰故城在縣南二十里，與酈注合。

温泉廢縣。在臨晉縣界。唐武德三年析置，屬蒲州，九年省入臨晉。

越城。在府城北門外，周一百三十步。西魏大統九年宇文泰築以防越渡，故名。又基城在縣南八十里，今名基城里。

涑水城。在永濟縣東。寰宇記：在河東縣東北二十六里。

堯城。在永濟縣南。水經注：堯山上有故城，世曰堯城。元和志：在河東縣南二十八里。

羈馬城。在永濟縣南。左傳文公十二年：秦伯伐晉，取羈馬。寰宇記：羈馬故城，在河東縣城南三十六里，郡國志云「今謂之涉丘」。

陶城。在永濟縣北。水經注：陶城在蒲坂縣北。元和志：在河東縣北四十里。通鑑：唐貞元元年馬燧軍寶鼎，敗李懷光於陶城。寰宇記：故陶城在河東縣北三十里，史謂舜陶於河濱即此，皇甫謐以爲在定陶，不在此。舊志：今爲陶邑鄉。

瑕城。在臨晉縣。後漢書郡國志：解縣有瑕城。水經注：涑川又西南逕瑕城，京相璠曰「今河東解縣西南五里有故瑕城」。按：日知録：左傳有二瑕，其一見成公六年，諸大夫皆曰「必居郇瑕」，今在臨晉縣境；其一見僖公三十年，燭之武謂秦伯曰「許君焦、瑕」，在今閿鄉縣。酈道元以郇瑕之瑕爲即「詹嘉處瑕」之瑕，誤。

段雄城。在臨晉縣東北二十里，接峨嵋坡。

王官城。在虞鄉縣南，近王官谷。左傳文公三年：秦師濟河取王官及郊。又成公十三年：吕相絶秦曰「俘我王官」。元和志：在虞鄉縣南二里（一四）。按：水經注王官城在今聞喜縣，據元和志則聞喜、虞鄉俱有王官城，兩存之。

陽晉城。在虞鄉縣西。史記魏世家：哀王十六年秦拔我陽晉。正義云：「『陽晉』當作『晉陽』，括地志：『晉陽故城，今名晉城，在蒲州虞鄉縣西三十五里。』」通鑑注：「晉陽，史記作『陽晉』，其地當在蒲坂之東、風陵之西，大河之陽，且本晉地，故謂之陽晉。」

智城。在虞鄉縣西。後漢書郡國志河東郡解縣，劉昭注：「有智邑。」括地志：智城在虞鄉縣西北四十里，智伯所居。

東張城。在虞鄉縣西北。史記曹相國世家：高祖二年參東攻魏將孫遫軍東張，大破之。水經注：涑水又西南逕張楊城東，漢書之所謂東張矣。魏書地形志：北解有張楊城。括地志：張楊故城，一名東張城，在虞鄉縣西北四十里。

北鄉城。在榮河縣北門外。魏書地形志：北鄉郡汾陰縣有北鄉城。寰宇記：古北鄉城在寶鼎縣北三十一步，汾陰北鄉城即采桑津也。

后土城。在萬泉縣北一里許。相傳後魏所置。

郇城。在猗氏縣西南，古郇國。詩曹風：郇伯勞之。左傳富辰曰「畢、原、豐、郇，文之昭也」，又僖公二十四年：狐偃及秦、晉之大夫盟於郇。成公六年：晉諸大夫皆曰「郇瑕氏之地，沃饒而近盬」。杜預注：「河東解縣西北有郇城。」水經注：涑水又西逕郇城，蓋古國也，服虔曰：「郇國在解縣東郇瑕氏之墟。」今解城東北二十四里有故城，在猗氏故城西北，俗名郇城。括地志：郇城在猗氏縣西南四里。縣志：城高二丈許，四垣八門，遺址宛然。

令狐城。在猗氏縣西。左傳文公七年：晉敗秦師於令狐，至於刳首。杜預注：「令狐在河東，與刳首相接。」水經注：闞駰曰：「令狐即猗氏，刳首在西三十里。」括地志：令狐城在猗氏縣西十五里。縣志：今名令狐村，晉時於此置戍，亦曰令狐戍。又臨晉縣東北十五里亦有令狐村。

大寧宮。在榮河縣城內東北隅。宋史真宗紀：大中祥符四年二月次寶鼎，祀后土地祇，作大寧宮。縣志：宮在蕭墻北，內有穆清殿，真宗祀回大宴群臣於上；又有延慶亭，爲致齋之所，歲久悉廢。

萬歲宮。在榮河縣北。漢書宣帝紀：神爵元年幸萬歲宮，神爵翔集。三輔黄圖：汾陰有萬歲宮，武帝祀后土時作。水經注：漢宣帝幸萬歲宮，東濟大河而神魚舞。寰宇記：在寶鼎縣北九里。

二妃壇。在府治東南。元和志：蒲坂城外有舜宅及二妃壇。

杜如晦故里。在猗氏縣南十里，今名杜村。按：如晦，京兆杜陵人，故里不應在此，縣志相傳，未知何據。

鳴珂里。在猗氏縣城內，唐張嘉貞三世所居。

樂安莊。在府城北。宋薛俅以樞密直學士致仕歸，築室於此，因其封郡爲名，有南、北二園。范純仁記。

崑崙臺。在萬泉縣南孤山上，相傳漢光武登此以祀風伯、雨師。

薰風樓。在府治後，唐廣明中王重榮建。舊名克復樓，宋真宗祀后土幸蒲嘗登此樓，以舜故都更今名，命陳堯叟爲記。

鸛鵲樓。在府城西南城上。沈括夢溪筆談：河中府鸛鵲樓，三層，前瞻中條，下瞰大河。唐王之渙詩能狀其景。舊志：樓舊在郡城西南黄河中高阜處，時有鸛鵲棲其上，遂名。後爲河流衝没，即城角樓爲扁，以存其蹟。按：唐盧綸有九日宴白樓詩，或言白樓即鸛鵲也，存以俟考。

安民堂。在府治内。宋錢晦知河中府，仁宗御書飛白「安民」二字賜之。至和二年建爲堂，元祐中重建。

遺像堂。在虞鄉縣東南十里王官谷内。宋至和中，知河中府錢晦命虞鄉令樂沆即谷内構堂〔一五〕，設司空圖像祀之。

瑞雲亭。在府城南中條山上。宋建。

觀河亭。在府城西門外黄河岸。唐建，今廢。

董亭。在榮河縣東。左傳文公六年：晉改蒐於董。杜預注：「河東汾陰縣有董亭。」按：左傳「蒐於董」，酈道元以爲在聞喜縣董澤，與此異。

秋風亭〔一六〕。在榮河縣西北后土廟後。昔有漢武帝秋風辭石刻，後廢，復建層樓於大殿前，石刻秋風辭，署額曰秋風樓。

脽丘。在榮河縣城北。史記封禪書：武帝立后土祠汾陰脽丘。如淳曰：「河之東岸特堆堀〔一七〕，長四五里，廣二里餘，高十餘丈，汾陰縣在脽之上，汾在脽之北。」索隱曰：「漢書舊儀作『葵上』者，蓋河東人呼脽與葵同故耳。」水經注：汾水南有長阜，背汾帶河，漢書謂之汾陰脽，應劭曰〔一八〕：「脽，丘類也。」縣志：脽丘有坤元殿、洗粧樓、碑亭、廊室，制度宏偉，今半圮於河。

郊丘。在萬泉縣東北介山之北。水經注：汾水西逕郊丘北，故漢之方澤也，賈逵云：「漢法，三年祭地汾陰方澤，澤中有方丘，故謂之方澤，丘即郊丘也。」

對澤。在猗氏縣南二十里，猗頓居牧處也。今其地爲王寮村。

鐵牛。在府治西。寰宇記：唐開元二十二年於河東縣開東西門，各造鐵牛四、鐵人四，其牛下並鐵柱連腹，入地尺餘，至今存。又滎河縣有鐵人四，宋大中祥符時鑄。

關隘

兩谷關。在永濟縣東南十五里，中條山陰之東西麓也。

風陵關。在永濟縣南。唐書地理志：河東縣有風陵關，聖曆元年置。元和志：一名風陵津，在河東縣南五十里，魏太祖西征韓遂，自潼關北渡，即其處。舊志：在縣南六十五里黄河北岸。明洪武八年置巡司，今廢。

蒲津關。在永濟縣西黄河西岸，一名臨晉關，一名河關，跨陝西地。史記曹相國世家：以中尉從漢王出臨晉關。又淮陰侯列傳：魏王豹歸，絶河關。索隱曰：「今蒲津關。」水經注：陶城南對蒲津關。元和志：在河東縣西四里。通鑑：宋大中祥符四年，改蒲津關爲大慶關。舊志：又名蒲坂津。後漢建安十六年曹操西擊馬超，夾潼關而軍，操潛遣徐晃等夜度蒲坂津，據西河爲營，大破超軍。後魏永熙三年，魏主入長安，高歡追之，屯河東，築城於蒲津西岸。後周建德五年圍齊晉州，分遣辛韶等守蒲津關。唐明皇早度蒲津關有詩，所謂「地險關逾壯」是也。宋建炎初，金人窺關中，濟自蒲津。元致和元年，陝西行臺額森特穆爾從大慶關渡河入河中府。明初徐達平關中亦自蒲津濟，誠山陝之要隘也。「額森特穆爾」舊作「也先帖木兒」，今改正。

穆陵關。在滎河縣北十三里。兩壁對立，中間一線爲南、北孔道，亦滎河之咽喉也。元將韓通守此。

趙伊鎮。在永濟縣東三十里趙伊村。明成化末更名東豐鎮。

永樂鎮。在永濟縣東南，路通解州芮城縣。本朝雍正六年設同知駐此。

匼河鎮。在永濟縣南。九域志：河東縣有[厂+咅]河鎮。金史地理志作匼河鎮。舊志：在縣南五十里譚郭村。

栲栳鎮。在永濟縣東北三十里。又東張鎮，在縣東北五十里。皆有堡。

樊橋鎮。在臨晉縣東南十五里。舊置驛。又七及鎮，在縣西南二十五里。

故市鎮。在虞鄉縣東十里。又坑頭鎮，在縣東北四十里。

胡壁鎮。在滎河縣東三十里，與萬泉縣接界。唐書地理志：河中府有鎮曰胡壁。五代史：李嗣昭敗梁軍於胡壁。九域志：滎河縣有北鄉、胡壁〔一九〕、保大三鎮。

孫吉鎮。在滎河縣東南二十里。又廟前鎮，在縣北十里；薛稽鎮，在縣東北四十里。

解店鎮。在萬泉縣東北。有土城，周二里，南、北門二，本朝康熙初建。

張岳鎮。在猗氏縣東二十里。又杜村鎮，在縣南十里；下任鎮，在縣西二十里。皆有堡。

樂李山寨。在府城西南。金史侯小叔傳：石天應取河中府，作浮橋通陝西，小叔駐樂李山寨，夜半坎城以登〔二〇〕。

吴王寨。在臨晉縣西三十里黄河東岸。明洪武四年置巡司，後裁。本朝雍正八年復置，九年移駐寨東十五里角盃村，嘉慶二十二年復裁。

齊王寨。在臨晉縣西北十里齊王村東南。相傳韓信屯兵於此。

楊家寨。在虞鄉縣西南五里中條山石佛寺。相傳宋楊業子孫屯兵處。

武壁寨。在榮河縣西，舊名薛壁。縣志：自縣南至蒲州、北盡絳州河津縣，黄河岸側凡八寨，曰汾陰、胡壁、趙村、薛戍、薛壁〔二〕、連柏、西蒼〔三〕、禹門，俱元至正末築。以薛壁居中，可制諸營，移中軍其上，更名武壁，周一千二百步，面臨絶澗，北開一門，遺址猶存。

秦王寨。在萬泉縣東三里。俗傳唐太宗取薛萬徹於此。又文王寨，在縣西二十里，曲阜如城，高二三丈。

孟盟堡。在永濟縣東十里。又張華堡、下莊堡，俱在縣東；蒼陵堡，在縣東南十五里；大澗堡、下陽堡，俱在縣南；減莊堡、長干堡，俱在縣北；吕芝堡、高市堡，俱在縣東北。諸堡俱明嘉靖中置。

思野堡。在榮河縣東。又番底堡，在縣東南；后土祠堡，在縣北。

神羌堡。在猗氏縣東北十五里峨嵋坡。漢鄧禹圍安邑，定河東，屯兵於此。上有高密侯廟。

河東驛。在永濟縣東關。舊在城北一里白道坡上，後徙於縣南永豐廂，今移此。東至樊橋驛七十里，南至潼關驛七十里，西至潼關驛九十里。舊有驛丞，本朝雍正七年裁。

樊橋驛。在臨晉縣東關。舊在東南十五里樊橋鎮。舊有驛丞，本朝雍正七年裁。

津梁

孟盟橋。在永濟縣東十里，跨涑水。秦將孟明伐晉，濟河焚舟，盟師必克，故以名橋。

蒲津橋。在永濟縣西門外。史記秦本紀：昭襄王五十年初作河橋。正義曰：「此橋在同州臨晉縣東，渡河至蒲州，今蒲津橋也。」唐書地理志：河西縣，蒲津關，開元十二年鑄八牛，牛有一人策之，牛下鎔銕爲山，夾岸以維浮梁。元和志：蒲津關，今造舟爲梁，其制甚盛，每歲徵竹索價謂之橋腳錢，數至二萬。亦關河之巨防焉。宋史薛顔傳：顔爲陝西轉運使，河中浮橋歲爲水所敗，顔即北岸釃上流爲支渠〔一三〕，以殺水怒，因取渠水溉其旁田。又張燾傳：燾爲陝西都轉運使，蒲津浮橋壞，銕牛皆没水中，燾列巨木於岸以爲衡，縋石其杪挽出之，橋復其初。王應麟地理通釋：唐六典曰：「造舟之梁四，河三洛一，河則蒲津、大陽、盟津，洛則孝義。」文獻通考：河中府河東，蒲津關，後魏大統四年造浮橋。

觀底橋。在臨晉縣東南二十里。通志：在奉仙宫東通衢。舊志：極工巧，後爲水廢，明萬曆中移建。

城子埒橋。在臨晉縣南三十里，通運城鹽車官路。

涑水橋。在虞鄉縣東北四十里坑頭鎮。舊爲土橋，明洪武中易以石。相近又有白坊橋，跨涑水上。

永利橋。在萬泉縣西門外。唐時建，明天啓間重建，改名三賢橋。

廣惠橋。在猗氏縣東門外。橋二，俱明萬曆間甃修。

涑河橋。在猗氏縣東南十里涑水上，西北行鹽要路。明建，長一十一丈，容二軌，有碑記。又香落橋，在縣西南十五里。

永樂渡。在永濟縣東南一百二十里黄河北岸，路通河南閿鄉縣。

風陵渡。在永濟縣南六十里風陵關下黄河北岸。通志：明洪武中設巡司，屬河南潼關衛，本朝屬陝西潼關縣。雍正間移駐渡口，兼隸兩省，盤詰姦宄，料理津渡。

蒲津渡。在永濟縣西門外蒲津關下。

吴王渡。在臨晉縣西三十里黄河東岸。通志：昔有吴、王二姓居此，故名。上有吴王寨，即韓信渡河襲魏豹處，又南爲甲馬營渡。

白馬渡。在滎河縣南十里。元時設。又汾陰渡，在縣北后土祠前，金人設，以通秦、雍之路，今俱廢。

新口渡。在滎河縣北十里廟前鎮西。

堤堰

古護堰。在永濟縣西門外。舊蒲州志：北起古官道，南抵河瀆廟，袤四百餘步。明甃石以防河決，萬曆八年重修，有王崇古碑記。又玉龍、横渠、連城三堰，並在縣東北，明建，今廢。

姚暹渠。在虞鄉縣北十里，自解州西流至縣界入五姓湖，即古永豐渠也。北魏正始二年都水校尉元清所開。隋大業中都水使者姚暹重開之，決堰濬渠，民賴其利，故名。舊時漫溢山莊，不由故道，本朝雍正九年引流歸湖。乾隆十八年大加濬治，縣境曾家營、土橋、牌首諸村皆渠所經，並疏深之。乾隆四十二年又加疏濬，修理完好。

陵墓

二妃陵。在永濟縣東南蒼陵谷。寰宇記：帝舜二妃之陵也，在河東縣東十里〔二四〕。府志：蒲坂城外有二妃壇，祀娥皇、女英處，今名娥英陵。

古風后陵。在永濟縣南六十里風陵堆下。戴延之西征記：女媧風姓，風陵當是女媧之墓。九域志：女媧墓，在今潼關口河灘上，屹然介河，有木數株，雖暴漲不漂没〔二五〕。按：曹學佺名勝志：風后，黄帝時臣，殁葬此。又通志：風后相傳解州人，今解州東南十里有廟，而明時祀媧皇在今趙城，今姑兩存其説。

殷

湯陵。在榮河縣北。元和志：在寶鼎縣北四十三里。文獻通考：殷湯葬汾陰，太祖乾德四年詔給守陵五户。平陽府志：元癸未歲淪于汾河，以石柩遷葬焉。明初建寢殿於陵東。按：古之言湯陵者凡三，皇覽謂在濟陰亳縣，括地志謂在薄城，又云在洛州偃師縣，皆以湯所常都處言之。隋文帝始祀湯於汾陰，唐去汾陰而祀偃師，宋還於汾陰立祀廟，後遂爲故事云。

伯夷叔齊墓。在永濟縣南。水經注：雷首山南有古冢，陵柏蔚然，俗謂之夷齊墓。元和志：伯夷墓，在河東縣南三十五里雷首山南，貞觀十一年詔致祭，禁樵採。通志：在縣南四十五里，二冢對峙，前爲祠宇，設像以祀。按：孤竹國在直隸永平府，孤竹三冢已經載入新志，此地復有伯夷叔齊墓，水經注云「俗謂夷齊墓」，蓋已不能無疑，姑依舊志存之。

周

伯樂墓。在永濟縣南。寰宇記：在河東縣南四十里。又濟陰、定陶及雍州俱有伯樂冢，未詳孰是。

漢

桓榮墓。在永濟縣南四十五里首陽山。後漢書本傳〔二六〕：榮字春卿，沛郡龍亢人。累封關内侯。榮卒，帝變服臨喪送葬，賜塚塋於首山之陽。　按：榮賜葬處在偃師西北，非此首陽也，蓋以山名偶同而誤引耳。

董永墓。在萬泉縣東三十里上孝村。有碑，今剥落。

翟方進墓。在猗氏縣西。唐長孫修漢故丞相翟方進墓碑：公本汝南上蔡人，歸葬本郡，值東郡之敗，子孫西遷，改葬於此，代爲河東猗氏人。通志：墓在猗氏縣西翟村。本朝順治十六年大水後碑始出。

陳平墓。在猗氏縣西北十五里。

唐

裴寂墓。在臨晉縣。元和志：故司空魏國公裴寂墓，在臨晉縣東北十七里。寰宇記：墓碑即秘書虞世南之文，率更令歐陽詢書。通志：墓碑因搨取不息，土人瘞之。開寶初詔守冢兩户，禁樵採。

司空圖墓。在虞鄉縣東南王官谷下。

趙良弼墓。在虞鄉縣西南五老原西北之元俊岡。顔真卿撰碑。　按：通志，良弼爲嶺南、浙東兩道節度使，其祖父兄弟冢皆在五老原，多名人碑記。

薛平墓。在萬泉縣西南北薛村。有碑記。又縣界烏蘇村有薛尚書墓碑，文剥落不可辨。

張嘉貞墓。在猗氏縣城外西北隅，又張延賞、張弘靖二墓亦在此。

金

龐整墓。在永濟縣南六十里，有敕賜孝行碑記。

明

何東序墓。在猗氏縣西十里陳苑屯東。

本朝

邵嗣堯墓。在猗氏縣北五里。

祠廟

舜祠。在永濟縣。魏書孝文紀：太和二十一年行幸蒲坂，遣祭虞舜，修堯、舜、夏禹廟。水經注：今蒲坂城中有舜廟。元和志：在蒲州治城中，唐貞觀十一年詔致祭，以時灑掃。文獻通考：舜廟，周宇文護所造。通志：在蒲州東門外。宋太祖乾德元年詔河中府舜廟以皋陶配。真宗大中祥符四年幸河中，謁舜廟，命修飾墻垣，親作贊紀之，復建廟於舜泉側。本朝順治十七年復修。

段干木祠。在永濟縣南。南唐時建，有元河漕轉運使段禧記。

馬燧祠。有二。一在臨晉西門外樊橋鎮，通志云：唐貞元間北平王馬燧討李懷光，駐節於此。一在猗氏縣北門内，額曰莊武王廟，唐敕建，本朝康熙中重修。

五老仙人祠。在虞鄉縣西十七里。見元和志。

方山祠。在虞鄉縣西二十里。見寰宇記。

后土祠。在滎河縣北。漢書郊祀志：武帝時立后土祠於汾陰脽上，間歲至河東祀后土。成帝初徙置長安，後復汾陰。元和志：在寶鼎縣西北十一里。寰宇記：在漢汾陰故城西北二里。唐開元十年親祀，兼建碑及御製文並書。文獻通考：唐開元十二年祀后土於汾陰脽上，太史奏滎光出河，休氣四塞，獲古銅鼎二，古甎長九寸，有篆書字，又有赤兔見於壇側。宋大中祥符四年祀后土地祇，以太祖、太宗並配，悉如封禪禮。通志：金章宗、元世祖皆遣官致祭，明永樂十三年重修。縣志：古后土祠爲河浸圮，新汾陰祠在廟前村北，本朝康熙二年因舊祠重建。

介之推祠。在萬泉縣南一里介山上。水經注：介山上有神廟，廟側有靈泉，祭之日用而不耗。

河瀆神廟。在永濟縣南門外。唐書地理志：河中府河西縣，開元十五年自朝邑徙河瀆祠於此。寰宇記：河瀆廟，在河西縣正西北城外一里。文獻通考：宋乾德六年有司請祭西海、河瀆並於河中府，大中祥符四年親謁奠河瀆廟。元李好文廟記：西海荒遠，望祀於河東之河中，與河瀆爲二廟，合爲一都宫。舊志：唐郭子儀建，肅宗時封靈源公，宋仁宗封顯聖靈源王，元至正中加封靈源神祐弘濟王，明洪武初改稱大河之神。本朝載之祀典，累遣官致祭，聖祖仁皇帝特頒御書「砥柱河津」額，雍正初加封西瀆潤毓大河之神。

西海神廟。在永濟縣南門外河瀆廟西。唐天寶中封廣潤王，宋加封通聖廣潤王，元至元中敕建廟，加封廣潤靈通王，明洪武初稱西海之神。本朝載之祀典，累遣官致祭，聖祖仁皇帝特頒御書「源遠流長」扁額，雍正三年加封西海正恒龍王之神。

夷齊廟。在永濟縣南首陽山。魏書宣武紀：正始元年詔立夷齊廟於首陽山。寰宇記：伯夷叔齊祠，在河東縣北三十里。明張四維記：其廟貌所肇，宋黄庭堅、元王惲咸謂起自唐代，而郡志云自晉太康，考後魏酈道元注水經，已稱雷首山有夷齊廟，及漢蔡邕所撰夷齊碑記，内述其事原於平陽蘇騰，漢人固已祠之，不獨唐、晉也。

禹廟。有二。一在永濟縣西門外黄河東岸，元世祖中統三年修河中禹廟，賜名建極宫；一在萬泉縣南三里。

晉文公廟。有二，一在臨晉縣北三十里，舊説文公西拒秦兵駐此，後因立廟；一在猗氏縣張岳鎮。

湯廟。有二。一在虞鄉縣東十里故市鎮，一在滎河縣東北十里，以伊尹、仲虺配享，宋開寶六年敕修，本朝屢遣官致祭。

后稷廟。在萬泉縣西。金崇慶初、明正德中祈雨皆應。

郇伯廟。在猗氏縣治東北舊射圃地。

寺觀

開元寺。在永濟縣東關内。宋真宗大中祥符四年祀后土，幸開元寺。明洪武初併廣慧、普濟、浄業、善慶、湖北五寺入焉。

普救寺。在永濟縣東五里。唐釋道積修建，十年乃成。本名西永清院，五代時改今名。高爽華博，東臨郡治，南望河山，像設三層，巖廊四合。明初併廣儀〔二七〕、旌勛、藏海、乾明四寺入焉。

棲巖寺。在永濟縣東二十五里中條山北。後周建德中建，初名靈居，隋仁壽初改今額。明洪武初併白塔寺入焉。寺有望川亭，宋宣和中建，西望秦川。

萬固寺。在永濟縣東南十五里中條山麓。唐大中間建，初名建元，後改今額。明洪武中併白石、讚歎、竹溪、雲蓋、淨土五寺入焉。又護國寺，在縣北三十里。

景福寺。在永濟縣南二十里。有明神宗御書額。

弘法寺。在臨晉縣東南二十里。

聖壽寺。在臨晉縣西北五里，一名西閣聖壽寺。又縣西北二十五里有聖壽寺。

石佛寺。在虞鄉縣西南三里，即古百梯寺。內有唐虞鄉令劉行忠幡竿銘石。又延祚寺，在縣西北十五里，唐建，宋太平興國二年敕修。

靈峰寺。在虞鄉縣西南十里方山上。唐咸通中重建。

八龍寺。在滎河縣東十五里李莊。宋建。

大覺寺。在滎河縣北三十里。唐垂拱初建。

法藏寺。在萬泉縣東南馮底村。唐尉遲敬德監修。又正覺寺，在縣東南景村，唐龍朔初建。

法雲寺。在萬泉縣南十里。通志：寺在介山絕頂，宏麗精巧，甲於一方。元泰定元年建〔二八〕，明萬曆八年建石城，周七十丈。

下生寺。在萬泉縣。有二。一在四望村，金天興初建，寺有光武祠，祠前有龍柏，相傳漢光武嘗繫馬於此；一在北解村，元延祐中建。

仁壽寺。在猗氏縣東北二里峨嵋南麓。隋、唐間牓曰白禪，後改大雲，宋熙寧中賜額壽聖，元至正間改今名。明洪武初併弘福、千佛、廣福、壽聖、聖安、慈氏、寶泉七寺入焉。又東北有妙道寺，今名雁塔寺。

慶雲觀。有二。一在府城東二十里。元泰定初建，後併道靖、祐聖、遠塵、復真、摩雲五觀入焉；一在榮河縣北四十里，元至大初建〔二九〕。

通玄觀。在永濟縣南六十里九峰山下。有明萬曆二十七年賜道藏一部、敕一道，并存。

棲霞觀。在永濟縣。通志：唐天寶初爲通玄先生張果敕建。今城東有五老峰，有張果洞。

通真觀。在臨晉縣城内東南隅。元泰定中建。

丹陽觀。在虞鄉縣東南十里王官谷内，即唐司空圖隱處。金大定初建。

靈峰觀。在虞鄉縣西南十里五老山靈峰下。本名無相，隋開皇中更名遊仙，唐貞觀中又名大明，貞元中羅通微修煉於此，詔改今名。

道清觀。在虞鄉縣西南十五里方山下。通志：侯憨子昇仙處。觀旁有硃砂洞，以大石覆壓洞口，石色皆赤，内有井，水恒滿。

太清觀。有二。一在猗氏縣東南二十里，金大定中建；一在萬泉縣西門内，元延祐中建。

純陽宫。在永濟縣南一百二十里南張村。名勝志：吕洞賓宅在蒲州東南永樂鎮，今爲純陽宫。通志：唐爲吕公祠，又爲觀，元中統三年重建，改爲宫，後併法逸、玉泉、棲霞、長春、通玄、峽石六觀入焉。殿後有古柏及連理銀杏樹，數人合抱，傳爲吕公手植。又有寥陽宫，在縣西南，元至元初建〔三〇〕。

藥師院。在臨晉縣東北甘泉坊。唐天寶中建。

校勘記

〔一〕乾元元年兼河中尹　「尹」，原作「伊」，據乾隆志卷一〇一蒲州府建置沿革（下同卷簡稱乾隆志）、新唐書卷六六方鎮三改。

〔二〕十五年復置河中節度使　「五」，原作「四」，據乾隆志、新唐書卷六六方鎮三改。

〔三〕登歷觀而遥望兮　「遥」，原作「游」，乾隆志同，據雍正山西通志卷二四山川八、漢書卷八七上揚雄傳上改。

〔四〕相近又有貓兒　「兒」，乾隆志同，雍正山西通志卷一四關隘六、卷二四山川八作「耳」，疑是。

〔五〕又有鹿飲　乾隆志、雍正山西通志卷二四山川八俱作「飲鹿」。

〔六〕南接解州安邑、夏縣界　「解」，原作「絳」，乾隆志同，考本志卷一五四安邑、夏縣屬解州，故據改。

〔七〕西南流注於河　「流注於河」，乾隆志同，四庫本水經注卷四作「注于河」，小注：「案『注』近刻訛作『流』。」蓋原當云「流於河」，館臣據庫本旁標「注」字，遂淆入正文。

〔八〕河中渚上又有一漢相潛通　「河」，原闕，「渚」原作「瀦」，皆據乾隆志、水經注卷四補、改。

〔九〕度可得五千頃　「頃」下原衍「穀」字，乾隆志同，據雍正山西通志卷三二水利四、漢書卷二九溝洫志删。

〔一〇〕高泉之山　「泉」，乾隆志同，山海經卷五中山經作「前」。

〔一一〕又大陽溝　「陽」，乾隆志同，雍正山西通志卷二四山川八作「楊」。

〔一二〕苻堅建元七年改置雍州　「改」，乾隆志同，十六國春秋卷三六前秦録四、資治通鑑卷一〇三作「復」。

〔一三〕今郡所治大城即後人增築　乾隆志同，太平寰宇記卷四六河東道七「即」在「今」字前。

〔一四〕在虞鄉縣南二里　四庫本元和郡縣志此句下有按語：「後聞喜縣王官故城在縣南十五里，以虞鄉在聞喜西南言之，王官故城當在虞鄉縣東，此云在縣南二里，有誤。」又史記秦本紀正義引括地志云：「蒲州猗氏縣南二里又有王官故城，亦秦伯取者。」中華書局整理本元和郡縣志校記云：「疑此條爲猗氏縣下文，錯簡在此，虞鄉乃漢解縣地，方位不合。」

〔一五〕知河中府錢晦命虞鄉令樂沆即谷内構堂　「沆」，原作「況」，乾隆志同，據雍正山西通志卷五九古蹟三改。

〔一六〕秋風亭　乾隆志同，雍正山西通志卷五九古蹟三「亭」上有「辭」字。

〔一七〕河之東岸特堆堀　「堀」下原衍「起」字，乾隆志同，據史記卷一二孝武本紀、漢書卷六武帝紀刪。

〔一八〕應劭曰　「劭」，原作「邵」，據乾隆志、水經注卷六改。

〔一九〕胡壁　「壁」，原作「堡」，據乾隆志、元豐九域志卷三改。

〔二〇〕坎城以登　「坎」，原作「攻」，乾隆志同，據雍正山西通志卷五三武事四、金史卷一二二忠義二改。

〔二一〕薛壁　此與下文「薛壁居中」之「壁」，乾隆志同，雍正山西通志卷一四關隘六作「堡」。

〔二二〕西蒼　「蒼」，乾隆志同，雍正山西通志卷一四關隘六作「倉」。

〔二三〕釃上流爲支渠　「上」，原作「土」，乾隆志同，據雍正山西通志卷九七名宦一五、宋史卷二九九薛顔傳改。

〔二四〕在河東縣東十里　「東」，原闕，乾隆志同，據太平寰宇記卷四六河東道七補。

〔二五〕雖暴漲不漂没　「暴」，原作「瀑」，據乾隆志及唐會要卷五九、太平廣記卷三九〇塚墓二改。

〔二六〕後漢書本傳　「後」，原闕，乾隆志同，據後漢書卷六七桓榮傳補。

〔二七〕明初併廣儀　「儀」，乾隆志同，雍正山西通志卷一七〇寺觀三作「化」。

〔二八〕元泰定元年建　「元」，原作「九」，據乾隆志、雍正山西通志卷一七〇寺觀三改。

〔二九〕元至大初建　「初」，乾隆志同，雍正山西通志卷一七〇寺觀三作「四年」。按至大僅四年，稱「初」不恰。

〔三〇〕元至元初建　「元」，原作「正」，據乾隆志、雍正山西通志卷一七〇寺觀三改。

大清一統志卷一百四十一

蒲州府二

名宦

漢

丁邯。陽陵人。建武初以孝廉拜汾陰令。治有名跡，遷漢中太守。

三國 魏

游楚。馮翊人。爲蒲坂令。以恩德爲治，不好刑殺。

徐英。馮翊人。爲蒲坂令。剛爽不撓。

南北朝 魏

元淑。魏宗室。孝文時爲河東太守。俗多商賈，罕事農桑，淑下車勸課，二年間家給人足，爲歌之曰：「秦州河東，杼柚代春。元公至止，田疇始理。」

崔習。安平人。有經世才，卒于河東太守。

崔衡。武城人。太和二年除秦州刺史。先是，河東年饑，劫盜大起，衡至，修龔遂法，勸課農桑，周年之間，寇盜止息。

王羆。霸城人。大統中由華州刺史移鎮河東。河橋之戰，王師不利，趙青雀據長安城，所在莫有固志，羆乃大開州門，召城中戰士謂曰：「王羆受委於此，以死報恩，諸人若有異圖，可來見殺。必恐城陷没者，亦任出城。如有忠誠能與王羆同心，可共固守。」軍人見其誠信，皆無異心。

薛善。汾陰人。爲汾陰令。幹用强明，一郡稱最，太守王羆美之，令兼督六縣事。

柳帶韋。解人。魏末爲汾陰令。發摘奸伏，百姓畏而懷之。

周

李遠。成紀人。時河東初復，人情未安，文帝以河東爲國之要鎮，乃授河東郡守。遠敦獎風俗，勸課農桑，肅遏姦非，兼修守禦之備，未期月，百姓懷之。

隋

楊處綱。高祖族父。拜蒲州刺史，吏民悦之。

楊弘。高祖從祖弟。拜蒲州刺史。時河東多盜賊，弘奏爲盜者百餘人投之邊裔，州境恬然，號爲良吏。在官十餘年，風教大洽。

楊尚希。弘農人。高祖時拜蒲州刺史，甚有惠政。引瀵水，立隄防，開稻田數千頃，民賴其利。

辛仲龕。狄道人。爲猗氏令。以政績著。

榮毗。無終人。自華州長史轉蒲州司馬。漢王諒反，河東豪傑以城應諒，刺史邱和覺變，遁歸關中。長史渤海高義明謂毗曰：「河東要害，國之東門，城中非悉反，但收桀黠者十餘人斬之，自當立定。」毗然之。義明馳馬追和，將與協計，至城西門爲反者所殺，毗被執。諒平，拜治書侍御史。

堯君素。湯陰人。大業末從屈突通拒唐師于河東，通引兵南遁，以君素署領河東守，唐遣將攻之不克。及通軍敗，至城下呼君素與俱降，君素以名義責之，通慚而退。唐賜之鐵券〔二〕，待以不死，君素卒無降心，其妻至城下謂之曰：「隋室已亡，君何自苦？」君素引弓射之，應弦而倒。君素亦知事必不濟，然守死不易。善于統領，下不能叛，歲餘糧絕，爲左右所害。

唐

唐臨。長安人。武德初出爲萬泉丞。有輕囚久繫，方春農事興，臨説令可且出囚，使就畎畝，不許。臨曰：「有所疑，丞執其罪。」令移疾，臨悉縱歸，與之約，囚如期還。

薛萬徹。咸陽人。太宗時爲蒲州刺史。于虞鄉縣北十五里開涑水渠，自聞喜引涑水下入臨晉。遷代州都督。

宇文士及。長安人。太宗時爲蒲州刺史。政尚寬簡，人皆宜之。

杜楚客。杜陵人。太宗時進蒲州刺史。政有能名。

蔣儼。宜興人。高宗時進蒲州刺史。户産充夥，訟獄積年不平，前刺史踵以罪去。儼至，發隱禁姦，號良二千石。

徐有功。偃師人。高宗時補蒲州司法參軍〔二〕。爲政仁，不忍杖罰，民服其恩，更相約曰：「犯徐參軍杖者必斥之。」訖代，不辱一人。

徐彦伯。瑕丘人。蒲州司兵參軍。時司户韋暠善判，司士李亘工書，而彦伯善屬辭，時稱河東三絶。

齊澣。宜豐人。爲蒲州司法參軍。有父子連坐論死者，澣曰：「條落則本枯，奈何俱死？」議貸其父，太守不聽，固争，卒得免。

陸象先。吴人。明皇時徙爲蒲州刺史，兼河東按察使。小吏有罪，誡譴之，大吏白争以爲可杖，象先曰：「人情大抵不相遠，謂彼不曉吾言耶？必責者，當以汝爲始。」大吏慚而退。嘗曰：「天下本無事，庸人擾之爲煩耳，第澄其源，何憂不簡耶？」故所至民吏懷之。

姜師度。魏人。明皇時爲河中尹。安邑鹽池涸廢，師度大發卒，疏水導流，置鹽屯，公私收利不貲。

裴寬。聞喜人。明皇時爲蒲州刺史。州久旱，寬入境輒雨。

李麟。唐宗室。明皇時爲河東太守。有清政。

李尚隱。萬年人。明皇時爲蒲州刺史。浮屠懷照者，自言母夢日入懷生己，鏤石著驗，尚隱劾其妖妄，詔流懷照播州。

趙復。肅宗時爲永樂尉。安禄山亂，使其將崔乾祐守河東，復與河東司士徐炅等陷賊中，相與密謀爲内應。郭子儀引兵來攻，復斬守陴者納之，乾祐遁去。

顔真卿。萬年人。至德中轉蒲州刺史。

李模。唐宗室。至德中爲猗氏令。史思明陷洛陽，賊帥掠諸縣，模率衆拒卻之。

王翃。晉陽人。代宗時爲河中少尹，領節度〔三〕。悍將凌正數干法不逞，約其徒夜斬關逐翃。翃覺之，陰亂漏刻以差其期，衆驚不敢發，俄禽正誅之，三軍惕息〔四〕。

李鄘。江都人。初補秘書省正字，李懷光辟致幕府。懷光反河中，鄘與高郢刺賊虛實及所以攻取者，白諸朝，德宗手詔褒答。懷光覺，嚴兵召二人問之〔五〕，鄘詞氣不撓，三軍爲感動，懷光囚之。河中平，馬燧破械致禮，表佐其府。

高郢。衛州人。爲猗氏丞。會李懷光萌反意，將還河中，郢勸以西迎乘輿，不聽。既又悉兵欲西，郢誓死止之。懷光子璀來候，因喻以大義，璀懼流涕〔六〕。時因事亟，郢謀間道逃歸，事洩，引郢詰誚，抗詞無隱。諫議大夫孔巢父使河中遇害，郢撫而哭之。事定，李晟表其忠焉。

裴行立。稷山人。初爲衛尉少卿，自陳願治民，試一縣自效。除河東令，寬猛時當。

李承。高邑人。德宗時擢拜河中尹、晉絳觀察使。廉正有雅望，以才顯于時。

張圓。偃師人。憲宗時河中府法曹參軍，攝虞鄉令，進攝河東令，皆有能名。

王起。揚州人。穆宗時歷河中節度使。方蝗旱，粟價騰踴，起下令家得儲三十斛，斥其餘以市。神策軍士怙勢不從，寘之法。由是廥積咸出，民賴以生。

五代　周

王仁鎬。龍岡人。顯德中由永興節度使移河中。會殿中丞上官瓚使河中還，言河中民多匿田租，遂遣瓚按視，百姓苦之，多逃亡。仁鎬抗論，其事乃止。

宋

柴成務。濟陰人。太宗時知河中府。時銀夏未安，蒲津當餽挽之衝，事皆辦集，得脱户八百家以附籍。府城街陌狹隘，成務廣之。其後祀汾陰，留蹕河中，衢路顯敞，咸以爲便。

狄棐。長沙人。真宗時知河中府。有中貴人過郡，言將援棐于上前，棐答以他語。其爲政愷悌，不爲表暴，死之日家無餘貲。

王濟。饒陽人。景德初徙知河中府。契丹南侵，上幸澶淵，詔緣路斷橋梁、毁船舫，稽緩者論以軍法。濟曰：「陝西有關防隔閡，舳艫遠屬，軍儲數萬，一旦沈之可惜，又動摇民心。」因密奏寢其事，上深嘉歎，遣使褒諭。

周起。鄒平人。從真宗祀汾陰，留權知河中府。有風烈，賜書褒諭。

范仲淹。吴縣人。天聖中通判河中府。政尚忠厚，有恩于民。

楊偕。坊州人。仁宗時知河中府。元昊反，劉平、石元孫戰没，偕聞，乃僞爲書馳告延州曰：「朝廷遣救兵十萬至矣。」命傍郡縣大具芻糧、什器以俟，比書至，賊已解去。夏竦爲陝西經略使，請增置土兵，易戍兵歸衛京師，偕言：「方關中財用乏，復增土兵，徒耗國用，今賊勢方盛，雖大增土兵，亦未能減戍兵東歸，第竦懼敗事，欲以兵少爲解耳。」竦奏偕沮邊計，偕争愈力。

錢晦。臨安人。至和中知河中府。守典故，明詔條，約吏處民，率有常節，筵饌具禮而已，民甚安之。

趙瞻。盩厔人。仁宗時爲萬泉令。捐圭田，修學宫，士自遠而至。

朱選。天長人。仁宗時知河中府。忠厚自守，稱爲長者。

顔太初。彭城人，顔子四十七世孫。仁宗時補臨晉主簿，有能名。

王闢之。臨淄人。爲河東令。吏治精敏，毁淫祠，作夷齊廟祀之。

趙尚寬。河南人。神宗時徙知河中府。神勇卒苦大校貪虐，刊匿名書告變，尚寬命焚之，曰：「妄言耳。」衆乃安。已而奏黜校，分士卒隸他營。

范純仁。仲淹子。神宗時知河中府。諸路閲保甲妨農，論救甚力。録事參軍宋儋年暴死，口鼻血出，獄疑，純仁按得其妾與小吏姦，因會毒殺之，遂正其罪。

游師雄。武功人。紹聖初知河中府。時久旱，雄入境即大雨，民歌咏之。又自中條山下立渠堰，引蒼陵谷水注之〔七〕，城中民便溉汲。

孫載。崑山人。紹聖初爲河中府户曹。吏三守皆尚威嚴，載獨與之争曲直，不肯詭隨。後除河東轉運判官，時稱循吏。

晁補之。鉅野人。徽宗時知河中府。修河橋以便民，民畫其像祀焉。從弟詠之工于文，亦嘗爲河中教授。

楚建中。洛陽人。知滎河縣。民苦鹽税不平，建中約田多寡以爲輕重，公私便之。

閻詢。天興人。以集賢殿修撰知河中府。大河漲，壞浮橋，詢易爲長橋焉。

郝仲連。昌元人。建炎元年金兵至河中，守臣席益遁去，仲連節度河東兵馬屯河中，就權府事。金將羅索以重兵壓城，仲連率衆力戰，外援不至，度不能守，先自殺其家人，城陷，及其子皆遇害，後贈明州觀察使。「羅索」舊作「婁宿」，今改正。

金

牛德昌。定安人。爲萬泉令。屬蒲、陝薦饑，群盗充斥，城門晝閉。德昌到官，開城門縱出入，牓曰：「民苦飢寒，剽掠鄉聚，以偷旦夕之命，甚可憐也，能自新者一不問〔八〕。」賊皆感激解散，縣境以安。

吴鑄。長春人。大定三年爲滎河令。撫民有方，蝗不入境，旱禱即雨，民刻石頌之。

晁會。高平人。歷臨晉、虞鄉、猗氏三縣令。善訓誨，勤撫字，分俸以給貧乏，累遷至節度副使〔九〕。

張萬公。東阿人。明昌六年知河中府。時軍興調發繁劇，悉爲寬假，使民力易辦，人爲繪像于薰風樓，又建去思堂。

李復亨。河津人。承安中調臨晉主簿。護送官馬入府，宿逆旅，有盜殺馬，復亨曰：「不利而殺之，必有仇者。」盡索過客，得同邑人槖中盛佩刀，謂之曰：「刀鹹馬血，火煆之則刃青〔一〇〕。」其人款服，果有仇。

完顔宗道。上京司屬司人。承安中知河中府。有惠政，民立像于層觀，以時祭之。

完顔伯嘉。北京路人。興定元年知河中府，明年權行尚書省元帥府于河中，控制河東南北路。三年，廷議欲棄河東，徙其民以實陝西，伯嘉上書切諫，忤宰執意召還。元光二年，權行尚書省于河中，率陝西精鋭，與平陽公史詠共復河東。

博豁哩。元光元年知河中府事，權安撫使。廉直忠孝，公家之利知無不爲。以薦召爲大司農。「博豁哩」舊作「把胡魯」，今改正。

完顔額珂。内族也。時有兩額珂，一曰草火額珂，一曰板子額珂。正大八年九月元主攻河中，哀宗以兩額珂將兵二萬守之，元軍命築松樓，高二百尺〔一一〕，下瞰城中，穴地百道並進，攻甚急。兩額珂軍士殊死鬬，力盡城陷，草火額珂復戰數十合，被擒見殺。板子額珂奪船走，轉戰至閿鄉，將佐責以不能死，車載入陝州杖死〔一二〕，識者冤之。「額珂」舊俱作「訛可」，今改正。

元

劉天孚。大名人。知河中府。視事兩月，陝西行省丞相阿斯罕爲亂，渡河入城，坐府治號令諸軍，天孚佩刀直前，衆遏之不得進，乃出。時河冰堅，天孚拔刀砍冰開，北望爲國語再拜祝謝，遂投水中，郡人咸哀痛之。「阿斯罕」舊作「阿思罕」，今改正。

伊烈什特穆爾。威烏人。泰定間爲萬泉尹。通經重道，公廉有爲。嘗請免税以濟民饑，民爲立石頌德。「伊烈什特穆爾」舊作「月輪失帖木兒」，「威烏」舊作「畏兀」，今並改正。

石正卿。河南人。泰定間爲萬泉尹。政尚廉平，訟無冤濫。

李好文。東明人。録囚河東，有李拜拜者，殺人而兇狀不明〔一三〕，十四年不決，好文立出之。王傅素達拉以足蹋人死，好文曰：「怙勢殺人，甚于用刃，況因有所求而殺之，其情尤重。」乃置之死，河東爲之整肅。「素達拉」舊作「撒都剌」，今改正。

靳克忠。潞州人。通經術，精吏治。知河中府。天曆元年，額森特穆爾叛，軍河西岸，克忠併力守禦，及城陷被執，抗論不屈，遂遇害。贈陝西行臺參知政事，謚忠愍。「額森特穆爾」舊作「鐵木兒」，今改正。

巴克扎喀。威烏人。河中府達魯噶齊，與靳克忠俱死。「巴克扎喀」舊作「八扎海牙」，「達魯噶齊」舊作「達魯花赤」，今並改正。

明

康茂才。蘄州人。洪武初守禦蒲州，造浮梁于蒲津以渡師，又請以官鹽易米，公私兩便。發倉粟賑饑，全活甚衆。

曹端。澠池人。宣德中爲蒲州學正。修明聖學，諸生服從其教，州人皆化之。

張廉。咸寧人。正統中蒲州判官。部民狀其賢能，擢知州事。剗刮積弊，日課吏讀律，曰：「使民知法〔一四〕，且不暇遊惰。」

毛鳳來。西平人。成化中知臨晉縣。歲大饑，盡發倉粟以賑，又勸富民出貸，存活甚衆，盜竊發，立捕斬之，人謂寬嚴並濟。

侯祁。鄆城人。嘉靖中知榮河縣。時當地震後，井里蕭條，祁恤民弭盜，一邑安謐。凡城池、學校皆所建置，又創大寧書院，設師儒其中，公餘時親誨之，士興于學。

宋訓。新蔡人。隆慶初知蒲州。州城舊土築，悉易甎石，增置樓櫓。他所興舉，皆有益士民。

史邦直。樂陵人。隆慶中知臨晉縣。數微行，境内室廬、田畝皆能識其處。晉軍素驕，邦直裁之以法，莫不帖服。

李廷棟〔一五〕。淶水人。隆慶中知萬泉縣。興學校，均税糧，頗多惠政。修復薛通城，尤有保障功。

趙岸。盩厔人。萬曆九年知臨晉縣。廉明善斷，雖大獄不移時決，鄰邑質成者甚衆，歲旱禱雨輒應。

陳經濟。禹州人。萬曆十三年知猗氏縣。歲大饑，捐俸設粥廠，全活甚衆。解州七郎堰壞，延二十里，知州請役十縣夫築之，經濟曰：「城隄非鹽隄可比，奈何徵役各縣乎？」卒不應。

郭九有〔一六〕。涇陽人。萬曆中知猗氏縣。有慈母、神君之譽，所張縑蓋縷裂弗易。以憂歸，再補猗氏，邑人歡迎塞道。

朱之馮。大興人。崇禎三年河東副使，駐蒲州。所部鄰秦、豫，寇警日至，大猾朱全宇潛通秦賊，之馮令廢將謝鳴進執殺全宇，部内以安。

本朝

林天擎。奉天人。順治二年以貢生知蒲州。招集流亡，寬夫役，安插兵民，具有幹略，州人胥頌之。

錢法裕。遼東籍，仁和人。順治三年知蒲州。姜瓌之亂，城陷被執，不屈死，贈布政司參議，祀忠烈祠。

陳素抱。鐵嶺人。順治三年知猗氏縣〔一七〕。陳鑾子脅衆爲亂，素抱曰：「愚而詐，人必不附。」已而果爲鄉勇所殺。姜瓌之亂，陝督來剿，素抱已備兵潼關，伺制府渡河，力陳猗氏民必不應賊，請以其子佩從，令先馳至縣，召士民出迎，制府慰勞，大兵遂不入境。

吴自肅。海豐人。康熙中分守河東道。賊張化金者，據中條山爲州縣患，自肅招降之。又疏河渠、廣學校，設粥以救餓者。乾隆十八年祀名宦。

許嗣興。奉天人。康熙十一年知蒲州。葺廟學，復河中書院，治豪猾爲民害者。時檄民運米西安，嗣興請至陝界而止，客兵往返境内不敢肆，民皆德之。

陶自悦。武進人。康熙戊辰進士，知猗氏縣。性敦厚，爲政寬嚴並濟，有古循吏風。邑士爲文，導以先正舊法，一時科第輩出，莫不感頌。

陳騰章。賀縣人。康熙五十三年以舉人補授猗氏縣知縣。慈惠廉平。時值用師哈密，軍需車仗等設法供辦，不責里甲。卒于官，貧不能殮，二年始克歸葬。

葉佩蓀。歸安人。乾隆間任河東道。三十八年，蒲州河水泛溢，捐俸賑恤，全活無算。清釐鹽政，力行保甲，治績卓然。嘉慶二十五年祀名宦。

人物

漢

胡建。字子孟，河東人。孝武天漢中守軍正丞，貧無車馬，與走卒起居，甚得其心。時監軍御史爲姦，穿北軍壘垣以爲賈區，建約其走卒斬之，乃具奏以聞，制曰：「可。」由是顯名。按：諸史列傳有稱人而但舉其郡者，有舉其郡而兼及其縣者，如尹翁歸河東平陽人，此兼郡縣言之者也。若胡建惟以郡言之者也。漢地理志河東郡聞喜、平陽皆在後，而先列蒲人，則知諸傳但言河東者，大抵皆蒲阪人耳。

暴勝之。字公子，河東人。武帝命爲直指使者，衣繡衣持斧，逐捕盜賊，威鎮州郡。素聞雋不疑賢，表薦之。太始元年遷御史大夫。

姚平。河東人。受焦延壽易于京房，爲郎、博士，由是易有京氏之學。

三國　魏

樂詳。字文載，河東人。少好學，建安初聞南郡謝該善左氏傳，步涉詣該，問疑難諸要七十二事，既了而歸。時杜畿爲太守，署詳文學祭酒，使教後進，于是河東學業大興。黄初中徵拜博士，五業並授，牽譬引類，至忘寢食。又善推步，與定律曆〔一八〕，轉拜騎都尉。正始中以年老罷歸，門徒數千人。

王蔚。猗氏人，漢京兆尹尊九世孫。世修儒史之學，中領軍曹羲作至公論，蔚善之，更著至機論，辭意甚美。官至夏陽侯相。按：漢王尊涿郡人，晉書稱蔚爲其九世孫，而云猗氏人，蓋尊後人而遷于此焉。

晉

王接。字祖游，蔚之子。居父母喪，柴毁骨立，廬墓積年，裴遐、鄧攸等皆與友善。後爲郡主簿，累遷征虜將軍司馬。蕩陰之役，侍中嵇紹爲亂兵所害，接議山東方欲大舉，宜加紹致命之賞以厲天下，朝廷從之。年三十九，卒。接博通衆書，尤精禮傳，以何休釋公羊大體乖硋，更注之，多有新義。又論定衛恒等所考正汲冢書，又撰列女後傳七十二人，喪亂盡失。長子愆期流寓江南，緣父本意更注公羊，又集列女後傳云。

薛興。汾陰人。尚書右僕射、冀州刺史，封安國公，卒謚曰莊。子濤，襲父爵，梁州刺史，卒謚忠惠。晉室傾覆，父子皆以義烈著聞。

薛强。字威明，汾陰人。幼有大志，懷軍國籌略，與北海王猛友善。桓温入關中，與猛皆署軍謀祭酒，欲與俱南，强察温無成功，乃勸猛止。先是，中原傾覆，强父陶與同族薛祖、薛落分立部衆〔一九〕，世號三薛。强領父衆，兼統三營，善撫綏，爲民所歸。及苻堅如河東，與數百騎馳至壘下，求與相見，强慷慨言曰：「此城無生降之臣，有死節之將耳。」乃捨之。後堅伐晉軍敗，强遂總宗室强兵，威震河輔。破慕容永于陳川〔二〇〕，姚興聞而憚之，重加禮命。年九十八，卒。

南北朝　魏

薛辯。字允白，强之子。俶儻多大略，豪傑多歸慕之。初仕姚興，後歸魏，立功于河際，位平西將軍、東雍州刺史，賜爵汾陰侯。在鎮務農教戰，恒以數千之衆，摧抗赫連氏。除并州刺史，徵授大羽真。泰常七年卒。

薛謹。字法順。辯之子。貌魁偉，高才博學。隨宋武帝渡江，位府記室參軍。歸魏，授河東太守。所治與屈丏連接，結士抗敵，甚有威惠，襲爵汾陰侯。始光中討赫連昌，克蒲坂，遂以新舊百姓并爲一郡，復爲太守。神䴥三年除使持節、秦州刺史，討山胡白龍平之，封涪陵郡公〔二一〕。征吐没骨，又平之。謹在州郡，並著威惠，風化大行。真君元年徵入輔政，車駕臨幸數四，深見賞重。謚曰元公。

薛洪祚。謹之子，世祖賜名初古拔。沈毅有器識，從太武討平蓋吴、薛永宗，除中散，賜爵永康侯。又討反氐仇傉檀、强免生，平之。後除南豫州刺史，有善政。太和六年改爵河東公。卒，謚曰康。長子胤，襲父爵，位河北太守。洪祚弟洪隆，位河東太守。長子驎駒，中書博士。驎駒子慶之，位廷尉丞。慶之弟英集，以軍功累官散騎常侍。

薛湖。洪祚弟。少有節操，德義服人，鄉閭化其風教，咸以敬讓爲先。爲本州中從事、别駕，除河東太守，復爲仇池都將。

薛聰。字延智，湖之子。閨室矜莊，博覽墳籍。遭父憂廬墓，篤睦諸弟，而家教甚嚴。遷治書侍御史，彈劾不避强禦，累遷直閣將軍。深爲孝文所知，動輒匡諫，事多聽允，而重厚沈密，外人莫窺其際。每進位，輒苦讓不受，帝曰：「卿天爵自高，非人爵所能榮也。」後除都督、齊州刺史。卒，謚簡懿。

薛孝通。字士達，聰之子。博學有儁才，蕭寶夤引參驃騎大將軍府事，禮遇甚隆。及寶夤有異志，孝通求歸，寶夤果爲逆。從爾朱天光平關中，賜爵汾陰侯。莊帝幽崩，密贊天光，册立廣陵王爲帝，即節閔也。以首創大義，拜散騎常侍，封藍田縣子。尋遷中書郎，深爲節閔所知重。賀拔岳鎮關西，孝通爲行臺右丞。太昌初因使至鄴，爲高歡所留，興和二年卒于鄴。

柳崇。字僧生，解人。有學行，舉秀才高第，解褐太尉主簿，轉尚書右外兵郎中。孝文遣檢斷河北、河東二郡争境事，上下息訟。屬荆、郢新附，南軍窺擾，詔崇持節與州郡經略慰諭，累遷河中太守，郡中畏服。卒官，贈岐州刺史，謚曰穆。子慶和〔二二〕，性沈静，不競于時，位給事中、本郡中正，卒。慶和弟楷，字士則，善草書，涉文史，位撫軍司馬。

裴佗。字元化。本聞喜人，六世祖詵仕晉爲太常卿，避亂涼州〔二三〕，苻堅平河西，東歸，因居解縣。佗魁偉有器望，舉秀才，以高第除中書博士。景明初累遷趙郡太守，威惠甚著。轉荆州刺史，加平南將軍，撫慰蠻酋，闔境清晏。遷中軍將軍，以疾乞還。佗性剛直，不與俗人交，清白任真，不事家產，宅不過三十步，無田園，暑不張蓋，寒不衣裘，其貞儉如此。子讓之、諏之、謀之、訥之〔二四〕，俱以文行知名。

裴俠。字嵩和，解人。七歲始能言，聰慧異常。十三遭父憂，哀毁有若成人。州辟主簿，舉秀才。正光中爲東郡太守，帶防城別將。時孝武與高歡有隙，宇文泰在關中亦擅權，孝武徵兵，俠率所部赴洛陽，謂武衛將軍王思政曰：「圖歡有立至之憂，西巡有將來之慮，且至關右，日慎一日，徐思其宜耳。」思政遂進俠于帝，授左中郎將。及孝武西遷，俠不顧妻子，從入關，賜爵清河縣伯。大統三年，領鄉兵戰沙苑，先鋒陷陳，進爵爲侯。

薛憕。字景猷，汾陰人。早喪父，家貧，躬耕以養祖母，暇則覽文籍。普泰中拜給事中，周文引爲記室參軍。孝武西遷，授中散大夫，封夏侯縣男。文帝踐阼，拜中書侍郎，加安東將軍，進爵爲伯。時儀制多闕，憕與盧辯、檀翥等實參定之。

令狐仕〔二五〕。猗氏人。兄弟四人，早喪父，泣墓十載，奉養其母，孝著鄉邑，而力田積粟，博施不已。

皇甫奴。河東人。沈屈兵伍而操尚彌高，奉養繼親，甚著恭孝之稱。景明初，畿內大使王凝奏請標異，詔從之。

荆可。猗氏人。性質朴，苦身勤力，供親甘旨。母喪悲號，絶而復蘇者數四，負土成墳，榛蕪獨宿，與禽獸雜處，哀感遠近。大統中鄉人上言，表異之。

北齊

裴謁之。字士敬，佗第六子。少有志節，好直言。文宣末年昏縱，朝臣罕有言者，謁之上書正諫，言甚切直，文宣將殺之，白刃臨頸，謂之辭色不變，楊愔救之，乃遣出。齊亡，卒壺關令。

樊遜。字孝謙，北猗氏人。父衡性至孝，喪父，負土成墳，朝夕號慕。遜少好學，專心典籍。天保中舉秀才第一，七年詔令校定秘府書籍，左僕射楊愔重其文，特奏爲員外將軍。遷員外散騎侍郎，卒。

薛元穎〔二六〕。汾陰人。廉謹有義信。起家永安王參軍，行秀容縣事，有清名。累轉定州别駕，舉清平勤幹，除漁陽太守。

周

皇甫遐。字永賢，汾陰人。少喪父，事母以孝聞，遭喪廬墓，負土爲墳，食粥枕土，形容枯瘁。營墓之初，有鴟、烏各一徘徊悲鳴，不離墓側，若助遐者。遠近競以米麵遺之，受而不食，以營佛齋。郡縣表上其狀，詔旌異之。

薛端。字仁直。有志操，勵精篤學。年十七，司空高乾邕辟爲參軍，尋棄官歸里。魏孝武西遷，文帝引端同行，累遷吏部郎中。端性强直，不避權貴，文帝嘉之。久處選曹，有人倫之鑒，擢用皆得其才。進授吏部尚書，加侍中、開府儀同三司，爵爲侯。孝閔帝踐祚，進爵爲公。卒，謚曰質。

薛慎。字伯護，聰弟和之子。好學能屬文，善草書，起家丞相府墨曹參軍。文帝于行臺省置學，以慎爲學師，又爲宜都公侍讀。六官建，累遷御伯中大夫。保定中出爲湖州刺史，政聲大著。尋爲蕃部中大夫，卒。

裴祥。俠之子。性忠謹，有理劇才，官司倉下大夫。居父憂，以毁卒。

樊深。字文深，猗氏人。事繼母甚謹。從師于河西，講習五經，晝夜不倦。魏永安中以軍功累遷中散大夫。孝武西遷，樊、王二姓舉義，爲東魏所誅，深父保周、叔歡周並被害。深墜崖傷足，絶食再宿，得一簞餅，念繼母老痺，乃弗食，夜中匍匐尋得母以饋。改姓易名，遊學汾晉間，習天文算法之術。文帝平河東，贈保周及歡周官，深歸葬其父，負土成墳。文帝置學東館，以深爲博士。累官縣伯中大夫，加開府儀同三司。從乞骸骨歸，朝廷有疑義，常召問焉。

樂遜。字遵賢，猗氏人。幼從徐遵明受經，文帝召遜教授諸子。閔帝踐祚，除秋官上士，轉小師氏下大夫，自譙王儉以下並行弟子之禮。天和中復命在露門教授皇子。大象初累遷開府儀同大將軍，授東揚州刺史，進爵崇業郡公。遜性柔謹，寡交遊，立身以忠信爲本，通經術，善訓導，有牧人理務才，然不自矜尚，學者以此稱之。

柳遐。字子昇，解人。篤好文學〔二七〕，動合規矩。仕梁爲尚書功論郎，岳陽王蕭詧于襄陽承制授吏部郎，及詧踐帝位于江陵，以襄陽來歸，遐辭詧還鄉守墳墓。文帝、明帝頻徵，固辭以疾。及詧殂，遐舉哀行舊臣之服。保定中又徵之，遐始入朝，授驃騎大將軍、開府儀同三司、霍州刺史，以德教導，群下化之。遐事親有至行，性温裕，無喜愠容，亦不論人之短，尤尚施與，家無餘財。有十子，靖、莊最知名。

柳敏。字白澤，解人。九歲而孤，事母以孝聞。性好學，起家員外散騎侍郎，累遷河東郡丞，統御鄉里，甚得時譽。文帝克復河東，見而器異之，曰：「今日不喜得河東，喜得卿也。」即拜丞相府參軍事，累遷大都督。遭母憂居喪，旬日間鬢髮半白〔二八〕。

薛温。字尼卿，孝通子。沈敏有器局，博覽墳典，尤善隸書。歷官燕郡太守，以簡惠稱，賜爵齊安縣子。子邁嗣，字弘仁，爲司宗，方正恭勤，明練故事，近儀皆案據舊章刊正。武帝平齊，封武德郡公。

柳靖。字思休。仕梁正員郎，隨父遐入周，授大都督。歷河南、廣德二郡守，皆有政術。秩滿還鄉，閉門自守，子弟奉之若嚴君。其有過者，靖必下帷自責，于是長幼相率拜謝，靖然後見之，勗以禮法，鄉里亦慕而化之。或有不善者，皆曰：「惟恐柳廣德知也。」時論方之王烈云。

柳昂。字千里，敏之子。武帝時爲内史中大夫、開府儀同三司。當途用事，竭誠獻替，謙虚自處，時論重之。隋文帝受禪，拜潞州刺史。昂表請勸學行禮，優詔答之，自是天下州縣皆置博士習禮焉。卒官。子調，尚書左司郎中，清素守常，爲時所美。

隋

薛胄。字紹玄，端之子。性慷慨，志立功名。周明帝時襲爵爲公，累遷司金大夫，後加開府。文帝受禪，三遷爲兗州刺史，轉郢州刺史，有惠政。徵拜大理卿，持法寬平，遷刑部尚書。後以事除名，配防嶺南道，卒。子筠、獻知名。

柳彧。字幼文，解人，世居襄陽。父仲禮，梁敗見囚于周，復家河東。彧少好學，周武帝時爲司武中士。文帝受禪，累遷治書侍御史。當朝正色，甚爲百僚敬憚。上勤于聽受，百僚奏請煩碎，因疏諫，上覽嘉之。以其家貧，敕有司與之築宅。楊素貴顯，嘗以譴送南臺，素坐彧牀，彧外來見之，端笏正容曰：「奉敕推公罪。」素遽下，彧據案坐，立素庭前，辯詰事狀，素銜之。官至員外散騎常侍。爲素所譖，戍懷遠鎮，復徙敦煌。素卒，有詔徵還，卒于道。

趙綽。字士倬，河東人。周初爲天官府史，累擢爲内史中士。父艱去職，哀毁骨立。文帝受禪，授大理丞，處法平允，遷大理少卿。適刑部侍郎辛亶衣緋褌，上以爲厭蠱，將斬之，綽曰：「法不當死。」上怒，命將綽並斬之。至解衣當斬，上使人謂綽曰：「竟如何？」對曰：「執法一心，不敢惜死。」上良久乃釋之，其剛毅皆類此。後進開府。仁壽中卒官，上爲流涕。

薛道衡。字玄卿，孝通子。專精好學，甚有才名。齊武平初詔與諸儒修定五禮，除尚書左外兵郎。後主世與侍中斛律孝卿參預政事，道衡具陳備周之策，孝卿不能用。齊亡，仕周至邛州刺史。文帝受禪，除内史舍人。八年伐陳，與高熲論事成敗，熲欣然曰：「本以才學相期，不意籌略乃爾。」後爲内史侍郎，加上儀同三司，進上開府，才名益顯。煬帝即位，深忌之，賜死。族弟孺有才思〔二九〕，開皇中爲侍御史，方直自處，終襄城郡掾。

柳莊。字思敬，靖之弟。仕蕭詧爲鴻臚卿。高祖在周輔政，蕭巋令莊奉書入關。及高祖踐阼，莊又入朝，帝深慰勉之。梁國廢，除給事黄門侍郎。莊明習舊章，雅達政事，凡所駁正，帝莫不稱善，蘇威稱其于學業、世務獨能兼之。後爲饒州刺史，卒于官。

裴肅。字神封，祥弟。貞亮有才藝。周天和中舉秀才，隋初授膳部侍郎。仁壽中皇太子勇、蜀王秀、左僕射高熲俱廢黜，上書論諫，上曰：「肅憂我家事如此，亦至誠也。」乃徵入朝，諭以勇不可復收之意。煬帝嗣位，肅杜門不出，後執政者以嶺表遐遠，希旨授肅永平郡丞。卒官，夷獠思之。

柳儉。字道約，解人。有局量，立行清苦，爲州里所敬。仕周至畿伯大夫。文帝時出爲廣漢太守，以仁明著稱。擢拜蓬州刺史，徙邛州。大業初拜弘化太守，五年入朝，郡國畢集，帝謂蘇威、牛弘曰：「其中清名天下第一者爲誰？」威等以儉對，賜儉帛二百疋，令天下朝集使送至郡邸以旌異焉。官至上大將軍，卒。

陳茂。猗氏人。質直恭謹，爲州里所敬，文帝引爲寮佐。後從帝與齊師戰于晉州，齊師甚盛，文帝挑戰，茂固止不得，因捉馬鞚，帝忿之，拔刀砍其額，流血被面，詞氣不撓，帝感而謝之，厚加禮敬。及受禪，拜給事黄門侍郎，封魏城縣男，進爵爲伯。子政，字弘道，善鐘律，便弓馬，官至兵曹承務郎。

敬肅。字弘儉，蒲坂人。少以貞介知名。開皇初爲安陵令，有能名，擢拜秦州司馬，轉豳州長史，仁壽中爲衛州司馬，俱有異績。煬帝嗣位，遷潁川郡丞〔三〇〕，清名亞于柳儉，賜帛百疋。每欲擢爲太守，輒爲宇文述所毁，不行。大業末乞骸骨去，家無餘財。

敬釗。字積善，蒲坂人。仁壽中爲繁畤令，有能名。漢王諒陷城，僞將喬鍾葵署爲代州總管司馬，釗以死拒之，會鍾葵敗，得免。終朝邑令。

張文詡。河東人。父琚，開皇中爲洹水令，以清正聞。文詡博覽群書，特精三禮〔三一〕。文詡時游太學〔三二〕，名儒莫不推伏之。仁壽末學廢，文詡歸，灌園爲業，州郡頻舉皆不應命。事母孝，以德化人，鄉黨頗移風俗，州縣賑恤輒辭不受，時人方之閔子騫、原憲焉。

陳孝意。河東人。大業中爲魯郡司法書佐〔三三〕，太守蘇威甚加禮敬，及威爲納言，奏孝意爲侍御史。以父憂去職，居喪過禮，有白鹿馴擾其廬。尋起授雁門郡丞，在郡菜食齋居，朝夕哀臨，柴毀骨立，見者哀之。馬邑劉武周作亂攻城，孝意拒之，每致克捷，百餘日糧盡，爲校尉張倫所殺。

唐

呂子臧。河東人。隋大業末爲南陽郡丞，高祖入京師，遣馬元規慰輯山南，獨子臧堅守。隋亡，子臧爲故君發喪訖，送款，就拜鄧州刺史，封南陽郡公。武德初朱粲圍城，會霖雨城壞，子臧率麾下數百人赴敵死之。

薛收。字伯褒，汾陰人，道衡子。事王通爲師。以父不得死于隋，不肯仕。高祖興，挺身歸國，秦王問方略，合旨，授府主簿。時方討王世充，收爲書檄露布，馬上占辭，該敏如素構。竇建德來援，諸將争言斂軍以觀賊勢，收獨請王親督精鋭據成皐，邀建德路，二賊不得連固，遂擒建德、降世充，授天策府記室參軍。從平劉黑闥，封汾陰縣男。嘗上書諫獵，賜黄金四十錠。卒時年三十三。

薛大鼎。字重臣，汾陰人。高祖兵興，謁龍門，挾策説帝，帝奇之，授察非掾。累遷滄州刺史，有治名。永徽中遷行荆州大都督長史。卒，謚曰恭。子克構，有器識，官至麟臺監。

薛元敬。汾陰人，隋選部侍郎邁子。與收及族兄德音齊名，世稱河東三鳳。武德中收與房、杜處心腹之寄，更相結附，元敬謹畏，未嘗申款曲。尋除舍人，掌文翰，號稱職。卒于官。

張玄素。虞鄉人。仕隋爲景城縣户曹。太宗拜侍御史，遷給事中。貞觀四年，詔發卒治洛陽宫乾陽殿〔三四〕，且東幸，玄素上書力言五不可，且曰：「民力未及隋日，而役殘創之人，襲亡國之弊，臣恐陛下之過甚于煬帝。」帝即詔罷役。魏徵歎曰：「張公争事有回天之力，可謂仁人之言。」累遷右庶子。太子承乾有過惡，數上書極諫，太子廢，坐除名，終鄧州刺史。

敬播。河東人。貞觀初擢進士第，時顔師古、孔穎達撰隋史，詔播參纂，兼修國史。又與令狐德棻等撰晉書，凡例皆播所發。永徽後歷諫議大夫、給事中。播與許敬宗撰高祖實録，又撰太宗實録，房玄齡稱播爲陳壽之流。爲安州刺史，卒。

羅道琮。虞鄉人。慷慨尚節義。貞觀末上書忤旨，徙嶺表，有同斥者死荆、襄間，臨殁悲泣，道琮曰：「吾若還，終不使君獨留此。」瘞路左去。歲餘遇赦歸，會霖潦積水，失其殯處，道琮號諸野，波中忽沸，道琮曰：「若尸在可再沸。」水果復湧，乃得尸，負之還鄉。尋擢明經，仕至太學博士，爲時名儒。

薛元超。收之子。好學善屬文。高宗即位，爲給事中，數陳當世得失，帝嘉納。轉中書舍人、弘文館學士。省中有盤石，其祖道衡常據以草制，元超見輒流涕。所薦士皆以才自名于時。上元中拜中書令，帝幸東都，留輔太子監國。太子稍怠政事，元超力諫，帝遣使厚賜慰其意。及政出武后，因佯瘖乞骸骨，卒。

柳沖。莊曾孫。父楚賢，貞觀中爲都督、刺史。沖好學，多所研總。中宗時爲左散騎常侍，修國史及姓系録，歷昭文館學士致仕。唐興言姓譜者，以路敬淳爲宗，沖與韋述次之。

薛稷。字嗣通，道衡曾孫。擢進士第，累遷中書舍人，與從祖兄曜更踐兩省，俱以辭章自名。景龍末爲昭文館學士。稷外祖魏徵家多藏虞世南、褚遂良書，稷鋭精臨倣，遂以書名天下。畫又絶品。睿宗踐祚，封晉國公，遷禮部尚書。

張嘉貞。字嘉貞，猗氏人。長安中御史張循憲使河東，命嘉貞草奏，武后以爲能，循憲對皆嘉貞所爲，因召見，拜監察御史，遷兵部員外郎。時功狀盈几，嘉貞詳處，不閲旬庭無稽牒。累遷中書令，居位三年，善傅奏，敏于裁遣。封河東侯。卒，謚恭肅。子延賞，博涉經史，通吏治，德宗時拜中書侍郎、同平章事。卒，謚成肅。子弘靖，雅厚信直，元和中以檢校吏部尚書、同平章事，時號三相張家。

吕諲。河東人。開元末第進士，調寧陵尉。哥舒翰節度河西，表度支判官，勤總吏職。翰敗潼關，諲西趨靈武，肅宗拜御史中丞，陳事無不順納。乾元二年擢同中書門下平章事，知門下省，累封須昌縣伯。上元中拜荆州長史，澧、朗、峽、忠等五州節度使。諲爲治不急細務，決大事剛果不撓。始在河西，悉知諸將能否，及爲荆州，奏取材者數十人總牙兵，故威惠兩行，以善治聞于當時。卒，贈吏部尚書，謚曰肅。

張介然。猗氏人，本名六郎〔三五〕。性慎愿，長計畫。始爲河隴支郡太守，歷衛尉卿。安禄山反，授河南節度採訪使，守陳留，不三日賊已渡河，城陷被殺。

薛愿。汾陰人。安禄山反，愿爲潁川太守，賊阿思那承慶攻之，自正月盡十一月，城陷，愿不肯降，賊縛至東京，將磔解之，有説禄山曰：「義士也，殺之不祥。」乃繫于洛水之濱，一夕凍死。

封常清。猗氏人。初爲高仙芝傔從，會仙芝追擊達奚，禽馘略盡，常清于幕下潛作捷布，仙芝取讀之，皆意所欲出，乃大駭，即用之，由是知名。常清才而果，胸無疑事，爲仙芝節度判官，杖殺郎將鄭德詮及有罪大將二人，軍中莫不股慄。性勤儉，耐勞苦，賞罰分明。天寶末爲范陽節度副大使，討禄山兵敗，斬于軍，人多哀之。

敬括。字叔弓，河東人。進士及第，遷殿中侍御史。楊國忠惡不諧己，外除果州刺史。志簡澹，在職不求名。遷同州刺史，拜御史大夫。持重，弗以私害公。大曆中卒。

薛播。寶鼎人。擢進士第，累授殿中侍御史，遷武功、萬年令。温敏而裕，與人交有常，李栖筠、崔祐甫並器之。以禮部侍郎卒。子公達，擢進士第〔三六〕，佐鳳翔軍，帥常集射，設的高數十尺，一軍莫能中，公達三射連中之。帥不喜，乃自免去。終國子助教。

裴冕。字章甫，河東人。王鉷爲京畿採訪使，表署判官，明鋭果于事，衆號稱職。明皇入蜀，詔皇太子爲天下兵馬都元帥，拜冕御史中丞兼左庶子副之。從至靈武，力勸太子正位號，以安社稷。太子即位，進中書侍郎、同中書門下平章事。兩京平，封冀國公。後坐法徙澧州，大曆中以郭子儀言，還冕于朝，拜左僕射，仍輔政。卒，贈太尉，配享肅宗廟。

董晉。字混成，虞鄉人。大曆中李涵送崇徽公主于回紇，署判官。回紇恃功，見使者倨，因責問歲市馬而歸賄不足，涵懼目晉，晉對詞直，衆皆南面拜，不敢有言。還，遷秘書少監。德宗時以國子祭酒宣慰恒州，至河中，李懷光應朱泚反，晉説之，懷光喜且泣，遂不助泚。累遷門下侍郎、同平章事，出爲宣武節度副大使，知節度事。謙愿儉簡，無所更張，軍以爲安。卒，謚恭惠。孫居中，善詩，爲張籍所稱。

薛珏。字温如，寶鼎人。以蔭爲懿德太子廟令，累遷楚州刺史，爲觀察使所惡，左授峽州刺史。建中初命使者巡察官吏，李承狀珏之簡〔三七〕，趙贊言其廉，盧翰稱其肅，于是拜中散大夫，歷司農卿。時詔舉堪刺史、縣令者百人，宰相欲校以文辭，珏曰：「求良吏不可責文學，宜以愛人之心爲本〔三八〕。」宰相多其計，所用皆稱職。終嶺南觀察使。子存慶，字嗣德，及進士第，爲給事中。與韋弘景封駮詔書，時稱其直。

樊澤。字安時，河中人。舉賢良方正，擢左補闕。有武功，喜兵法。累遷山南東道節度使。數與李希烈角，禽其驍將，賊氣沮縮，遂取唐、隨二州。貞元中加檢校尚書右僕射。卒，謚曰成。

柳晟。解人，敏六世孫。父潭尚和政公主，官太僕卿。晟年十二〔三九〕，居父喪以孝聞。代宗時拜檢校太常卿。德宗立，親信用事。朱泚反，從帝至奉天，自請入京師説沮賊黨，謀洩，泚捕繫獄，夜半坎垣毀械，亡歸奉天，帝爲流涕。累遷山南西道節度使，入爲將作監。使回鶻册立可汗，責以無禮棄信，可汗及諸貴人皆跪伏成禮。還，遷左金吾衛大將軍，封河東郡公。晟敏于辯，下士樂施，憲宗嘗稱其賢云。

盧綸。字允言，蒲人。大曆中與耿湋等十人皆以詩名，號大曆十才子。湋，河東人，寶應中擢進士第，官至右拾遺。

范希朝。字致君，虞鄉人。初從邠寧軍爲別將，德宗在奉天，以戰守功累兼御史中丞。治軍整毅，遷振武軍節度使。貞元末請朝，時諸鎮不以事自述職者，希朝而已。帝悦，拜金吾衛大將軍〔四〇〕。以太子太保致仕。卒，謚宣武。

楊巨源。蒲州人。貞元中進士。初爲太常博士、禮部員外郎，出爲鳳翔少尹，召拜國子司業。巨源以能詩訓後進，多成其藝。太和中致仕，以爲河東少尹，不領職務，歲給祿以終其身。

暢當。河東人。擢進士第，貞元初爲太常博士。昭德皇后崩，詔議太子服，當曰：「既葬除服，而心喪三年。」帝以爲至論。仕至果州刺史。

衛次公。字從周，河東人。舉進士第，累擢翰林學士。德宗崩，皇太子久疾禁中，或傳更議所立，衆失色。次公曰：「皇太子雖久疾，冢嗣也，内外繫心久矣。必不得已，宜立廣陵王。」議遂定。順宗立，王叔文等用事，次公多所持正。知禮部貢舉，斥華取實，不爲權貴侵撓。累官檢校工部尚書、淮南節度使。卒，謚曰敬。其節尚蓋始終完潔云。

柳登。字成伯，河東人。父芳，上元中史館修撰。登淹貫群書，年六十餘始仕宦。元和初爲大理少卿，與許孟容等刊正敕格。改散騎常侍，卒。弟冕，爲太常博士、吏部郎中，每議禮輒當上意，終福建觀察使。

柳璟。字德輝，登之子。寶曆初第進士、宏詞，三遷監察御史。論郊廟告祭，不得以雜品攝上公。開成初爲翰林學士，詔璟綴成其祖芳所撰永泰新譜，遷中書舍人。璟爲人寬信，好稱人之長，游其門者他日皆顯于世。終郴州刺史。

盧簡辭。字子策，綸子。以進士歷佐帥府〔四一〕，入遷侍御史。習知法令及臺閣舊事，累擢工部尚書。坐事貶，卒。

盧弘正。字子彊，簡辭弟。有文名。第進士，拜侍御史。會昌中出爲武寧節度使，時吏卒驕沓，銀刀軍尤不法，弘正戮其尤者，終弘正治不敢譁。後徙宣武，卒於鎮，贈尚書右僕射。

盧簡求。字子臧，弘正弟。有文名。第進士，歷蘇、壽二州刺史。大中九年拜涇原渭武節度使，徙義武、鳳翔、河東三鎮。簡求爲政長權變，文不害，居邊善綏御，人皆安之。後以太子少師致仕。卒，贈尚書左僕射。

薛存誠〔四二〕。字資明，寶鼎人。中進士第，累官給事中。遇事不可，輒執敕不下，憲宗悦，遣使勞之。拜御史中丞，劾浮圖鑒虚關通姦狀，得贓數十萬，當以大辟，詔釋之。存誠以死争，卒抵罪。性和易，于人無所不容，及當官毅然不可奪。子廷老，及進士第，累官給事中，在公卿間侃侃不干虚譽，推爲正人。

薛苹。寶鼎人。父順，奉天尉，與楊國忠有舊，及用事將引之，輒謝絶。苹以長安令，歷虢州刺史，憲宗時擢湖南觀察使，徙浙東，以治行遷浙西，加御史大夫，封河東郡公。所居守法度，務在安人。所衣緑袍更十年，至緋衣乃易，聲樂不聞於家，得禄即分散親故而無餘藏。除左散騎常侍，致仕。卒，謚曰宣。子膺，太和初爲右補闕、内供奉。其弟齊，佐興元李絳幕府，絳遇害，齊死于難，膺聞不及請，馳赴之，哀甚，聞者垂泣。後歷工部員外郎。

胡証。字啓中，河東人。舉進士第，累官諫議大夫。元和中党項屢擾邊，而單于都護府累更武將，職事廢，証以儒而勇，選拜振武軍節度使。太和公主嫁回鶻，以檢校工部尚書爲和親使。舊制，行人有私覿禮〔四三〕，証請儉受省費，以絶鬻官之濫。回鶻屢欲屈脅之，証固不從，訖不辱命。拜嶺南節度使，卒。

趙匡。字伯循，河中人。與陸淳、啖助同解春秋，後學宗之。

薛戎。字元夫，寶鼎人。客毗陵陽羨山，柳冕爲福建觀察使〔四四〕，辟佐其府。馬總貶泉州別駕，冕欲陷總附倖家，使戎攝刺史按其罪，戎不從。冕怒，囚之他館，環兵脅辱之累月，戎終不爲屈，會冕死得解。累遷浙東觀察使。戎爲吏不尚約束詭名譽，有善歸之所部，故居官時無灼灼可驚者，已罷則懷之。悉俸廪賙濟内外親，無疏遠皆歸之。弟放，端厚寡言，第進士，累擢兵部郎中。穆宗爲太子，拜侍讀，既即位，常問：「學經安得其要？」對曰：「論語，六經之菁華；孝經，人倫之本。人知孝慈則氣感和樂也。」帝然之。終江西觀察使，謚曰簡。

樊宗師。字紹述，澤之子。始爲國子主簿，擢軍謀宏遠科，歷綿、絳二州刺史，皆有德于民。進諫議大夫，未拜卒。宗師家饒于財，悉散施姻舊賓客，妻子告不給，宗師笑不答。力學多通解，所著述甚多，韓愈稱宗師議論平正有據，嘗薦其材云。

馬存亮。字季明，河中人。元和時累擢左神策中尉，軍所籍凡十餘萬，料柬尤精〔四五〕，伍無罷士，部無冗員。敬宗初張韶之變，上驚，入左軍。存亮出迎，捧帝足泣，負而入。以五百騎往迎二太后，比至而賊已斬關入清思殿，存亮遣神策諸軍討殺賊，遲明盡捕餘黨，車駕還宮，一時功最高，乃推委權勢，求監淮南軍。太和中以右領軍衛上將軍致仕，封岐國公。存亮逮事德宗，更六朝，資端畏，善訓士。始去禁衛，衆皆泣。唐世中人以忠謹稱者，西門季玄、嚴遵美及存亮三人而已。

敬晦。字日彰，括之孫。進士及第，累擢諫議大夫。武宗時趙歸真飾詐以罔天子，御史平吴湘獄，得罪宰相，晦皆上疏極言，不少回縱。大中中遷御史中丞，以太子賓客分司。卒，謚曰肅。

司空圖。字表聖，虞鄉人。父輿，有風幹，大中時户部郎中。圖咸通末進士，累官禮部郎中。黄巢陷長安，將奔，不得前，圖弟有奴段章者陷賊，執圖手曰：「我所主張將軍喜下士，可往見之，無虚死溝中。」圖不肯往，章泣下，遂奔咸陽，間關至河中。昭宗遷洛陽，柳璨希賊臣意，誅天下才望，詔圖入朝，圖陽墮笏，趣意野耄，璨知無意人世，乃聽還。圖本居中條山王官谷，有先人田，遂隱不出。時寇盜所過殘暴，獨不入王官谷，士人依以避難〔四六〕。朱全忠已篡，召爲禮部尚書，不起。及哀帝弑，圖不食而卒。

薛廷珪。河東人。父逢，進士第，歷侍御史、尚書郎，持論鯁切。廷珪進士及第，累官尚書左丞。朱全忠兼四鎮，廷珪以官告使至汴，客將先見，諷其拜，廷珪佯不曉，曰：「吾何德，敢受令公拜乎？」及見，卒不肯加禮。

五代　唐

裴皞。字司東，河東人。唐光化中進士，事後唐爲禮部侍郎。喜議論，每陳朝廷闕失，多斥權臣。改太子賓客，晉高祖時拜右僕射，致仕。宰相馬胤孫、桑維翰皆皞禮部所取士。

晉

楊彦詢。寶鼎人。高祖鎮太原，以爲太原節度副使〔四七〕。天福中從鎮國，會歲大饑，爲政有惠愛，民賴以蘇。以疾罷爲金吾衛上將軍〔四八〕。卒，贈太子太師〔四九〕。

宋

苗訓。河中人。素善天文占候之術，周顯德末從太祖北征，日上復有一日，久相摩蕩，指曰：「此天命也。」既受禪，累擢檢校工部尚書。子守信，少習父業，太平興國中詔造乾元曆〔五〇〕，頗精。

袁彦。河東人。少以趫勇應募，從周世宗討淮南有功，累官彰信軍節度使，宋初加檢校太尉。

薛顔。字彦回，萬泉人。舉三禮中第，爲嘉州司户參軍，累遷金部員外郎，改河東轉運使。真宗祀汾陰，徙陝西，河中浮橋歲敗，顔即北岸釃上流爲支渠，以殺水怒，因取渠水溉其旁田，民利之。官至光禄卿，分司西京，卒。

劉綜。字居正，虞鄉人。雍熙二年進士。由邛州軍事推官歷任中外，累官右諫議大夫。强敏有吏才，所至抑制豪右，振舉文法。每上疏言事輒見嘉納，上倚賴焉。

姚宗明。永樂人。十世祖棲雲，唐貞元中戍邊，棲雲之父代兄役，戰殁塞上。棲雲三歲，母再嫁，養于伯母，伯母亡，棲雲葬之，又招魂葬其父，廬墓終身。至宗明十世同居，仁宗詔復其家。宗明生用和，用和生士明，士明生德，又三世五十餘年，孝睦不衰。姚氏世爲農家，聚族百餘人，歷三百餘年無異辭者。

李興。河東人。咸平間契丹内侵，真宗狩魏，興以東班殿侍隨節度使康保裔赴敵，軍陷，興死之。詔其子桓爲西班殿直〔五一〕。

薛田。字希稷，河東人。少師事种放，與魏野友善，性和厚。第進士，起家丹州推官，以幹敏數爲大臣所稱，累遷至右諫議大夫，知同州。

薛向。字師正，萬泉人。以祖顔任爲太廟齋郎、永壽主簿，元豐元年累官同知樞密院。向幹局絶人，尤善論兵，歷内外任皆展奮材業。卒，謚恭敏。子紹彭，有翰墨名。

穆衍。字昌叔，河中人。第進士，調華池令，轉知淳化。從韓絳宣撫陝西，遇慶卒潰亂，衍念母在耀州，亟謁歸。信宿走七驛，比至，慶卒知衍名，不敢近。後考課爲一路最，累遷陝西轉運使。

金

麻秉彝。字仲常，虞鄉人。性純孝，幼敏悟，八歲能屬文。皇統九年進士，調河中府寺丞，歷大興府推官、岳陽縣令，終兵部侍郎。秉彝爲政主仁，濟以强明，所莅人畏愛之。孫革，字信之，樂道不仕，以詩文自娱，其名與元好問相上下云。

王庭筠。字子端，河東人。大定進士第，調恩州軍事判官〔五二〕，有政聲。累官翰林修撰。泰和二年卒，詔求平生詩文藏之秘閣，又以御製詩賜其家。庭筠詩律深嚴，兼善書法，其薦引及從政者皆一時名士，世以知人許之。子曼慶，亦能詩並書，仕至行省右司郎中。

李獻能。字欽叔，河中人。貞祐三年賜詞賦進士，廷試第一，授翰林應奉文字，累遷修撰。應機敏捷，號爲得體，趙秉文、李純甫嘗曰：「獻能天生翰苑材。」故每薦之不令出館。事母以純孝稱。年四十三，爲趙偉所害。

李獻甫。字欽用，獻能從弟。博通書傳，有幹局。興定五年登進士第，累辟行臺令史。正大初夏使來請和，有口辨，議者不能折，往復數日，至以歲幣爲言，獻甫不能平，屢折之，夏使語塞，和議乃定。朝廷録其功，授慶陽總帥府經歷官，累遷鎮南節度副使。死于蔡州之難，年四十。

陳賡。臨晉人。累官行中書省參議。有才名，與元好問相倡和。及卒，大同儒學教授房祺録其詩，與麻革、段成己等八人，號河汾諸老詩。

强伸。本河中射糧軍子弟，膂力過人。後客洛下，署中京警巡使，時中京元帥任守真敗死，人推伸爲府簽事。甫三日，元兵圍之，東、西、北三面多樹大砲，伸括衣帛爲幟，立之城上，率士卒赤身而戰，以壯士五千人往來救應，所至必捷，三月不能拔。哀宗降詔褒諭，以爲中京留守，願以死自效。未幾，行總帥府事。糧盡兵散，城不能守，乃突東門出，轉戰至偃師，力盡被執，擁迫見大帥，語不遜，左右力持使北面，卒南向，遂殺之。

侯小叔。河東人。爲河津水手，貞祐初籍充鎮威軍，以勞補官。元光元年遷河中府判官，權河東南路安撫副使，還治中。樞密院奏小叔才能可用，權位輕，不足威重，乞假符節，詔權元帥左都監，有撫定功。元光二年正月，元軍騎十萬圍河中，無援城破，小叔死之。

南仲。猗氏人。有孝行。元兵至，先士卒死之。

元

劉哈喇巴圖魯。河東人。世業醫，至元中召見，世祖謂其目有火光，異之，留侍左右。錫勒吉叛，布哩特穆爾奉命往討，帝諭從行。將行，聞母疾，請歸省。既見，不敢以遠役告，母諭使遠行，遂辭去，忍淚不下，而鼻血暴出，數里不止。既獲錫勒吉，獻俘行宮，帝輟羊胾以賜，割其美者懷之，曰：「母幸存，請以遺之。」帝嘉其志，命自今賜食必先其母。官至御史中丞。「劉哈喇巴圖魯」舊作「劉哈喇八都魯」，「錫勒吉」舊作「昔里吉」，「布哩特穆爾」舊作「別里鐵穆爾」，今並改正。

察罕。本西域人，父布圖訥來歸，授河東民賦副總管〔五三〕，因居河中猗氏縣，後徙解州。察罕生于河中，博覽强記，通諸國字書。鄂勒郭齊參政湖廣，進平章，移治江西，察罕爲掾屬，出入兩省二十餘年，多著勳績。大德中除武昌路治中，以治最聞。仁宗即位，拜中書參知政事，總持綱紀，不屑細務，識者謂得大臣體。皇慶元年進榮禄大夫、平章政事，乞歸解州，卒。察罕天性孝友，田宅之在河中者悉分與諸昆弟，貧來歸者復分與之，縱奴爲民者甚衆，人多稱長者。「布圖訥」舊作「伯德那」，「鄂勒郭齊」舊作「奥魯赤」，今並改正。

樊珪。臨晉人。有孝行。至大間任大都提舉，母思之，哭泣喪明。珪聞即告歸，以舌舐母目，七日復明。事聞，詔旌爲孝感之門。

杜昭。萬泉人。幼失母，繼母吴撫之，及長事吴至孝，吴卒廬墓側，朝夕哭奠，終三年。

王廷祥〔五四〕。猗氏人。事父母孝謹，每飲食必拜獻。父病背癰，以口吮膿而愈；母失明，舌舐復明。事聞，旌表其門。

明

丁玉。初名國珍，河中人。有文武才，由九江知府歷守永州，爲平羌將軍，討賊守城，屢著功績，太祖手敕褒美。官至左都御史。

蔡瑄。榮河人。洪武中以學行貢于廷，授儀禮司序班，有賢聲。累擢通政司使，出納以公，紏正乖謬，百僚肅然。尋以疾還，卒于道，太祖御製文以祭之，賜賻，復其家三年。

袁泰。萬泉人。洪武進士，累官右都御史。處心廉直，執事不撓，良善獲安，姦邪不得肆志。及卒，上遣使致祭焉。

王約。猗氏人。母疾病，二十餘年不離左右，及卒，廬墓躬自負土，苫塊成喪。正統間旌表。

荆詡。猗氏人。正統舉人，與兄志生于涿郡，受業于薛瑄之門，瑄以詩授，至今邑弟子業詩者皆宗其説。

楊瑩。蒲州人。天順進士，官四川參政。瑩爲人清介絶俗，有古風。初仕行人使蜀，蜀王餽之金不受，及仕參政歸，王贐之又不受。韓文在政府，與瑩爲同鄉素交，以書問瑩，瑩不答。其素節如此。

謝廷桂。蒲州人。景泰中鄉舉第一，會試時曹石輩争館之，廷桂拒曰：「君危如朝露，欲浼我耶？」成化初同知常州，廉明果斷，治行爲江左第一。升河間知府〔五五〕，未任，上十餘章，被謫。

景佐。蒲州人。弘治進士，知東安縣有惠政，遷都察院經歷。忤劉瑾下獄，尋謫開州判官，累升河南參政，所至執法，吏民莫敢犯。從子溱，正德進士，與兄瀾相友愛，嘗途遇盜，兄弟争代死，以免于難。

鄭岳。字汝華，蒲州人。弘治進士，授户部主事，歷湖廣僉事、廣西副使，調廣東，所至有異政。升江西布政使，以事爲宸濠所陷，罷歸。嘉靖初擢右副都御史，巡撫江西，請賑恤受兵郡縣，論次討逆軍功，贈禮死事諸臣，皆報可。累遷兵部左侍郎。大同兵變，議令首領官各舉首惡，事立定。後以議大禮奪俸乞歸。

黄連。字續之，萬泉人。正德初以監生授湖州府檢校，居官清謹。升大興縣主簿，會流賊犯境，帥民兵暨家僮追剿之，斬殺頗多，賊怒益兵，援絶死之，贈大興知縣。

王璽。字荆玉，猗氏人。正德進士。除行人，册封藩府，纖毫無所受。累遷寧夏道，飭戎政，繕邊防。時慶王官校横甚，璽繩以法，遣戍五十餘人。復監兵榆林，以疾乞歸。

李軏。字大器，萬泉人。親死，廬墓側三年。正德中授江西南康府照磨，值流賊陷郡城，守城皆遁，軏獨與妻子死節幕下。

楊守禮。字秉節，蒲州人。正德進士。嘉靖初歷湖廣僉事，有平賊功，巡撫四川，累破諸番，改撫寧夏。進右都御史，總督軍務，以功加兵部尚書、太子少保。守禮才器敏達而有節操，廷臣舉邊才以守禮爲稱首云。

楊博。字惟約，蒲州人。嘉靖進士，歷職方郎中，累拜右僉都御史，巡撫甘肅，尋以兵部左侍郎總督薊、遼、保定，所至有功，擢尚書。嚴嵩父子竊柄，博不爲撓，已出鎮宣大山西，召還，先後條議數十萬言，帝倚爲左右手。隆慶初爲吏部〔五六〕，請録建言諸臣死者皆贈恤。尋謝病歸，復起兵部，終吏部尚書。博有識量，遇事安閒，文臣知兵者一時無出其右。高拱欲危徐階，博救得解，及張居正逐拱，博争尤力，時稱長者。卒，贈太傅，謚襄毅。子俊民，嘉靖進士，萬曆中歷官户部尚書，數請罷礦税内臣，核減加增邊餉。卒，贈少傅兼太子太傅。

張四維。字子維，蒲州人。嘉靖進士。嫻文辭，倜儻有才智，累擢吏部侍郎。神宗時代張居正爲首輔，以憂歸。卒，贈太師，謚文毅。

王光宇。字德潛，臨晉人。嘉靖進士。性孝友，母目盲，光宇禱于天，復明。歷官户部郎中，督糧甘肅，擢陝西按察僉事，分巡隴右，治民、禦敵皆有異績。

王崇古。字學甫〔五七〕，臨晉人。嘉靖中進士，歷常、鎮兵備副使，三遷至僉都御史，巡撫寧夏。崇古少喜談兵，具知諸邊險要，又身歷行陳，習兵事，至是内修戰守，外納降附，視他鎮獨强。尋總督陝西、寧夏、甘肅軍務，前後獲首功甚多，改督宣大山西。納俺答孫巴罕内齊降，力持封貢議，自是邊境休息。累官少保、兵部尚書。卒，贈太保，謚襄毅。子謙，萬曆初進士，官工部主事。榷税杭州，羅木營兵變，脅執巡撫吴善言，謙馳諭乃解。終太僕少卿。「巴罕内齊」改見統部。

賈仁元。萬泉人。嘉靖進士。由歷城知縣歷外内任，累官兵部尚書。清潔著聞，多立功績。卒後遣官祭葬，給墓田七十畝。

何東序。猗氏人。嘉靖進士。歷徽州知府，剛毅有執，力鋤豪强。調衢州，綜理精密，剖決若流，吏民畏服。累擢右僉都御史，巡撫延綏，申嚴紀律，將士效命，出紅山塞大捷。以母喪歸，哀毁廬墓，服闋遂不出。及卒，門人私謚曰文欽。

周有光。字賓岡，榮河人。隆慶進士，授户部主事，歷陝西僉事。核軍糧之冒濫者，葺邊墻，自皂礬溝至喜鵲溝二百餘里，西鄙獲安。終漢南西夏監司〔五八〕。

張庭。蒲州人。萬曆進士，授户部主事。張差挺擊事起，上言：「姦人狙擊青宫，陛下宜立窮主謀，乃廷臣交章，一無批答，何也？」不報。再遷郎中，引疾歸。天啓初贈光禄少卿。

荆州士〔五九〕。字至元，臨晉人。萬曆進士，除臨朐知縣，有殊政。擢山東道御史，巡按南京，以便宜發賑，全活災黎，爲德於三吳甚鉅。累官僉都御史，巡撫河南。下車即請寬逋賦，招集流亡，事無大小必躬爲經理，竟以積瘁卒官。

韓爌。字象雲，蒲州人。萬曆中進士，累官禮部侍郎。光宗立，進尚書兼東閣大學士，與方從哲、劉一燝同受顧命輔熹宗，竭誠翼衛，中外倚重。累加吏部尚書、建極殿大學士。楊漣劾魏忠賢二十四罪，忠賢懼，求援於爌，爌不應，忠賢深銜之。尋代葉向高爲首輔，每事持正，而忠賢勢益張，竟矯旨削籍歸。莊烈帝立，以原官召還，與李標、錢龍錫共定逆案。踰年引疾歸。李自成陷蒲州，憤悒而卒。

馮守禮。猗氏人。早有志操，舉於鄉，歷官萊蕪知縣。致仕家居。崇禎十五年與二子攄奇、拱奇並殉難。

本朝

賈道醇。蒲州人。以貢生爲太谷教諭。順治五年署縣事，適姜瓖之變，殉難，贈國子監助教。

左成名。永濟人。順治間以貢生爲岳州府經歷，署慈利令。山賊攻破慈利，成名不屈死之。事聞，厚恤其家。

馮皐强。永濟人。順治乙未進士，同知漢中府。吴三桂反，隨大軍進討，至擂鼓臺爲賊所獲〔六〇〕，誘之降，不屈，囚古寺五年，漢中復，以原官起用。

王巖楨。字惟肖，猗氏人。順治初土寇倡亂，縣令將委城遁，巖楨曰：「官猶心也，民猶體也，心静則體安。公第坐鎮之，賊當立敗耳。」竟如其言。己丑寇大起，城陷，令突圍入秦請兵，將屠城，巖楨單騎要之途，具言令家室無恙、猗人無罪狀，禍乃解，又請釋軍中被繫子女若干人。巖楨篤行好古，學者宗之。

衛既齊。字伯巖〔六一〕，猗氏人。父紹芳，順治初進士，累任漳南僉事，轉川北道參議，所至有平賊功。既齊康熙初以進士入翰林，外補覇州州判，攝固安、永清、平谷三縣，俱有治績，累擢山東布政使。居官廉潔，署巡撫事，釋無辜數百人。官至右副都御史，巡撫貴州，後督工高家堰卒。

吴雯。字天章，蒲州人。事母暨祖母以孝聞，嗜讀書，康熙十七年舉博學宏詞。

劉養德。臨晉人。家貧，傭力奉母，甘旨不少缺，人稱其孝。後歲凶，負母走豫，道遇賊，揮刃及其母，養德以身捍母，刀忽折爲二，賊相顧錯愕去，母子俱獲全。

韓啓芳。臨晉人。性至孝，鬻子葬父，終三年不入内。母病危，禱于扁鵲祠，跪七晝夜，血流濺地，夢神賜藥而愈。比殁，廬墓三年。嘗冒雪夜行，有狼導之至塋，塋中有異草，高八九尺，春花冬萎，至啓芳終制乃已。

邵嗣堯。字子昆，猗氏人。康熙進士，知臨淄縣，又補柏鄉。落職後，以薦授清苑知縣，入爲監察御史，調直隸守道，卒於江南學政。嗣堯性廉介，遇事霆發機激，勢要憚之。歷三縣皆有善政。及督學江南，試三郡，清名大著。卒，自製布衣以殮，諸生建祠祀之。

令狐言東。猗氏人。康熙中舉于鄉。居家孝友，博學能文。值歲祲，按户給粟，里人賴之。乾隆十一年入祀鄉賢。

崔效林。永濟人。雍正七年同邑高世澤遺金珠于道，拾而還之，世澤願分其半，堅不納，鄉人義之。事聞，恩給八品服。

楊奉時。滎河人。事繼母至孝，兄分居而殁，奉時迎嫂與姪合炊焉，鄉里高之。乾隆十八年旌。

劉步月。永濟人。孝行著聞。嘉慶元年旌。

荆道乾。臨晉人。乾隆二十四年由大挑知縣歷官安徽巡撫，實心任事，清操著聞。嘉慶七年卒，賜祭一壇。

潘克升。滎河人。孝行著聞。嘉慶五年旌。

流寓

唐

李商隱。河内人。會昌中嘗移家寓河中永樂縣，故集中多永樂之咏。太原温庭筠名與商隱齊，大中間商隱節度河中，庭筠依之，亦僑河中，有蒲州河亭陪節度讌游之作。按：商隱集有寄劉韋二前輩詩，自注云：「二公嘗于此縣寄居。」不知其何人也。

蕭遘。蘭陵人，宰相寘子。中和初歷兵部侍郎、同平章事，累遷尚書左僕射。襄王僭立，召作册，苦辭，罷爲太子太保。遘移疾，以弟蘧爲永樂令，往依之。僖宗還，賜死于永樂。遘爲大臣有峻望，逢時不幸，不以令終，士人惜之。

王徽。杜陵人。歷拜户部侍郎、同平章事。廣明之亂，徽奔赴行在，爲賊所得，迫授僞命，不屈，乘間竄之河中，遣人間道奉絹表入蜀，詔守兵部尚書，充東面宣慰排陳使。賊平，累遷檢校司空、御史大夫，知京兆尹事。忤權臣，罷使務，授太子少師。移疾退居蒲州，與司空圖游。襄王熅僞制至河中，詔徽赴闕，托以風疾不行。熅逼内外臣寮署誓狀，徽稱病，竟不署名。

元

李純夫。燕山人。弱冠登進士，不樂仕進，棄官爲黄冠，卜隱王官谷，構庵貽溪之上，自號孤雲子。大德二年卒，年五十八。

列女

南北朝　魏

姚氏女。字女勝，河東人。少喪父，無兄弟，年六七歲，人言其父輒垂泣。正光中母死，女勝年十五，哭泣數日不勝哀，遂死。太守崔游請立碑製文表其門閭，比之曹娥，改其里曰上虞里。墓在郡城東六里大道北，今名孝女冢。

郭牙妻崔氏。解人。牙爲金州刺史，留崔養姑，姑病方劇，牙訃適至，崔忍哀奉侍，不令姑知。姑卒，牙喪亦至，崔治二喪，營葬畢，不食死。鄉人表爲孝節之門。

隋

襄城王恪妃柳氏。河東人。父旦，循州刺史。妃姿儀端麗，爲妃未幾恪廢，妃事之愈敬。煬帝嗣位，恪徙邊，帝令使者殺之于道，恪與辭決，妃曰：「王死，妾誓不獨生。」恪棺殮訖，妃謂使者曰：「妾誓與楊氏同穴，若身死得不別埋，君之惠也。」遂自經而卒。

裴倫妻柳氏。河東人。少有風訓。大業末倫爲渭源令，薛舉之亂，城陷遇害，柳時年四十有二，女及兒婦三人皆有美色，柳氏謂之曰：「我門風有素，義不受辱，我將與汝同死。」其女等垂泣曰：「唯命。」柳氏遂投井，女及婦相繼而下，皆死井中。

唐

敬氏。河東人，字象子。適樊氏，生子會仁而夫死，事舅姑能順。家以其少，欲嫁之，潛約婚于里人，至期敬伺隙遁去，家追及半道，以死自守，乃罷。會仁未冠卒，敬母又終，既葬曰：「母死子亡，何生爲？」不食數日卒。

林氏。寶鼎人，薛播伯母。通經史，善屬文，躬授諸子經，及播兄弟，開元、天寶間播兄弟七人皆擢進士第，爲衣冠光。

元

薛圭妻王氏。猗氏人。年二十適圭，生子璧，甫周歲圭卒，養姑育子，守節弗渝。璧妻杜氏從戍歿，杜氏年二十六，父母勸更適，杜曰：「妾姑守節，妾忍棄姑失節耶？」卒不能奪。璧從弟珍娶趙氏，年二十珍亡，無子，亦守志不他，事姑彌謹。至元間俱旌表。

明

解輝妻董氏。蒲州人。年二十二輝亡，子幼家貧，父母諷之嫁，董泣曰：「夫死易節，貧富二心，非人也，況舅姑老、子弱，奚忍棄之？」終身蓬首垢面，力績以奉舅姑，舅姑歿，哭泣盡哀，與其子親負土穿壙以葬。天順五年旌表。

牛貞女。蒲州人，牛仲明女、劉愷未婚妻。愷客外，先娶衛，衛卒遺一子，愷父母爲聘女，預迎以歸。無何愷死中途，櫬及遺孤抵里，女撫孤若己出，事舅姑至孝。服禫，父母勸之嫁，曰：「汝未配，非改節也。」女曰：「身既歸劉即劉婦矣，親老子幼，尚奚適耶？」父兄陰納施氏聘，女泣愷神主前，五日不食死。

楊聯芳妻令狐氏。猗氏人。少有至性，從父鏜受列女傳〔六二〕。芳舉于鄉，尋卒，氏方二十七，父母勸之嫁，不從，守節二十餘年卒。

田民皞妻雷氏。蒲州人。崇禎十五年冬，流賊任國奇兵過蒲，雷被擄投井死。又盧世臣妻田氏，亦與母雷氏結衣投井死。

韓于宣妻薛氏。蒲州人。崇禎十七年闖賊陷城索餉，于宣自縊，薛數日不食，聞賊擊門亦自縊。又同州喬及芳妻張氏、喬振翰妻楊氏、王應寵妻楊氏〔六三〕、妾薛氏皆以流賊至死。

姚在陞妻胡氏。臨晉人。闖賊將及蒲，胡謂子婦李氏曰：「生而失節，不若死。」遂將幼子付乳母，投井，李即繼之。

李世昭妻王氏。臨晉人。闖賊入境，王避難峨嵋原土穴中，賊搜獲驅出，據地不起，賊呵之，且脅以刃，王曰：「頸可斷，義不可辱。」賊曳之行十餘步，乘間投深崖死。

郭建極妻孫氏。榮河人。年十七，闖賊亂，匿山穴中賊搜得，見孫美，牽其手，孫奮力脱之，投崖下死。

喬拱秀妻令狐氏。猗氏人。崇禎初拱秀父應甲卒，偕妻被逮，吏迫就道，手推令狐拂其指，令狐憤然作色曰：「吾指豈爲賊汚耶？」遽引刀斷之。

郝伯江義女〔六四〕。猗氏人。適張有春，年十七遭闖賊之亂，抱子匿井中，賊以火薰之不出，竟死。

廉名揚妻陸氏。猗氏人。闖賊亂，陸同母劉氏逃匿，爲賊所得，誘之不從，脅載馬上行，陸輒自投下，罵不絶聲，賊遂殺之。

本朝

葛振盛妾趙氏。永濟人。姜瓖之亂，趙與夫並被擄，密以簪珥投夫曰：「勿認我爲婦，懼爲汝害。」兵欲亂之，抽刃以脅，趙引頸迎刃而死。同被害者張述善妻李氏、王浩元妻李氏、張羖妻韓氏，皆投崖死；展奇弟妻王氏〔六五〕，被挾上馬，力墜者再，賊怒殺之。

孫烈女。臨晉諸生孫永徽女。字孟某，于歸前五日夫卒，女日夕泣，遘危疾，未幾死。

衛大垣妻馬氏。臨晉人。年十七夫亡，方娠，勺水不入口者數日，後生子弘〔六六〕。撫之十有二歲，偶至外氏，有諷之嫁者，馬泣曰：「孤已長，吾生固爲贅疣。」攜孤還家，備言身後事，潛自縊，年二十八。

王貞女。虞鄉人，王業建女。許字魏述基，將嫁夫死，女絶飲食三日，請往弔，父許之，至則持服奉姑，撫族子爲嗣。邑令旌之。

張五綱妻崔氏。榮河人。姜瓖之亂，潛匿高窑，賊入牽之，崔投百尺崖死，年二十。

楊月蘭妻解氏。萬泉人。性貞淑，年十八守正被戕。邑令旌其墓。

衛中夏繼妻王氏。猗氏人。夫歿守志，笑嚬不苟。及年當旌，闔學議請，王曰：「守節分也。」命子芳謝止之〔六七〕。後芳爲副使，孫既齊官翰林，王猶紡績，壽七十七。

荆天福妻張氏。猗氏人。年十七夫亡，生子甫三月，值歲饑，翁欲嫁之，堅不從。翁避荒異地，遺七旬祖姑，張紡績資養，後數年翁歸見母，幼孫已成立，乃大慟曰：「吾負孝婦矣。」邑令旌之。

荆起瑞妻王氏。猗氏人。夫亡，遺一子一女，貧甚，夫弟將奪而嫁之，王投井死。同縣史書妻張氏，夫卒，父勸其改適，潛受人聘。張聞自縊死。

岐烈女。猗氏人。字李軒之子，軒子與人戲，悮中箭死。女聞，取聘帛自縊。

王貞女。萬泉人，王昌祉之女。年十六守正被戕。康熙年間旌。

郭琛妻荆氏。猗氏人。生子不育，琛病革，荆慟哭於母曰：「願及其未瞑，先死以博一顧。」母止之不得，遂吞毒，腸斷背裂〔六八〕，見者雨泣，琛亦尋卒。康熙年間旌。

尚苗姐。永濟人，尚正基女。守正被戕。雍正年間旌。

張大志妻秦氏。永濟人。守正捐軀。同縣烈婦吉無僞妻李氏、甯孝妻李氏、仝大義妻石氏，又節婦劉加武妻崔氏、李萬縉妻楊氏〔六九〕、張育藩妻樊氏、姚津妻劉氏、翟萬禧妻胡氏、楊朔妻姚氏、李薰芳妻張氏、趙懷瑾妻劉氏、李作舟妻吕氏、侯法妻鄭氏、王樞妻陳氏、齊宗德妻荆氏、荆養棟妻雷氏、周昌耀妻陳氏、李本固妻楊氏、楊若棠妻王氏、韓經祖妻楊氏、韓啓瑜妻鄧氏、樊世韓妻韓氏〔七〇〕、吴學敏妻史氏、崔大將繼妻楊氏、張育英妻馮氏、李廣增妻周氏、張鐸妾龔氏趙氏、王景清妻季氏、高廣妻吉氏、王廷桂妻郭氏、趙宗臣妻高氏、李曾繼妻田氏、劉芳聲妻王氏、薛大豐妻劉氏、王大安妻蒲氏、楊翹相妻王氏、劉元恕妻尉氏、張瓆妻姚氏、張綸妾楊氏〔七一〕、尚允執妾張氏〔七二〕、孟挺妻王氏、杜溓妻劉氏、李希正妻馮氏、薛大紀妻王氏、楊珏妻吴氏、劉倬妻任氏、石廣寶妻尚氏，俱乾隆年間旌。

陳義妻王氏。臨晉人。守正捐軀。同縣貞女徐氏，節婦譚大學妻段氏、黄剛妻鄧氏、姚格妻王氏、王信妻郝氏、馬育才妻衛氏〔七三〕、宋步旦妻吴氏妾高氏、任天祥妻屈氏、任廷琇妻王氏、吴志高妻劉氏、梁邦妻程氏、王肅鑒妻荆氏、朱文英妻樊氏、許爾璋妻曹氏，俱乾隆年間旌。

韓維葉妻侯氏。虞鄉人。守正捐軀。同縣貞女王柏英，節婦任德英妻劉氏、李近計妻姚氏、麻世僑妻翟氏、杜世玉妻景氏、杜明珍妻吴氏、羅九法妻張氏、張清妻陳氏、胡允德妻高氏、汪石妻李氏、薛鵬妻戈氏、朱葉妻葉氏、王國儲妻楊氏、安瑨妻韓氏、雒司煊妻汪氏、麻懷祖妻顔氏、程立學妻張氏，俱乾隆年間旌。

郭鎾妻周氏。榮河人。守正捐軀。同縣節婦范鑽妻史氏〔七四〕、黄廷蘭妻賈氏、張瑞凝妻趙氏、聶夢麟妻薛氏、孫一元妻杜氏、王夢熊妻樊氏、姚登第妻張氏、高登雲妻張氏、張明德妻陳氏、張大鯤妻甯氏、屈鳳祥妻楊氏、史瑄妻王氏、薛國瑚妻李氏、馮明耀妻王氏、吴克温妻薛氏、范承烈妻賈氏、李運隆妻賈氏、王詠妻韓氏、陳永昌妻暢氏、王無疆妻賈氏，俱乾隆年間旌。

李君治妻張氏。萬泉人〔七五〕。守正捐軀。同縣節婦薛如蘭妻王氏、郭侯垣妻張氏、潘德涵妻聶氏、潘善繼妻趙氏、武燕妻楊氏、潘一青妻李氏、李久泰妻薛氏、范衛彦妻李氏、范回林妻陳氏、王鍴妻尉氏、王庚茂妻謝氏、高正妻馮氏、潘河榮妻楊氏、孫秉直妻竹氏、樊梗妻王氏、王治民妻崔氏、陳大有妻閻氏、陳建基妻王氏、潘大檀妻武氏、楊繼藩妻王氏、盧安仁妻郭氏、范文妻于氏〔七六〕、崔有年妻盧氏、竹大建妻蔡氏、黄君壽妻蔡氏、王炷妻張氏、武新政妻樊氏、薛威妻李氏、潘吕嵩妻李氏、張多載妻聶氏、樊培洛妻郭氏、茹秉禮妻張氏、王維祺妻閻氏、王若義妻竹氏、薛允盛妻王氏、柴民治妻賈氏、張崇妻武氏、余文元妻王氏，俱乾隆年間旌。

予蒲妻李氏。猗氏人。夫亡守節。同縣節婦王舍弘妻令狐氏、衛維璣妻李氏、張中侯妻陳氏、廉超睿妻李氏、管文蘭妻趙氏、喬學愚妻介氏、陳萬妻喬氏、杜丕振妻郭氏、喬湇崐妻郭氏、雷錫京妻王氏，俱乾隆年間旌。

呂文緯妻姬氏。永濟人。守正被戕。同縣烈婦呂文威妻姬氏、張正興妻蕭氏、趙廷寮妻段氏，節婦黄滽妻任氏、胡乃疆妻秦氏、張茂珍妻周氏、亢宗周妻李氏、樊步科妻吴氏，俱嘉慶年間旌。

許建由妻徐氏。臨晉人。守正捐軀。同縣烈婦焦矢娃妻姚氏、王溝娃妻趙氏，節婦陳肇魁妻樊氏，俱嘉慶年間旌。

王庭祥妻楊氏。虞鄉人。夫亡守節。同縣節婦楊曰旦妻高氏、陳習樂妻劉氏、解學德妻王氏、趙乃輝妻黄氏，俱嘉慶年間旌。

潘叶坎妻武氏。榮河人。夫亡守節。同縣節婦余王氏、楊考政妻吴氏、潘錞妻郭氏、茹克元妻張氏、李始升妻潘氏，俱嘉慶年間旌。

淮金柱妻趙氏。萬泉人。守正捐軀。同縣烈婦楊十娃妻吴氏，節婦張如琇妻曹氏、范生花妻王氏、淮大中妻丁氏，俱嘉慶年間旌。

喬禄娃妻路氏。猗氏人。夫亡守節。同縣節婦王來燕繼妻李氏、雷佩玿繼妻姚氏，俱嘉慶年間旌。

仙釋

隋

智山。河東人，劉氏女。爲比丘尼，有戒行，沉静寡言，談成敗吉凶皆驗。文帝生于馮翊般若寺，紫氣充庭，智山自河東至，謂皇妣曰：「此兒所從來甚異，不可于俗間處之。」將帝舍別館，躬自撫養。皇妣抱帝，忽見頭上角出，徧體鱗起，大駭，墜之地，智山自外入，見曰：「已驚吾兒，致令晚得天下。」帝既踐阼，每以神尼爲言，殁後即葬寺中，爲起金浮圖，仍令天下舍利塔内各造智山像。

曇延。猗氏人，王氏子。有奇表，身長九尺，手垂過膝，目光外射。初聞講涅槃經悟旨，詞辨優贍〔七七〕。有薛居士者，嘆爲希世挺生。已住河東棲巖寺，開皇間旱，命延禱之，甘雨大注。

慧海。虞鄉人，姓張氏。曇延弟子。年十八講涅槃，文旨洞曉。文帝姊成安長公主欽其德望，立伽藍静法寺居之。仁壽初文帝頻頒璽書，分布舍利，每感異祥。大業二年圓寂本寺。

唐

道愻。虞鄉人，姓張氏，曇延弟子，晚住蒲州仁壽寺。貞觀中有請講涅槃者，固辭，人怪之，曰：「恐不終此席耳。」後果念經三日卒，經夕異花繞屍，披地湧出，莖長二尺許，色甚鮮榮，折納瓶中逾年不萎。

靈潤。虞鄉人，姓梁氏。年十三初聽涅槃，即通文旨。後聞泰岳靈巖寺僧規清肅，乃杖策尋焉。貞觀中住弘福寺，房玄齡遇之，歎曰：「居宗揚化，惟此一人也。」

志寬。河東人。博覽諸經，以涅槃、地論爲心要。時以邑多虎暴，都督張遜命寬禱之，患遂息。貞觀中蒲、晉旱，寬曝烈日中，須臾大雨，合境霑足。

張果。晦鄉里世系以自神，隱中條山下，往來汾、晉間，世傳數百歲人。嘗騎一白驢，休則疊之如紙，置巾箱中，乘則以水噀之。武后時遣使召之即死，後人見居恒州山中，開元中累召之乃至，尋還山。號通玄先生。今中條山五老峰有張果洞，石上驢跡宛然。按：唐人作張果傳，謂果爲堯時蝙蝠之精，語尤妄矣。

閻宷。江州人。貞觀十四年爲河東太守，避亂不仕，隱中條山。十九年拜吉州刺史，後表請入道，賜名遺榮。今王官谷上方有閻使君宅。

羅通微。臨晉人。貞觀時母趙氏妊通微，有雙鶴翼行，既生骨相巉峭。稍長，入山樵薪，遇閻使君宷，授以幻養之術，遂冠褐于五老峰之遊仙觀，學步虚絶粒。後使君牧吉州，召通微，及境，有雙鶴樂聲自玉笥山來迎。既就館，一夕月色皎然，忽騰空咏嘯而去。

薛季昌。河東人。遇司馬承禎于南嶽，授以玉洞經籙，高真屢降其室。明皇召入，問道德，恩寵優異，尋還山，上贈以詩。後丹成，忽曰：「祝融峰今夕有天真會，予被召當往。」遂凌空而去。

吕巖。永樂人。咸通中舉進士不第，遇鍾離子，傳長生久視之道，出入隱微，人莫之識。以四月生，故號純陽子。

侯道華。虞鄉人。從師道清觀，資性篤實，故人稱爲憨子。師令汲水，每見一童子輒與戲，師知而異之，授侯以鐵針紅線，令簪童子頂，侯如命，童子負痛去，入葡萄樹下。掘地得人參，如童子形，師烹之，以事出，侯竊食至盡，棄其餘汁于犬，師歸，侯與犬俱飛去。按：段成式酉陽雜俎亦記道華昇仙事，意當時或實有此，而蒲州府志所載怪異特甚，蓋皆無徵者也。

常醜女。蒲州常志女。貌陋有瘡疥，醫藥弗瘳，及笄無聘者。一日出外，以裳蒙首，居人畏其裸而避之，浴于池，出則體如玉，身不著地，冉冉騰空而去。

五代 漢

僧善。住河東普救寺。寺初名西永清院，乾祐元年招討使郭威督諸軍討李守貞，周歲城未下，召善問之，對曰：「將軍若發善心，城必克矣。」威折箭爲誓，異日城破，不戮一人，遂易今名。

金

劉志淵。字海南，萬泉人。事親至孝，夙慕神仙道，自號元沖子。後遇長春真人于棲游庵。值金亂，避兵綿山〔七八〕，獨不罹害，壽七十九。

元

董鐵驢。萬泉人。通遁術，行步如飛，倏忽數百里，人不之見。後尸解仙去。

明

洪濟。猗氏靈巖寺僧。有道行，演通大小乘法。游金陵，太祖登極前風雨彌旬，上不懌，募有能止者，洪濟應詔，杖錫一咒即便開朗。上大悦，爲印經一藏，給傳以歸，化骨于本寺。

房景圓。臨晉人，號睡松子。少精書算，主案牘被督，遂棄家入中條山修道。閉關十餘年，糧絶出山，宿虞鄉村之扁鵲廟，夜有真人口授先天真訣，遂往汾北麻衣山，默坐二十一年。移居平陽之姑射山洞，虎狼皆馴服，旬月不炊。成化中沐浴端坐而逝。

大陳。猗氏太清觀道士也。與姪小陳皆得道術，蹤跡人莫能測。常夏月碾麥，戲語人曰：「日甚烈，宜入碾中避之。」遂喝碾開而入。一日題詩壁間，止留空室，莫知所往。

高籙。猗氏人。于孤山采藥，常遇劉海蟾授長生訣，坐卧一窰，寒暑不出。後村人欲甃池，忽出曰：「此萬古利也，當爲若置石。」授人一鞭，入山驅石若飛。官聞之，欲以妖治，遂自擇地入棺，一夕葬畢，妻子俱莫知所在。

土產

布。府境俱有，出滎河縣者佳。元和郡縣志：河中府賦麻布。

紙。出府境，以麻爲之。寰宇記：河中府產經紙。

筆。出永濟縣，以兔毫爲之，佳者不減湖州所造。

柹。府境俱有，小者種倍甘，經冬不敗。雍正初常入貢，後罷之。

梨。出虞鄉縣，一名虞梨，大者如升。唐書地理志：河中府貢鳳栖梨。

竹。府境獨有，抽萌甚細，以地近西南，故蒔得長焉。按：隋書地理志河東縣有酒官。唐書地理志河中府土貢氈、蒻扇、龍骨、棗，又河東縣有芳醖監，汲河以釀，武德三年置，貞觀十年廢。元和志河中府賦棉、絹、竹扇、漆匣。寰宇記河中府產鹽、鐵、藺席、五味子。謹附記。

校勘記

〔一〕唐賜以鐵券　「鐵」，乾隆志卷一〇二蒲州府二名宦（下同卷簡稱乾隆志）同，雍正山西通志卷九六名宦一四、隋書卷七一誠節傳作「金」。

〔二〕高宗時補蒲州司法參軍　「司法」，原作「刺史」，據乾隆志、新唐書卷一一三徐有功傳改。

〔三〕領節度　「節度」，乾隆志同，雍正山西通志卷五三武事四、新唐書卷一四三王翃傳作「節度後務」。

〔四〕三軍愓息　「三」，乾隆志同，雍正山西通志卷五三武事四、新唐書卷一四三王翃傳作「二」。

〔五〕嚴兵召二人問之　「召」，原作「詔」，據乾隆志、新唐書卷一四六李鄘傳改。

〔六〕璀懼流涕　「涕」，新唐書卷一六五高郢傳作「汗」。

〔七〕引蒼陵谷水注之　「蒼」，原作「倉」，乾隆志同，據雍正山西通志卷三二水利四及本志卷一四〇蒲州府山川改。

〔八〕能自新者一不問　「一」，原作「亦」，據乾隆志、金史卷一二八循吏傳改。

〔九〕累遷至節度副使　「副」，原闕，據雍正山西通志卷九七名宦一五、卷一三八人物三八補。

〔一〇〕火煅之則刃青　「刃」，原作「刀」，據乾隆志、金史卷一〇〇李復亨傳改。

〔一一〕高二百尺　「尺」，原作「丈」，乾隆志同，據雍正山西通志卷五三武事四、金史卷一一一內族訛可傳改。

〔一二〕車載入陝州杖死　「州」，原作「西」，乾隆志同，據金史卷一一一內族訛可傳改。閿鄉屬陝州故也。

〔一三〕殺人而兇狀不明　「狀」，原作「仗」，乾隆志同，據雍正山西通志卷八四名宦二、元史卷一百八十三李好文傳改。

〔一四〕使民知法　乾隆志同。按，雍正山西通志卷九〇名宦八、薛瑄敬軒文集卷二三故奉直大夫蒲州知州張公墓誌銘皆謂薛瑄過其官舍，「朗朗聞誦讀聲，問之，則曰：課吏讀律，使知畏法，且不暇游惰耳」，則非「使民知法」，乃使吏「知畏法」，志文改「吏」爲「民」，答句與「課吏讀律」失去照應，甚不恰。

〔一五〕李廷楝　「楝」，原作「諫」，乾隆志同，據雍正山西通志卷八城池、卷九七名宦一五改。

〔一六〕郭九有　「九」，原闕，乾隆志同，據雍正山西通志卷九七名宦一五補。

〔一七〕順治三年知猗氏縣　「三」，原作「二」，乾隆志同，據雍正山西通志卷八二職官一〇、卷九七名宦一五改。

〔一八〕與定律曆　「曆」，原作「書」，據乾隆志、三國志卷一六裴注引魏略改。

〔一九〕强父陶與同族薛祖薛落分立部衆　「落」，原作「洛」，乾隆志同，據魏書卷四二薛辯傳改。

〔二〇〕破慕容永于陳川　「陳」下原衍「秦」字，據北史卷三六薛辯傳删。

〔二一〕封涪陵郡公　「涪陵」，原作「汾陰」，今據雍正山西通志卷一二三人物二三、北史卷三六薛辯傳改。

〔二二〕子慶和　此與下文「慶和弟楷」之「和」，原作「加」，據乾隆志、魏書卷四五柳崇傳改。

〔二三〕避亂涼州　「涼」，原作「梁」，乾隆志同，據魏書卷八八良吏傳、北史卷三八裴佗傳改。

〔二四〕訥之　「訥」，原作「納」，據乾隆志、北史卷三八裴佗傳改。

〔二五〕令狐仕　「仕」，原作「任」，據乾隆志、魏書卷八六孝感傳改。

〔二六〕薛元穎　「穎」，原作「潁」，據乾隆志及北齊書卷二〇薛脩義傳附傳改。

〔二七〕篤好文學　「好文」，原作「文好」，據乾隆志、北史卷七〇柳遐傳乙正。

〔二八〕旬日間鬚髮半白　「鬚」，乾隆志同，周書卷三二、北史卷六七柳敏傳作「鬢」。

〔二九〕族弟孺有才思　「孺」，原作「儒」，乾隆志同，據隋書卷五七薛道衡傳、北史卷三六薛辯傳改。「族弟」，隋書、北史皆作「族父」，而隋書標目作「從弟」，且云孺「與道衡偏相友愛」，似以弟爲是。

〔三〇〕遷潁川郡丞　「川」，原作「州」，乾隆志同，據雍正山西通志卷一二三人物二三、隋書卷七三循吏傳改。

〔三一〕特精三禮　「精」，原作「進」，乾隆志同，據雍正山西通志卷一三八人物三八、隋書卷七七隱逸傳改。

〔三二〕文詡時游太學　「詡」，原作「帝」，乾隆志同，據隋書卷七七、北史卷八八隱逸傳改。

〔三三〕大業中爲魯郡司法書佐　「中」，乾隆志同，雍正山西通志卷一二三人物二三、隋書卷七一誠節傳作「初」。

〔三四〕詔發卒治洛陽宮乾陽殿　「陽」，原作「元」，今據雍正山西通志卷一二四人物二四、新唐書卷一百三張玄素傳改。

〔三五〕本名六郎　「郎」，乾隆志同，舊唐書卷一八七下忠義下、新唐書卷一九一忠義上作「朗」。

〔三六〕擢進士第　「擢」，原闕，乾隆志同，據本志述例及雍正山西通志卷一二四人物二四、新唐書卷一五九薛播傳補。

〔三七〕李承狀珏之簡　「承」，原作「成」，乾隆志同，據舊唐書卷一八五下良吏下、新唐書卷一四三薛珏傳改。

〔三八〕宜以愛人之心爲本　「人」，原作「察」，據乾隆志、新唐書卷一四三薛珏傳改。

〔三九〕晟年十二　「二」，原作「一」，據新唐書卷一五九柳晟傳、沈下賢集卷一二柳公行狀改。

〔四〇〕拜金吾衛大將軍　乾隆志同，雍正山西通志卷一二四人物二四、新唐書卷一百七〇范希朝傳「金」上有「右」字。

〔四一〕以進士歷佐帥府　「佐」，原作「左」，乾隆志同，據雍正山西通志卷一三八人物三八、新唐書卷一七七盧簡辭傳改。

〔四二〕薛存誠　此與下文「存誠以死爭」之「誠」，原皆作「成」，據乾隆志、新唐書卷一六二薛存誠傳改。

〔四三〕行人有私覿禮　「禮」，原作「官」，乾隆志同，據雍正山西通志卷一二四人物二四、新唐書卷一六四胡証傳改。

〔四四〕柳冕爲福建觀察使　「柳」，原作「劉」，乾隆志同，據雍正山西通志卷一二四人物二四、新唐書卷一六四薛戎傳改。

〔四五〕料柬尤精　「柬」，原作「練」，據乾隆志、新唐書卷二百七宦者上改。

〔四六〕士人依以避難　「士」，乾隆志同，雍正山西通志卷一二四人物二四、新唐書卷一九四卓行傳作「土」。

〔四七〕以爲太原節度副使　「副」，原闕，乾隆志同，據雍正山西通志卷一二四人物二四、新五代史卷四七楊彦詢傳補。

〔四八〕以疾罷爲金吾衛上將軍　「上」，原作「大」，乾隆志同，據舊五代史卷八四晉少帝紀、新五代史卷四七楊彦詢傳改。

〔四九〕卒贈太子太師　「師」，原作「保」，乾隆志同，據舊五代史卷八四晉少帝紀、新五代史卷四七楊彦詢傳改。

〔五〇〕太平天國中詔造乾元曆　「曆」，原作「占驗書」，據乾隆志、宋史卷四六一方技上改。

〔五一〕詔其子桓爲西班殿直　「桓」，乾隆志同，臨川文集卷八九故贈左屯衛大將軍神道碑銘作「樞」，疑是。

〔五二〕調恩州軍事判官　「判官」，原作「主簿」，乾隆志同，據雍正山西通志卷一三八人物三八、金史卷一二六文藝下改。

〔五三〕授河東民賦副總管　「副」，原闕，乾隆志同，據元史卷一三七察罕傳補。

〔五四〕王廷祥　「廷」，乾隆志同，雍正山西通志卷一四三孝義三作「庭」。

〔五五〕升河間知府　「間」，原作「南」，乾隆志同，據雍正山西通志卷一二五人物二五改。

〔五六〕隆慶初爲吏部　乾隆志同。按，明史卷二一四楊博傳「改吏部尚書」在隆慶改元之前，明世宗實録卷五六三嘉靖四十五年十月癸未「改少保兼太子太保、兵部尚書楊博爲吏部尚書，博疏辭，不允」，則「隆慶初爲吏部」誤。

〔五七〕字學甫　「甫」，原作「輔」，乾隆志同，據明史二二二王崇古傳、雍正山西通志卷一九八藝文一七王襄毅公墓碑改。

〔五八〕終漢南西夏監司　「漢南西夏」，乾隆志同，疑當作「漢羌西寧」。

〔五九〕荆州士　「士」，原作「土」，乾隆志同，據雍正山西通志卷一九九藝文一八唐文獻大中丞荆公墓誌銘改。

〔六〇〕至擂鼓臺爲賊所獲　「擂」，原作「雷」，乾隆志同，據雍正山西通志卷一二五人物二五改。

〔六一〕字伯巖　「巖」，乾隆志同，雍正山西通志卷一二五人物二五作「嚴」，疑是。

〔六二〕從父鏜受列女傳　「鏜」，原作「鎧」，據乾隆志、雍正山西通志卷一五五列女七改。

〔六三〕王應寵妻楊氏　「應」，原闕，乾隆志同，據雍正山西通志卷一五五列女七補。

〔六四〕郝伯江義女　乾隆志同，雍正山西通志卷一五五列女七「孔學易妻郝氏，年二十三夫卒，茹苦守貞歷三十七載，事聞詔旌。其子伯江，育義女雲姐，適張有春」云云，則乃孔伯江義女，非郝伯江也。

〔六五〕展奇弟妻王氏　「第」，原作「弟」，據乾隆志、雍正山西通志卷一五五列女七改。

〔六六〕後生子弘　乾隆志同，雍正山西通志卷一五五列女七「弘」下有「生」字。

〔六七〕命子芳謝止之　按，此與下文「後芳爲副使」之「芳」，據本卷人物「衛既齊」條、雍正山西通志卷七一科目七當作「紹芳」。

〔六八〕腸斷背裂　「背」，雍正山西通志卷一五五列女七作「指」，乾隆志卷一〇二蒲州府二作「眥」，似以「眥」爲是。

〔六九〕李萬緡妻楊氏　「緡」，乾隆志作「椿」。

〔七〇〕樊世韡妻韓氏　「韡」，乾隆志作「韡」。

〔七一〕張綸妾楊氏　「綸」，乾隆志作「倫」。

〔七二〕尚允執妾張氏　「妾」，乾隆志作「妻」。

〔七三〕馬育才妻衛氏　「育」，乾隆志作「有」。

〔七四〕同縣節婦范鑙妻史氏　乾隆志以下人物皆列作萬泉人。

〔七五〕萬泉人　乾隆志此人及以下人物皆列作「榮河人」。

〔七六〕范文妻于氏　「文」，乾隆志作「雯」。

〔七七〕詞辨優贍　「詞」，原作「調」，據乾隆志、雍正山西通志卷一百六〇仙釋二改。

〔七八〕避兵綿山　「綿」，原作「棉」，據乾隆志、雍正山西通志卷一百六〇仙釋二改。

潞安府圖

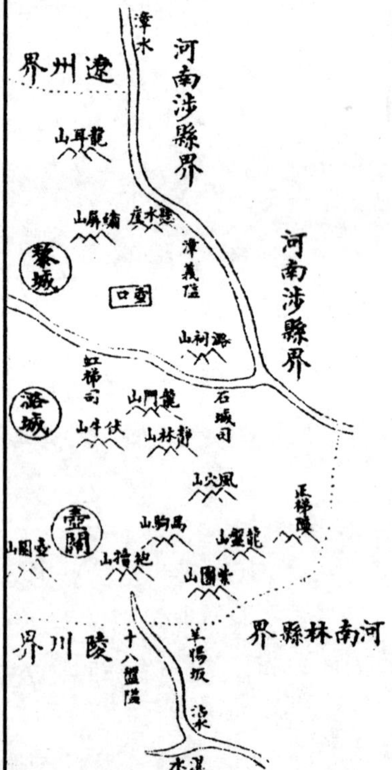
漳水
遼州界
河南涉縣界
河南涉縣界
黎城
潞城
壺關
紅梯司
石城司
陵川界
河南林縣界
十八盤隘
羊腸坂
淇水

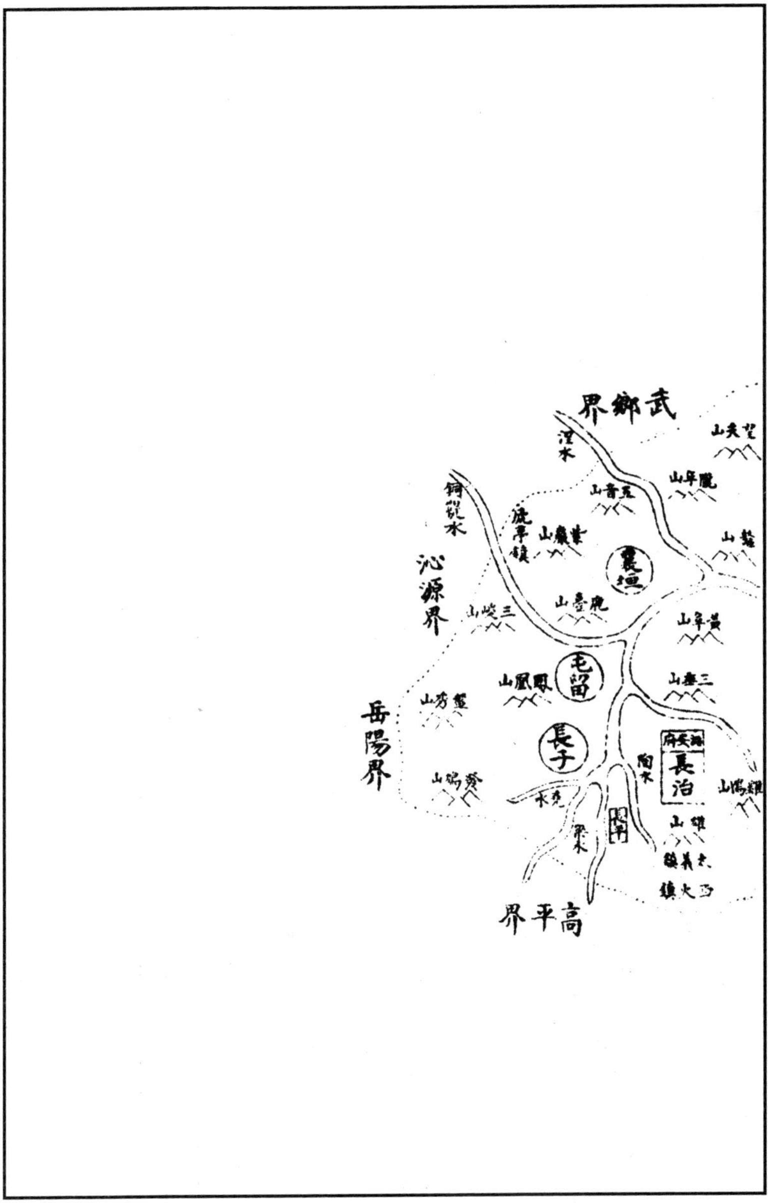
武鄉界
沁源界
岳陽界
高平界
襄垣
屯留
長子
長治

潞安府表

	潞安府	長治縣	長子縣
兩漢	上黨郡治長子。後漢移來治。	壺關縣屬上黨郡。漢末爲郡治。	長子縣上黨郡治。後漢末郡徙，縣仍屬。
三國魏晉	上黨郡晉治潞縣。	晉初爲郡治，後廢。	長子縣晉太元中慕容永都此，爲西燕。
後魏	上黨郡治壺關。	太平真君中復爲郡治，不置縣。	長子縣普泰中析置欒陽縣，並屬上黨郡。
齊周	上黨郡周宣政元年始於郡置潞州。		齊並省。
隋	上黨郡開皇初郡廢，大業初復。	上黨縣開皇中置，大業初爲郡治。	長子縣開皇九年復置，曰寄氏。十八年改名，仍屬上黨郡。
唐	潞州上黨郡武德元年復改州屬河東道。	上黨縣州治。	長子縣屬潞州。
五代	潞州上黨郡	上黨縣	長子縣
宋	隆德府崇寧三年升州爲府，改名，屬河東路。	上黨縣府治。	長子縣屬隆德府。
金	潞州復故名，屬河東南路。	上黨縣州治。	長子縣屬潞州。
元	潞州初曰隆德府，太宗三年復曰潞州，屬平陽路。	上黨縣	長子縣
明	潞安府初爲州，直隸山西布政使司，嘉靖八年升府，改名。	長治縣洪武二年省入州，嘉靖七年復置，改名，爲府治。	長子縣屬潞安府。

續表

屯留縣	襄垣縣
屯留縣 屬上黨郡。 余吾縣 屬上黨郡，後漢省。	襄垣縣 屬上黨郡。
屯留縣	襄垣縣
屯留縣 寄氏縣 景明元年置，屬上黨郡。	襄垣郡 建義元年置。 襄垣縣 初屬鄉郡，後爲郡治。 建義縣 建義元年置，屬襄垣郡。
齊省入長治。 省。	齊廢郡，周置韓州。 襄垣縣 周爲州治。 省。
屯留縣 開皇十六年復置，仍屬上黨郡。	大業初州廢。 襄垣縣 仍屬上黨郡。
屯留縣 武德五年自霍壁移今治，屬潞州。	武德元年復置韓州，貞觀十七年廢。 襄垣縣 初爲州治，後屬潞州。
屯留縣	襄垣縣
屯留縣 屬隆德府。	襄垣縣 屬隆德府。
屯留縣 屬潞州。	襄垣縣 屬潞州。
屯留縣 至元三年省入襄垣，十五年復置，仍屬潞州。	襄垣縣
屯留縣 屬潞安府。	襄垣縣 屬潞安府。

續表

潞城縣	壺關縣	黎城縣
潞縣 屬上黨郡。	壺關縣地。	潞縣地。
潞縣 晉爲郡治。		
太平真君十一年省入刈陵。	壺關縣 太和十三年置，屬上黨郡。	刈陵縣 太平真君十一年置，屬襄垣郡。
	壺關縣	刈陵縣
潞城縣 開皇十六年復置，屬上黨郡。	大業初省入上黨。	黎城縣 開皇十八年改名，屬上黨郡。
潞子縣 屬潞州，天祐二年改名。	壺關縣 武德四年復置，屬潞州。	黎亭縣 屬潞州，天祐二年改名。
潞城縣 後唐復故。	壺關縣	黎城縣 後唐復故。
潞城縣 屬隆德府。	壺關縣 屬隆德府。	黎城縣 熙寧五年省入潞城，元祐元年復置，屬隆德府。
潞城縣 屬潞州。	壺關縣 屬潞州。	黎城縣 屬潞州。
潞城縣	壺關縣	黎城縣
潞城縣 屬潞安府。 平順縣 嘉靖八年析潞城、黎城、壺關三縣地置。	壺關縣 屬潞安府。	黎城縣 屬潞安府。

大清一統志卷一百四十二

潞安府一

在山西省治東南四百五十里。東西距三百十里，南北距二百八十里。東至河南彰德府林縣界一百六十里，西至平陽府岳陽縣界一百五十里，南至澤州府高平縣界八十里，北至遼州界二百里。東南至河南衛輝府輝縣界三百三十里，西南至澤州府沁水縣界二百五十里，東北至河南彰德府涉縣界一百七十里，西北至沁州界二百十里。自府治至京師一千三百里。

分野

天文觜觿、參、井分野，實沈之次。

建置沿革

禹貢冀州之域。商、周時爲黎國，春秋爲赤狄潞子國，後屬晉。戰國屬韓，爲别都，曰上黨。秦并天下，置上黨郡。史記秦本紀：昭襄王四十七年，秦攻韓上黨，上黨降趙，秦使武安君白起大破趙于長平，四十八年盡有韓上黨。漢、晉及後魏因之。魏書地形志：秦置上黨郡。前漢治長子城，董卓作亂，治壺關城。慕容儁治安民城，後遷壺關城。皇始元年治安民，太平真君中復治壺關。後周宣政元年始于郡置潞州。隋開皇初郡廢，大業初復曰上黨郡。唐武德元年復曰潞州，二年置總管府。貞觀元年府廢，八年置大都督府。天寶初復曰上黨郡，至德元載置上黨節度使。通鑑：至德元載置上黨節度使，領上黨等三郡。胡三省注：領潞州上黨郡、澤州高平郡、沁州陽城郡。按：舊唐書地理志，乾元元年始復上黨郡爲潞州，意澤潞沁節度之名亦此時所改，至德初置固上黨節度也，當以通鑑爲是。乾元元年復爲潞州，屬河東道。建中元年爲昭義軍節度使治所。唐書方鎮表：建中元年昭義軍節度兼領澤、潞二州，徙治潞州。

五代梁龍德二年，晉王改安義軍。通鑑：梁龍德二年，晉王改昭義軍曰安義，以李嗣昭子繼韜爲留後。注〔一〕：「潞州本號昭義軍，今以繼韜爲留後，蓋避其父諱改之。」後唐同光元年梁復改匡義軍，五代史莊宗紀：同光元年，李繼韜以潞州叛附于梁。通鑑：梁更名安義軍曰匡義，以繼韜爲節度使。尋復曰安義軍，長興元年復曰昭義軍。宋太平興國初改昭德軍節度，建中靖國元年改隆德軍。崇寧三年升爲隆德府，屬河東路。金復曰潞州，仍爲昭德軍節度，屬河東南路。元初曰隆德府，太宗三年復爲潞州，屬平陽路。

明洪武九年直隸山西布政使司，嘉靖八年升爲潞安府。本朝因之，隸山西省。領縣七。

長治縣。附郭。東西距四十里，南北距一百里。東至壺關縣界二十里，西至長子縣界二十里，南至澤州府高平縣界八十里，北至潞城縣界二十里。東南至澤州府陵川縣界八十里，西南至長子縣界三十里，東北至潞城縣界十五里，西北至屯留縣界三十里。本黎侯國，漢置壺關縣，屬上黨郡。後漢末爲上黨郡治，晉初因之，後廢。後魏太平真君中復爲上黨郡治。隋開皇中置上黨縣，大業初仍爲上黨郡治。唐爲潞州治，五代因之。宋爲隆德府治。金爲潞州治，元因之。明洪武二年省縣入州，嘉靖七年復置，改曰長治，爲潞安府治。本朝因之。

長子縣。在府西少南五十里。東西距一百三十里，南北距八十里。東至長治縣界三十里，西至平陽府岳陽縣界一百里，南至澤州府高平縣界四十里，北至屯留縣界四十里。東南至長治縣界二十里，西南至澤州府沁水縣界四十里，東北至潞城縣界四十里，西北至沁州沁源縣界四十里。周初史辛甲所封地，春秋晉長子邑。漢置長子縣，爲上黨郡治。後漢末移郡治壺關，以縣屬焉。晉太元中西燕慕容永都此。後魏析置樂陽縣，俱屬上黨郡，北齊並廢。隋開皇九年復置，曰寄氏縣。十八年復曰長子，屬潞州，大業初屬上黨郡。唐屬潞州，五代因之。宋屬隆德府。金屬潞州，元因之。明屬潞安府，本朝因之。

屯留縣。在府西北六十里。東西距一百二十五里，南北距四十八里。東至潞城縣界三十五里，西至沁州沁源縣界九十里，南至長子縣界十八里，北至襄垣縣界三十里。東南至長治縣界三十里，西南至平陽府岳陽縣界九十里，東北至潞城縣界四十里，西北至沁源縣界四十里。春秋赤狄留吁地，後屬晉，謂之純留。漢置屯留縣，屬上黨郡。後漢、晉及後魏皆因之，北齊廢。隋開皇十六年復置，屬潞州，大業初屬上黨郡。唐屬潞州，五代因之。宋屬隆德府，金屬潞州。元至元三年省入襄垣縣，十五年復置，仍屬潞州。明屬潞安府，本朝因之。

襄垣縣。在府北少西九十里。東西距一百二十五里，南北距九十里。東至黎城縣界五十里，西至沁州界七十五里，南至潞城縣界二十五里，北至沁州武鄉縣界六十五里。東南至潞城縣界三十里，西南至屯留縣界五十里，東北至武鄉縣界五十三里，西北至沁州界八十三里。漢置襄垣縣，屬上黨郡。後漢及晉因之。後魏初屬鄉郡，建義元年置襄垣郡治焉。北齊郡廢。後周建德六年置韓州。隋大業初州廢，屬上黨郡。唐武德元年復置韓州，貞觀十七年州廢，屬潞州。五代因之。宋屬隆德府。金屬潞州，元因之。明屬潞安府，本朝因之。

潞城縣。在府東北四十里。東西距一百九十里，南北距七十五里。東至河南彰德府林縣界一百五十五里，西至屯留縣界三十五里，南至長治縣界二十五里，北至黎城縣界五十里。東南至林縣界一百四十里，西南至長治縣界三十里，東北至彰德府涉縣界一百二十里，西北至襄垣縣界四十五里。春秋潞子國。漢置潞縣，屬上黨郡。後漢因之。晉爲上黨郡治。後魏太平真君十一年廢入刈陵縣。隋開皇十六年置潞城縣，屬潞州。大業初屬上黨郡。唐屬潞州，天祐二年更名潞子，五代唐復曰潞城。宋屬隆德府。金屬潞州，元因之。明屬潞安府，本朝因之。

壺關縣。在府東南三十里。東西距六十里，南北距九十五里。東至潞城縣界五十里，西至長治縣界十里，南至澤州府陵川縣界七十里，北至潞城縣界二十五里。東南至河南彰德府林縣界一百五十里，西南至長治縣界四十里，東北至潞城縣界三十八里，西北至長治縣界二十里。漢壺關縣地。後魏太和十三年改置壺關縣于此，屬上黨郡。隋大業初省入上黨縣。唐武德四年復置，屬潞州。五代因之。宋屬隆德府。金屬潞州，元因之。明屬潞安府，本朝因之。

黎城縣。在府東北一百十里。東西距一百十里，南北距一百二十里。東至河南彰德府涉縣界四十里，西至武鄉縣界七十里，南至潞城縣界二十里，北至遼州界一百里。東南至潞城縣界三十五里，西南至襄垣縣界五十里，東北至涉縣界三十五里，西北至遼州界一百里。商、周時黎國。漢潞縣地。後魏太平真君十一年置刈陵縣，屬襄垣郡。隋開皇十八年改曰黎城，屬潞州。大業初屬上黨郡。唐屬潞州，天祐二年改曰黎亭，五代唐復故。宋熙寧五年省入潞城縣，元祐元年復置，屬隆德府。金屬潞州，元因之。明屬潞安府，本朝因之。

形勢

上黨四塞之固，東帶三關。後漢馮衍遺田邑書。據天下肩脊，當河朔咽喉。通典。肘京洛而履蒲津，倚太原而跨河朔。唐杜牧賀平澤潞啓。太行瞰其面，并門負其背。元袁凱詩序。

風俗

人重農桑，性樸直，少輕詐。隋書地理志。民儉務農，士節務學。章潢圖書編。

城池

潞安府城。周二十四里有奇，門四，池廣四丈。明洪武間建。本朝順治九年修，康熙九年、乾隆三十二年重修。長治縣附郭。

長子縣城。周五里有奇，門五，池廣二丈。金天會間土築，本朝順治十一年甃甎。康熙二十三年、乾隆二十八年重修。

屯留縣城。周四里有奇，門四，池深一丈。唐武德中土築，明崇禎中甃甎。本朝順治二年修。

襄垣縣城。周六里有奇，門四，池廣二丈。唐武德初土築，金天會間增築，明崇禎間甃甎。

潞城縣城。周四里有奇，門四，池廣一丈五尺。隋開皇間土築，元末增築，明崇禎中甃甎。本朝康熙三十四年修。

壺關縣城。周二里有奇，門四。唐貞觀中土築，明嘉靖中甃甎。本朝順治十三年修，乾隆十二年重修。

黎城縣城。周四里，門三，池廣一丈五尺。宋天聖間土築，明正德間甃甎。

學校

潞安府學。在府治西南。唐時建，元初毁，明洪武中重建。本朝順治十三年修。入學額數二十名。

長治縣學。在縣東南。舊在府學東，明嘉靖中建，萬曆初徙於永豐倉前，後移今所。本朝順治十三年、康熙三年重修。入學額數二十名。

長子縣學。在縣東南。宋建中靖國初建，明末毁。本朝順治十三年重建，康熙十五年修。入學額數十二名。

屯留縣學。在縣治西南。明洪武初因舊址建，成化中修。本朝重修。入學額數十二名。

襄垣縣學。在縣治東南。金天會中建，元初毁，元貞中重建，明嘉靖中拓修。本朝順治十四年重修。入學額數十二名。

潞城縣學。在縣治東南。宋建，後毁，金天會中重建。元大德中圮，復建。本朝順治九年展修，康熙中重修。入學額數八名。

壺關縣學。在縣治東南。宋建，元至元中重建。本朝順治十三年修，康熙十七年重修。入學額數十二名。

黎城縣學。在縣治南。宋建，金季毁。元中統初始建三楹，至元中修復舊制。後又毁，明洪武中重建。本朝順治十四年修。入學額數十二名。

平順鄉學。在潞城縣東六十里，平順城東北隅。舊爲平順縣學，明嘉靖間建在廢縣治東，萬曆中徙建今所。本朝康熙十九年重修，乾隆二十九年縣省，改爲鄉學。入學額數八名。
蓮池書院。在府城西聖泉寺。舊名沁水書院，本朝康熙五年建，乾隆二十八年重修，改今名。
起文書院。在府城東南隅。明建，本朝乾隆六年重修。
廉山書院。在長子縣城西。本朝乾隆二十四年建。
傳經書院。在屯留縣治東。本朝乾隆十八年建。
古韓書院。在襄垣縣城内。本朝乾隆二十年建。
盧山書院。在潞城縣學東。本朝乾隆二十一年建。
壺林書院。在壺關縣。本朝乾隆二十三年建。
東陽書院。在黎城縣城内。本朝乾隆二十三年建。按：舊志載文昌書院，在長治縣學西，明萬曆中建；雄山書院，在長治縣蔭城鎮，宋靖康初建；藕澤書院，在屯留縣東南五里藕澤村，元隱士宋思約建；泰晉書院，在襄垣縣，明建；滄溪書院，在黎城縣，明正德初建；尚友書院，在壺關縣，明萬曆中建。今並廢，謹附記。

户口

原額人丁二十萬七千五百四十六，今滋生男婦共九十四萬五百一十四名口，計二十二萬二千八十九户。

田賦

田地三萬七千九百八十九頃六十九畝七分有奇，額徵地丁正、雜銀二十六萬五千二百三兩三錢五釐，糧二千四百五十七石八斗七升有奇。

山川

壺口山。在長治縣東南，跨壺關縣界。又名壺關山，一名壺山。通典：壺口縣有壺山。府志：兩峰夾峙而中虛，狀如壺口，故名。相近有龍溪山。

五龍山。在長治縣東南二十五里，周十六里。山多松柏，森茂干霄，爲一郡之勝。

靈泉山。在長治縣東南三十里。一名仙泉山，山半有石洞出泉，禱雨輒應。

佛耳山。在長治縣東南五十里，跨壺關縣界。

雞鳴山。在長治縣東南。魏書地形志：壺關縣有雞鳴嶺，一名火山。元和郡縣志：在上黨縣東南七十六里。寰宇記：有雞鳴水出此。

雄山。在長治縣南六十里，周十里。疊嶂層巒，巉巖起伏，雄視諸山，陶水出焉。

天臺山。在長治縣西南二十里。四圍平坦，日出、日入俱無影。

八諫山。在長治縣西南，接長子縣界。相傳長平之役，趙括軍中有八諫不從而自刎者，葬于此山，因名。

柏谷山。在長治縣北十三里。巖壑絶勝，與太行、王屋相接，山多柏樹，故名。或曰神農嘗百穀于此，亦名百穀山，下有百穀泉。又襄垣縣東南二十里有百穀山，土厚石小，延廣潤澤，百草叢生，亦傳爲神農嘗穀處。

梁山。在長子縣東二十里，梁水出焉。

慶雲山。在長子縣東南，接長治縣界。寰宇記：上黨縣有慶雲山，上黨記云「帝堯將興，有五色雲出此山，因名」。新志：在縣東南二十里。

慈林山。在長子縣東南，接長治縣界。多林木。

紫雲山。在長子縣東南，接長治縣界，與壺口相接。縣志：相傳唐明皇潛潞邸時，九日與郡官登壺關山，有紫雲見東北，光彩照日，後人因以名山。

羊頭山。在長子縣東南，接長治縣界。漢書王莽傳：莽命尉睦侯王嘉曰：「羊頭之扼，北當燕、趙。」顏師古注：「羊頭，山名，在上黨壺關縣。」魏書地形志：長子縣有羊頭山。郡國志：羊頭山上有神農城，下有神農泉。元和志：山在縣東五十六里。後漢安帝時羌寇河東，以任尚爲御史，擊破之于羊頭山，謂此也。府志：其山産秬黍，其南陰地黍白，其北陽地黍紅，明嘉靖間取之以定樂律。陸深春風堂隨筆：長子羊頭山秬黍可以累律，河内葭莩灰可以布琯，非其地則無驗。

潛山。在長子縣西南十五里〔二〕。上有堯廟，堯水出焉。

繖蓋山。在長子縣西南，接澤州府沁水縣界。遠望峰巒形如繖蓋，有繖蓋水出焉。

白佛頭山。在長子縣西二十五里。有白石形如佛頭，雍水出焉。

刁黃山。在長子縣西五十里，與發鳩山相連，亦曰刁黃嶺。唐會昌三年劉稹以澤潞叛，使其將李佐堯守刁黃嶺，以拒官軍。大順初河東將李存孝擒孫揆于長子西，追擊餘衆于刁黃嶺。寰宇記：亦名發瓮山，漳水出焉。

發鳩山。在長子縣西五十里，一名發苞山，一名鹿谷山，一名廉山。山海經：發鳩之山，漳水出焉。淮南子地形訓：濁漳水出發苞。注：「發苞，一名鹿谷。」漢書地理志：長子縣，鹿谷山，濁漳水所出。水經：濁漳水出長子縣西發鳩山。酈道元注：水出鹿谷，與發鳩連麓而在南。魏書地形志：長子縣有廉山，濁漳出焉。元和志：發鳩山在長子縣西南六十五里。寰宇記：鹿谷山在縣西，有大道入壺口，東出達襄國，西登奚斯巨嶺以達河東，徑阻千里。縣志：在縣西五十餘里，亦謂之長子西谷。中有四星池，是謂靈湫，漳水之源。其山蒼秀聳拔，諸峰四面，如列屏然。

方山。在發鳩山之西北。魏書地形志：寄氏縣有方山。縣志：山頂平直，北接屯留縣界。

疑山。在屯留縣西南九里。魏書地形志：屯留縣有疑山。玉海：後魏孝文帝幸上黨，見此山有伏龍勢，疑而不進，遂斷山東麓以厭之。

鳳凰山。有三。一在屯留縣西南十二里，魏書地形志：屯留縣有鳳凰山，一名天冢；一在潞城縣西北五里，又名鳳鳴山；一在壺關縣北十五里，後魏太平真君中斬鳳凰山足以厭王氣，即此。

霜澤山。在屯留縣西南五十里。山高霜早，故名。

盤秀山。在屯留縣西南九十里，一名鹿瀆山，一名方山。魏書地形志：寄氏縣有盤秀嶺，藍水出其南。通典：屯留縣有鹿瀆山，絳水所出。元和志：絳水出屯留縣西南方山，去縣八十四里。金史地理志：屯留縣有盤秀山。縣志：亦名盤石山，藍水出其陽，絳水出其陰。

紫荆山。在屯留縣西十五里開壁峪。

田石山。在屯留縣西八十里。勢自盤秀而來，陡開大嶂，爲縣西之望。

三峻山。在屯留縣西北，接沁州沁源縣界。唐書地理志：屯留縣有三峻山。縣志：高三十里，盤踞三十餘里，一名徐陵山，一名麟山，一名靈山。　按：説文「峰聚之山曰峻」〔三〕，今屯留有三峻山，言三峰聚也。舊志謂即古三峻國，引書序湯伐三峻爲證。然湯所伐者三峻在今山東定陶縣界，非此三峻，舊志誤。

浮山。在屯留縣北三十里。其山高聳若浮。

石聚山。在屯留縣東北二十里。

良材山。在屯留縣東北三十五里。形勢高廣，舊多材木，因名。

黄巖山。在襄垣縣東三十五里。石色多黄，巖徑深邃，人跡罕至。

五陽山。在襄垣縣南十五里。五峰高聳。

鹿臺山。在襄垣縣南。水經注：漳水歷鹿臺山，與銅水合〔四〕。魏書地形志：襄垣郡建義縣有鹿臺山。元和志：在縣南二十里。

桃林山。在襄垣縣西十里。舊時桃樹成林，故名。

獅山。在襄垣縣西四十里九龍村東。峰頭大石儼若獅形，一名九龍山。

紫巖山。在襄垣縣西五十五里，亦名寶峰山，與虒亭相近。其山色紫。

五巑山。在襄垣縣西七十里。五峰環列，中爲南北往來之衝。

韓王山。在襄垣縣北十五里。上有韓王廟。

五音山。在襄垣縣北二十里。魏書地形志：襄垣縣有五音山神祠。明統志謂之五陰山，俗謂之神頭山。

錯上洪山。在襄垣縣北三十三里，以谿山叢雜而名。

仙堂山。在襄垣縣北五十里。山勢嵯峨，西有琉璃嵓，又有石九圈，如車輞環水中，雖旱不涸，上有龍洞及仙堂寺。

趙王山。在襄垣縣東北四十里。上有趙王廟，下爲邯鄲村。

龍洞山。在襄垣縣東北，接潞城縣界。有洞深百餘里，入遼州境。

葱蔚山。在潞城縣東六十里。

静林山。在潞城縣東。魏書地形志：壺關縣有静林山。縣志：山在壺關縣東七十里，舊屬壺關，今在潞城縣，去縣東六十里。

盧醫山。在潞城縣東南五里，周三十八里，南連大禹山。上有盧醫廟，縣志謂之盧山。

伏牛山。在潞城縣東南。魏書地形志：刈陵縣有伏牛山。玉海：唐中宗景雲間黄龍見于伏牛山。新志：在縣東南十五里。

葛井山。在潞城縣東南二十里，周七十五里。有泉在其巔。

彩鳳山。在潞城縣東南六十里。縣之案山，上多松檜桃李。

大禹山。在潞城縣南十五里，周四十里。

三垂山。在潞城縣西南，一名三垂岡。五代史唐本紀：李克用破孟方立，還軍上黨，置酒三垂岡，時存勗在側，方五歲，克用指而笑曰：「此兒後二十年，其能代我戰于此乎？」天祐五年存勗出兵趨上黨，至三垂岡，歎曰：「此先王置酒處也。」破梁軍，凱旋告廟。寰宇記：在縣西南二十七里。

黄阜山。在潞城縣西北二十五里。隋書地理志：潞城縣有黄阜山。元和志：劉聰將綦母勦敗晉將崔恕于黄阜。寰宇記：在縣西三十里，有城，亦名黄沙嶺。

馬鞍山。在潞城縣北，周四十里，接襄垣縣界。

風洞山。在潞城縣北四十里，周三十五里，臨漳水。上有石穴，深峻生風。

廣武山。在潞城縣東北三十五里。

獅子山。在潞城縣東北三十五里。西望長治，南接壺關。

青羊山。在潞城縣東北六十里。多柏，下有七子洞。

龍門山。在潞城縣東北一百二十里漳水南。舊屬黎城，今在縣境。

馬駒山。在壺關縣東。唐書地理志：上黨縣有馬駒山。舊志：在縣東十里。

清涼山。在壺關縣東三十里。

龍盤山。在壺關縣東四十里。

大王山。在壺關縣東南二十三里。北齊書高祖紀：魏真君中望氣者言上黨有王氣，在壺關大王山，武帝于是南巡以厭之，累石爲三封，又塹其北鳳凰山以毁其形。及神武自晉陽出滏口，舍大王山六旬而進。按：史以此爲王氣所鍾，後唐明皇以潞州别駕膺大統，或其驗云。

烏石山。在壺關縣東南三十里。山土皆黑色，山半有泉，伏地而流。

三壅山。在壺關縣東南九十里。其山三面壅障，有泉出山下，名壅水，東流入河南林縣界。

抱犢山。在壺關縣東南。隋書地理志：上黨縣有抱犢山。寰宇記引道書福地記云：抱犢山高七十丈，有石城，高十丈，方一里。南角有草名玉枝，冬生花，高五六尺，味頗甘，取其葉末服之，二三日不饑。玉匱云，抱犢山南有穴，行三百里，出美陽縣西石洞口。縣志：在縣東南一百十里。四圍陡絶，山頂有二泉。

鳳臺山。在壺關縣東南，東去紫團山二十里。旁有翠微洞，洞前有白雲潭，洞口僅容一人，土人云直透太行山外數百里。

麥積山。在壺關縣東南一百二十里。磊石巑岏，形如積麥，與静林相接。

紫團山。在壺關縣東南一百五十里，接河南林縣界。寰宇記：上黨縣紫團山出人參。府志：山頂常有紫氣，團圞如蓋。舊産人參，名紫團參，今無。

高望山。在壺關縣南一里，又名南壇山。或以爲即舊縣治之高望堡也。

黄山。在壺關縣南二十八里。山色皆黄，其絶頂爲樓峰，其北有石魚坡〔五〕。

鸞山。在壺關縣南四十里。

安公山。在壺關縣南七十里。

神山。在壺關縣西南一里，環抱縣城。

栲栳山。在壺關縣西南四里，與鳳凰山對峙。

風穴山。在壺關縣東北二十里王嶺村。其西有石竅，深不可測，聽之常有風聲。

東神山。在黎城縣東十里。山麓有東嶽行宫，東北半里許有蘑菇山，以形似名。

啓明山。在黎城縣東十餘里。坦博豐隆，一名晴山。

潞祠山。在黎城縣東南十五里，周三十六里。上有潞子嬰兒祠。

五仙山。在黎城縣西南二十里，周二十六里。五峰如人狀。

聯珠山。在黎城縣西南二十餘里漳水之濱。矗石累累如珠，脈聯不絶。相近有馬鞍山，在縣西南三十里漳水之南。

嵐山。在黎城縣西二十里。下有泉，名龍井。其麓名伏虎郊，相傳有僧伏虎于此。

廣志山。在黎城縣西三十五里。山極高。

鼇山。在黎城縣西五十里，一名蒼龍山。

嵋峪山。在黎城縣西七十里，周七十五里。山址有洞，約深六七里，中有池，其深莫測，不溢不竭，産鍾乳五色，多肖物形。

信山。在黎城縣西北三十里。山勢峻絶，其下有泉不涸。

横山。在黎城縣西北三十餘里。懸石壁立，爲西北屏障。

桃花山。在黎城縣西北五十里。多桃樹。

積布山。在黎城縣西北六十里。形如積布。魏書地形志：刈陵縣有積布山。

望夫山。在黎城縣西北六十里，一名石竚山。水經注：漳水東北歷望夫山，山南有石人竚于山上，狀有懷于雲表，因以名焉。

隴阜山。在黎城縣西北百里。山半有洞曰昭澤龍洞，深數十里，入洞十尋有池四，深各數尺。又有方池一，深不可測。

白巖山。在黎城縣北。古名張諱巖，水經注：張諱巖，世傳巖赤則土罹兵害，恒以石粉圬之令白。寰宇記：白巖山在縣東北七里。新志：在縣北十五里。

龍耳山。在黎城縣北五十里。山形似龍，兩峰如耳。

金牙山。在黎城縣東北二十里。上有北極廟，一名北極山。

卧牛山。在金牙山東十里。形若卧牛。

繡屏山。在黎城縣東北三十里。

黎侯嶺。在長治縣西南三十里。郡山多石，此嶺皆土，下爲黎亭。九域志：潞州黎侯亭，在黎侯嶺下。

武訖嶺。在長子縣南四十五里。風土記曰：秦、趙戰于長平，趙軍敗退，秦將白起逐至此，名武訖嶺。

江豬嶺。在長子縣西南四十里，與長平關相近。通鑑：梁開平元年夾馬指揮使尹皓攻晉江豬嶺拔之。注：「在潞州長子縣西，由北路達雕窠嶺。」

雕窠嶺。在長子縣西南。通鑑：周顯德元年北漢主入寇，世宗自將兵禦之，戰于高平，北漢兵大敗，北漢主自雕窠嶺遁歸。注：「雕窠嶺在高平縣西北，由江豬嶺路入。」

松門嶺。在襄垣縣北，接沁州武鄉縣界，通太原驛路。

微子嶺。在潞城縣東北二十里，周二十五里。下有微子村。

趙屋嶺。在壺關縣南六十里。上有鐵鑛，及產赤白石脂。

大峪嶺。在壺關縣西南三十里。有鐵鑛。

南峰。在襄垣縣西南十二里。上有寺，寺後有樓，元時構。

九仙峯。在襄垣縣東北三十五里。雲環峯岫，宛如九仙立其上。

筆頭峯。在襄垣縣東北九仙峯之西。有菜名筆頭菜。

赤崖。在壺關縣東南九十里，一名赤壤山。下有赤壤川。魏書地形志：壺關縣有赤壤川，其地寒而早霜。金史地理志：壺關縣有赤壤山。縣志：土赤色，有石洞深里許，出盧甘石，洞口有泉。

懸水崖。在黎城縣東北八十里。石崖百丈無罅隙，水注石面，滴下成潭，不涸。

蓮花岡。在屯留縣西十里蓮村。岡勢起伏如覆蓮形，縣之屏障也。

羊腸坂。在壺關縣東南。史記魏世家：如耳謂成陵君曰：昔者魏伐趙，斷羊腸。徐廣曰：「在上黨。」正義：「在太行山上，南口懷州，北口潞州。」漢書地理志：壺關縣有羊腸坂。元和志：在縣東南一百六里。寰宇記：一名洞口。縣志：坂長三里，盤曲如羊腸。

雞鳴水。源出長治縣雞鳴山，西流會雄山東南隅之水，北流合陶水。又八諫水，源出八諫山，會雄山西南隅之水，北流合陶水。

陶水。源出長治縣之雄山，西北流至長子縣界入漳水。一謂之淘水。水經注：淘水南出南淘〔六〕，北流至長子城東，西轉逕其城北，東注于漳水。魏書地形志：長子縣，羊頭山下穀關，有泉北流至陶鄉，名陶水，合羊頭山水北流入濁漳。

黎水。源出長治縣黎侯嶺下，俗名黑水河，北流逕府西，合石子河入漳。又山水河，在縣南，凡五龍山西溝澗奔趨城南，皆會此河合黎水。又故城水，出縣之故城，在縣西南十六里，北流合黎水。

梁水。在長子縣東。水經注：梁水出南梁山〔七〕，北流至長子縣故城南，又北入漳水。新志：梁水發源梁山，東北流十五里入漳水。

堯水。在長子縣西南十三里。水經注：堯水自西山東北流逕堯廟北，又東逕長子縣故城南，東北流入漳。

纖蓋水。源出長子縣纖蓋山，東北流入漳水。

濁漳水。源出長子縣發鳩山東，東流逕縣南五里，東北流逕府城西北三十里，又東北逕屯留縣東、潞城縣西，又東北逕襄垣縣東，又東逕黎城縣南二十里，又東出太行，達河南彰德府林縣界，一名潞川。周禮職方氏：冀州川曰漳，浸曰汾潞。漢書地理志：長子縣，鹿谷山，濁漳水所出，東至鄴入清漳。後漢書郡國志注：上黨記曰「潞，濁漳也」。水經注：濁漳水出長子縣西發鳩山，左則陽泉水注之，右則纖蓋水入焉，又東經其縣南，又東合堯水，又東合梁水，又東北合陶水，又東逕屯留縣南，屈逕其城東，東北流合絳水，又東合陳水，逕壺關縣故城西，屈逕其城北，歷鹿臺山與銅鞮水合，又東北流逕襄垣縣故城南，又東北過潞縣北。闞駰曰「潞水爲冀州浸，即漳水也」，世人亦謂濁漳爲潞水。又逕臺壁南，左合黃須水口，又東北歷望夫山合涅水，又東逕磻陽城北合倉石水，又東逕葛公亭北而東去。元和志：濁漳水，在上黨縣西南二十二里。一名潞水，在潞城縣北，又在襄垣縣南二十里、黎城縣西北五十六里。寰宇記：冀州圖云，濁漳水出長子西，南流入涉縣界與清漳合，又東入魏郡。

秦川水。源出長子縣西方山，西南流逕澤州府沁水縣，入沁水。水經注：秦川水出巨峻山東，帶引衆谿，積以成川，又西南逕端氏縣故城東，南流入于沁水。

雍水。在長子縣北三里。源出白佛頭山，東流三十里入漳水。

疑水。在屯留縣西南九里。源出疑山東南麓，流百步許伏流，至西南一里復見，逕縣西入絳水。

藍水。源出屯留縣盤秀山之陽，東流逕長子縣北二十五里，又東至長治縣西二十里入漳。水經注：水出發鳩之谷，謂之絳水，西出穀遠縣爲藍水〔八〕，東逕屯留縣故城南，東北流入於漳。魏書地形志：寄氏縣有盤秀嶺，藍水出其南，東流合濁漳〔九〕。

絳水。源出屯留縣盤秀山之陰，八泉湧出如珠，合而東流，逕縣北，又東流三十五里，至潞城縣界交漳村入漳。水經注謂之陳水。漢書地理志：屯留縣，桑欽言「絳水出西南，東入漳」。水經注：陳水出西發鳩山〔一〇〕，東逕余吾縣故城南，又東逕屯留縣故城北，又東流注於漳。魏書地形志：樂陽縣有望天嶺，絳水所出。又屯留縣，絳水自寄氏縣界來入濁漳，因名交漳。元和志：絳水出屯留縣西南方山，去縣八十四里。縣志：縣西數里兩山壁立，夏、秋水出，奔薄縣城，相去僅尋丈。明成化六年於縣西北廣原開鑿長渠，引流而北，十三年繼成之。今水去縣里許，不爲害。按：水經注有絳水而無藍水，其絳水所行之道皆今藍水也，而別有陳水，則今絳水所行之道也，與今府、縣諸志不合。惟魏書地形志有絳水，又有藍水，與今水道相同。

高麗水。在屯留縣西七十三里。源出沁源縣高麗村，東流入絳水。

蒲谷水。在屯留縣西七十三里，東流八里入絳水。魏書地形志：寄氏縣，北有水，源出蒲谷，東南流入絳水。

三嵕水。在屯留縣西北三十五里。源出三嵕山下，南流入絳水。文獻通考：屯留縣有三嵕水。按：寰宇記有玉梭水，在屯留縣西四十五里，疑即此。

積石水。在屯留縣石聚山下，東流至潞城縣界入漳。

銅鞮水。在襄垣縣西南，自沁州流入。水經注：銅鞮水，東逕銅鞮縣故城北，又東南流逕頃城西，即縣之下虒聚也，又南逕胡邑西，又東屈逕其城南，又東逕襄垣縣，入于漳。寰宇記：銅鞮水，今名小漳水，又名西漳水。府志：銅鞮水逕虒亭西，東至縣南十里合於濁漳，俗名村壁河。

雍子水。在襄垣縣西南四十里，東北流入濁漳。

下谷水。在襄垣縣西十五里，東流入濁漳。

史水。在襄垣縣西北六十里。源出三史村，東至縣東北水碾村，入于涅水。

甘羅水。在襄垣縣北門外。源出縣西北二十五里，東流至縣東北一里入濁漳。

涅水。在襄垣縣北，自沁州武鄉縣流入。水經注：涅水又東南流注于漳水。元和志：涅水在襄垣縣西北六十里。通志：源出沁州覆甑山，東流入縣界，會小漳水，與濁漳合。

桃花水。在壺關縣東南一百三十五里。源出太行山麓花園村，東南入河南林縣界。

沾水。在壺關縣東南。漢書地理志：壺關縣，沾水東至朝歌入淇。水經注：沾水出壺關縣東玷臺下西北隅，與金谷水合，金谷即玷臺之西谿也〔一〕。東北會沾水，又東流注淇水。元和志：壺關縣羊腸坂，沾水出焉。

壺水。源出壺關縣壺關山，北流折而西，逕府城北，入于濁漳，下流名石子河。又進流川，一名清流川〔一二〕，源出壺關縣南山，北流入壺水。

玉泉水。在黎城縣西北五十里。山下有三石竅，水湧出合流，逕縣北五十里，一名原泉水，東至河南涉縣界入清漳水。

黃須水。在黎城縣北。水經注：黃須水出臺壁西張諱巖下，南流逕臺壁西，又南入于漳。舊志：縣有東河，在縣東半里，源出白巖山，南流入漳。蓋即黃須水故瀆也。

清漳水。在黎城縣東北。自遼州流入，又東入河南涉縣界。元和志：清漳水在縣東北五十里。

淘清河。在長治縣東南。自壺關縣南界來，及縣境東南，諸山之水皆會焉，西流至雄山北入陶水。

潞河。在潞城縣北。源出縣東北微子城，西北流至西流里入漳水。按：此水以在潞地遂蒙潞名，非職方冀浸之潞也。

西河。在黎城縣西北。源出嵐山，逕縣西一里，又逕縣南關外曰南河，東流合東河入漳。又田溪，亦名小河，源出嵐山伏虎郊，流逕縣北，東注東河，疏渠灌溉，民受其利。

龍潭。在長治縣西二十里，亦名金龍池。淵深不測，西流入漳。

濯纓溪。在壺關縣東南一百六十里。源出紫團山，一名盈盈水，東出太行，入河南林縣界，曰合澗口。又有橋樓淙亦在紫團山，山徑既絶，下視深壑，衆流所歸。舊有橋，建樓其上，故名。

金龍池。在屯留縣東南二十五里。東西闊而南北狹，約五百餘畝。

惠澤池。在壺關縣南門外，明洪武九年鑿。又甘泉池，在縣東南隅，景泰初鑿。又濟衆池，在縣北門外，成化十四年鑿。又龍雨池，在縣北龍溪橋迤東，萬曆二十四年鑿。縣地高峻，艱于得水，諸池皆爲民利。

聖泉。在長治縣西。本朝康熙元年湧出，中多魚，色如金。

五龍泉。在長子縣南十六里，曲流十五里入濁漳水。

白龍泉。在長子縣西二十五里。相傳有白龍見此。

神女泉。在屯留縣西北二十里，西入三峻水。

張厚泉。在屯留縣北二里，周二丈。淵深莫測，禱雨輒應，亦曰龍潭。

馬跑泉。在屯留縣東北二十里。發源石室村，東流入絳水。

龍泉。在屯留縣東北二十五里。周圍一丈，甃甃其口如井，僅尺許。

石泉。在襄垣縣西四十里。水自石中流出。

暖泉。在襄垣縣西五十里太平鋪西。水温可浴。

白水泉。在襄垣縣東北三十里。石崖中有數孔，湧水如瀉，流入漳水。

玉女泉。在潞城縣西北五里。深五尺，未嘗盈竭。寰宇記：泉中時有白氣升出，蒙覆其上則有雨，時人謂之「玉女披衣」，恒以爲侯。舊志：在鳳凰山上。

馮坡泉。在壺關縣南黄山下。深止尺餘，旁溢成流，冬夏不涸。

温泉。在黎城縣北五十五里。高崖深潭，名大海、小海，水頗温，隆冬不冰，流入漳水。

神農井。在長子縣羊頭山小谷中。寰宇記：上黨記云「神農廟西五十步有石泉二所，一清一白，俱甘美，呼爲神農井」。

古蹟

壺關故城。有二。一在長治縣東南，漢置，高后封孝惠子武爲壺關侯。後漢末爲上黨郡治，晉末廢。元和志：潞州城，漢壺關縣是也。一在今壺關縣東南，後魏太和十三年復置。括地志：後魏移置壺關縣，當羊腸坂羊頭山之阨是也。隋大業初廢入上黨，唐武德四年復置于高望堡，貞觀十七年又移治進流川。舊志：漢壺關故城，在長治縣東南十六里壺口山下。後魏壺關故城，在今壺關縣東南五十里，今猶稱曰故縣。唐移治之高望堡，在今壺關縣西七里。

樂陽故城。在長子縣西南。魏書地形志：上黨郡樂陽縣，普泰中分長子、寄氏二縣置。隋書地理志：長子縣，舊有樂陽縣，北齊廢。舊志：在縣西南三十里，名樂陽村。

長子故城。在今長子縣西。劉向別録：辛甲事紂，七十五諫不從，去適周，文王封于長子。春秋時爲晉邑，左傳襄公十八年：晉人執衛行人石買于長子。後爲趙地。史記趙世家：成侯五年韓與我長子。漢置縣，屬上黨郡。後漢爲關城都尉所治。晉仍爲長子縣。太元十一年慕容永據長子僭號，是爲西燕，十九年爲慕容垂所滅。後魏仍爲長子縣，北齊廢。隋開皇九年置曰寄氏縣，十八年改爲長子。府志：金天會九年，節度使楊天吉于東南隅別建小城徙治之，即今治也。按：長子，陸德明音義釋文

「長，丁丈反」，顔師古漢書注「讀曰長短之長，今俗爲長幼之長，非也」，二音不同。考竹書紀年：梁惠成王十二年鄭取屯留、尚子。尚子即長子之異名，然則尚書官名，尚讀長，長子不音丁丈反可知。

純留故城。在今屯留縣南。春秋赤狄邑，謂之留吁。左傳宣公十有六年：晉人滅赤狄甲氏及留吁，遂爲晉邑，謂之純留。左傳襄公十八年：晉人執孫蒯于純留。戰國謂之屯留。史記趙世家：肅侯元年奪晉君端氏，徙處屯留。漢置屯留縣，屬上黨郡。晉因之，北齊廢入長子。隋書地理志：屯留縣，北齊廢，開皇十六年復置。舊唐書地理志：武德五年自霍壁移治今所。括地志：屯留故城，在長子縣東北三十里，周七里，其址尚存。新志：故城在今縣南十三里。按：魏書地形志屯留縣有屯留城。水經注絳水逕屯留縣故城南，故留子國也。則後魏之前已嘗移治矣。舊志故純留城，在今縣西十里之平村。疑即此。

寄氏故城。在屯留縣西南七十里。漢置猗氏縣，在今平陽府岳陽縣界。後魏景明元年改置于此，曰寄氏。北齊、後周時廢。

余吾故城。在屯留縣西。漢置縣，屬上黨郡。後漢建武六年徙封景丹子尚爲余吾侯，後省。後漢書郡國志屯留縣，劉昭注：「有余吾城，在縣西北三十里。」縣志：在縣西十八里，城周九里，故址猶存，今爲鎮。明嘉靖間築堡，城周二里。

襄垣故城。在今襄垣縣北。漢置，屬上黨郡。後魏改屬鄉郡。魏書地形志：鄉郡襄垣縣，二漢、晉屬上黨郡。建義元年又置襄垣郡，治襄垣縣，縣有襄垣城。元和志：潞州襄垣縣，南至州九十三里。趙襄子所築，因以爲名。寰宇記：唐武德元年移于甘羅水南，即今縣。又縣志有故縣中里，在縣西北四十里；故縣東里，在縣北三十里。

潞縣故城。在潞城縣東北。古潞子國。國語：史伯謂鄭桓公曰：「北有狄、潞。」左傳宣公十五年：六月癸卯，晉荀林父敗赤狄于曲梁。辛亥，滅潞。漢置潞縣，後魏改入刈陵。府志：故城在縣東北四十里。本漢治，後魏改刈陵，移治漳水北，城遂廢。

建義廢縣。在襄垣縣南。魏書地形志：襄垣郡建義縣，建義元年分上黨之屯留置。北齊、後周時廢。

平順廢縣。在潞城縣東六十里，舊名青羊里。明嘉靖三年，陳卿等據此抄掠〔一三〕，七年河南巡撫潘塤討平之。八年，遣給事中夏言往勘，因奏請割潞城縣地十六里、壺關縣地十里、黎城縣地五里，置平順縣，築城周二里。本朝乾隆二十九年仍省入潞城、壺關、黎城三縣。

黎城舊縣。在今黎城縣西北。漢潞縣地。後魏移潞縣于漳水北，改曰刈陵。隋改曰黎城。宋天聖三年徙治涉縣之東南白馬驛，即今治。魏書地形志：襄垣郡刈陵縣，二漢、晉曰潞縣，太平真君十一年改。舊唐書地理志：上黨郡黎城縣，舊刈陵縣，隋改曰黎城。舊志：故城在縣西北十里。

黎城。在長治縣西南。左傳宣公十五年：潞酆舒奪黎氏地，晉滅潞，立黎侯而還。杜預注：「黎氏，黎侯國，上黨壺關縣有黎亭。」漢書地理志上黨郡壺關縣，應劭曰：「黎侯國也，今黎亭是。」後漢書郡國志：壺關縣黎亭，故黎國。劉昭曰：「文王戡黎即此。上黨記曰：潞縣東北八十里有黎城，臨壺口關。」魏書地形志：刈陵縣有黎城。括地志：故黎國，在黎城縣東北十八里。按：黎國，應劭、杜預以爲在壺關，今長治縣界；魏收以爲在刈陵，括地志以爲在黎城，今黎城縣也。二說不同，相去幾二百里。後漢志則壺關、潞縣兩存其說。意者黎國本在長治縣西南黎侯嶺下，至晉立黎侯，或徙于今黎城縣地，故寰宇記于上黨縣則曰本黎侯國，即西伯戡黎之所；于黎城縣則曰古黎國，引晉荀林父滅潞立黎侯。是春秋以後之黎，非商、周黎國故地也。

夾寨城。在長治縣西。通鑑：梁開平元年李思安至潞州城下，更築重城，謂之夾寨。五代史唐紀〔一四〕：梁兵攻潞州，圍以夾城，遣周德威救潞州。天祐五年，德威自亂柳還軍太原，梁夾城兵頗懈，晉王存勗乃出兵趨上黨，攻其夾城破之。新志：在縣西十三里，今稱南寨村、北寨村。

應城。在長子縣東南四十里。魏書地形志：長子縣有應城、傾城、辛城〔一五〕。縣志：應城今爲應城村。傾城在縣東南二十一里，周六里許。辛城在縣東十九里，周一里許，即辛甲封地。

青城。在長子縣南三十里。縣志：唐開元十年舊都有五色龍見，從西南入青城。

石勒城。在襄垣縣東五十里，周四里餘。相傳石勒攻上黨時築，以積芻米，基址猶存。

安民城。在襄垣縣北十里。通鑑：晉永和十一年上黨人馮鴦逐燕太守段剛，據安民城。注云：「安民城在襄垣縣，蓋永嘉中劉琨遣張倚所築，以安上黨之民，因以爲名。」魏書地形志：襄垣縣有安民城。燕慕容儁以上黨郡治安民城，後遷壺關城，皇始元年還治安民，太平真君中復治壺關。府志：一名安仁城，郡治兩移于此。

甯城。在襄垣縣北二十七里。或云趙襄子築。

微子城。在潞城縣東。魏書地形志：上黨郡壺關縣有微子城。寰宇記：在潞城縣東北二十里。縣志：微本畿内國，今城東南去朝歌不遠，蓋即微子始封之地。今有微子店，在縣東北十五里。

石城。在潞城縣東北一百二十里。今爲石城里，舊傳石勒築此以貯糧。又陽護城、照城皆在縣東，西燕慕容永所築。

益陽城。在壺關縣東南六十里。今爲城頭村，西燕慕容永所築，以控燕、魏。

飛龍宫。在府治西。舊唐書明皇紀：開元十一年幸潞州，改舊宅爲飛龍宫。唐書地理志：上黨縣有啓聖宫，本飛龍，明皇故第，開元十一年置，後又更名。寰宇記：有明皇欹枕斜書壁存。

瀋王府。在府治東，即唐節度使牙門。明洪武二十四年太祖封二十一子簡王模於此。

惠民莊。在長子縣北三十里西任村。明萬曆三十年建。

稡經樓。在長子縣城内。寰宇通志：元士人王綱所建，爲藏書之地。

德風亭。在府治後。唐開元中建。

賓適亭。在屯留縣西北隅。宋紹聖中建。

聖瑞閣。在府治西飛龍宫側。唐書地理志：上黨有瑞閣。府志：唐明皇在潞時境内現一十九瑞，及即位，潞州獻瑞應圖，建此閣成，白鶴來翔，張九齡作聖應圖贊，永王府長史陳閎及江都王並畫上黨十九瑞應圖。

臺壁。在黎城縣西南十里。水經注：潞縣北對故壁臺，漳水逕其南，本潞子所立，世名之爲臺壁。慕容垂伐慕容永于長子，軍次潞川，永率精兵拒戰，阻河自固，垂陣臺壁，一戰破之，即此。

下虒聚。在襄垣縣西。古銅鞮縣地。漢書地理志：上黨郡銅鞮縣有上虒亭、下虒聚。水經注：銅鞮水又東南流逕傾城西，即縣之下虒聚也。宋史陳思讓傳〔一六〕：周廣順元年潞州巡檢陳思讓敗北漢兵于虒亭。注云：「虒亭在潞州銅鞮縣。九域志襄垣縣有虒亭鎮。」明統志：在縣西北五十里。

武王塢。在潞城縣西北四十里。元和志：塢東有後魏天柱大將軍爾朱榮碑，文曰：「建義元年東討葛榮，軍次上黨武王祠東，有二狡兔從賊方而來，天柱彎弓祝之曰：『中則擒葛榮，不中則否。』應弦而殪，遂擒榮。」舊志：相傳武王伐紂時經此，故名。

石梁。在潞城縣北四十里。後漢書郡國志潞縣注：晉荀林父伐曲梁，在城西十里，今名石梁。

關隘

壺口關。在長治縣東南。漢書地理志：上黨郡有壺口關。又成帝紀：陽朔元年詔流民入壺口關者勿苛留。通鑑：後漢建安十年高幹舉兵守壺口關。注：「潞州上黨有壺口山〔一七〕，因其險而置關焉。」舊志：關在郡東南十六里壺口山下，山川相錯，地形如壺。

穀關。在長子縣南十五里。魏書地形志：長子縣羊頭山下有穀關。新志：在縣東南五十里。

長平關。在長子縣南四十里平嶺上。通志：以古長平郡得名，即秦白起坑趙卒處，隋時置關。

上黨關。在屯留縣境。魏書地形志：上黨郡有上黨關。新志：關先屬猗氏，後屬屯留，此西關也。

井谷關。在襄垣縣東南。唐書地理志：襄垣縣東有井谷故關。元和志：在縣東南四十里天井谷內，深邃似井，因以爲名。魏武初遷鄴，于此置關。周建德六年廢。按：魏書地形志上黨郡有天井關，疑即此。寰宇記亦謂之天井關。

五巑關。在襄垣縣西南七十里五巑山之陽。五峰環繞，爲南北之咽喉。明洪武間置巡司，後裁，正統初置關。

玉峽關。在壺關縣東南一百二十里。舊曰風門口，在隆慮萬山之巔，勢極險峻。明嘉靖八年置巡司，今裁。

古壺關。在黎城縣東北二十八里太行山口吾兒峪。左傳哀公四年：國夏伐晉取壺口〔一八〕。杜預注：「潞縣東有壺口關。」唐書地理志：黎城縣有壺口故關。元和志：古壺關在縣東二十五里。春秋齊國夏伐晉取八邑，有盂口，盂口即壺口也，聲相近，故有二名。金史地理志：黎城縣有白巖山，故壺口關。通志：壺口故關路通河南涉縣，即今吾兒峪也。縣志：關在西井鎮，今有古關堡。按：吾兒峪在黎城縣東北，壺口山在長治縣東南，跨壺關縣界，相去百餘里。壺口關本以山名，壺關縣復因關名，則壺口山之有關舊矣。府志乃云壺口關即今吾兒峪，而長治縣壺口山之關竟缺不載，通志亦仍其訛，所引注尤多混淆，今兩存正之。

馬踏隘。在潞城縣東六十里，與河南涉縣接界。萬山拱峙，中通小徑，亦名馬踏關。

十八盤隘。在壺關縣東南八十五里。盤回險僻，路通河南林縣楊家石塘口。

正梯隘。在壺關縣東南一百十里，與河南林縣接界。一名梯頭隘，形隘若梯。

槲林隘。在壺關縣東南一百二十里。羊腸坂南出之道，路通河南輝縣。

漳義隘。在黎城縣東北八十里。兩山峭立，中有石澗，漳水所經，亦名漳義關。

虹梯關巡司。在潞城縣東北七十里。舊曰洪梯子，千峰壁立，徑路峭狹，下臨無底之壑，石磴盤迴，望若虹霓。明嘉靖中設關並置巡司，今因之。

石城里巡司。在潞城縣東北一百三十里。本朝乾隆二十九年置。

韓店鎮。在長治縣南四十里。明洪武元年，洪霍特穆爾遣韓扎兒援潞安〔一九〕，偏將軍楊璟遇于韓店〔二〇〕，大戰敗之，即此。相近又有郝店鎮。又蔭城鎮、桑梓鎮，俱在縣南六十里；師莊鎮，在縣南七十里；大峪鎮，在縣南，東接壺關縣界，相近又有玉坊鎮；又漳澤鎮，在縣西北二十里。「洪霍特穆爾」舊作「擴廓帖木兒」〔二一〕，今改正。

太義鎮。在長治縣南七十里。本朝乾隆二十七年移同知駐此。

西火鎮。在長治縣南八十里。本朝乾隆二十九年移縣丞駐此。

八義鎮。在長治縣西南六十里。見金史地理志。

高河鎮。在長治縣西三十里，即古絳河也。通鑑：五代晉天福元年趙德鈞父子迎謁於高河。胡三省注：「在潞州屯留縣東南。」

横水鎮。在長子縣西百里。金史地理志：長子縣有横水鎮。新志：縣西百里有横水村。

鮑店鎮。在長子縣北四十里。爲太原孔道，本朝康熙中增設駐防。又南呈鎮，在縣東南二十里；璩村鎮，在縣南四十里；石哲鎮，在縣西二十里。

豐儀鎮。在屯留縣西南四十里，有堡，其北爲苗岳鎮。又邊寨鎮，在縣西南，路通平陽府岳陽縣；丈八佛鎮〔二二〕，在縣西五十里。

寺底鎮。在屯留縣東北二十里。金史地理志：屯留縣有寺底鎮。新志：明改名常村鎮。又上村鎮，在縣東二十里；駝坊鎮，在縣東南二十五里。

東周鎮。在襄垣縣西南二十里。又長隆鎮，在縣西南二十五里；榆林鎮，在縣西南八十里五巑關之南；夏店鎮，在縣西三十里。

下良鎮。在襄垣縣北三十里。鎮有龍山寨，明嘉靖中建。又西營鎮，在縣北四十五里，與沁州武鄉縣接界。

神頭鎮。在潞城縣東二十里。又微子鎮，在縣東；南陲鎮，在縣南二十里；安昌鎮，在縣西二十里。

黄碾鎮。在潞城縣西北二十里。通鑑：五代梁開平元年晉王存勗軍于黄碾，距上黨四十五里。

羊圍鎮。在壺關縣東八十里新興里。相近有花園鎮。

馮坡鎮。在壺關縣南二十八里黄山下。又大峪鎮，在縣西南大峪嶺，半屬長治縣。

霜澤寨。在屯留縣西五十里，一名雙澤寨。又中村寨，在縣西一百里，接沁源縣界。俱明嘉靖十一年築。

好牢寨。在壺關縣西南三老鄉。墻垣周一百五十丈，四面俱崖，高深十丈，西北有土洞門。

九龍山寨。在黎城縣西北七十里。山險林密，數百里村聚恃爲保障。

北董堡。在長治縣東南十里。土城周四里，高一丈八尺，明嘉靖中築，本朝康熙中修。又蘇店堡，在縣南十五里；南董堡，在縣南二十里。

闞村堡。在長治縣北十里。又角沿村堡，在縣西北二里。

崇賢堡。在壺關縣東二十里。周三百二十五丈有奇，四面崖壁，高深十丈，有東、西門。

曹公壘。在壺關縣東南一百二里。元和志：曹公攻高幹時所築。

吾兒峪。在黎城縣東北二十五里，其西五里有東陽關。通鑑：五代晉天福元年趙德鈞自吴兒峪趨潞州。注：「吴兒峪在潞州黎城縣東北。」元史察罕特穆爾傳：至正十八年分兵屯上黨，塞吾兒峪。明洪武初置巡司，本朝乾隆二十九年裁。「察罕特穆爾」舊作「察罕帖木兒」，今改正。

龍泉驛。在長治縣西二十里，以龍潭水名。唐置，今廢。通鑑唐會昌三年郭誼等至龍泉驛迎候敕使，即此。

太平驛。在長治縣西北太平鄉。唐置，今廢。宋史李筠傳：張暉自團柏谷入訾梁侯驛，筠遣護軍穆令均訾于太平驛，驛東南距潞八十里。續通典：梁侯驛，在上黨縣西北一百十里。

漳澤驛。在長子縣南關。明洪武三年設于潞州西北二十里漳澤村，長平北出道也。八年，移于今所。本朝設驛丞，雍正七年裁。

余吾驛。在屯留縣城内。舊在縣西北十八里余吾故城，本朝順治初移建今所。舊有驛丞，雍正七年裁。

虒亭驛。在襄垣縣西北六十里虒亭鎮，與屯留縣接界，北達沁州。

津梁

永濟橋。在長治縣南韓店。宋宣和間建。明高朴記：橋當澤、潞咽喉，北通燕、齊，南通雍、豫。

淘清橋。在長治縣南，跨淘清河。

金橋。在長治縣西南關。唐開元中車駕次上黨，過金橋，令吴道子等製金橋圖。

通晉橋。在長治縣西二里，後名老胡橋。通志：舊橋圮，有番僧修之，一夕而成。

石子河橋。在長治縣北關外。

雍水橋。在長子縣北一里。明洪武中建。

藍水橋。在長子縣北三十里藍水上。府志作藍橋。

青苗橋。在屯留縣西南二十里張村。跨雞鳴河，今名永定橋。又良馬橋，在縣西南八十里，西通河東路。

通沁橋。在屯留縣西門外。又讓功橋，在縣東門外。

王橋。在襄垣縣南少西十里，跨濁漳水。

圯橋。在襄垣縣西十五里下谷村西，下有二水合流。又太平橋，在縣西五十里，宋天聖中建。

南營橋。在襄垣縣西北四十里，相傳石勒屯兵時建。又永惠橋，在縣北門外，跨甘羅水，金天會間建。

鳳棲橋。在潞城縣東十五里。元至正中建。

微子橋。在潞城縣東北十五里。

黄山橋。在壺關縣南三十里黄山村。

龍溪橋。在壺關縣西北二里。又進德橋，在縣北門外，俱元建。

天橋。在黎城縣東南十里。

疏嵐橋。在黎城縣南關。

北馬橋。在黎城縣西南二十里，跨漳水，通襄垣縣。

漢跋橋。在黎城縣西十里。通志：斷岸百尺，工積數年始成。

絡絲橋〔三〕。在黎城縣北二十五里遷善里，因水流微細故名。

峪口橋。在黎城縣東北十五里，通故關。

吾兒峪橋。在黎城縣東北吾兒峪口，通河南涉縣。

校勘記

〔一〕注　乾隆志卷一〇三潞安府建置沿革（下同卷簡稱乾隆志）同。按，此下所引出通鑑考異，非胡三省注。

〔二〕在長子縣西南十五里　「五」，原作「三」，據乾隆志、雍正山西通志卷一九山川三改。

〔三〕說文峰聚之山曰嵕　說文無此語，增修互注禮部韻略卷一始作此語，並引漢書揚雄傳顏注「三嵕，三峰聚之山也」爲證。

〔四〕與銅水合　「銅」，乾隆志同，雍正山西通志卷二五山川九作「鞮」。考四庫本水經注卷一〇「與銅鞮水合」句下有案語：「近刻脱『銅』字。」蓋原作「與鞮水合」，館臣添「銅」字而不慎滅去「鞮」字，遂成今貌。

〔五〕其北有石魚坡　「坡」，乾隆志作「陂」，雍正山西通志卷一九山川三作「坂」。

〔六〕淘水南出南淘　兩「淘」字，乾隆志一作「淘」，一作「陶」，水經注卷一〇皆作「陶」。

〔七〕梁水出南梁山　本卷上文云梁山「梁水出焉」，故趙一清水經注箋刊誤卷四謂：「『出南』二字當倒互。」

〔八〕西出穀遠縣爲藍水　「藍」，乾隆志、水經注卷一〇作「濫」。按，胡渭禹貢錐指卷一三中之下謂濫水即藍水，史臣改引文以就條目，不爲誤，然本卷下條絳水按語又云「水經注有絳水而無藍水」，乃失於檢察。

〔九〕東流合濁漳　「東」，原作「北」，乾隆志同，據雍正山西通志卷一九山川三、魏書卷一〇六上地形上改。

〔一〇〕陳水出西發鳩山　「出西」，乾隆志同，四庫本水經注卷一〇作「西出」，有案語：「『西出』，近刻訛作『出西』。」

〔一一〕金谷即玷臺之西谿也　「臺」，原作「壺」，據乾隆志、水經注卷九改。

〔一二〕一名清流川　「清」，原作「積」，據乾隆志、雍正山西通志卷一九山川三改。

〔一三〕陳卿等據此抄掠　「此」，原作「比」，據乾隆志改。

〔一四〕五代史唐紀　「紀」，原作「記」，據乾隆志、新五代史卷五唐本紀改。

〔一五〕辛城　「辛」，乾隆志同，雍正山西通志卷五八古蹟二、魏書卷一〇六上地形上作「幸」。

〔一六〕宋史陳思讓傳　乾隆志同。按，以下所引文字及注見於資治通鑑卷二九〇，非宋史陳思讓傳文，且宋史無注，故此出處乃誤題。

〔一七〕潞州上黨有壺口山　乾隆志同，通鑑注引後漢書注，兩注皆作「壺山口」。

〔一八〕國夏伐晉取壺口　「國」，原闕，乾隆志同，據左傳哀公四年十二月紀事補。

〔一九〕洪霍特穆爾遣韓扎兒援潞安　「扎」，原作「禮」，乾隆志同，據明史卷一二九楊璟傳改。

〔二〇〕偏將軍楊璟遇于韓店　「璟」，原作「燝」，乾隆志作「景」，均誤，據雍正山西通志卷一〇關隘二、明史卷一二九楊璟傳改。

〔二一〕洪霍特穆爾舊作擴廓帖木兒　「廓」，原作「郭」，據乾隆志、明史卷一二四擴廓帖木兒傳改。

〔二二〕丈八佛鎮　乾隆志同，雍正山西通志卷一〇關隘二「佛」下有「廟」字。

〔二三〕絡絲橋　「絡」，乾隆志同，雍正山西通志卷三一水利三作「落」。

大清一統志卷一百四十三

潞安府二

隄堰

河渠堤。在潞城縣南。宋政和間築，以遏水入漳。

石牐。在長治縣。有三。一在縣南四十里韓店東、西兩山之間，金明昌初建；一在縣東門外；一在縣西門外。

陵墓

周

馮亭墓。在長治縣西五里。見元和志。

潞子嬰兒墓。在潞城縣東五十里續村。

漢

鮑宣墓。在長子縣東十三里許。魏書地形志：長子縣有鮑宣墓。

令狐茂墓。在壺關縣東。魏書地形志：壺關縣有令狐徵君墓。元和志：壺關三老令狐茂墓，在縣東北一十九里。

馮奉世墓。在黎城縣東。元和志：馮奉世及女昭儀墓俱在縣東二里。明統志：奉世墓在縣東五里，又東二里爲昭儀墓。

晉

崔游墓。在襄垣縣西十里。

南北朝　魏

張昭墓。在屯留縣北三里。

五代　唐

李嗣昭墓。在襄垣縣東北四十里段堡村〔一〕。

宋

宇文光墓。在黎城縣北十五里。

元

宋子貞墓。在長子縣東南十五里。

宋思約墓。在屯留縣東南五里藕澤村。

劉寬墓。在潞城縣東青羊里。

明

四貞墓。在長治縣東南八十里。有四貞祠，詳後列女。

暴昭墓。在長治縣西羊堡村。

任環墓。在長治縣東北白堠村〔二〕。

杜斆墓。在壺關縣東南三十里林青里。

祠廟

三忠祠。在長治縣東南，祀宋張確、明王佐、任環。

五龍祠。在長治縣南。魏書地形志：壺關縣有五龍祠。元和志：祠在上黨縣東南二十里五龍山，慕容永所立，以祭五方神。寰宇記：慕容永時有五龍見于此山，因立祠祀之。新志：又北關村有九龍廟。

神農廟。有二。一在長治縣東百穀山，北齊時建；一在長子縣北關熨斗臺，金大定中建。歲三月十八日有司致祭。

大禹廟。有六。一在長治縣東南十里壺口山，宋咸平中重建；一在屯留縣南十五里李防村；一在屯留縣北三十里浮山巔；一在潞城縣南十五里大禹山，今移城内，春秋有司致祭；一在黎城縣東侯壁里；一在壺關縣辛村，元延祐中建。皆禹治水所歷之處。

崔府君廟。在長子縣東門内，祀唐邑令崔元靖。明皇封顯聖護國嘉應侯，宋真宗加封真濟王〔三〕，春秋上戊日有司致祭。

成湯廟。有二。一在長子縣東南六里上坊村，有殘碑云：歲大旱，邑人以王嘗有桑林之禱，設位致禱，澍雨大洽，因立廟焉。元至正間重建。一在屯留縣西八十里中村鎮。

帝堯廟。在長子縣西南十五里潛山上。歲四月二十八日有司致祭。魏書地形志：樂陽縣有堯廟。

靈湫廟。在長子縣西五十里發鳩山下，祀漳源神。廟甚古，宋治平初重建，賜額「靈湫」，歲三、七月十八日有司致祭。

後魏孝文帝廟。有三。一在屯留縣西南疑山巔，一在襄垣縣西獅山麓，一在襄垣縣北五里陰山巔。

三峻廟。在屯留縣西北四十五里三峻山巔。舊傳昔大旱祀之即大雨千里，宋崇寧中封顯應侯，明洪武中改稱三峻山之神，歲六月六日有司致祭〔四〕。府志：神最靈顯，祠遍州縣。

周文王廟。在襄垣縣南鹿臺上。

武王廟。在潞城縣北二十里。元和志：武王塢東有武王祠。

靈顯王廟。在潞城縣北微子嶺，祀李靖。唐立武成王廟，以靖從祀。後晉封靈顯王，元封靈澤王。

殷三仁廟。在潞城縣東北二十里。元時碑記云：微子嶺，前古立祠，山下有故墟曰宋城。

寺觀

延唐寺。在長治縣城内。相傳唐明皇爲别駕時，寺中有李樹連理。

慶雲寺。在長治縣南十里。宋天聖中建。

百穀寺。在長治縣東北百穀山。北齊武平間建。

壽聖寺。在長子縣。有二，一在縣西南二十五里，一在縣西三十里〔五〕，皆唐建。

石佛寺。在屯留縣西北十八里。唐貞觀初建。

靈顯觀。在壺關縣西三十里。唐建，吕巖有詩。

祥鹿觀。在壺關縣東北三里。唐乾封初建。相傳唐徐王元禮獵于檀山，逐白鹿至此，隱于穴中，因以名觀。

法會寺。在黎城縣西南二十五里百谷村。唐先天初建。明洪武中並水陸、膺福、顯慶三寺入焉。

大雲寺。在黎城縣北五十里龍耳山下。

名宦

漢

任敖。沛人。高祖時爲上黨守。陳豨反，敖堅守，封爲廣阿侯。

晉

温嶠。祁人。爲潞令，劉琨請爲參軍。琨遷大將軍，嶠爲上黨太守，加建威將軍，討石勒屢有戰功。

南北朝　魏

吕温。幽州人。世祖時上黨太守。善勸課，有治名。

隋

柳昂。解人。文帝初潞州刺史。昂見天下無事，上表請勸學行禮，自是天下州縣皆置博士。昂在州甚有惠政。

唐

崔元靖。樂平人。貞觀間長子縣令。公直廉介，發姦摘伏，民不敢欺。時有虎傷人，元靖祈諸神，遣使追虎殺之。

姚崇。硤石人。睿宗時歷潞州刺史。專務德化，政條簡肅，潞人爲立碑記之。

薛僅。河東人。開元間上將巡潞藩，僅以拾遺出宰屯留，諸事克辦。次年歲饑，出公私米賑救，所活以百萬計，又堤防水患，歲漸豐稔。

程千里。萬年人。天寶末安禄山反，遷上黨長史。至德二載，賊將蔡希德圍上黨，輕騎挑戰，千里率百騎欲直擒之，希德幾得而救至，會橋壞馬顛，爲賊所執，仰首敕諸騎還，曰：「爲我謝諸將，可失帥，不可失城。」軍中皆爲泣下，增備固守，賊不能下，乃還，囚千里至東都見害。

王虔休。梁人。澤潞李抱真授兵馬使，抱真卒，元仲經等謀樹其子緘，虔休正色語衆曰：「軍王軍，士王士，帥亡當稟天子，何有妄謀！」德宗嘉之，擢潞州左司馬、領留後，號令撫循，軍中大治。二歲遷昭義節度使。始屬城州縣守宰多署他職，不親政，故治苟簡。虔休悉增俸廩，遣就部，人以妥安。虔休性恪敏，節用度，既没，所部帑廩皆可支數歲。

孔戡。孔子三十八世孫，巢父子。以大理評事佐昭義節度使李長榮幕。長榮死，盧從史代之，留署掌書記。從史稍得志，益驕，與王承宗、田緒陰相結，欲久連兵以固其位。戡始陰争不從，則于會肆言以折之。從史卒偃蹇不軌，戡遂以疾歸洛陽。

烏重胤。張掖人。爲潞牙將兼左司馬。節度使盧從史奉詔討王承宗，陰與賊連，吐突承璀將圖之，以告重胤，乃縛從史，帳下士持兵合譟，重胤叱曰：「天子有命，從者賞，違者斬。」士無敢動。

李殷鋭。僖宗時爲潞州刺史。中和三年李克用陷潞州，殷鋭死之。

五代　梁

牛存節。博昌人。潞州都指揮使。梁王攻鳳翔，使召存節，存節爲將，法令嚴整而善得士心，潞人送者皆流泣。

任圜。三原人。李嗣昭節度昭義，辟圜觀察支使。梁兵築夾城圍潞州，危甚，圜勸嗣昭堅守以待，不可有二心。已而莊宗攻破夾城，聞圜爲嗣昭晝守計，甚嘉之。

宋

王祐。莘人。太祖征太原，已濟河，諸州饋集上黨，城中車乘塞路。上以祐能治劇，令知潞州。及至，饋餉無乏，路亦無壅。

柴禹錫。大名人。太宗時知潞州。州民乞留三載，詔奬之。

王曙。河南人。仁宗時知潞州。州有殺人者，獄已具，曙獨疑之。既而提點刑獄杜衍至，事果辨〔六〕，曙爲作辨獄記以戒官吏。

郭諮。平棘人。仁宗時知潞州。言懷、保二郡旁山可以植稻，定武、唐河抵瀛、莫間可興水田。又作鹿角車、陷馬槍。請廣獨轅弩于他道，詔諮置弩千，分給并、潞。

劉絢。常山人。神宗時爲長子令。督公家逋賦，不假鞭扑而集。歲大旱，府遣吏視傷，所蠲財什二，絢力争不得，封還其揭請易之，富弼歎曰：「真縣令也。」

苗時中。宿州人。調潞州司法參軍。郡守欲入一囚于死，執不可，守怒，責甚峻，時中曰：「願歸田里〔七〕，法不可奪。」守悟而聽之。

邵伯温。洛陽人。元豐間調長子尉，有德政，去監永興軍，民思之。

朱光庭。偃師人。哲宗時知潞州。隣境旱饑，流民入境者踵接，光庭日爲食以食之，常至暮不暇食，遂感疾，猶力視事，出禱雨，拜不能興，再宿而卒。

梁燾。須城人。哲宗時知潞州。歲饑，不待命發常平粟賑民，流人聞之，來者不絶，燾處之有條，人不告病。明年以左諫議大夫召，甫就道，民攀援不得行，踰太行抵河内乃已。

李昭玘。濟南人。哲宗時通判潞州。潞民死多不葬，昭玘斥官地，畫兆竁，具棺衾，作文風曉之，俗爲一變。

劉汲。丹稜人。通判隆德府。時方士林靈素用事，郡人班自改易繫辭爲妖言，以應靈素。汲攝守，下自獄。靈素薦自有道，命轉運使陳知存按驗，掾史懼，欲變獄。汲責數掾史，知存憚之，卒以實聞。

韓昭。許昌人。宣和二年知隆德府。罷車之任，勸農桑，恤孤獨，通泉貨，巨蠹宿姦一旦芟薙。又請免輸邊税，在郡便納，民爲勒碑頌德。

張確。宜禄人。知隆德府。金兵圍太原，忻、代降，平陽兵叛，確言：「敵既得叛卒，勢必南下，潞城百年不修築，將兵又皆戍邊，臣願得秦兵十萬人以抗敵。」不報。明年金兵至，確拒守。或獻謀自東城潰圍出，確怒叱曰：「確守土臣，當以死報國。」乃戰而死。贈述古殿直學士。

金

沈璋。永興人。太行賊陷潞州，官軍討平之，命璋權知州事。璋至，招復逋逃，賑養困饑，民頗安輯。初，賊據城，潞之軍卒緣坐者七百人，帥府牒璋盡誅之，璋不從。帥怒責之，且欲殺璋，璋從容對曰：「此輩爲賊所脇，初無叛心，故招之復來，殺之是殺降也。

苟利于衆，璋死何憾！」帥怒解，召潞軍曰：「汝使君活爾。」皆感泣去。朝廷聞而嘉之〔八〕，拜左諫議大夫、知潞州事。百姓爲之立祠。

蕭仲宣。遼人。皇統初歷昭義軍節度使。爲政平易，小吏不敢爲姦，賄賂禁絶，奴婢入郡，人莫識其面。潞之百姓爲立祠，刻石頌之。

李晏。高平人。大定間黎城縣令。時民奉佛教，燃指灼背，無所不至。晏修崇學校，行鄉飲酒禮，使民知義，俗漸革。

元

周幹臣。長清人。至元中以河東肅政廉訪司知事守潞州。時親王索薩爾奉命牧馬潞、沁間，牧人有奪民田爲牧地者，幹臣詣王啓其事，王令悉還其田。潞無賴民好解牛以規利，幹臣作詩化之，民罔敢犯者。「索薩爾」舊作「小薛」〔九〕，今改。

郅朗。肥鄉人。至元間壺關縣尹。政平訟簡，百廢具興，尤加意學校。遇旱蝗，禱雨輒應，蝗不爲災。後陞本州同知。

張鵬翼。大梁人。至正間屯留縣尹。時盜賊徧起，鵬翼親當矢石，爲百姓禦患，又以計擒借盜爲姦者。性淡薄，亦無饋遺，上官怒，廷爭不屈去。

明

張三同。阜城人。洪武初潞州同知。以勤恪著，創州治、修廟學，定在城二十四坊，尤加意作人，多治績。

崔鳳。項城人。洪武初知黎城縣。時當兵燹後，井廬盡墟，官廨秩祠僅存壁址，鳳招復流移，撫恤如子，暇即修舉頹廢，邑漸以治。

喬育。章丘人。仁宗時襄垣縣主簿。九年考滿詣京，耆老言育持己廉謹，撫下仁慈，乞還襄垣，終惠百姓。詔進二秩還任。

燕雲。咸寧人。正統中巡撫于謙薦擢知潞州。慈祥寬簡，理公事如家事，未嘗輕施鞭撻。坐事被逮，民詣闕乞留，令還任。

徐兗。商河人。正統末知長子縣。募壯勇、造兵器，以給邊備，民不知勞。遇歲歉賑濟，境無流移。以憂去，民多頌之。

李崙。臨潼人。成化中知屯留縣。有奸民持官府短長，指使掾吏，横一縣，崙廉得十餘輩，立捶殺之，吏民大驚，諸豪猾皆股慄。乃興學校、正風俗、時婚娶、平徭賦。歲饑，役民鑿河，河治而民不饑。治行爲山西最。

馬暾。陳州人。弘治間知潞州。廉潔明敏，修廟學，備禮器，訪名宦十四人、鄉賢十人，建祠爲州人表帥。在任九年，善政畢舉，相傳爲建州以來賢守第一。

薛騰蛟。渭南人。嘉靖中知長治縣。時縣新設，制度未備，騰蛟多所裁定，飭章程、節里甲，抑强扶弱，崇禮勵俗，與民休息，而馭吏則甚嚴，不少假貸。

張嘉孚。安定人。嘉靖中知長治縣。明敏果斷，民有訟者，給片紙令自拘，至即入見，片言而決，庭無留訟。

王維垣。武清人。嘉靖中知潞城縣。巨寇陳卿等嘯聚青羊山，官軍討之失利，遂欲屠邑。維垣力請于上，乃止，且招慰脅從，賊兵漸息。

徐明揚。浮梁人。知平順縣。崇禎六年流賊來犯，或以城小無備，乞避之郡城，不可，設策守禦，城破，不屈死。

本朝

楊致祥。奉天人。順治五年知潞安府。勇敢有爲。姜瓖之亂，誓衆固守，會叛丁張國威等通賊，遂遇害。贈太僕卿。推官司九韶，内黄人，與楊同日死，贈按察使司僉事，並祀忠烈祠。同時襄垣知縣佟學詩，遼陽人；訓導王奕葉，五臺人；長治知縣靳秉璋，寧晉人；長子知縣李允升，奉天人；屯留知縣陳思忠，遼陽人；壺關教諭崔珩，絳縣人：俱抗節死。又孫光耀者，屯留知縣孫奎之父，以討賊戰殁。

李雲起。昌黎人。知黎城縣。姜瓖之亂，大兵南下，賊崩潰，土寇趙聯芳、胡尚文煽亂，雲起死之。

薛起鳳。韓城人。順治十一年知黎城縣。造耕織具教民，請豁免荒糧，民利賴之。

金光昊。全椒人。康熙五年以舉人知長子縣。嚴正不妄接人，懲胥吏之作姦者不少貸，豪猾皆聞風遠遁。勸農巡阡陌間，與野老狎語，俾得各言疾苦。大旱雩祀，膝行數十里，爲民涕泣請命。甫一年卒，民爲修勸農坊，以志遺愛。

李時謙。大興人。康熙中以進士知潞城縣。給牛種及紡織具，勸民耕織，清積年逋賦，勸課諸生，治行推山右第一。

曹有光。績溪人。康熙十二年以進士知壺關縣。性澹泊，食不兼味，用苞苴竿牘進者直斥之，以嚴濟寬，盜賊斂迹。卒官，無以爲殮，老稚胥爲流涕。

人物

漢

令狐茂。壺關人。爲三老。武帝末治巫蠱獄急，戾太子斬江充發兵，兵敗亡不得，上怒甚，群下憂懼不知所出。茂上書明太子無邪心，天子感悟，凡害太子者俱伏罪。

馮奉世。字子明，潞人。馮亭之後，後徙杜陵。明春秋大義，習兵法。昭帝時前將軍韓增舉奉世，以衛候使持節送大宛諸國客〔一〇〕，發兵擊莎車，威震西域，爲光禄大夫、水衡都尉。元帝時累遷執金吾。永光二年秋隴西羌反，奉世討擊，大破之，斬首數千級，賜爵關内侯。居爪牙官前後十年，爲折衝宿將，功名次趙充國。長子譚，爲校尉，隨父從軍有功，未拜職，病死。

馮野王。字君卿，奉世子。通詩，少以父任爲中庶子，以功次補當陽長。元帝時遷隴西太守，以治行高，入爲左馮翊。有威信，遷大鴻臚，行能第一。以昭儀兄避嫌，不得爲三公，然甚見器重，有名當時。成帝時拜琅邪太守，病免。弟逡，字子產，通易，官至隴西太守；立，字聖卿，通春秋，歷五郡太守，所至有績。

馮參。字叔平，奉世子。通尚書，少爲黄門郎給事中，宿衛十餘年，行誼敕備，以嚴見憚，終不得親近。出爲守令，輒病免。綏和中以關内侯奉朝請，五侯敬憚之，丞相翟方進亦甚重焉。

鮑永。字君長，屯留人。父宣，哀帝時任司隸校尉，爲王莽所殺。永少有志操，事後母至孝。初爲郡功曹，更始二年遷尚書僕射，徵行大將軍事，持節安集河東、并州、朔部，因擊青犢大破之。更始封爲中陽侯。光武即位，徵永不從。已知更始亡，乃發喪罷兵，幅巾詣河内。時攻懷未拔，拜永諫議大夫，至懷説河内太守開城降。帝大喜，賜永洛陽商里宅，辭不受。累以功封關内侯。建武十一年爲司隸校尉，以事劾趙王良，朝廷肅然。尋出爲東海相，終兖州牧。

鮑昱。字文泉，永子。有智略，署守高都長，以平劇賊知名。後爲沘陽長，政仁愛，境内清静。中元元年拜司隸校尉，奉法守正，有父風，累遷司徒。建初元年大旱穀貴，請還諸徙者家屬，蠲除禁錮，以消災眚，帝納其言。拜太尉，薨。子德，修志節，有名稱，累官南陽太守，在職九年，吏人悦服。徵拜大司農，卒于官。

鮑昂。字叔雅，德子。有孝義節行。初，德被病數年，昂俯伏左右，衣不解帶，及處喪，毁瘠三年，抱負乃行。服闋，遂潛於墓次，不關時務。舉孝廉，辟公府，連徵不至，卒于家。

馮胄。字世威，上黨人，奉世之後。李郃門人，郃卒，胄獨制服，心喪三年，時人異之。常慕周伯况、閔仲叔之爲人，隱處山澤，不應徵辟。

晉

崔游。字子相，上黨人。恬静謙退，不言財利。魏末察孝廉，除相府舍人，出爲氐池長，甚有惠政。泰始初，武帝録文帝故府僚屬，就家拜郎中。年七十餘，敦學不倦，撰喪服圖行於世。劉淵僭位，命爲御史大夫，固辭不就。卒，年九十三。

續咸。字孝宗，上黨人。性孝謹敦重，師京兆杜預，專春秋、鄭氏易，教授常數十人。又修陳法律，明達刑書，永嘉中歷廷尉平，劉琨以爲從事中郎。著遠游志、異物志、汲冢古文釋，行於世。

南北朝　魏

堯暄。字辟邪，長子人。本名鍾葵，後賜名暄，爲千人軍將。太武以其恭謹，擢爲中散，後兼北部尚書〔一一〕。暄前後從征及出使檢察三十許度，皆有克己奉公之稱，賜爵平陽伯，轉大司農卿。卒於平城，孝文爲舉哀，贈相州刺史。

堯雄。字休武，暄孫。初爲瀛州刺史、平城縣公，義然後取，接下以恩，吏人懷之。孝武入關，雄爲大都督，隨高昂破賀拔勝於穰城，仍除豫州刺史，累有戰功，加驃騎大將軍、儀同三司。雄性質寬厚，爲政舉大綱，在邊十年屢有功績，愛人利物，多所施與。興和四年卒，贈司徒，謚武恭。

楊引。襄垣人。三歲喪父，母年九十三卒，引年七十五，哀毁過禮，三年服畢，恨不識父，追服斬衰，食粥麤服，誓終身命，經十三年哀慕不改。郡縣鄉里三百餘人上狀稱美，有司奏聞，詔復其一門，假以散員之名。

李業興。長子人。祖虬、父玄紀，並以儒舉孝廉。業興師事徐遵明，博涉百家，圖緯、風角、天文、占候，無不討練，尤長算學。延昌中爲戊子元曆上之，正光三年奏行之，賜爵長子伯，除通直散騎常侍。武定元年遷國子祭酒，官至中外府諮議參軍〔一二〕。子崇祖，能傳父業，年十二與盧景裕講易〔一三〕，論難往復，景裕憚之。後封屯留縣侯。

隋

馮世基。上黨人。明悟有幹略，開皇中爲兵部尚書，顯名于世。

唐

苗晉卿。字元輔，壺關人。擢進士第，累官河北採訪使，歷憲部尚書致仕。明皇入蜀，晉卿間道走金州。肅宗召赴行在，拜左相。京師平，封韓國公，改侍中。代宗時吐番犯京師，晉卿以病卧家，賊輿致脅之，噤不肯語，賊不敢害。帝還，拜太保。晉卿所至以惠化稱，秉政七年，小心謹畏，練達事體，百官簿最，一省無遺，議者比漢胡廣。肅宗欲以李輔國爲常侍，奏曰：「常侍近密，非賢不可居。」罷之。卒，謚文貞，配享肅宗廟廷。

宋

李崇矩。字守則，上黨人。幼有至行，史弘肇署爲親吏。弘肇誅，崇矩盡籍財產以付其母弟福，周祖嘉之。宋初李筠叛，崇矩屢破其衆，累拜樞密使。太平興國初爲瓊、崖、儋、萬四州都巡檢使，麾下憚行，崇矩厚給之。黎賊擾動，崇矩悉撫慰之，遺以己財，莫不悦附。卒，贈太尉，謚元靖。

李處耘。上黨人。父肇，仕後唐，從討王都，戰死。周顯德中隸太祖帳下，補都押衙，會太祖出征，駐軍陳橋，處耘臨機決事，謀無不中。從平澤、潞，遷羽林大將軍。朗州軍亂，以處耘爲都監，入辭，帝命并圖荆南，遂假道江陵，襲其城，即發江陵卒萬餘人，并其師，趨朗州，大破賊於三江口。朗州潰，遂入潭州，盡得荆湖之地。卒，贈宣德軍節度、檢校太傅。開寶中，太祖爲太宗納其次女爲妃，即明德皇后也。

李繼昌。字世長，崇矩子。蔭補西頭供奉官，太祖欲選尚主，繼昌不願。至道二年，掩殺賊酋喻雷燒〔一四〕，進西京左藏庫使。咸平中王均亂蜀，受詔與雷有終等討破之。嚴戒部下無擾民，獲婦女童幼悉遣還家。以功領獎州刺史。累官左神武軍大將軍，出知涇州，卒。繼昌爲治尚寬，所至民懷之。

李繼隆。字霸圖，處耘子。太祖器重之。乾德中討平江南，遷莊宅副使。太平興國中累以戰功，改定州駐泊都監。李繼遷叛，率兵出銀州北，破錫里諸族，俘獲萬計。和綽囉納十四族不下，復擊破之。夏州趙保忠與繼遷連謀，命繼隆討之，擒保忠以獻。景德初御遼有功，加開府儀同三司。卒，贈中書令，謚忠武，配享真宗廟廷。繼隆好讀春秋左氏傳，賓禮儒士，能謙謹保身。明德后寢疾，欲見之，終不入。「錫里」舊作「悉利」，「和綽囉納」舊作「岌伽羅膩」，今並改正。

李繼和。字周叔。與兄繼隆友愛。繼隆請城鎮戎軍，後復不守。咸平中繼和以爲言，乃命繼和知其軍，兼領涇、原、儀、渭鈐轄，隴山外諸族皆恐懼内附。繼和好談方略，所至幹治。卒，贈鎮國軍節度。

邢濬。潞州人。八世同居。真宗時旌表，仍蠲其課調。

李昭亮。字晦之，繼隆子。四歲補東頭供奉官，累遷真定路都總管。保州兵叛，昭亮招降之，拜殿前副都指揮使。昭亮將家子，習軍中事，既統宿衛，政尚嚴。帝祠南郊，騎卒亡所挾弓，會赦當釋，昭亮曰：「宿衛不謹，不可貸。」卒配隸下軍，禁兵自是頓肅。拜同中書門下平章事，仁宗書「昭亮親賢勳舊」，命其子惟賢持賜之。卒，謚良僖。惟賢，字寶臣，累遷至四方館使。善宣詞令，習朝儀，仁宗愛之。

李用和。字審禮，章懿皇太后弟。由三班奉職累拜同中書門下平章事。仁宗以太后不逮養，故外家褒寵特厚。卒，謚恭僖。用和列位將相，小心静默，推遠權勢，論者稱之。子璋，字公明，累官殿前都指揮使。仁宗書「忠孝李璋」並秘書賜之。歷知澶、鄆二州，皆有治績。卒，謚良惠。

李遵勖。字公武，繼昌子。舉進士，尚萬壽長公主，累官康州團練使。會繼昌暴感風眩，遵勖馳省不俟命，既還，上表自劾，帝慰諭之。屢遷鎮國軍節度使。天聖間，章獻太后屏左右問人言，遵勖曰：「人言天子既冠，太后宜以時還政耳。」太后乳母林氏干預國事，遵勖密置之別院，出入伺察之。其補助多類此。嘗師楊億爲文，億卒，爲制服。與劉筠相友善，筠卒，存恤其家。卒，謚和文。子端懿，字元伯，性和厚，喜問學，歷外任有治迹，官至寧遠軍節度使。端愿，字公謹，亦善爲政。神宗時河東城勒福，端愿手寫趙普諫太宗北伐疏以聞。官至太子太保，卒。端愨，字守道，東上閤門使。「勒福」舊作「囉兀」，今改正。

苗授。字受之，潞州人。父京，慶曆中死守麟州抗元昊。授少從胡翼之學，廕供備庫副使。多戰功，遷西上閤門使。鬼章寇河州，一戰克撒宗，論功第一，遂知州事。屢破巨盜，累官保康節度使。授遇事持議不苟合。卒，謚莊敏。子履，知蘭州，有破羌功，官至都指揮使。

宇文光。字仲明，黎城人。博極群書，尤好春秋左傳，曰：「不讀此，不足以斷大事。」崇寧初詔天下以三舍取士，光以文學取重。靖康中金兵南下，見執，不屈而死。

王彥。字子才，上黨人。徽宗時爲清河尉。金人攻汴京，彥棄家赴闕，張所異其才，擢爲都統制。與金師戰，敗之。彥撫愛士卒，與同甘苦。未幾，兩河響應，忠義民兵皆附之，衆十餘萬，屢破大敵，威聲震河朔，時稱名將。累官浙西、淮西〔一五〕、淮東沿海制置副使。彥事親孝，居官廉，子弟有戰功不與推賞。將死，召其弟姪，以家產均給之。

金

王良臣。潞州人。承安中進士。能詩，授翰林修撰。興定二年爲潞州元帥府參議官。元兵至，與元帥納赫布魯都死之〔一六〕，贈孟州防禦使。

元

任志。潞州人。歸穆瑚黎，充元帥，數與金人戰有功。金人擒其長子以招之，志曰：「我爲大朝帥，豈愛一子？」親射殪之。穆瑚黎召議事，志道經武安，其縣已反爲金，志死之。子存襲，與金將武善戰，死。「穆瑚黎」舊作「木華黎」，「武善」舊作「武仙」，今並改正。

宋子貞。字周臣，長子人。工詞賦，與族兄知柔同補太學生，俱有名。金末潞州亂，子貞歸東平行臺嚴實，爲幕府詳議官兼提舉學校，於政治裨益最多。世祖南伐，召問方略，對曰：「投降者不殺，脅從者勿治，則郡縣可傳檄而定。」世祖善其言。尋拜右三部尚書，裁定省部制度，上書陳便宜十事，次第施行。至元中拜中書平章政事，復陳時務之切要者十二策。以年老求退，敕中書有大事即其家訪問。子貞聞朝廷事不便，亦必封疏上奏，愛君憂國，不以進退異其心焉。子渤，字齊彦，有才名，官至集賢學士。

宋衜。字弘道，長子人。善記誦，中統初擢翰林修撰，數辟趙璧幕有功，入爲太常少卿。太子以其耆德，召見，侍講幄，開諭爲多。終太子賓客，有秬山集十卷。

李孟。字道復，上黨人。父唐，歷仕秦、蜀，因徙居漢中。至元中孟隨父入蜀，臺省薦辟皆不就。成宗立，時武宗、仁宗皆未出閣，求名儒輔導，有薦孟有宰相才，宜爲太子師傅。大德初武宗撫軍北方，仁宗留宫中，孟日陳正道，多所進益。其後仁宗入靖内難，敬事武皇，篤孝母后，文物典章號爲極盛，皆自孟啓之。仁宗監國，孟參知政事，損益庶務，悉中利病。仁宗嗣立，真拜中書平章政事。以國事爲己任，節賜與，重名爵，貴戚、近臣惡其不便于己，而心服其公，終無間言。累封韓國公，卒，謚文忠。

明

杜斅。字致道，壺關人。通五經，尤深于易，元末舉鄉試第一，累官陝西儒學提舉。洪武初召見，拜四輔官兼太子賓客，勸帝治天下當法堯、舜。時國子祭酒缺，斅舉宋訥，上稱其得人。

暴昭。潞州人。洪武中由大理寺司務，累官刑部尚書，布衣麻履，以清儉知名。建文初充北平採訪使，得燕邸不法狀，密請預爲備。燕兵起，設北平布政司於真定，昭以尚書掌司事。平安諸軍敗，召歸，金川門陷，被執不屈，磔死。

連楹。字子聰，襄垣人。性至孝，刻厲進修。洪武中官翰林，改御史，糾彈無所避。及燕兵破南都，楹叩馬欲犯成祖，被殺，植立不仆。後追贈詹事，謚剛烈。

李昱。字文昭，長治人。授光禄寺署丞。正統十四年，英宗土木之變，扈從陷敵，額森欲用之，昱曰：「主辱臣死，今日固吾死所也。」遂遇害。「額森」舊作「也先」，今改正。

阮勤。字必成，本交趾人，父河爲長子典史，遂占籍焉。勤舉景泰中進士，授大理寺評事，歷知台州府，清慎有惠政。成化時由陝西巡撫爲兵部侍郎，調南京刑部，皆有治稱。

張倫。潞州人。母喪廬墓，負土葺墳，穿井不得泉，焚香拜泣，水湧出。成化中旌表。

韓錦。潞城人。敦孝讓，與同邑李昇俱六世同居。成化八年旌表〔一七〕。

王佐。字汝弼，潞州人。舉於鄉，正德中爲西平知縣。流賊攻城，佐手殺數十人，矢斃其賊帥。賊忿怒，急攻三日，佐力屈被執，罵不絶口，賊懸諸竿而支解之。事聞，贈恤如禮。

任環。字應乾，長治人。嘉靖中進士，歷知黄平、沙河、滑縣，並有能名，遷蘇州府同知。倭寇起，長吏莫嫻兵革，環獨身任之，累以破倭功擢右參政，整飭蘇、松兵備。環慎名檢，敦行誼，在行間與士卒同寢食，得賜予悉分給之。嘗書姓名于肢體，曰：「戰死庶得收葬。」將士皆感激，故所向有功。卒，贈光禄卿，建祠蘇州。

仇大。長治人。六世同居，先後出節烈婦、貞女共二十三人。萬曆中旌表。

程正己。字道先，長治人。萬曆中進士，歷官吏部郎中，掌計典，太宰趙南星深倚之。累遷僉都御史，巡撫保定，魏忠賢以部民納交，拒弗納。楊漣罷官歸，道出恒山，正己獨殷勤旅次，忠賢益銜之，遂削奪遣戍。崇禎初起兵部侍郎。卒，贈尚書。

馬鐙。潞城人。以純孝稱，母張氏守節失明，鐙朝夕籲天，母目復明。後官靈山衛教授。

李養裕。黎城人。崇禎六年大寇邢紅狼盤據黎城西北，養裕鬻産募兵禦之，一日賊逼城下，先登力戰，矢盡被執，不屈死。兵雖失利，然城賴以全。

本朝

王鼒。字允調，長治人。順治進士，累官監察御史。在朝敢言，疏辨潞安焚機罷市事，夙弊遂除，邑人賴之。

原良。長治人。姜瓖之亂，母秦氏爲賊兵所執，欲犯之，良奮挺擊賊，賊割其脣，罵愈厲，母子俱罹害。又同邑王運隆及弟運興，奉母朱氏避天橋寨中，兵攻寨，母自縊，兄弟拜泣畢，並投崖死。

林茂楠。長治人。姜瓖之亂，負母跣行四十里，遇賊驚散，痛哭行求，得母于保定，得父于西安，走壺關復得少弟。時有幼婦求爲配，力却之。

馬之迅。字敏仲，長治人。順治中授福建守備，遷廣東都司僉書，俱有平寇功。再遷彝陵遊擊。吴三桂反，川寇集城下，之迅拒守，間出奇兵擊之，追殺數十里，之迅亦被創卒。贈昭勇將軍。

馬聲。字正希，之迅子。父追川寇被創，聲割股以療，訖不起，誓殺賊報仇。尋授援剿右路遊擊，率部下二千人轉戰楚、粵間，功最遷副將。遂帥師抵昆明，賊帥郭壯圖開門突戰，聲力禦之，賊死亡略盡。滇平，擢雲南永北鎮總兵，在鎮十五年，兵民俱安。

王阜成。長治人。以孝義稱。乾隆四十六年旌。

崔兆祥。長子人，諸城令自晉養子。自晉被論，家屬坐流徙，時自晉子兆瑞年幼，兆祥涕泣求代行，不許。後遇赦，攜兆瑞歸，鬻田産，復徒步往諸城，迎自晉柩返葬。

王三聘。潞城人。父病亟，三聘憂甚，夢人語曰：「虎肉可愈。」泣曰：「安得虎？」已而悟曰：「虎者股也。」割股以進，父立愈。

秦學珍。壺關人。以孝義稱。乾隆三十三年旌。

流寓

漢

鮑宣。高城人。徙之上黨，以爲其地宜田牧，又少豪俊，易長雄，遂家于長子。王莽秉政，風州郡以辠法案誅漢忠直臣不附己者，宣竟死。

三國　魏

常林。温人。避地上黨，耕種山阿，當時旱蝗，林獨豐收，盡呼比隣，升斗分之。

張瑢。鉅鹿人。不應辟命，移居上黨。并州牧高幹表除樂平令，不就。

宋

黄庭堅。分寧人。嘗寓襄垣，有像贊等石刻，咸寶重之。

明

謝榛。臨清人。以詩歌名，諸王争相延致，瀋府王、將軍、中尉多工詩，皆由榛啓之。

列女

漢

馮昭儀。上黨人，奉世女，平帝祖母也。元帝選入後宫，生男，拜倢伃。建昭中上幸虎圈，熊佚出圈，攀檻欲上殿，左右貴人、傅昭儀等皆驚走，馮倢伃直前，當熊而立，左右格殺熊，上問：「人情驚懼，何故前當熊？」倢伃對曰：「猛獸得人而止，妾恐熊至御坐，故以身當之。」元帝嗟歎，以此倍敬重焉。

隋

鮑宣妻桓氏。字少君。宣嘗就少君父學，父奇其清苦，以女妻之，裝送資賄甚盛，宣不悦，曰：「少君生富驕，習美飾，吾實貧賤，不敢當禮。」妻曰：「既奉承君子，惟命是從。」乃悉歸侍御服飾，更著短布衣，與宣共挽鹿車歸鄉里，拜姑禮畢，提甕出汲，修行婦道，鄉邦稱之。

陸讓母馮氏。上黨人。讓其孽子，仁壽中爲番州刺史〔一八〕，贓貨狼籍，案驗當死，將就刑，馮氏蓬首垢面，詣朝堂數讓罪，流涕嗚咽，親持盃粥勸讓食。既而上表求哀，詞情甚切，獻皇后甚奇其意，致請於上，上於是集京城士庶於朱雀門，宣詔曰：「馮氏母德足爲世範，慈愛之道，義感人神，特宜矜免，用奬風俗，讓可減死除名。」復下詔褒美，集命婦與馮相識，以寵異之。

宋

武時妻宇文氏。黎城人，宇文光女。夫早卒。靖康初金兵陷黎，其將脅污之，駡不從，墜井死。

元

史諒妻趙氏。襄垣人。婚二載，諒死，攜孤惠居父母所，父母諷其再嫁，趙欲引繩自縊，乃止。及惠長，娶楊氏，生子嗣宗，甫二歲惠卒，楊氏亦守節養姑，鄉人重之。

明

盧清妻吳氏。潞州人。舅姑没於臨洺，寄瘞旅次，夫客死於汴。吳聞訃痛絶，乃寄幼孤於其姊兄，鬻次女爲資，獨抵臨洺覓舅姑瘞處，收二骸以歸，復之汴負夫骨還。三喪畢舉，苦節壽終。

雄山四貞。長治人。正德六年〔一九〕，流賊抵潞境雄山西火鎮〔二〇〕，搜掠婦女，焦相妻程氏卧地不起，賊曳之里許，裂膚流血而死。趙公賢女悶兒、袁佩女鷹菊，賊迫上馬，投地奮罵，俱見殺。王川妻平氏被驅，抱幼女投井死。事聞，旌爲四貞，建祠致祭。

李曉妻焦氏。長治人，東阿主簿焦鉦女。字李曉，將娶而曉卒，女欲臨其喪，父母不許，縊于室幾死，母因偕往，哭盡哀。姑牛氏老且盲，女願留養，曲盡孝敬，姑大喜，目復明。事聞旌表，壽八十九卒。

郝淮妻孔氏。長治人。淮存時有友寄白金數百，淮殁，或勸弗與，孔正色曰：「不義之行，可玷夫于地下耶？」悉還之。孔年二十八而寡，撫子繼英有成，壽八十卒。

馮王擢妻常氏。屯留人。年二十夫亡，里中少年悦其色，願娶之，常挾利刃自矢曰：「吾頭可斷，此志不可奪。」卒完節，以壽終。萬曆間旌表。

崔濟妻常氏。襄垣人。年二十七夫亡，豪家有强婚者，常遂自縊，救蘇，翦髮訴之當事，卒全其志。

郝思仁妻栗氏。襄垣人。生一子不育，夫亡守節，事孀姑三十年，姑殁，負土封墓，不櫛髮，不茹葷，以哀毁終。巡按御史旌之。

郗自省妻郝氏。襄垣人。族無賴某逼污不從，自刎死。事聞，建坊旌表。

程萬里妻袁氏。長治人。萬里被賊殺，袁抱幼子暨二女趨赴井，長女徘徊，袁推入之，轉顧幼者已逸去，袁即抱子自沉死。

朱綱妻賈氏。長治人。被賊掠欲污之，大罵不屈，賊縱火，賈投烈焰死。

趙惟徵妻秦氏。長治人。賊迫之不屈，截十指俱斷，投火死。惟徵子學會妻璩氏，投窖死。

張氏三烈。生員張于京母袁氏、妻李氏，從兄于正妻李氏，皆長治人。孀居遭亂，袁攜二女避土洞中〔一〕，賊搜獲，袁罵賊被殺。又繫于京妻于馬項，不從，馳馬曳死。繫于正妻于店，大罵投火死。

劉守倉妻韓氏。長治人。賊執守倉將殺之，韓奔救，伏守倉身哀懇曰：「願殺我，毋殺夫。」賊俱殺之。

張斗熙妻程氏。長治人。崇禎中偕姊妹避難于縣南高家圪，賊至被獲，牽之馬上，投地大罵，賊立殺之。姊投厠、妹投繯，皆死焉。

楊烈女。字穿羅，長子人，諸生學程女。年十四，未字，崇禎中爲流寇所執，迫以刀鋸不懼，至刺腹斷背，仍罵不輟，賊怒，遂解其屍。

任肯堂妻劉氏。長子人。崇禎間被寇掠，大罵不屈，賊斷其左股，罵愈厲，賊碎其頭，死而復蘇。時抱娠，越三月生男任相，事繼母以孝聞。

邢宗齊妻張氏。襄垣人。崇禎中流寇至，一門被執，張紿賊曰：「若釋我翁與夫，我當汝從。」賊果釋之，翁與夫去遠，張大罵投深溝死。又申承文妻侯氏，爲流寇所執，厲罵不屈，賊立殺之。

張隆妻張氏。潞城人。崇禎中流寇破城，被虜不屈，遂遇害。

李嘉妻崔氏。黎城人。崇禎中流賊掠境，被執，詈罵不屈，賊強載之馬上，臨絶險而墮。

本朝

張克儉妻王氏。長治人。克儉以副使監軍襄陽，殉城死，王孀居于家。姜瓖之亂，避故縣土洞中，賊攻垂破，王曰：「我命婦也，義不受辱。」投懸崖死。

申嘉行妻程氏。長治人。姜瓖之亂，與一子三女俱被執，繫安城營伍中，程挽三女同墜營旁井中，月餘汲出之，顏色如生。又楊大任妻宋氏、任憲妻李氏、郭永寧妻彭氏，俱殉節死。

景光大妻李氏。長治人。姜瓖之亂，光大被害，李謂其子星曰：「婦人被擄而死，棄骸道路，非禮也，可穿穴井中匿我。」後賊用火爇之，李破面流血，變形投繯死。又申周翰妻朱氏、朱翰垣妻阮氏〔二二〕，俱投井死；杜大莊妻張氏，觸石死。

趙龍鱗妻李氏。長子人。姜瓖之亂，避難西山，路遇遊騎劫之，李罵不絕口，賊裂體剖心死。同縣馮景星妻曹氏、范鵬程妻李氏，俱被執不污，赴井死。

李名閧妻鄭氏。襄垣人。年十九夫亡，矢死，或紿之曰：「墓封未百日不敢啓，縱死不得同穴也。」鄭諾之，及期浣衣沐浴，祭夫墓，奠畢掛樹而死。

劉加義妻向氏。壺關人。姜瓖之亂，與叔加廷妻牛氏俱被掠，同聲詈罵，賊露刃脅之，皆延頸掠髮，夷然就戮。月餘收其屍，形骸不毀。同縣皇甫德妻晉氏，年十八，避寇紅嶺，寇攻急，矢不辱身，遂遇害。

劉才妻石氏。黎城人。才貧甚，石操作奉姑無間言，才病篤，與妻訣曰：「我死，擇勝我者事之。」石嘿然，才歿三日，乘間投繯死。

宋近臣妻田氏。長治人。年十七，守正被戕。雍正五年旌。

武某妻賈氏。長治人。守正被戕。

鮑委妻袁氏。長治人。守正捐軀。又同縣烈婦馮成貴妻崔氏、靳全德妻韓氏、原本利妻劉氏、李照妻郭氏，節婦王秉義妻賈氏、閻聘妻牛氏、陳廷佐妻王氏、楊舒妻康氏、郝正己妻劉氏、車三聘妻賈氏、閻克寬妻胡氏、胡鼎妻王氏、宋鴻儒妻梁氏、栗培先妻周氏、郭之屏妻王氏、王建極妻路氏、馮文生妻楊氏、胡建寅妻杜氏、孟律妻張氏、申永惠妻王氏、胡廷梅妻王氏、胡涵妻趙氏、廉世舉妻郭氏〔二三〕、趙文焯妻楊氏、馮天寵妻劉氏、袁天植妻李氏、郭崑妻牛氏、韓翰臣妻王氏、王克禮妻張氏、李業妻常氏、翟飛妻宋氏，俱乾隆年間旌。

侯同來妻常氏。長子人。守正捐軀。同縣節婦趙復晉繼妻康氏、許清妻原氏、李八孩妻田氏，俱乾隆年間旌。

程錫礽妻李氏。屯留人。夫亡守節。乾隆年間旌。

李八孩妻王氏。襄垣人。守正捐軀。同縣節婦郝秀銀妻許氏、李桓妻張氏、鄭爲仁妻劉氏、崔均妻趙氏〔二四〕、王夢説妻路氏，俱乾隆年間旌。

武經文妻王氏。潞城人。夫亡守節。同縣節婦牛葆中妻郭氏、吴晉妻賈氏、牛宿財妻劉氏、子可金妻秦氏。俱乾隆年間旌。

趙氏。壺關人。夫亡殉節。同縣節婦郝氏、郭世金妻岳氏，俱乾隆年間旌。

王聚海女王氏。黎城人。守正捐軀。乾隆四十二年旌。

和安東妻王氏。長治人。守正捐軀。同縣烈婦栗從秀妻常氏，貞女高建昌聘媳王氏，節婦秦錦妻張氏、楊光耀繼妻陳氏、郭秉精妻殷氏，俱嘉慶年間旌。

崔攀桂妻王氏。長子人。夫亡守節。嘉慶年間旌。

馮聽第妻王氏。屯留人。夫亡守節。同縣節婦馮福元繼妻楊氏，俱嘉慶年間旌。

武占鼇妻李氏。襄垣人。守正捐軀。嘉慶二十三年旌。

胡聚則妻舒氏。潞城人。守正捐軀。同縣節婦常恒妻張氏、常淵妻曹氏、侯五常妻陳氏、申事天妻郭氏，俱嘉慶年間旌。

王鼒妻段氏。壺關人。夫亡守節。同縣節婦王瑾妻張氏、郭躋妻宋氏，俱嘉慶年間旌。

馬三多妻楊氏。黎城人。夫亡殉節。嘉慶二十三年旌。

仙釋

漢

王真。字叔經，上黨人。孝武帝時爲郡史，年且百歲，面有光澤，似未五十者，自云：「周流登五嶽名山，能行胎息、胎食之方，嗽舌下泉咽之。」

趙瞿。上黨人。病癩垂死，家人棄置山穴中，有仙人賜以囊藥，服之而愈。仙人曰：「此松脂也。」瞿服之不輟，體輕而齒不落、髮不白，乃上抱犢山仙去。

郝孟節。上黨人。能含棗核不食，可至五年、十年。又能結氣不息，身不動搖，可至百日、半年。有室家，爲人質謹不妄言，似士君子，魏武使領諸方士。

晉

鮑玄。上黨人，南海太守。有内學，逆占將來，葛洪師事之，傳其業。

唐

欒氏二女。屯留人。母楊氏感仙光而生。繼母吕氏御之甚酷，冬月單衣跣足，使採茹。二女性至孝，泣血侵土，化爲苫苣，其葉有赤斑若血痕然，得一筐以歸奉母，母意終不釋。移家壺關紫團鄉，又令拾麥，弗能得，畏母捶楚，仰天號訴，忽感黄龍下降，二女俱升，仙樂異音經宿不散。土人立廟祀之。宋崇寧間賜謚沖惠、沖淑真人。

元

子晏。壺關人，闕天慶之子。幼師慧沖，精禪理。後于鳳凰山建道場，寺無水，嘿祝𡺟巖，甘泉隨湧，詔賜袈裟紫絲玉環。

魏文昌。壺關人。能隱形變化，人以左慈方之，後亦尸解。

土産

綢。出府境。明統志：州境俱出。

長理石。出長治等縣。明統志：州境俱出。

石脂。壺關縣出，有赤、白等色。

不灰木。出黎城、壺關等縣。明統志：州境俱出。 按：唐書地理志潞州土貢石蜜、墨，元和志潞州賦麻布，寰宇記潞州土產紫草，寰宇通志州出鐵、磁器，明統志州境出銅，今並未聞。又府志載產人參，考郡故上黨地，蓋即今所稱黨參者。地氣既殊，質味並薄，不堪與神區靈草同名，通志不載爲是。

校勘記

〔一〕在襄垣縣東北四十里段堡村 「堡村」，原作「村堡」，乾隆志卷一〇三潞安府陵墓（下同卷簡稱乾隆志）同，據雍正山西通志卷一七二陵墓一乙正。

〔二〕在長治縣東北白堠村 「堠」，原作「猴」，乾隆志同，據雍正山西通志卷一七二陵墓一改。

〔三〕宋真宗加封真濟王 「真濟王」，乾隆志同，雍正山西通志卷一六五祠廟二作「護國真濟王」。

〔四〕歲六月六日有司致祭 乾隆志同。按，雍正山西通志卷一六五祠廟二稱三嵕廟「春、秋二仲上戊日有司致祭儀如名宦，五月朔日、六月六日民間私祀」，則六月六日非有司致祭日也。

〔五〕一在縣西三十里 「三」，原作「二」，據乾隆志、雍正山西通志卷一六九寺觀二改。

〔六〕事果辨 此與下句「辨獄記」之「辨」，原作「辦」，據雍正山西通志卷九一名宦九、宋史卷二八六王曙傳改。 乾隆志卷一〇四潞安府名宦（下同卷簡稱乾隆志）作「枉」，亦通。

〔七〕願歸田里　「願」，乾隆志、宋史卷三三一苗時中傳作「寧」。

〔八〕朝廷聞而嘉之　「廷」，原作「庭」，據乾隆志、金史卷七五沈璋傳改。

〔九〕索薩爾舊作小薛　「小薛」，乾隆志同，雍正山西通志卷九一名宦九作「錫沙」。

〔一〇〕以衛候使持節送大宛諸國客　「候」，原作「尉」，乾隆志作「侯」，據雍正山西通志卷一一二人物一二、漢書卷七九馮奉世傳改。

〔一一〕後兼北部尚書　「北」，原作「比」，據乾隆志、雍正山西通志卷一一二人物一二改。按，魏書卷四二堯暄傳云「兼北部曹事，後轉南部，太和中遷南部尚書」，則稱「兼北部尚書」亦不恰。

〔一二〕官至中外府諮議參軍　「府」，原闕，乾隆志同，據雍正山西通志卷一三七人物三七、魏書卷八四儒林傳補。

〔一三〕年十二與盧景裕講易　「二」，乾隆志、北史卷八一儒林上作「一」。

〔一四〕掩殺賊酋喻雷燒　「燒」，原作「曉」，乾隆志同，據雍正山西通志卷一一二人物一二、宋史卷二五七李崇矩傳改。

〔一五〕淮西　乾隆志同，宋史卷三六八王彥傳無任淮西沿海制置副使記載，疑此二字衍。

〔一六〕與元帥納赫布魯都死之　金史卷一五宣宗中作「納合蒲剌都」，本條末依例當有按語云「納赫布魯都舊作納合蒲剌都，今改正」，參本志卷一三五名宦「納赫布魯都」條。

〔一七〕成化八年旌表　「八」，乾隆志、雍正山西通志卷一四二孝義二皆作「六」，明憲宗實録見於卷九一成化七年五月辛卯紀事。

〔一八〕仁壽中爲番州刺史　「番」，原作「播」，乾隆志同，據隋書卷八〇列女傳改。考隋書卷三一地理下南海郡下云：「舊置廣州，梁、陳並置都督府，平陳置總管府。仁壽元年置番州，大業初府廢。」故據改。

〔一九〕正德六年　「六」，原作「四」，乾隆志同，據雍正山西通志卷一五二列女四、王雲鳳潞州貞烈倡和序改。

〔二〇〕流賊抵潞境雄山西火鎮　「雄山西火」，原作「西火雄山」，乾隆志同，據雍正山西通志卷一五二列女四、王雲鳳潞州貞烈倡和序乙正。

〔一一一〕袁攜二女避土洞中　「二」，原作「三」，據乾隆志、雍正山西通志卷一五二列女四改。

〔一一二〕朱翰垣妻阮氏　「垣」，原作「桓」，乾隆志同，據雍正山西通志卷一五二列女四改。又，列女四「妻」上有「繼」字。

〔一一三〕廉世舉妻郭氏　「舉」，乾隆志作「譽」。

〔一一四〕崔均妻趙氏　「均」，乾隆志作「玓」。

汾州府圖

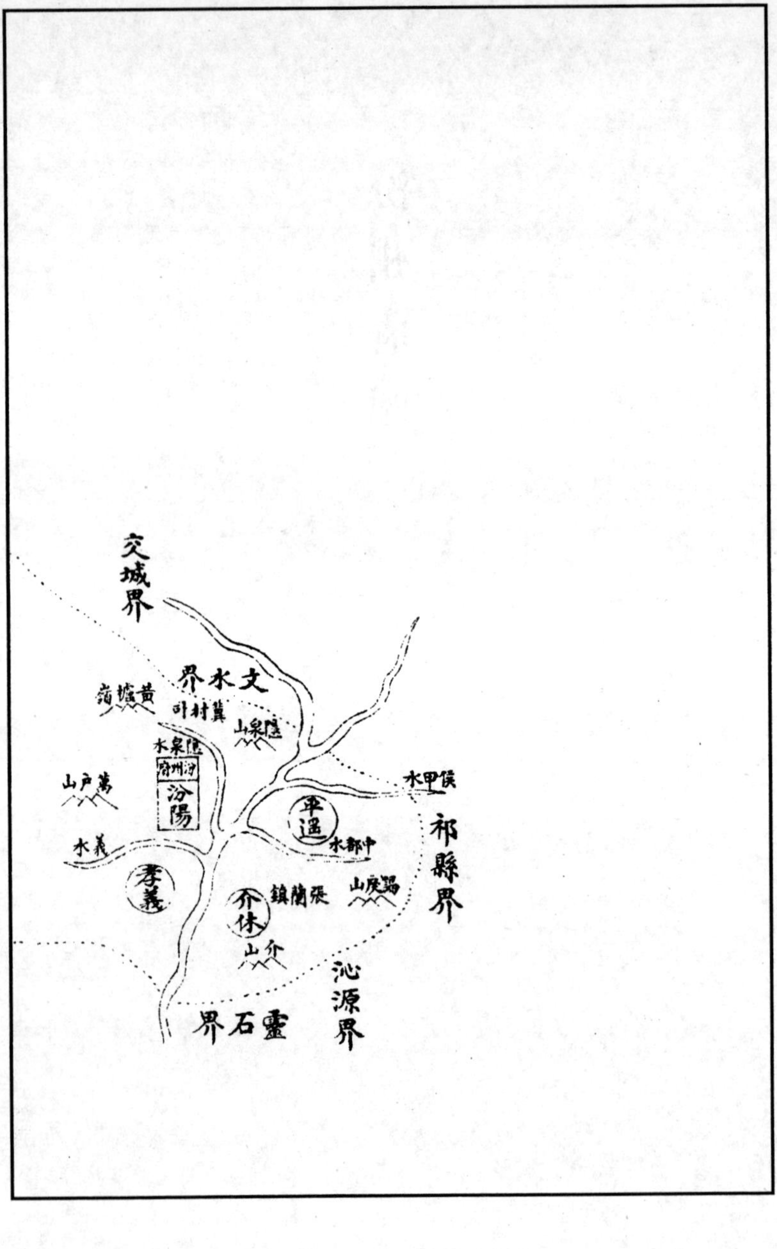
交城界
文水界
黃蘆嶺
隱泉山
隱泉水
汾州府
汾陽
萬戶山
義水
孝義
平遥
中都水
侯甲水
祁縣界
張蘭鎮
介休
介山
沁源界
靈石界

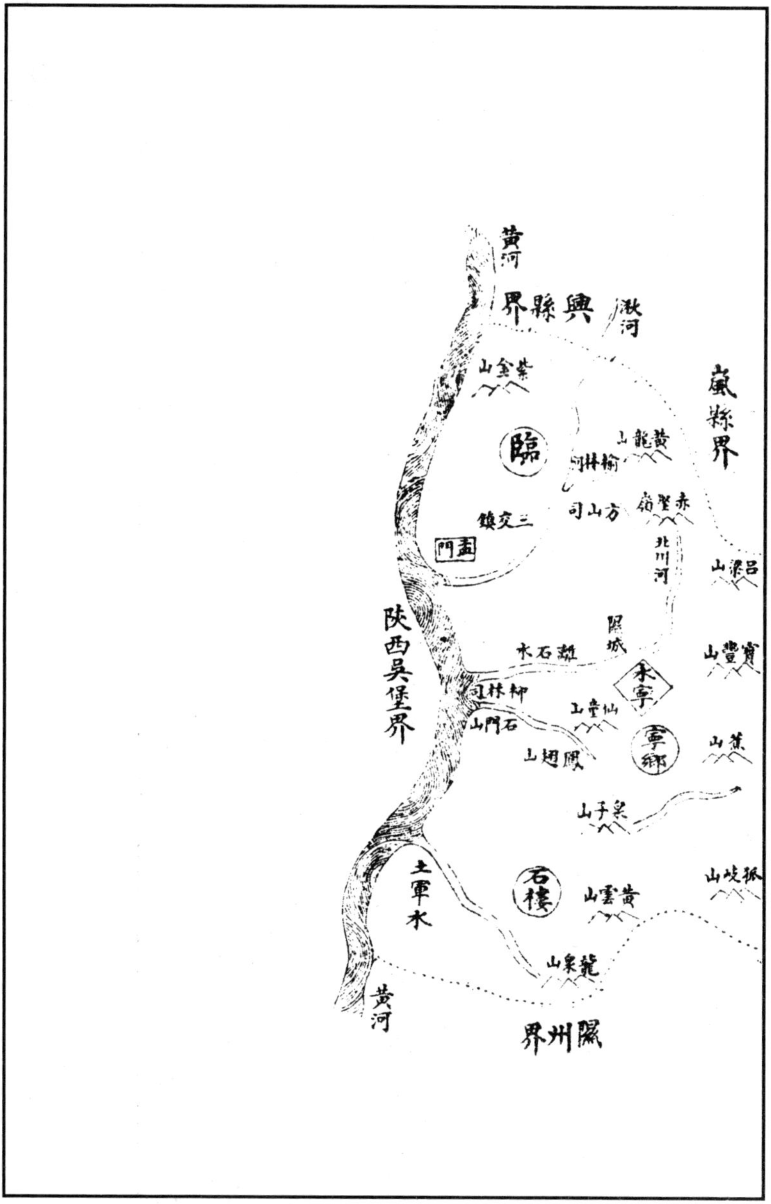
黃河
興縣界
湫河
嵐縣界
紫金山
臨
黃龍山
三交鎮
方山司
北川河
呂梁山
陝西吳堡界
永寧
石樓
黃雲山
龍泉山
黃河
隰州界

汾州府表

	汾州府	汾陽縣	孝義縣
兩漢	太原郡地。	茲氏縣，屬太原郡。	茲氏縣地。
三國魏晉	西河郡 魏黄初二年改置。晉爲西河國，永興後廢。	隰城縣 魏爲西河郡治。晉改名。	中陽縣 魏置，屬西河郡。晉永嘉後省入隰城。
後魏	汾州西河郡 太和八年復置郡，屬汾州。孝昌中移州來治。	隰城縣 太延中改曰什星軍，太和八年復名，爲州郡治。	永安縣 太和十七年分置，復屬西河郡。
齊周	介州西河郡 齊改南朔州。周又改介州。	隰城縣	永安縣
隋	西河郡 開皇初郡廢，大業初復置。	隰城縣 郡治。	永安縣
唐	汾州西河郡 武德元年改曰浩州，三年復曰汾州，屬河東道。	西河縣 上元元年改名，爲州治。	孝義縣 屬汾州。貞觀元年改名。
五代	汾州西河郡 周時分屬北漢。	西河縣	孝義縣
宋	汾州西河郡 屬河東路。	西河縣	孝義縣 太平興國元年改曰中陽，後復名。熙寧五年省入介休。元祐元年復置。
金	汾州 屬河東北路。	西河縣	孝義縣
元	汾州 屬冀寧路。	西河縣	孝義縣
明	汾州府 初爲州，直隸山西布政使司。萬曆二十三年升府。	汾陽縣 洪武初省入州，萬曆二十三年復置，更名，爲府治。	孝義縣 屬汾州府。

續表

顯州 永安中置，治六壁城，領建平郡、定戎郡，皆永安中置，真君郡，天平中置，武昌郡，武定四年置。	吐京郡 孝昌中寄治西河。
州郡俱廢。	廢。
温泉縣 武德三年置，兼置北温州及高唐縣。貞觀元年州廢，省高唐入，屬隰州。	
温泉縣	
温泉縣	
温泉縣 初屬石州，貞觀四年改屬汾州。	
至元三年省。	

平遥縣	介休縣
京陵縣屬太原郡。中都縣屬太原郡。	界休縣屬太原郡。
京陵縣　中都縣	晉改曰介休，屬西河國，後罷。
平遥縣改置，仍屬太原郡。徙。蔚州寄治鄔縣界。	定陽郡孝昌中僑置。平昌縣東魏置。介休縣太和八年復置，仍屬西河郡。
平遥縣　周廢。	介休郡周改名。平昌縣　周省。
平遥縣開皇十六年分置清世縣，大業初省入，屬西河郡。	介休郡開皇初廢，義寧初復置。介休縣開皇十八年改名，義寧初爲介休郡治。
平遥縣武德初屬介州，貞觀元年屬汾州。	武德元年改郡曰介州，貞觀初廢。介休縣初爲州治，後屬汾州。
平遥縣	介休縣
平遥縣	介休縣
平遥縣	介休縣
平遥縣初屬太原府，至元二年還屬汾州。	介休縣初屬太原府，至元二年還屬汾州。
平遥縣屬汾州府。	介休縣屬汾州府。

	石樓縣	臨縣
鄔縣屬太原郡。平周縣屬西河郡。漢末省。	土軍縣屬西河郡。後漢省。	離石縣地。
晉末廢。	晉時赫連夏置吐京護軍。	
鄔縣太和十九年復置。	吐京郡太平真君九年置。 吐京縣太平真君九年置，曰嶺西，爲郡治。太和二十一年改名。	
廢。	吐京郡 吐京縣	周大象元年置烏突郡及烏突縣。
	開皇初郡廢。 石樓縣開皇十八年改名，屬龍泉郡。	太和縣開皇元年改郡縣俱曰太和，三年郡廢，屬離石郡。
	武德二年置西德州，貞觀元年州廢。 石樓縣武德初爲州治，兼置長壽、臨河二縣。貞觀元年州廢，省二縣入，屬東和州。二年屬隰州。	臨泉縣武德三年置北和州，尋改縣名。貞觀三年州廢，屬石州。
	石樓縣	臨泉縣
	石樓縣	臨泉縣元符二年改屬晉寧軍。
	石樓縣	臨水縣改名，還屬石州。
	石樓縣	臨州中統二年復名臨泉，屬太原府，至元三年升州，移今治。
	石樓縣萬曆四十年改屬汾州府。	臨縣洪武初降爲縣，屬太原府。萬曆二十三年改屬汾州府。

續表

永寧州			
西河郡地。後漢徙郡來治，靈帝末廢。	離石縣 初置，屬西河郡。後漢爲郡治，後廢。	藺縣 屬西河郡。後漢末廢。	皋狼縣 屬西河郡。後漢末廢。
晉永興元年劉淵據此稱漢。大興元年石勒置永石郡。後燕置離石護軍。	離石縣 魏黃初三年復置。晉屬西河國，後廢。		
	明帝置離石鎮。		
石州 離石郡 齊置懷政郡，天保三年置西汾州。周建德六年改名。	離石縣 齊天保三年改昌化縣。周建德六年復名。	周大象元年置定胡郡及定胡縣。	
離石郡 大業初廢州爲郡。	離石縣 郡治。	定胡縣 開皇初郡廢，屬離石郡。	
石州 昌化郡 武德初復置州，天寶初改郡名，屬河東道。	離石縣 州治。	定胡縣 武德三年置西定州，貞觀二年州廢，改縣曰孟門。七年廢，八年復置，復故名。	
石州 昌化郡	離石縣	定胡縣	
石州 昌化郡 屬河東路。	離石縣	定胡縣 大觀二年改屬晉寧軍。	
石州 屬河東北路。	離石縣	孟門縣 還屬石州，明昌六年改名。	
石州 屬太原路。	離石縣 中統二年省入州，三年復置。	至元後省。	
永寧州 初屬太原府，萬曆二十三年改名，屬汾州府。	洪武三年省入州。		

續表

	寧鄉縣
隰城縣 屬西河郡。後漢省。	離石縣地。 中陽縣 初置屬西河郡。後漢末廢。
	平夷縣 周宣帝置。 安鄉縣 後周置。 周置窟胡郡及窟胡縣，又置盧山縣。
方山縣 大業三年置。	平夷縣 屬離石郡。 大業初省入離石。 脩化縣 開皇初郡廢，改縣名。大業初省盧山縣入，屬離石郡。後亦廢。
方山縣 武德二年置方州，三年州廢，屬石州。	平夷縣 屬石州。
方山縣	平夷縣
方山縣	平夷縣
方山縣 貞祐四年徙治積翠山。	寧鄉縣 明昌六年改名，仍屬石州。
至元後省。	寧鄉縣 太宗九年改屬太原路。定宗三年還屬石州。
	寧鄉縣 屬汾州府永寧州。

大清一統志卷一百四十四

汾州府

在山西省治西南二百二十里。東西距四百三十里，南北距一百里。東至太原府祁縣界一百四十里，西至陝西綏德州吴堡縣界二百九十里，南至霍州靈石縣界六十里，北至太原府文水縣界四十里。東南至沁州界二百六十里，西南至隰州界二百七十里，東北至祁縣界一百二十里，西北至陝西榆林府葭州界三百九十里。自府治至京師一千三百八十里。

分野

天文觜、參分野，實沈之次。

建置沿革

禹貢冀州之域。周并州地，春秋屬晉，戰國屬趙。秦屬太原郡，漢爲太原郡地。三國魏黄初二年置西河郡。漢武帝元朔四年置西河郡，治富昌縣，在今廢勝州界。後漢永和五年移西河郡治離石縣，獻帝末廢。曹魏始於漢兹氏縣置西河郡，即今治。晉曰西河國，永興後廢。後魏太和八年復置西河郡，屬汾州。孝昌中移汾州來治。魏書地形志：汾州治蒲子城，孝昌中移治西河。北齊改曰南朔州，後周改曰介州。隋開皇初郡廢，大業初復曰西河郡。

唐武德元年改曰浩州，三年復曰汾州。天寶初復爲西河郡，乾元初復曰汾州，屬河東道。五代末屬北漢。明統志：周顯德初得汾州，置寧化軍，尋復入北漢。宋曰汾州、西河郡，隸河東路。金天會六年置汾陽軍節度，屬河東北路。元初立汾州元帥府，至元二年復曰汾州，屬冀寧路。

明初曰汾州，直隸山西布政使司，萬曆二十三年升爲汾州府。本朝因之，屬山西省。領州一、縣七。

汾陽縣。附郭。東西距九十里，南北距六十里。東至平遥縣界三十里，西至永寧州界六十里，南至孝義縣界二十里，北至太原府文水縣界四十里。東南至介休縣界四十里，西南至寧鄉縣界五十里，東北至文水縣界七十里，西北至永寧州界一百二十里。漢置兹氏縣，屬太原郡，後漢因之。三國魏於此置西河郡。晉改縣曰隰城，爲西河國治。後魏太延中改縣曰什星軍，太和八年復曰隰城，仍爲西河郡治，孝昌中兼爲汾州治。北齊爲南朔州治。後周爲介州治。隋仍爲西河郡治。唐復爲汾州治，上元元年改縣曰西河。五代、宋、金、元皆因之。明洪武初省縣入州，萬曆二十三年復置汾陽縣，爲汾州府治。本朝因之。

孝義縣。在府南少東三十五里。東西距一百九十里，南北距四十里。東至平遥縣界三十里，西至石樓縣界一百六十里，南至霍州靈石縣界二十五里，北至汾陽縣界十五里。東南至介休縣界二十里，西南至靈石縣界七十里，東北至汾陽縣界二十里，西北至寧鄉縣界一百里。漢兹氏縣地。三國魏移置中陽縣，屬西河郡。晉初因之，永嘉後省入隰城。後魏太和十七年分置永安縣，仍屬西河郡。永安中又置顯州及建平等四郡。北齊、後周時州、郡皆廢。隋仍曰永安縣，屬西河郡。唐屬汾州，貞觀元年改曰孝義。五代因之。宋太平興國元年改曰中陽，後復爲孝義。熙寧五年省入介休，元祐元年復置，屬汾州。金、元因之。明屬汾州府，本朝因之。

平遥縣。在府東八十里。東西距一百五里，南北距九十里。東至太原府祁縣界六十里，西至汾陽縣界四十五里，南至沁州沁源縣界六十五里，北至太原府文水縣界二十五里。東南至沁州武鄉縣界六十里，西南至介休縣界三十里，東北至祁縣界二十五里，西北至文水縣界二十五里。漢置京陵縣，屬太原郡。後漢及晉因之。後魏徙平陶縣於此，改曰平遥，仍屬太原郡。隋屬西河郡。唐武德元年屬介州，貞觀元年屬汾州。五代、宋、金因之。元初屬太原府，至元二年還屬汾州。明屬汾州府，本朝因之。

介休縣。在府東南七十里。東西距八十里，南北距八十里。東至平遥縣界五十五里，西至霍州靈石縣界二十五里，南至靈石縣界五十里，北至孝義縣界三十里。東南至沁州沁源縣界六十里，西南至靈石縣界二十五里，東北至平遥縣界三十里，西北至孝義縣界二十里。漢置界休縣，屬太原郡。後漢因之。晉曰介休，改屬西河國，後省。後魏太和八年復置，仍屬西河郡。孝昌中僑置定陽郡，東魏兼置平昌縣。後周改郡曰介休，省介休縣入平昌。隋開皇初郡廢，十八年又改平昌曰介休，屬西河郡，義寧元年復於縣置介休郡。唐武德元年改曰介州，貞觀元年州廢，屬汾州。五代、宋、金因之。元初屬太原府，至元二年還屬汾州。明屬汾州府，本朝因之。

石樓縣。在府西少南二百五十里。東西距一百七十里，南北距八十里。東至隰州界八十里，西至陝西綏德州清澗縣界九十里，南至隰州界三十里，北至寧鄉縣界五十里。東南至隰州界五十五里，西南至隰州永和縣界四十里，東北至寧鄉縣界一百二十里，西北至綏德州界一百十里。漢置土軍縣，屬西河郡。後漢省。後魏太平真君九年置嶺西縣，兼置吐京郡，太和二十一年改縣曰吐京。隋開皇初郡廢，屬隰州，十八年改曰石樓，大業初屬龍泉郡。唐武德二年於縣置西德州，貞觀元年州廢，屬東和州，二年屬隰州。五代、宋、金、元、明初皆因之。萬曆四十年改屬汾州府，本朝因之。

臨縣。在府西北三百二十里。東西距一百五十里，南北距一百六十里。東至永寧州界七十里，西至陝西榆林府葭州界八十里，南至永寧州界九十里，北至太原府興縣界七十里。東南至永寧州界七十里，西南至陝西吴堡縣界一百里，東北至忻州静樂縣界一百三十里，西北至興縣界一百四十里。漢離石縣地。後周大象元年置烏突縣及烏突郡。隋開皇元年改郡、縣俱曰太和，三年郡廢，屬離石郡。唐武德三年置北和州，尋改縣曰臨泉。貞觀三年州廢，屬石州。五代因之。宋元符二年改屬晉寧軍。金還屬石州，又改縣曰臨水。元中統二年仍曰臨泉，屬太原府，至元三年升爲臨州。明初降爲臨縣，屬太原府。萬曆二十三年改屬汾州府，本朝因之。

永寧州。在府西北一百七十里。東西距二百六十里，南北距一百六十里。東至太原府文水縣界一百四十里，西至陝西吴堡縣界一百二十里，南至寧鄉縣界三十里，北至太原府嵐縣界一百三十里。東南至汾陽縣界一百十里，西南至寧鄉縣界一百二十里，東北至太原府交城縣界一百十里，西北至臨縣界四十里。戰國趙離石邑。漢置離石縣，屬西河郡。後漢永和五年徙西河郡來治，靈帝末郡、縣俱廢。三國魏黄初三年復置離石縣。晉初屬西河國。永興初爲劉淵所據，大興元年石勒置永石郡，後燕置離石護軍。後魏明帝置離石鎮。北齊置懷政郡，天保三年改離石鎮爲昌化縣，兼置西汾州。後周建德六年改州曰石州，改郡、縣俱曰離石。隋開皇初郡廢，大業初廢州爲離石郡。唐武德初復爲石州，五年置總管府，貞觀二年罷。天寶初改昌化郡，乾元元年復曰石州，屬河東道。五代因之。宋曰石州、昌化郡，屬河東路。金曰石州，屬河東北路。元中統二年省離石縣入州，三年復置爲州治，屬太原路。明洪武初仍省離石縣入州，屬太原府。萬曆二十三年改名永寧，屬汾州府，本朝因之。

寧鄉縣。在府西一百四十里。東西距二百里，南北距九十五里。東至汾陽縣界六十里〔一〕，西至陝西吴堡縣界一百四十里，南至隰州界七十里，北至永寧州界二十五里。東南至孝義縣界四十五里，西南至石樓縣界一百里，東北至永寧州界三十六里，西北至永寧州界一百十里。戰國趙中陽邑。漢置中陽縣，屬西河郡。後漢因之，後省入離石。後周宣帝分置平夷縣。隋屬離石郡。唐屬石州，五代及宋因之。金明昌六年改曰寧鄉，仍屬石州。元太宗九年改屬太原路，定宗三年還屬石州。明屬汾州府永寧州。本朝屬汾州府。

形勢

趙西河地，所謂美哉河山之固。函史。控帶山河，肘掖秦、晉。舊府志。

風俗

西河魏土，文侯所興，有段干木、田子方之遺風。漢楊惲書。其民有先王遺教，君子深思，小人儉陋。漢地理志。民性樸厚，尚禮義，婚喪鄰里相周而不吝。府志。

城池

汾州府城。周九里十三步，高四丈六尺，門四。元至正中因舊址重築，明隆慶中甃甎。城外四面有關，城池曲折，環貫四關，深、廣各數丈。本朝增修。汾陽縣附郭。

孝義縣城。周四里十三步，高三丈八尺，門四，池深、闊各一丈八尺。明隆慶初因舊土城甃甎，萬曆中築南關外護堤。本朝雍正四年修。

平遥縣城。周十二里有奇，高三丈二尺，門六，池深、闊各一丈。明洪武初築，嘉靖中築北甕城，隆慶中築東、西甕城。本朝康熙三十五年補築南甕城，雍正二年繼修，乾隆二十八年重修。

介休縣城。周八里，高三丈五尺，門四，池深、闊各二丈。明景泰中因舊土城甃甎。本朝康熙中屢修。又關城包縣城之西、南二面，周四里，門五，水門二。明崇禎中重建。

石樓縣城。周三里三十步，高二丈五尺，門四，沙河繞城以爲池。唐武德間築，明景泰初修。本朝順治、康熙中屢修，雍正八年重修。

臨縣城。周六里五步，高三丈，門二，池深、廣丈餘。明景泰初築小城，正德中築外城，括牛澗水在内，東、西設水門以洩之。嘉靖中展拓，并築護城石堤。隆慶初石包全城。本朝順治、康熙中修，乾隆三十二年重修。

永寧州城。周九里二步，高四丈八尺，門三，東、南、北三面浚池，西城下有泉。元至元間因舊址補築，明萬曆間甃甎。本朝順治十四年、康熙十二年修，乾隆十二年重修。

寧鄉縣城。周五里一百八十步，高三丈五尺，門三，池深二丈餘。明景泰初土築，萬曆中甃甎。本朝順治六年修，八年重修。

學校

汾州府學。在府治東同節坊。本朝順治初即明慶成王廢府改建。入學額數二十名。

汾陽縣學。在縣治東師垣坊，即汾州舊學。明萬曆間改爲府學，別建縣學於東關。本朝康熙中復建縣學於州庠，屢加修葺。入學額數二十名。

孝義縣學。在城内東南隅。宋大觀中建，元、明屢修。本朝增修。入學額數十二名。

平遥縣學。在縣治東。明崇禎中建。本朝康熙十四年修，三十九年重修。入學額數十五名。

介休縣學。在城東南隅。唐咸亨中建在縣治東，元初毁，至元中改建今所。本朝順治十四年修，康熙三十五年重修。入學額數二十名。

石樓縣學。在縣治東。金建，明末毁。本朝順治十三年重建，康熙二十八年修。入學額數八名。

臨縣學。在縣治東南。元至正中建在東郭，明永樂中徙建於故址東南，嘉靖中又遷今所，崇禎中毁。本朝順治三年重建，康熙二十七年修。入學額數十五名。

永寧州學。在州治東南隅。明洪武中建，弘治、正德中再建。本朝康熙十九年修，雍正五年重修。入學額數十二名。

寧鄉縣學。在縣治東南。舊在縣西城下，明嘉靖中移建今所，崇禎末毁。本朝順治八年重建，康熙三十八年修。入學額數八名。

西河書院。在府治東南隅。本朝康熙中建。

仰高書院。在汾陽縣治西。明嘉靖中督學周宣建。

綿山書院。在介休縣。本朝乾隆三十六年建。

鳳山書院。在臨縣治東南。本朝康熙中建。

龍山書院。在永寧州治北。本朝乾隆中建。按：舊志載卜山書院，在汾陽縣北十里大相村〔一〕，元季里民樊宗英建子夏祠於隱泉山，賜額卜山書院，明萬曆中邑人復於學西偏創書院，仍以卜山名之。今廢，謹附記。

户口

原額人丁一十九萬八千三百一十三，今滋生男婦共一百八十萬七千三百七十七名口，計二十三萬一千七百六十六户。

田賦

田地五萬一千九十四頃五畝四分有奇，額徵地丁正、雜銀三十萬四千六百三十四兩一分。

山川

萬户山。在汾陽縣西二十里，延袤二十里。其巔平坦，可居萬户，故名。又西爲石婆神山。

白彪山。在汾陽縣西二十五里。相傳昔騶虞見此，白質黑文，故名。其山石壁巉巖，洞壑幽深，爲縣勝境。有龍橋洞，方廣十丈，在兩巖間，石梁横其絶處，懸溜如乳不竭。

石室山。在汾陽縣西三十里。山多巖洞可居。

柏山。在汾陽縣西五十里〔三〕。山多柏樹。又名將軍山。

羊頭山。在汾陽縣西北十五里。土山戴石，以形似名。

謁泉山。在汾陽縣北。一名隱泉山。隋書地理志：隰城縣有隱泉山〔四〕。太平寰宇記：在西河縣東北四十里。山上有石室，去地五十餘丈，頂平十頃，相傳以爲子夏石室。縣志：山之陽爲卜山，陰爲陶山，湯泉出其上，又名湯泉山。

比干山。在汾陽縣北。元和郡縣志：在西河縣北一百十里。

玉泉山。在孝義縣西南七十里，通吉、隰二州路。山下噴泉如漱玉，故名。

烏雞山。在孝義縣西七十里。有黑龍池、龍王廟，旱禱即雨。

狐岐山。在孝義縣西。尚書禹貢：治梁及岐。蔡傳：「岐山，今汾州介休縣狐岐山。」水經注：勝水西出狐岐山。縣志：在縣西八十里，一名薛頡山，横亘南北，爲汾、隰、永寧、寧鄉山民往來通衢。按：禹貢「治梁及岐」，近世據孔傳以爲陝西鳳翔之岐山。大禹方治冀州之水，遽及雍州，必無此理。如以狐岐河水所弗經，則雍州之岐山去河更遠，而冀州别無岐山，當即此是。治岐者，治汾水也。此山向屬介休，今屬孝義。

高唐山。在孝義縣西九十里，周四十二里。山有温泉，其地爲温泉鎮。

白雀山。在孝義縣西九十里。峰巒高峻。

上殿山。在孝義縣西一百六十里。峰巒峻拔，爲諸山冠。旁有佛寶山，上多積石，瑰奇駭目。

超山。在平遥縣東南。又名過山，魏書地形志平遥縣有過山。縣志：在縣東南四十里，視諸山獨超出，亘百里，山巔平廣，周百餘步。山東有紫蓋、清光二峰，又有寶塔巖，西有觀音坪。

麓臺山。在平遥縣東南。山海經：謁戾之山，嬰侯之水出其陰。元和志：麓臺山，在縣東南五十二里。寰宇記：謁戾山，一名麓臺山。縣志：在縣東南四十七里，又名蒙山，中都水出焉。

洪山。在介休縣東南二十五里。石桐水出其下。

蠶簇山。在介休縣東南三十里。山形如蠶簇。

天峻山。在介休縣東南六十里。壁立萬仞，頂有浮圖。

介山。在介休縣南四十里，即介之推隱處。山下地名綿上。亦曰綿山。左傳僖公二十四年：晉侯求介之推不獲，以綿上爲之田。杜預注：「西河界休縣南有地名綿上。」史記宋世家：介之推入綿上山中，文公乃環綿上山中而封之，以爲介推田，號曰介山。後漢書郡國志：界休縣有介山，有綿上聚。寰宇記：介山，一名橫嶺。郡國志：上有之推冢并祠。

黄雲山。在石樓縣東六十里，與隰州接界。其南爲牛心山，與石樓山相接，亘七十餘里，中有天開石洞，爲往來孔道。又臨縣東北三里亦有黄雲山，榆林河水出焉。

龍泉山。在石樓縣東南十里。龍泉水所出。

石樓山。在石樓縣東南。水經注：蒲川水出石樓山。通鑑：永和六年中郎將張耽〔五〕、度遼將軍馬續擊烏桓於通天山，大破之。注曰：「即石樓山也。」元和志：在縣東南六十里。

翠金山。在石樓縣南三里。峰巒特起，其上舊有臺駘廟，一名臺駘山。

九重山。在石樓縣西八十里。

團圓山。在石樓縣西北三十里。寰宇記：其山頂高而圓，故名。

黄龍山。在臨縣東五十里，周四十五里。

連枝山。在臨縣東六十里，一名磨盤山，周九十餘里，與永寧州接界。枝脈蔓延，連接群山，故名。

中脚山。在臨縣東南三十里，周十七里。出石灰〔六〕。

漢高山。在臨縣東南五十里，周五十八里，接永寧州界。舊志相傳漢高祖擊陳豨駐此，因名。

火山。在臨縣東南七十里，周二十里。出炭。

招賢山。在臨縣東南八十里，周二十一里。出炭及鐵。

馬頭山。在臨縣東南九十里，周一百里。出鉛，接永寧州界。

鳳凰山。有二。一在臨縣西，倚城，山南有牛硼，硼南有龜山，又名長壽山；一在寧鄉縣西，附城。

紫金山。在臨縣西北四十里，周一百十里。有石窑，又有風、雨兩穴，雨穴旱禱即應。

赤紅山。在臨縣東北七十里。

龍山。在永寧州治南六十步。下有龍山泉。

寶豐山。在永寧州東南六十里，一名尖山。上有寶豐、尖陽二寨。

仙童山。在永寧州西南二十里。有石洞，口闊丈餘，深入有横孔，容一人，又進則寛敞，有石牀，泉出其中，極清冽。

神仙山。在永寧州西二十里，一名筆架山。

南山。在永寧州西一百二十里孟門鎮之南，周三十里。頂有靈泉，禱雨輒應。

扁斗山。在永寧州西北十五里。山勢插天，上有叶斗巖，巖下有靈通、月窟二泉。

三陽雲鳳山。在永寧州北二里。

烏巖山。在永寧州北二十里。下有烏巖泉。

石板門山。在永寧州北五十里。山勢陡峻，山半有穴，如兩扉開闔狀，故名。

黑龍洞山。在永寧州北七十里。上有黄帝廟。

龍王山。在永寧州北一百二十里。上有龍王廟。

離石山。在永寧州北一百二十里，一名赤堅嶺，接太原府嵐縣界。元和志：離石山，今名赤洪嶺。高歡大破爾朱兆於赤洪嶺，蓋此處也。

胡公山。在永寧州東北三十里。寰宇記：胡公山，在離石縣界。

九鳳山。在永寧州東北五十里，一名仙洞山，一名鳳凰山。上有白馬仙洞，入洞里許有獨木橋，有石梯從盤石頂偃仰旋轉而下，有白龍、黑龍、蓮花等池。頂上石乳垂津，滴瀝如雨，旱持瓶祈禱，得點入瓶即應。又進分爲九穴，深不可測。五代時石晉高祖嘗禱雨於此，天福改元，詔封淵濟仙洞，敕樞密使桑維翰書額。

韓仙山。在永寧州東北五十餘里，與九鳳山對峙。相傳昔有東萊韓中元於此山採蒼朮、黄精，服之仙去。

吕梁山。在永寧州東北一百里，一名穀積山，又名骨脊山，接太原府交城縣界。東川河出此。

鐵鐍山。在永寧州東北，接交城縣界。

劉王嶂山。在永寧州東北一百里，接交城縣界。詳見「交城」。

孝文山。在永寧州東北，接交城縣界。詳見「交城」。

柏窊山。在寧鄉縣東十五里。孤峰聳秀，群柏交翠，因名。

蕉山。在寧鄉縣東二十五里。有水入清河。

樓子臺山。在寧鄉縣東南三十里。山勢高聳，狀若層樓，中有劉公洞。

寨嶺山。在寧鄉縣南三里。形似虎頭，一名虎頭山。

屏風山。在寧鄉縣南三十里。

泉子山。在寧鄉縣西南四十餘里。下有車轍泉，流入清河。

鳳翅山。在寧鄉縣西七十里，周十五里。

石門山。在寧鄉縣西，接陝西吴堡縣界。

黄櫨嶺。在汾陽縣西北六十里，接永寧州界。北齊書文宣帝紀：天保三年自并州幸離石，至黄櫨嶺起長城，北至社平戍，四百餘里置三十六戍。

萬松嶺。在平遥縣東南四十里超山南。

拓跋嶺。在永寧州東七十里。下有馬跑泉。

太虚巖。在介休縣東南二十里。巖畔有石洞數窟，洪山水繞流其下。

獅鼻巖。在介休縣東南四十里。

抱腹巖。在介休縣南四十里，一名靈宫仙窟〔七〕。群峰環繞，澗水市流，石梯峻險，松柏交加，形如抱腹，故名。

白佛崖。在臨縣東南十里。

臥龍岡。在寧鄉縣東一里。高里許，形如臥龍，北自永寧州界迤邐而東，直抵府界，盤踞五十餘里。

安生原。在孝義縣西南十里。水土饒沃，西河之美。

枯桑原。在孝義縣西一百里。庾信枯樹賦：西河有枯桑之社〔八〕。

度索原。在介休縣東南介山下。唐初裴寂攻劉武周將宋金剛於介休，軍於度索原。

千畝原。在介休縣南。史記周本紀：宣王三十九年戰於千畝。索隱云：「千畝，地名，在西河介休縣。」

賈願谷。在孝義縣西南七十里。魏時置馬驛於此，後遣賈願戍此，因名。

板谷。在孝義縣東北二十八里。

東烘谷。在介休縣東南四十里。四圍皆山，中有石壘，橫空數仞，周廣三里。巖頂有泉，倒流如瀑布，流爲白牛泓。

西烘谷。在介休縣南三十里。有西谷水、東谷水合流於此。

雀鼠谷。在介休縣西南。桑欽水經：汾水又南過冠雀津〔九〕。酈道元注：在介休縣之西南，俗謂雀鼠谷。數十里間道隘，水左右悉結偏梁閣道，壘石就路，縈帶巖側，或去一丈，或高五六丈，上戴山阜，下臨絶磵，俗謂魯般橋，蓋通古之津隘，亦在今之地險也。通鑑：陳太建八年周伐齊，遣齊王憲將兵二萬守雀鼠谷。唐書太宗紀：武德三年太宗擊敗宋金剛於柏壁，金剛走介州，太宗追之，一日夜馳二百里，宿雀鼠谷之西原。元和志：在介休縣西十二里。寰宇記引冀州圖云：在孝義縣南二十里，長一百十里，南至臨汾郡霍邑縣界，即周書調鑒谷。

沂陽谷。在介休縣西四十里。明統志：有水出谷中，名沂陽水，流入汾。

小蒜谷。在石樓縣西北三十里團圓山。寰宇記：中有聖女泉，北流入黃河。

百井谷。在石樓縣西北六十里。寰宇記：團圓山分水下，西流八十里入黄河，耆老云泉脈約百井。

車突谷。在臨縣北。舊志：後魏太和十七年吐京寇叛，汾州刺史元彬擊破之於車突谷，即此。

水簾洞。在石樓縣東六十里。

仙明洞。在寧鄉縣南六十里。

汾水。自太原府文水縣西流入汾陽縣界，東岸爲平遥縣，南流入孝義縣界，又南入介休縣界，又南入霍州靈石縣界。水經注：汾水又南過平陶縣東，文水從西來注之，又南與石桐水合，又西南逕介休縣故城西，又南過冠爵津，入河東界。

文水。在汾陽縣東十里。水經注：文水南逕平陶縣右，會隱泉口，又南逕茲氏縣故城東爲文湖，東西十五里，南北三十里，世謂之西河，在縣直東十里。按：水經注：文水流入今汾陽縣，匯爲文湖，又流入今孝義縣界内入汾。今文水在文水縣界内入汾，汾州府無文湖矣。

清溝水。在汾陽縣西南十里，一名董師河。源出尉陵里溪谷，會石家莊水，流逕城南，入喬東等村，民引以灌田，東注於汾。

向陽水。在汾陽縣西三十里，一名懸泉。源出金鎖關峽，從山峽下流經澗河，合壺溪水。

麻窟水。在汾陽縣西北十里。平地湧出，民引灌田，東南入汾。

原公水。在汾陽縣西北三十里，一名壺溪水，又名馬跑泉。本朝康熙二十六年分濬入城，下流入汾。水經注：原公水出茲氏縣西羊頭山，東逕其縣北，又東入於汾。縣志：源出縣西北白彪山麓，沿山南注，至谷口轉東，歷城東北，溉田萬畝。宋建永澤廟，以祀馬跑泉之神。

隱泉水。在汾陽縣北四十里，接太原府文水縣界。詳見「文水縣」。

吐京水。在孝義縣西南十五里。源出吐京谷，東流入勝水。

勝水。在孝義縣西南二十里，一名孝水。水經注：勝水出狐岐山，東流逕六壁城南，又東合陽泉水，逕中陽故城南，合文水入汾。縣志：勝水自狐岐山東至縣西，南、北二川合流，又東至六壁村，曰勝水陂，亦曰元象泊。昔有元象者，有孝行，躬耕於此。

板峪水。在孝義縣西二十八里。東南流入勝水陂。

義水。在孝義縣北十五里田屯村南，一名行春川。源出狐岐山，東流入汾。

源祠水。在平遥縣東南十五里。平地湧出，溉民田，北注中都水入汾。

賀魯水。在平遥縣東南二十五里。流逕縣東，分爲二十四池，合中都水入汾。一名原公水。

中都水。在平遥縣東南三十里，一名嬰侯水。水經注：嬰侯之水出謁戾山，流逕中都縣南，又謂之中都水，有侯甲水注之，又逕鄔縣故城南，又西入鄔陂〔一〇〕，歸於汾。縣志：源出横嶺下，西南合源祠水，逕城南，西至介休縣鄔城泊，入西河，灌縣西十二村田。

亭岡水。在平遥縣南二十八里。石巖中湧出，自亭岡谷北流入中都水。

石桐水。在介休縣東二十里，一名綿水，又名洪山水。水經注：石桐水即綿水也，源出介休縣之綿山，北流逕石桐寺西，又西流注於汾水。縣志：洪山水源出縣東南洪山，四泉並發，宋文彦博引爲東、中、西三渠，灌城東田九十餘頃，西北流注於汾。其水源名鸑鷟泉。

龍泉水。在石樓縣東，今名屈産水。源出縣東南，西北流注縣，西北九十里入河。水經注：出土軍縣東南道左山下牧馬川，其水西北流，至其城東南，有土軍水出道左高山，西南注之，又北屈逕其城東，西北入於河。元和志：出石樓縣東南，去縣十里。寰宇記：屈産泉，在縣東南四里。傳有白馬飲此泉，生得龍駒，春秋曰「晉獻公以屈産之乘，假道於虞以伐虢」，蓋此地生良馬也。

石羊水。在石樓縣西南。水經注：水導源窮谷，西流注於河。舊志：一名沙河，即城濠，西南流，經縣西南十五里，又西流九十里入河。

離石水。在永寧州西，今名北川河。水經注：出離石北山，南流逕離石縣故城西，又南出西轉，逕隰城縣故城南，又西注於河。通典：離石縣有離石水，一名赤洪水，源出方山縣，東流入離石縣界。元和志：赤洪水，在方山縣南五十里。州志：北川河，源出赤堅嶺，西南流，合東、南二川入河。

寧鄉水。在寧鄉縣北，一名清水河。北流入永寧州北，名南川河，合離石水。元和志：安鄉水，在平夷縣南一百五十步。金史地理志：孟門縣有寧鄉水。縣志：東會蕉山，西會泉子山諸泉，北流入永寧州界，民多引渠溉田。

禹門河。在汾陽縣西二十里。源出張堡泉，至河口伏流，又東北流入馬跑泉。

文峪河。在孝義縣東北，由汾陽縣辛莊村入境，東南流入介休縣界。

長壽河。在平遥縣北三十里，一名沙河。自太原府祁縣流入，即古侯甲水。水經注：侯甲水西逕京陵縣故城北，又西北逕中都縣故城南〔二〕，又西合嬰侯水。

三道河。在介休縣東北六里。平地出泉，分爲三道，北入於汾。相近有葫蘆河。

湫河。在臨縣東。流經永寧州西北，入大河，即古陵水。水經注：陵水出陵川北溪，南逕其川，西轉入河。隋書地理志：太和縣有湫水。寰宇記引冀州圖云：湫水河，北從樓煩郡，南入龍泉郡。臨縣志：湫河，發源興縣湫水寺，南行八十里，經縣城東南受榆林、甘泉諸水，又南五十里至三交鎮受鍾底水，又西行五十里，由大同磧口入河。

甘泉河。在臨縣東南二里。源出甘泉村石巖下，流入湫河。

鍾底河。在臨縣東南六十里。源出湍水頭村，西行二十里，至三交鎮入湫河。

黄河。自太原府興縣南流入臨縣西，又南歷永寧州及寧鄉、石樓二縣，入隰州永和縣界。水經注：黄河南逕離石縣西，合奢延水，又南合陵水，又南至離石水口，又南過中陽縣西，又南過土軍縣西，又南合契水，又南合大蛇水，又南右合辱水，又南左合信支水，又南左會石羊水，又南經高奴縣東。元和志：黄河在臨泉縣北二十里，定胡縣西二百步，平夷縣西一百四十五里，石樓縣東九十九里。寰宇記：在石樓縣西一百十里，北從石州界，下合吐京谷，至上平關南流。舊志：黄河在臨縣西八十里，縣西北二十餘里爲曲峪村渡，又南三十里有郭家塔渡，又南四十里有堡子峪渡，路皆通陝西葭州，又南二十里有索達安渡，路通陝西吴堡縣，南流至永寧州西一百二十里，有官菜園渡，亦通吴堡縣，又南流至寧鄉縣，有三交口渡，路出陝西綏德州，又南至石樓縣西九十里，與陝西清澗縣分界。

麻峪河。在臨縣西北一里。東流二里入湫河。

榆林河。在臨縣北五里。源出黄雲山下，西流入湫河。按：黄龍山在縣東五十里，黄雲山在縣東北三里，二山相距甚遠，今榆林河距縣不過五里，則源出黄雲無疑。舊志沿縣志之訛，以黄雲爲黄龍，非是。

東川河。在永寧州東北百里。源出吕梁山，西流至州城西北隅，入北川河。

曹溪。在孝義縣南。源出北屯川，流經曹村、吴屯，入勝水。

玦溪。在孝義縣西南五里。源出道相村，東北流至介休坂，入勝水。

黑龍池。在介休縣南四十五里。

三泉。在汾陽縣西南二十里山谷中。東南流注板谷，溉田甚多，其水清冽。

靈浮泉。在汾陽縣西南四十里。

悶泉。在汾陽縣北八里。其脈漫衍，無湍激聲，故名。民引以溉田藝稻。

冷泉。在孝義縣西南二十八里。其泉夏冷。

温泉。在孝義縣西九十里高唐山。寰宇記：在温泉縣廨東北五十步，有池方圓二十步，其水冬温夏冷。上有五龍神祠。

灰柳泉。在介休縣東十里。地多白柳，泉可溉田，西北入汾。又蒲地泉〔一二〕，在縣東二十里；悶津泉〔一三〕，一名連山水，在縣東三十五里；龍泉，在縣南五里，皆引以溉田。蜂房泉，在縣南抱腹巖西，有百竅如蜂房，故名。又興地泉，在縣南四十里，一名利民泉，溉田十數頃，與靈石縣分引。

上堡村泉。在介休縣南五里。舊有泉三所，灌田五百八十畝，久涸，本朝雍正十一年自秋至冬三泉復發，又湧新泉六處，又有井泉涌出，可灌地一千七百餘畝，較舊增二倍餘，有司題請於村南建立水神祠。

謝谷泉。在介休縣西南十里。平地噴湧數穴，流爲磨子溝溉田，北入汾。

臨泉。在臨縣西永吉川，深不可測。元和志：在臨泉縣北百步，縣因此水爲名。

石窟泉。在永寧州東吴城驛。

響水泉。在永寧州東南五十里。崖半泉湧，迸石如噴珠，懸崖如瀑布。

雹雨溝泉。在永寧州西十里。潭上建龍神廟，祈雨輒應。

青龍泉。在永寧州西六十里青龍鎮。出山石間，入河。

昭濟泉。在永寧州北六十里。

拐裏泉。在永寧州東北仙洞山麓。

柏窊泉。在寧鄉縣東十里柏窊山。山半湧二泉，冬温不冰，飲可瘳疾。

蕉泉。在寧鄉縣東二十五里蕉山。南流至縣西南十里，入清水河。

水神泉。在寧鄉縣西北一里。水可解暑毒。

鄔城泊。在平遥縣西南，跨介休縣界，即古昭餘祁藪。一名鄔澤，又名蒿澤。周禮職方氏：并州，其澤藪曰昭餘祁。爾雅：燕有昭餘祁。漢書地理志：鄔縣有九澤在北，是爲昭餘祁，并州藪。水經注：汾水於大陵縣左迤爲鄔澤。廣雅曰：「水自汾出爲汾陂。」其陂東西四里，南北十餘里。吕氏春秋謂之大陸，又名漚夷之澤。通鑑：隋仁壽四年，漢王諒將衆十萬拒楊素於蒿澤。元和志：鄔城泊，在介休縣東北二十六里。寰宇記：昭餘祁藪，自太原祁縣連延西接至此。介休縣志：在縣東北三十二里辛武村，匯中都水入汾。

張趙泊。在平遥縣北三十里，一名壤分泊〔一四〕。

小橋泊。在介休縣東北十八里，西入汾。

白牛泓。在介休縣南五十里，即東㳘谷懸泉所匯也。泓有三，周五百步，深邃莫測，下注於汾水。

古蹟

茲氏故城。即今汾陽縣治。漢初置縣，更封夏侯嬰爲茲氏侯。後漢建安中分匈奴左部居茲氏。三國魏移西河郡治此。

水經注：魏黄初三年西河恭王司馬子盛廟碑云：西河舊處山林，漢末擾攘，百姓失所。魏開疆宇，分割太原四縣以爲邦邑，其郡帶山側塞。魏書地形志：西河郡，太和八年復，治兹氏城。舊志：府城舊名四陽城。

永安故城。在孝義縣東南。魏書地形志：西河郡永安縣，太和十七年分隰城縣置。元和志：孝義縣，西北至汾州三十五里。後魏於今靈石縣東三十里置永安縣，貞觀元年以縣名與涪州縣同，改爲孝義，因縣人鄭興有孝義，故名。

顯州故城。在孝義縣西。舊名六壁城，後魏置顯州。水經注：勝水經六壁城南，魏舊置六壁於其下，防離石諸胡，因爲大鎮。太和中罷鎮，仍置西河郡。魏書地形志：顯州，永安中置，治六壁城。領定戎郡、建平郡，皆永安中置；真君郡，天平中置；武昌郡，武定四年置。隋志州、郡皆不見，蓋北齊、後周時廢也。唐書地理志：汾州有六壁府，爲府兵所居。寰宇記：六壁府，在縣西八里。後魏太平真君五年討胡賊於六壁，即此。俗以城有六面，因以爲名。

温泉故城。在孝義縣西。後魏置新城縣，屬吐京郡，在今隰州界。唐改置温泉縣。元和志：温泉縣，西南至隰州一百六十里。本漢土軍縣地〔一五〕，後魏於土軍故縣東七十里置新城縣。唐武德三年，於縣東南四十里置北温州及温泉縣〔一六〕，因縣南温泉爲名。貞觀元年省北温州，以温泉屬隰州。宋因之。金初屬石州，貞祐四年改屬汾州。元史地理志：至元後省温泉入孝義。縣志：今爲温泉鎮，在縣西九十里高唐山西。

京陵故城。在平遥縣東。漢置縣，後漢改置平遥縣，城遂廢。水經注：京陵縣故城，於春秋爲九原之地。漢興，增陵於其下，故曰京陵。唐書地理志：汾州有京陵府，蓋居府兵之所。元和志：京陵縣，在平遥縣東七里。日知録：禮記「趙文子與叔譽觀於九原」，水經注以爲在京陵縣。漢志太原郡京陵，師古曰：「即九京。」因記文或作「九京」而附會耳。古卿大夫葬地每在國都北郭，不得遠涉數百里，志以太平縣西南二十五里有九原山，近是。

中都故城。在平遥縣西北。春秋晉中都邑，左傳昭公二年：齊陳無宇送女，晉侯謂無宇非卿，執諸中都。戰國屬趙，史記秦本紀：惠文君後九年伐趙，取中都。漢置中都縣，屬太原郡。文帝爲代王時曾都中都。武帝元封四年幸中都，赦中都死罪以下。晉永興初劉淵遣將寇太原，取中都。後魏移置於榆次縣界，廢故城入鄔縣。魏書地形志：鄔縣有中都城。水經注：甲水又西北逕中都故城南，城臨際水湄。元和志：中都故縣，在平遥縣西十二里。寰宇記：在介休縣東北五十里。按：左傳注：「中都，晉邑，在西河介休縣東南。」今城乃在西北，蓋杜預譌「北」爲「南」也。或謂介休別有中都，又謂漢縣在榆次界，皆誤。

蔚州故城。在平遥縣。魏書地形志：蔚州，永安中寄治并州鄔縣界。舊志：城在縣西北二十五里。城冢記謂之屈頓城，漢武帝於汾堤側屈曲爲頓〔一七〕，故名。後汾水溢毀。後魏僑置蔚州於此，後周廢，今城址猶存。

介休故城。在介休縣東南。漢置縣曰界休，晉曰介休。後魏徙治，故城廢。魏書地形志：介休縣有介休城。水經注：汾水又西南逕介休縣故城西，城東有徵士郭林宗、宋子浚二碑。舊志：在縣東南十五里。

平周故城。在介休縣西。戰國時魏邑，史記魏世家襄王十三年秦取我平周是也。漢置縣，屬西河郡，後漢末省。十三州志：古平周縣，在汾州介休縣南五十里。

鄔縣故城。在介休縣東北。春秋晉鄔邑，左傳昭公二十八年：晉分祁氏之田以爲七縣，司馬彌牟爲鄔大夫。漢置鄔縣，屬太原郡。晉末廢，後魏太和十九年復置。魏書地形志：介休縣有鄔城，鄔縣有鄔城。蓋鄔城本漢故城，前屬介休，後屬鄔縣也。鄔縣至北齊時廢。舊志：故鄔城，在縣東北二十七里，今爲鄔城店。

土軍故城。即今石樓縣治。漢高祖十一年封宣義爲土軍侯，武帝元朔三年封代共王子郢客爲土軍侯，後置縣。晉時譌爲吐京，十六國春秋云：夏主赫連勃勃置吐京護軍。後魏太平真君九年置吐京郡，兼置嶺西縣，太和二十一年改縣曰吐京。水經注：吐京郡治即土軍縣故城，譯言音訛。隋書地理志：開皇初廢吐京郡，十八年改縣爲石樓。元和志：石樓縣，東南至隰州九十里，因縣東石樓山爲名，縣治城即漢土軍城。

臨泉故城。在臨縣西。後魏時烏突戍。北史慕容紹宗傳：爾朱兆敗，紹宗於烏突城并兆餘衆自歸神武。後周置烏突縣，唐改臨泉。元和志：臨泉縣，本漢離石縣地，後周大象元年於此置烏突郡及烏突縣。隋開皇元年改爲太和郡、太和縣，三年廢郡，以太和縣屬石州。唐武德三年改爲臨泉縣。舊志：臨泉故城，在縣西四十里，金大定二十四年築，元至元十六年移今治。

離石故城。今永寧州治。戰國策：秦攻趙離石，拔之。史記趙世家：肅侯二十二年，趙疵與秦戰敗，秦取我離石。漢置離石縣，屬西河郡。武帝元朔三年封代共王子綰爲離石侯。後漢爲西河郡治。晉惠帝末陷於劉淵。晉書劉元海載記：元海至左國城，劉宣等上大單于之號，都離石。元和志：離石本漢舊縣，縣東北有離石水，因取名焉。府志：離石故城，在州治東關北隅，有縣街遺址、古井尚存。

藺縣故城。在永寧州西。戰國時趙邑。史記趙世家：武靈王十三年，秦拔我藺。漢置藺縣，屬西河郡。後漢末廢。張守節正義：「故藺城在石州。」

定胡故城。在永寧州西。隋書地理志：定胡縣，後周置，兼置定胡郡。開皇初郡廢，屬離石郡。唐屬石州。元和志：縣東至石州九十五里。本漢離石縣地，周大象元年置。武德三年於縣置西定州。貞觀二年廢州置孟門縣，七年廢縣爲孟門鎮，八年廢鎮，復爲定胡縣。宋史地理志：大觀三年，以石州定胡縣隸晉寧軍。金史地理志：明昌六年更晉寧軍定胡爲孟門縣，隸石州。元史地理志：至元後孟門縣省入離石。州志：孟門鎮，在州西北一百二十里，即古孟門縣。按：元和志孟門即定胡也，與新、舊唐書貞觀二年分置孟門縣、七年省入不同。

皋狼故城。在永寧州西北。戰國時趙地。史記趙世家：孟增幸於周成王，是爲宅皋狼。徐廣注：「皋狼，地名。」戰國策：智伯之趙，請蔡皋狼之地。漢置皋狼縣，屬西河郡。武帝元朔三年封代共王子遷爲皋狼侯。後漢末廢。

方山故城。在永寧州北。隋置縣，唐屬石州。元和志：縣南至石州九十里，本離石縣地。高齊文宣帝於此縣北六十八里置良泉縣，屬離石郡。隋大業三年移就今縣南三十五里方山置，故名方山。貞觀十一年移於今治。舊唐書地理志：方山縣，武德二年置方州，三年州廢，縣屬石州。金史地理志：石州方山縣，貞祐四年徙治於積翠山。元史地理志：至元後，方山縣省入離石。舊志有方山鎮，在州北一百四十里。

平夷故城。即今寧鄉縣治。元和志：平夷縣，北至石州五十一里。本漢離石縣地，周宣帝割縣西南地置。金史地理志：寧鄉縣，舊名平夷，明昌六年更名。

中陽故城。在寧鄉縣西。戰國趙中陽邑，史記趙世家：武靈王十年秦取我中陽，又惠文王十四年與秦會中陽。漢置中陽縣，屬西河郡。後漢末廢。曹魏改置於茲氏縣界，在今孝義縣西北。水經：河水又南過中陽縣西，此蓋漢以前中陽故城也。又水經注：文湖又東逕中陽縣故城東。括地志：中陽故城，在隰城縣南。元和志：孝義縣，本漢茲氏縣地，曹魏移西河郡、中陽縣於今縣治，晉永嘉後省入隰城。孝義縣志：有故城，俗名甄子城，在縣西二十五里覃村，即三國魏以後中陽縣也。按：水經云河水過中陽縣西，注曰：「中陽縣故城在東，東翼汾水，不濱於河也。」而不知西河郡前漢治富昌，後漢治離石，所領諸縣皆夾黄河兩岸，從無東附汾水者。漢末寇亂，故郡荒蕪，曹魏時始移郡東出，縣亦隨之。元和志云曹魏移中陽縣於茲氏界，是已。酈注所云，是反以魏所移之城爲兩漢故縣，誤。

吐京廢郡。在孝義縣西。魏書地形志：吐京郡，孝昌中陷，寄治西河。縣志：今有吐京村，在縣西二十里。

美稷廢縣。在汾陽縣西北。漢美稷縣，在今廢勝州西，後漢中平中南徙於茲氏界，尋廢。魏書世祖紀：延和三年行幸美稷，遂至隰州。通典：隰城縣有美稷鄉。

高唐廢縣。在孝義縣西。寰宇記：高唐故縣，在温泉縣東南十五里。唐武德三年於王莊堡置，屬北温州，貞觀元年廢。

清世廢縣。在平遥縣東。隋書地理志：開皇十六年於平遥縣析置清世縣，大業初廢。舊志有青城，在縣東二十里，疑是。

長壽廢縣。在石樓縣東。唐書地理志：武德二年於石樓縣置西德州，并置長壽縣。貞觀元年州廢，省長壽。舊志：故縣在縣東五里長壽村。

臨河廢縣。在石樓縣東。唐書地理志：武德二年置臨河縣，屬西德州，貞觀元年省。舊志：在縣東六十里。

隰城廢縣。在永寧州西。漢置縣，屬西河郡。武帝元朔三年封代共王子忠爲隰城侯。後漢省。水經注：離石水西逕隰城縣故城南〔一八〕，蓋即漢縣也。晉初改置於兹氏縣界，而故縣廢。

寧鄉廢縣。在今寧鄉縣東。隋書地理志：後周置寧鄉縣，大業初併入離石。

盧山廢縣。在寧鄉縣西。隋書地理志：後周置盧山縣，大業初併入修化，有伏盧山。按：盧山縣本以伏盧山爲名，九域志云寧鄉縣有伏落津寨，蓋瀕河以山爲名，伏落即伏盧之譌。

修化廢縣。在寧鄉縣西北。後周置窟胡縣，并置窟胡郡。隋開皇初郡廢，後改縣爲修化，屬離石郡。大業末廢。

瀦城。在汾陽縣東十五里。水經注：文湖西側又有一城，謂之瀦城。水澤所聚爲瀦，蓋即水以名城也。

陽城。在汾陽縣南。魏書地形志：隰城縣有陽城。縣志：在縣南十里，今爲陽城鎮。

偏城。在汾陽縣西南五十里廣城村。縣志：後趙離石侯築，以防西北諸胡，其城北占山阜，南臨古澗，有欹側之狀，故名。

祝融城。在汾陽縣西。相傳祝融氏所居。

牧師城。在汾陽縣西北。舊志：漢牧苑，在故美稷縣，今廢勝州界，後移置於汾陽縣境。其地廣斥宜畜牧，宋治平中崔台符按汾州，得牧地三千二百頃，明年移沙苑馬五百匹牧焉，即此地。

八門城。在汾陽縣北。元和志：在西河縣北十五里，劉元海遣將喬嵩攻西河，築營自固，營有八門，故名。寰宇記：城高九丈。

左部城。在孝義縣南。十六國春秋：魏武帝分匈奴左部居兹氏。水經注：汾水之右有左部城，其城側臨汾水，蓋劉淵爲晉都尉時所築。寰宇記：在縣南二十五里。

吴城。在孝義縣西南七十八里。相傳吴起爲西河守時築以拒秦，因名。又誤兒城，在縣西七十里；務城，在縣東八十里。

團城。在孝義縣西北。魏書地形志：顯州領武昌郡，武定四年置，治團城。元和志：團城在縣西北十八里，後魏築以防稽胡，其城紆曲，故名。

虢城。在孝義縣北，亦名瓜城。寰宇記：瓜城在孝義縣北十里，本虢城也。縣志：今名虢城村，在縣北田同里。

東多城。在孝義縣北二十里。魏書地形志：顯州領真君郡，天平中置，治東多城。

虞城。在孝義縣東北。魏書地形志：隰城縣有虞城。寰宇記：相傳晉滅虞，遷其人於此，築城以居之。舊志：與虢城相近，或訛爲魚城。

思歸城。在平遥縣東三十里。前趙録：劉淵攻劉琨於太原，築壘拒守，因思歸而夜遁，故名。

亭岡城。在平遥縣南二十八里。

來城。在平遥縣西三十五里。冀州圖經：後漢來歙所築。

羌城。在平遥縣西北四十里。明統志：後漢建安中築，以居羌人。

隨城。在介休縣東。春秋晉邑。左傳隱公五年：曲沃莊伯伐翼，翼侯奔隨，後爲士會食邑。

武城。在介休縣東四十五里。秦遣武安君白起伐趙經此，故名。

板橋城。在介休縣西北十八里。寰宇記：介休縣有板橋城，郡國志云：「劉淵擊劉琨於此。」縣志：在縣西北十八里韓板村，其城阻水，以板橋爲渡。

安國城。在永寧州西二十里，遺址尚存。

盧城。在永寧州北六十里。元和志：在離石縣東二十里，晉并州刺史劉琨所築，以攻劉曜。

三角城。在永寧州北。元和志：三角戍，在方山縣北七十三里。

左國城。在永寧州東北二十餘里。通典：左國城在離石縣北。

臨汾宫。在汾陽縣東十五里。寰宇記：隋大業四年帝北巡至五原，敕於汾州北四十里臨汾水起汾陽宫。

開遠府。在介休縣東北八里東葭村。又有華夏府，在縣東北三十里駱駝村，皆唐置以居府兵。

比干臺。在孝義縣東二十里汾河之上。

吉甫將臺。在平遥縣東。相傳尹吉甫北伐，閲兵於此，遺蹟尚存。

禁火臺。在介休縣南一里。土人寒食祭介之推於此。

没狐臺。在寧鄉縣南五十里。臺甚高遠，可眺百里。

金井樓。在平遥縣治中街。樓高百尺，下有井。

黄華亭。在汾陽縣學外。金時王遵古爲汾州觀察，子庭筠省覲至此，有石刻詩。黄華，庭筠别號。

喜雨亭。在平遥縣署内。通志：金大定十二年，縣令藺嗣吉祈雨超山有應，構此。

恒德亭。在永寧州治内。元至元中知州楊元佐建。

夷吾館。在石樓縣東六里。相傳晉公子夷吾建。

文彦博宅。在府治南。明統志：有宋元豐三年神宗御賜詩及彦博自撰記，石刻尚存。縣志：即净心寺遺址，明嘉靖三年改爲察院。

郭泰宅。在介休縣北郭家村，即今華嚴寺基。

秦王塔。在介休縣西南十三里。唐武德二年秦王討劉武周，登南原與之戰，後人因建塔以記之。

義門。在石樓縣西五十里。元時縣民晉賢六世同居，大德間旌爲義門。

關隘

金鎖關。在汾陽縣西三十五里，一名向陽關。巖險插天，中斷如劈，爲汾、石咽吭。元史泰定帝紀：致和元年令汾州之向陽關穿塹壘石以爲固。縣志：明初置巡司，尋廢。隆慶初增築。

黄蘆嶺關。在汾陽縣西六十里。置關嶺上，憑高爲險。明宣德中置巡司，本朝乾隆二十一年裁。

白壁關。在孝義縣西二十里。府志：唐置戍於此。

板峪關。在孝義縣西北三十里獨旦村。府志：漢文帝置。

普同關。在平遥縣南五十里普同谷口。東南接綿上關，達沁州沁源縣，西抵嶺子關，南入平陽府岳陽縣。

嶺子關。亦名關子嶺，在介休縣東南六十里，路出沁源縣。明洪武五年置巡司，今裁。

永安關。在石樓縣西七十五里。九域志：石樓縣有永安鎮。金史地理志有永安關。縣志：在縣西，臨黄河，路出陝西清澗縣。明初置巡司，今裁。

上平關。在石樓縣西九十里。唐書地理志：石樓縣，北有上平津。通鑑：五代梁開平三年延州帥胡敬璋攻上平關。九域志：石樓縣有上平鎮。縣志：下臨黄河，路出陜西綏德州。明洪武十三年置巡司，今裁。

馬村關。在石樓縣西北。

窟龍關。在石樓縣東北六十里黄雲山口，東通孝義，南抵隰州，北接寧鄉。明洪武初置巡司，今裁。

孟門關。在永寧州西。隋書地理志：定胡縣有關官。元和志：孟門關，在定胡縣西一百步河東岸。太平寰宇記：周大象元年置孟門津，隋開皇元年改曰孟門關〔一九〕。州志：在州西一百二十里孟門鎮。元置離石巡司，明因之，後廢。

安鄉關。在寧鄉縣南五十里，爲平陽府要隘。有堡城，明隆慶元年置。

泉子關。在寧鄉縣西南四十里泉子山。

冀村巡司。在汾陽縣東北四十里。本朝乾隆二十一年由黄蘆嶺移駐。

柳林鎮巡司。在永寧州西一百二十里。本朝乾隆三十三年由青龍鎮移駐。

方山堡巡司。在永寧州北，通嵐縣界。本朝雍正八年置。

陽城鎮。在汾陽縣南十里。又田同鎮，在縣南二十里；三泉鎮，在縣西南二十里；羅城鎮，在縣東北二十里。皆有堡。

郭柵鎮。在汾陽縣北三十里。見九域志及金史地理志，今名永安鎮。

温泉鎮。在孝義縣西九十里。縣志：高唐山迤北爲北温泉，屬孝義；迤南爲南温泉，屬霍州靈石。

鳳尾鎮。在孝義縣西一百六十里，與石樓縣接界。

上店鎮。在平遥縣東南六十里。又洪善鎮，在縣東北二十五里，有堡。

張蘭鎮。在介休縣東四十里，有堡。縣志：古名張難堡，唐太宗敗宋金剛於介休，追數里至張難堡，即此。本朝乾隆二十一年移同知駐此。

三交鎮。在臨縣東南五十里。又兔兒坂鎮，在縣西八十里。又曲峪鎮，在縣西，有戍。又白文鎮，在縣北。

吳城鎮。在永寧州東八十里。又四皓鎮，在州東五十五里，俱有堡。又田家會鎮、王榮莊鎮〔二〇〕，皆在州東。又白霜鎮，在州西二十里；薛村鎮，在州西八十里，有堡。又大武鎮、峪口鎮、横泉鎮、津梁鎮，皆在州北，有堡。

鉏鈎鎮。在寧鄉縣西九十里。舊多鐵工。

石樓營。在石樓縣西九十里黄河岸側，地名花底窊。明崇禎八年建，設守備防守。本朝順治六年改置今所，名曰五花新壘。

遼壁寨。在孝義縣南十五里王同里。又三河口山寨，在縣南六十里。下栅寨，在縣西南二十里。兑九峪山寨，在縣西南四十里。下堡村寨，在縣西五十里。縣志：縣西多山谷，居民多鑿地穴，其氣口在崖谷間，僅可容身，遠者通三五里。縣東則皆平地，堡、寨爲急云。

西泉山寨。在平遥縣東南二十八里，周三百步。又趙壁山寨，在縣東南三十里，周五百步。二寨四面皆有溝。

劉屯寨。在介休縣西汾河西岸。

克狐寨。在臨縣西北一百二十里黄河東岸。路通陝西葭州，置浮梁以濟。金大定中築城屯兵防禦夏人，元廢。明洪武五年置巡司，今裁。

吳起寨。在寧鄉縣南六十里三友原上。相傳魏吳起所築。

康家堡。在汾陽縣東二十里，臨汾水上，有渡通平遥縣。又孝臣堡，在縣東南；見喜堡，在縣南十里；鞏村堡，在縣南十五里；田村堡，在縣西十里；中千堡，在縣西北三里；太平堡，在縣北十五里；文同堡，在縣北四十里；小相堡，在縣東北二十五里。又盡善、望春、喬東、故顯、大相、董寺、黑浮、仁崖、里仁、西豐、靳同、三泉、任家、趙家、馬莊諸堡，俱在縣境。

仁智村堡。在孝義縣東十里。又西盤糧堡，在縣東十里；吴屯堡，在縣南十里；南姚堡，在縣南二十里；仁道村堡，在縣西北四十里；司馬村堡，在縣東北十里。

郝同堡。在平遥縣東三十里，周二里。又達蒲堡，在縣西十里，周二里。杜村堡，在縣西南十五里，周四里。侯冀堡，在縣西南十八里，周三百步。

北張里南堡。在介休縣東張蘭鎮東五里。又郝家堡，在縣東四十五里，又五里有田堡。

義棠堡。在介休縣西南二十里，即舊義棠驛。又有大宋曲東、西二堡〔二〕，在縣西北十五里。

管頭堡。在石樓縣東南二十五里。又解家圪塔堡，在縣西南三十里；華城堡，在縣西北七十里。

雷家莊堡。在寧鄉縣南，通隰州界。又高家莊堡、陳家莊堡，皆在縣西五十里。蘇家莊堡，在縣西七十里。寨裏堡，在縣西，通陝西吴堡縣界。

暖泉堡。在寧鄉縣西南九十里。又朱家店堡，在縣北二十里。

汾陽驛。在汾陽縣城内。

洪善驛。在平遥縣下東門外。

義棠驛。在介休縣北關。明初置於縣西二十里，弘治中移此。舊有驛丞，本朝雍正七年裁。

玉亭驛。在永寧州治東。

吴城驛。在永寧州東吴城鎮。

青龍驛。在永寧州南六十里。

津梁

泰和橋。在汾陽縣治東大街北。

古風橋。在汾陽縣南郭。

攀龍橋。在汾陽縣西北二里許。明建。

王莊橋。在汾陽縣東北十里。

馬補橋。在孝義縣南橋南廂。

勝水橋。在孝義縣南二里。

惠濟橋。在平遥縣下東門外。明末建，本朝康熙三十六年修。

濟遠橋。在平遥縣西十里，即古西河橋。

崇仁橋。在介休縣東門外。又東有通順、永固、利民等橋。

永利橋。一名師屯橋，在介休縣西門外，跨汾河上。明正德五年建，闊二丈有奇，長七十餘步。萬曆十七年修，更名虹霽。本朝康熙三十二年重修。又有西門橋，舊用木，後易以石。

夷吾橋。在石樓縣東，近夷吾館。

崔家坪橋。在臨縣東。

靈濟橋。在永寧州南門外。

沙曲橋。在永寧州西二十里。又西三十里有寨東橋，又十里有柳林橋。

慶豐橋。在寧鄉縣北郭。又縣北半里有永濟橋。

康家堡渡。在汾陽縣東二十里汾水上。

大宋渡。在介休縣北十五里，相近有小宋渡。

青龍渡。在永寧州西一百二十里青龍鎮。舊設巡司，本朝乾隆三十三年移駐柳林鎮。

霍家堡渡。在孝義縣東南十五里，通介休縣。

堤堰

河堤。在永寧州西北隅。東、北二川合流，時爲城害，明弘治初知州吕大川築。

中都堰。在平遥縣東南一里。中都水本西流，明成化中分飲馬水北注，嘉靖十三年水衝城，乃築此堰之，水仍西流。

汾河堰。在介休縣西，長二十餘里。明萬曆二十四年築。

清水堰。在寧鄉縣南。明嘉靖二十九年知縣張鏜建通濟橋，行水灌田，後廢。萬曆三十一年，知縣黄應貞引故道至城内。

沙澮堰〔二二〕。在寧鄉縣。舊引蕉泉溉田，後水涸。又寺灣、大高、朱家三堰，皆引水溉田。

善利渠。在汾陽縣西南。源在孝義縣薛頡山，初曰谷泉〔一三〕，後更今名。西跨諸山，北爲葫谷泉，稍南爲澗河，首尾百里有奇。府志：善利渠，由靳家里迤邐而東，經陽城、見喜、乾河等里，築堰灌田，東入汾。

利導渠。在孝義縣東十五里。本朝雍正三年開，引汾水溉田。

石甕渠。在孝義縣東。鑿土岡爲渠，迤邐流東北溉田。

興隆渠。在孝義縣東南。本朝康熙十三年開，引汾水、孝水溉田。

普濟渠。在孝義縣南五里。引玉泉山水溉田。

白龍渠。在孝義縣西二十里白壁關，引以溉田。

介休三渠。在介休縣界。東曰東渠，西曰西渠，中曰中渠，引石桐水溉田。舊有木平槩水，本朝康熙八年易以鐵。洪山分水處舊有石平，康熙二十二年易以鐵。

惠民渠。在寧鄉縣南郭。

陵墓

周

段干木墓。在孝義縣東六里長興村。

魏文侯墓。在孝義縣西五里。縣志：宋汾州守謝景初碑云：墓有唐開元時孝義令楊仲昌碑，大中時刺史崔駢摹付鑱立。

尹吉甫墓。在平遥縣上東門外。縣志：明萬曆中於墓前樹碑，建享堂四楹。

漢

郭巨墓。在孝義縣東北五里青義村。

郭泰墓。在介休縣東五里。後漢書本傳：泰卒，刻石立碑，蔡邕爲文，曰：「吾爲碑銘多矣，惟郭有道無愧色耳。」水經注：介休城東有徵士郭林宗碑，碑文云：「陳留蔡伯喈、范陽盧子幹、扶風馬日磾等遠來奔喪，朋友服心喪期年者，如韓子助、宋子浚等二十四人，其餘門人著錫衰者千數。」元和志：郭林宗墓，在介休縣東三里，周武帝時除天下碑，惟林宗碑特詔留。縣志：冢高二丈許，周圍繚以垣墻，有祠堂、饗堂各三間。明嘉靖十年植樹，隆慶三年增砌甬道，置田十四畝。本朝康熙十八年增建卷棚、茶亭、臺堦、大門。碑久湮没，明萬曆二十一年郭青螺補書，本朝康熙十二年太原徵士傅山補書，十三年江寧鄭簠補書。

宋沖墓。在介休縣西南靳村。水經注：介休城東有宋子浚碑，宋沖以有道司徒徵。

三國　魏

司馬斌墓。在汾陽縣西七里許，一名陳王墓。水經注：魏黄初二年西河恭王司馬子盛碑文云：「王以咸寧四年改命爵土，其年十二月喪。大農閻崇、離石令宗群等二百三十四人刊石立碑，以述勳德。」碑北廟基尚存。縣志：考史册，斌字子正，盛、正音相近而訛。改命即封陳，故名陳王墓。

晉

賈渾墓。在介休縣南三里。縣志：明崇禎七年築垣勒碑。

南北朝　魏

穆祚墓。在介休縣南七里。明統志：祚仕後魏爲車騎大將軍。

唐

郭君墓。在汾陽縣北七十里。朱彝尊郭君碑跋：郭君碑在縣郭社村土岡上，碑立於乾封二年，中有云「揮霜鉞而斬老生」，蓋常從太宗攻霍邑者。按舊唐書「宋老生棄馬投塹，甲士斬之」，新唐書則云爲劉弘基所殺，創業起居注又云老生攀繩上城，「軍頭盧君謂所部人跳躍及而斬之」，世咸不知揮刃者之爲郭君也。

宋務光墓。在永寧州南五十里。府志：有石羊、虎猶存，碑文剥落矣。

宋

王嗣宗墓。在汾陽縣西南十里。

狄青墓。在汾陽縣北十里劉村。

趙昌言墓。在孝義縣西賢者里。

文彦博祖母墓。在介休縣西一里許。又文氏祖墓在孝義縣董屯村，彦博有記。

呼延贊墓。在石樓縣西南九十里忠孝村。府志：爲河水所齧，今圮於河。

陳摶墓。在永寧州北二里三陽山半。

元

呂流墓。在汾陽縣西南三里。虞集撰碑。

張益墓。在汾陽縣西北三里。

鄭允中墓。在石樓縣南五里。

袁湘墓。在臨縣北太平鄉。姚燧撰碑。

明

霍冀墓。在孝義縣北一里。

孝女墳。在平遥縣東七里。縣志：趙氏三女以親老俱不適人，親殁後三女親築墳，高三丈，周二畝，各樹柏一株。明正統中夜有盜樹者〔二四〕，斧聲徹二十里外，盜逸去，聞者以爲孝感。

祠廟

忠孝祠。在汾陽縣南郭，祀明浙江布政使辛彦博、長清知縣田耔、登州知州嚴泰。

狄武襄祠。在汾陽縣西門内，祀宋狄青。

崔刺史祠。在汾陽縣城内，祀唐天寶中汾州刺史崔弘禮。

項橐祠。在汾陽縣西三十里。

子夏祠。在汾陽縣。元和志：在西河縣北四十里。

段干木祠。在孝義縣。有二，一在縣東南長興村，一在縣東北船頭村。又按府志：郡中有師垣坊、式賢里，皆其遺跡。

介之推祠。有二，一在平遥縣西門外高丘上。一在介休縣西門外。水經注：石桐水逕石桐寺西，即介之推祠。

賈令祠。在介休縣南三里，祀晉令賈渾。

文潞公祠。在介休縣北關，祀宋文彦博。

忠烈祠。在永寧州治北，祀明時死節知州王亮采，判官甯晉封，學正郝綸，訓導郝珊、田成、杜本翰，驛丞劉静，生員張中路、孫光裕、車成，州民張邦化、李正秋、崔桂、劉潮湖。

臺駘廟。有二，一在汾陽縣東南三里，亦名昌寧宫，唐貞觀九年建；一在石樓縣南三里翠金山。

魏文侯廟。在孝義縣治南。

大禹廟。在孝義縣東北司馬村南。

灌嬰廟。在平遥縣東嬰溪。

漢高祖廟。在石樓縣北團圓山頂。

寺觀

天寧寺。在汾陽縣東郭。漢郭泰宅，唐始建爲寺，名大中，宋改名太子院，明洪武中更今名。

資福寺。在汾陽縣南郭。隋開皇二年建。

石塔寺。在汾陽縣西五里。唐建。

崇勝寺。在汾陽縣西北。

天宫寺。在汾陽縣北。隋建，邑中巨刹，太平里有法興寺，池定里有馬鳴寺，皆其下院。

實際寺。在汾陽縣北二十里。樓閣玲瓏，崖谷勝境。

靈巖寺。在汾陽縣東北二十五里。隋、唐時建。

永福寺。在孝義縣南二十里。唐名法廣寺〔二五〕，宋慶曆中改今名。

清涼寺。有二，一在孝義縣下馬寬村；一在寧鄉縣治中央，金明昌中建。

太子寺。在平遥縣治東。隋開皇時建，名寶昌寺，中有浄梵王太子像，唐武宗毁佛寺，人匿其像，大中時復修，持像來置，因名太子寺。

改名。

鐵佛寺。在平遥縣東南十五里。北齊武平二年建。又二十五里有百福寺，後魏熙平中建，舊名郭村寺，宋嘉祐中

興王寺。在介休縣治東南隅。唐貞觀初建。

永利寺。在介休縣東三十里鄔城西。宋大觀初建。

雲峰寺。在介休縣南綿山抱腹崖下。唐貞觀初敕建。

迴鑾寺。在介休縣南。縣志：唐太宗游幸至此迴鑾，故名。

永慶寺。在石樓縣治東。始建無考，宋、元、明俱重建。

天寧萬壽寺。在永寧州治東北。元大德中建，有石刻羅漢像，絕工。

石佛寺。有二，一在永寧州西二里，有石佛三尊；一在寧鄉縣西，元至大三年建。

安國寺。在永寧州西二十里。

南山寺。在永寧州西一百二十里孟門之南頂。唐太宗幸此，敕尉遲恭監造。有泉飛瀑，金大定中僧慶賡灌水入田，嘉禾

合穎，賜額靈泉寺。

金閣寺。在永寧州北三十里馬頭山下。舊通志：梁武帝重修。

寶泉寺。在永寧州北六十里。

寧國寺。在寧鄉縣南五十里。唐顯慶二年修。

仙槐觀。在汾陽縣治西。府志：有槐枯朽如刳舟，金皇統中異人投藥，倏長茂，後人因以名觀。

長春觀。在汾陽縣西十里鳴鶴洞。元丹華子修煉之所。

清虚觀。在平遥縣下東門内。唐顯慶間建，名太平觀，宋治平初改今名。

柏仙觀。在平遥縣西南十里。通志：中有古柏，一本五枝，圍二丈五尺，西向一枝以石柱擎之，石入柏尺餘，拔柱離地，一柱刊金泰和七年，一柱刊明嘉靖三十年。

龍泉觀。在介休縣治東北隅。隋義寧初建。

玄都觀。有二，一在永寧州治東北，一在寧鄉縣東一里卧龍岡，俱元時建。

洞陽觀。在永寧州東五十里鳳凰山。唐貞觀間尉遲恭奉敕建。

名宦

漢

杜延年。南陽人。宣帝時爲西河太守，治甚有名。

馮立。杜陵人。西河太守。善立條教，吏民悦服。

宋漢。長安人。延光中爲西河太守。以恩威著稱。

晋

刁雙。饒安人。孝明時西河太守。爲政清簡，吏民安悦。

賈渾。魏昌人。太安中爲介休令。劉淵將喬晞攻陷之，渾抗節不降，曰：「吾爲晉守，豈苟求生以事賊？」晞怒殺之。

南北朝　魏

穆羆。代人。孝文時轉吐京鎮將，深自刻勵。後改吐京鎮爲汾州，仍以羆爲刺史，威化大行。孝文以羆政和人悦，增秩延限。

劉升。孝文時吐京太守。甚有威惠，限滿還都，胡人八百餘詣刺史穆羆請留，羆爲表請，孝文從焉〔二六〕。

宇文測。武川人。大統中以大都督行汾州事。州接東魏，東魏人來攻，測獲之，解縛引見，待以客禮，並給糧餼衛送出境。東魏人大慚，不復爲寇，汾、晉之間各安其業，兩界之民遂通慶弔。

北齊

房豹。東武城人。河清中拜西河太守。地接周境，俗雜稽胡，豹爲政清静，甚著聲績。

周

王雅。新固人。明帝初除汾州刺史。勵精爲治，人庶悦附，自遠至者七百餘家。

虞慶則。櫟陽人。宣政中拜石州總管。甚有威惠，稽胡慕義而歸者八千餘户〔二七〕。

隋

韋沖。杜陵人。高祖時拜石州刺史。甚得諸胡歡心。

段文振。期原人。高祖時爲石州刺史。有威惠。

李德招。平棘人。大業末爲離石郡司法書佐，太守楊子崇特禮之。唐兵起，子崇死之。德招赴哭盡哀，至介休詣唐帥請葬子崇，見許，因贈子崇官，令德招爲使者，往離石禮葬。

唐

王儉。石州刺史。武德二年離石胡劉季貞陷石州，儉死之。

崔隱甫。武城人。明皇時爲汾州長史。廉介自守，明吏治，在職以强正稱。

楊仲昌。闅鄉人。明皇時爲孝義令。鸞降庭樹，太守蕭恕表其政。

薛從。龍門人。累遷汾州刺史。隄文谷、瀘河二水，引溉公私田，汾人利之。

陸璪。蘇州人。西河太守。屬邑多虎，前守設檻穽，璪至撤之，而虎不爲暴。

賈耽。南皮人。天寶中爲汾州刺史。治凡七載，政有異績。

李勉。鄭惠王曾孫。肅宗朝爲汾州刺史。不威而治。

劉暹。南華人。爲汾州刺史。天資疾惡，所至以方直稱，爲觀察所畏。

宋

李謙溥。盂人。開寶元年爲汾州路都監。在州十年，敵人不敢犯境。

田晝。陽翟人。知西河縣。有善政，民甚德之。

張克戩。開封人。宣和中知汾州。金兵圍太原，遣將來攻，克戩畢力扞禦。數選勁卒撓金營，出不意焚其柵，金兵引去。靖康初金兵復逼城，益厲兵儆守，援不至，遂陷，克戩南向拜，自引決，從死者八人。事聞，贈延康殿學士，謚忠確。

徐徽言。西安人。宣和末知石州。金人圍太原，自隰、石以北不通者累月，徽言以三千人渡河，一戰破之。遷知晉寧軍，兼嵐石路沿邊安撫使。

金

郭企忠。唐汾陽王子儀後。天會中知汾州事。時汾州初下，居民多爲軍士掠去，城邑蕭然。企忠詣帥府力請，聽其親屬贖還，未幾完實如故。石州賊閻先生衆數萬至城下，僚屬慮有内變，企忠曰：「吾於汾人有德，保無他。」乃率吏民城守，會援至，合擊破之。

董師中。洺州人〔二八〕。平遥丞。縣有劇賊王乙，素兇悍不可制，師中捕得杖殺之，一境遂安。時大軍後，野多枯胔，及有遺櫬寓於驛舍者，悉爲葬之。

元

睦大用。神峰人。延祐中同知汾州。廉公有威，吏民畏服。

楊乘。渤海人。至正初介休縣尹。歲饑，民散爲盜，乘立法招之，使自新，皆棄兵頓首，願爲良民。

韓謙。河南人。至正間平遥縣尹。公勤廉慎，三年如一日。嘗被命問理賊黨，滌除冤濫，全活者數百家。

明

柳元泰。洪武初知介休縣。用法平恕，民用悦服，邑之三壇、養濟院、倉廒、税課司、惠民局皆其創建。

葉伯巨。寧海人。洪武八年，詔國子生分教北方，伯巨得平遥訓導。待諸生如子，諸生愛之如父兄。九年，星變求言，上書以分封太侈切諫，獲罪。

衛健。洪武中孝義縣丞。後燕師起，率所部禦之，戰死。

齊政。山陽人。建文時知孝義縣〔二九〕。事無繁劇即決，暇則巡行隴畝勸農，邑以富饒。

梁杲。景泰元年知寧鄉縣。嚴明有才略，創建城池，永爲保障，民甚德之。

王道。曹溪人。弘治間知石州。慈祥愷惻，均賦折獄，民咸感化，累月庭無人跡。在任九年去，民作歌誦之。

於敖。岷州人。嘉靖中由郎中陞左參政，駐汾州。時强宗内亂，邊兵外乘，吏民莫知所措。敖下車經略，遂以帖然，因創作外城及四鄉堡寨，盜不敢犯。

王仁。盩厔人。嘉靖初知石樓縣。多善政，有冤獄不決者八年，仁爲出之。石樓舊無跕銀，議者欲增，仁力争得免。

陳情。深州人〔三〇〕。知孝義縣。隆慶丁卯秋俺答兵薄城下，竭力捍禦，敵退，甓城垂完，始調去。

張守標。玉田人。知汾陽縣。值宗藩横恣，有司垂首聽命，守標獨不屈，榜示通衢曰：「敢有挾勢魚肉吾民者，將以死救之。」藩役斂跡。未幾卒官，汾民痛悼之。

陳舜道。新安人。萬曆中知臨縣。嚴明敏斷，築隄障水，民食其福者六十年。

侯君昭。崇禎末知汾州府。流賊破城，不屈死。

劉必達。崇禎末知汾陽縣。流賊破城，袖出罵賊文，被殺。

楊家龍。曲陽人。崇禎中由歲貢生知寧鄉縣。民遭兵，亡徙過半，撫之七年，皆復業。

本朝

黄廷柏。海州人。順治五年知汾州府。姜瓖之亂，城陷死之，後贈太僕寺卿，祀忠烈祠，雍正二年御賜「成仁取義」四字額。同時臨縣知縣張耀祖，奉天人；典史王之佐，浙江人；寧鄉知縣王昌運，沙河人，俱殉節死。耀祖贈按察司僉事，祀忠烈祠。

周召南。遼陽人。順治中知汾州府。時寇亂初定，一以招徠綏輯爲務，武斷舞文爲民害者，懲之不少貸。下教屬邑，徭賦有當均、當豁免者以告，將爲民請命，民甚德之。

高士達。太原貢士。姜瓖之叛，奉委署平遥縣事，涖任七日，賊至執之，不屈遇害。

周士章。上元人。順治十三年以舉人知石樓縣。縣在萬山中，土瘠，經亂後多姦蠹，士章得主名按治之，又平傜弭盜，通商勸墾，期年民獲蘇息。

王之儀。廣寧人。順治七年知寧鄉縣。時姜瓖初平，逋亡幾半，之儀招來復業。大雨水漲，毁城垣十餘丈，之儀督衆完築，躬負土石，城獲無圮，水退築護城堤於外，樹柳其上，往來者便之。

張恪。涇陽人。康熙十年以舉人知平遥縣。誠心愛民，尤重士類，人不敢干以私。邑豪噬民，恪廉知其狀，立杖斃之，至今猶稱其清廉。

龔應霖。四會人。康熙二十二年以舉人知寧鄉縣。縣在萬山中，多虎患，應霖至，虎遁跡，循聲卓然。

吕履恒。新安人。康熙三十八年以進士知寧鄉縣。性慈恕，撫羸弱有恩，庭少笞扑而豪猾斂跡。催科自爲籍，時召民驗問，胥吏不得中飽，尤加意作人。以治行擢御史。

人物

漢

郭泰。字林宗，介休人。早孤，就成皋屈伯彦學，三年博通墳籍，善談論。游洛陽，河南尹李膺大奇之，遂相友善，於是名震京師。司徒黄瓊辟太常，趙典舉有道，並不應。汝南范滂稱其「隱不違親，貞不絶俗，天子不得臣，諸侯不得友」。後遭母憂，有至孝稱。獎拔士人，皆如所鑒。平生不爲危言覈論，故黨事起，卒不與其難。卒時年四十二，四方來會葬者千餘人。

賈淑。字子厚，介休人。性險害，邑里患之，而郭林宗不拒，後改過自勵，終成善士。鄉里有憂患者，輒傾身營救，爲時所稱。

晋

王延。字延元，西河人。九歲喪母，幾至滅性。繼母卜氏遇之無道，延事之彌謹。嘗盛冬思生魚，延尋汾叩冰哭，忽一魚長五尺，踊出，延取之進母，食之積日不盡，於是心悟，撫延如己出。

孫楚。字子荆，中都人。祖資，魏侍中。楚年四十餘始參鎮東軍事，累遷衛將軍司馬，惠帝初爲馮翊太守。初與同郡王濟友善，濟爲本州大中正，自爲楚品狀曰：「天材英博，亮拔不群。」楚子洵、纂。洵子盛，善言名理，篤學不倦，著魏氏春秋、晉陽秋，詞直理正，咸稱良史，官至秘書監，加給事中。纂子綽，博學善屬文，過江爲文士冠，官至廷尉卿。

南北朝　魏

郭文恭。平遥人。仕魏爲太平令。年逾七十，父母俱亡，孝慕罔極，乃居祖父墓次，晨夕拜跪，跣足負土，培祖父二墓，寒暑竭力，積年不已，見者莫不哀歎。尚書聞奏，表其門閭。

張濟。字士度，西河人。涉獵書傳，清辯善儀容。道武愛之，以爲行人，拜散騎侍郎，襲爵成紀侯。先是，晉雍州刺史楊佺期乞師常山王遵以禦姚興，道武遣濟爲遵從事，即報之，濟自襄陽還，道武問江南事，濟曰：「君弱臣强，全無綱紀。」并述與佺期問答之語，道武嘉其詞。後以累使稱旨，拜勝兵將軍，卒。

唐

鄭興。孝義人。母病，割股爲羹以進，母食之良愈。貞觀元年有司以聞，詔改永安縣爲孝義縣。

宋令文。汾州人。富文辭，工書，有力絶人，世稱三絶。高宗時爲東臺詳正學士。子之問，歷考功員外郎、越州長史，與沈佺期皆以詩名，學者宗之。其弟之悌驕勇、之愻精草隸，世謂皆得父一絶。之悌爲驩州總管，募壯士八人擊蠻獠，大呼薄賊，賊七百人皆伏不能興，遂平賊。之愻爲連州參軍。

宋務光。字子昂，西河人。舉進士及第，累遷右衛騎曹參軍。神龍元年大水，詔求直言，務光上書言：「水者陰類，臣妾干政之象，宜杜絶其萌。太子國本，宜早定。外戚武三思等，不宜任以機要。」疏奏不省。俄以監察侍御史巡察河南道，以考最進殿中侍御史，遷右臺，卒。

五代　晋

薛融。平遥人。少以儒學知名，晋高祖鎮太原，融爲觀察判官。高祖徙鄆，欲據太原拒命，問賓佐可否，融獨對曰：「進退存亡之理，豈易言哉？」高祖不之責也。高祖入立，累拜左諫議大夫〔三一〕。時詔修洛陽大内，融上書切諫，高祖詔罷其役。改尚書右丞，分司西京，卒。

宋

辛仲甫。字之翰〔三二〕，孝義人。少好學，及長能吏事，周廣順中爲郭崇掌書記，歷外任，累雪冤憤，多有治績。太祖問群臣誰爲文武兼全者，趙普以仲甫對。太平興國初遷起居舍人，使遼，遼主欲留之，仲甫以死誓，遼主竟不能屈。累拜給事中、參知政事，加太子少傅，卒。

田紹斌。汾州人。以戰功積官至龍衛指揮使，從太祖下荆湖，平嶺南。及討蜀，敗全師雄黨數千，賜賚有加。凡在蜀三歲，剽盜殄除。還，改龍捷都虞候。太平興國二年，梅山洞蠻叛，命與翟守素分往擊之，至邵州大潰其衆，禽蠻二萬，自是其黨帖服。官至左領軍衛大將軍、領康州團練使，卒。

侯延廣。平遥人。父仁矩，治軍有方略，歷數郡咸有善政。延廣補西頭供奉官，太平興國初出護延州軍，善撫士卒，下樂爲用，戎人畏服。叛卒劉渥素號驍勇無敵，寇耀州，謀入京兆，延廣擊斬之，群盜喪氣，關右遂定。上嘉之，擢拜崇儀使。淳化二年知靈州，平夏臺，趙保忠就縛，手詔褒美。累拜寧州團練使、知靈州，卒。

趙昌言。字仲謨，孝義人。太平興國初舉進士甲科，累官御史中丞。河東用兵，條上邊事，太宗以爲樞密副使。淳化中議弛茶、鹽禁以省轉漕，昌言極言非便，太宗不納，卒以無利而罷。出知天雄軍，增築隄防，民免水患。召拜給事中、參知政事，卒官户部侍郎，謚景肅。昌言强力尚氣槩，當官無所顧避，所至以威斷立名，雖屢經擯斥，未嘗自少抑損。喜推奬後進，李沆、王禹偁皆其所薦，又以女妻王旦，後俱爲名臣。

文彦博。字寬夫，介休人。舉進士第，歷内外任皆有治績，召拜樞密副使、參知政事。貝州王則反，彦博討擒之，進同中書門下平章事。至和三年仁宗方受朝，疾暴作，因留宿殿廬，遇事持重，衆心以安。久之，封潞國公。英宗時拜樞密使。熙寧中爲王安石所惡，力引去。元祐初復命平章軍國重事，居五年，致仕歸洛。卒年九十有二，贈太師，謚忠烈。彦博逮事四朝，任將相五十年，名聞四夷。平居接物謙下，尊德樂善，如恐不及。其在洛也，與富弼、司馬光等十三人爲洛陽耆英會，好事者莫不慕之。

狄青。字漢臣，西河人。善騎射。寶元初趙元昊反，青以衛士選延州指揮使，常爲先鋒，大小二十五戰皆披靡莫敢當。尹洙與談兵，善之，薦於韓琦、范仲淹。仲淹授以左氏春秋，青由是折節讀書，悉通秦漢以來將帥兵法，益知名，戰數有功。皇祐中儂智高反，嶺外騷動，青上表請行，遂合孫沔、余靖兵討平之，以功拜樞密使。出判陳州，卒，贈中書令，謚武襄。青慎密寡言，行師先正部伍，明賞罰，與士同飢寒勞苦，雖敵猝犯之，無一士敢後先者。尤喜推功與將佐，尹洙以貶死，青悉力賙其家事。子詠，爲閤門使，亦有戰功。

郝戭。字伯牙，定胡人。家貧，竭力養親。舉進士，歷通山令。年未五十，以父樵老，上書請致仕，爲父求官，執政諭使赴官而後請，乃留妻子於家，獨奉父行。踰歲，得太子中允歸，未至鄉里而樵卒，自負土造冢。事聞，詔賜粟帛。治平末薦辟皆不起。

戭忠信自將，篤行苦節，隱居而卒。

王奇。汾州人。武舉中第，章惇經營湖北溪洞，以爲將領，降其酋舒光貴，縛元猛，平懿、洽等州。累遷湖南都監，徙廣西。宜州蠻寇邊，奇戰敗，麾下勸之走，奇駡曰：「大丈夫當盡節以報國，何走爲！」戰而死，詔贈忠州防禦使。

郝質。字景純〔三三〕，介休人。少從軍，挽强第一，爲府州駐泊都監，積功超遷内殿承制、并代路都監。討平貝州賊，遷六宅使。神宗初爲都指揮使。卒，贈侍中，謚曰武莊。質御軍有紀律，犯者不貸，而享犒豐渥，公錢不足，出己俸助之。平居自奉簡儉，尤篤於信義云。

李浩。字直夫，家本綏州，徙西河。好學通兵法，以戰功積官廣西都監。裒西北疆事著安邊策上之，神宗召對，改管幹麟府兵馬。未行，從章惇於南江，擊除懿州蠻酋，遂城懿州。進討黔江蠻，復城黔江。擢熙河鈐轄〔三四〕，後以復蘭州功知蘭州。元祐初卒，贈安化軍留後。

元

杜豐。字唐臣，西河人。倜儻不群，通兵法。太祖時由兵馬都提控累遷河東南北路兵馬都元帥。攻城略地，平賊撫流民，功最多。請老，後卒於家。子思敬，官至中書左丞，卒謚文定。

鄭允中。石樓人。事仁宗東邸，小心謹慎。初爲浙東廉訪使，累官至冢宰，皆有功德，封魏國公〔三五〕。

吕流。字蒙甫，西河人。潛心性理之學，歷江南諸道行御史臺監察御史。上疏條八事，絀貪吏，弭蜀寇。天曆初由南臺都御史兼海北海南道肅政廉訪使，所至皆著政績。卒，謚簡肅。

褚不華。字君實，石樓人。沉默有器局，由中瑞司譯史〔三六〕，累官淮東廉訪副使。至正中汝、潁盜發，不華行部至淮安，極力守禦，以功陞廉訪使。後城陷，被執不屈，爲賊所臠。子伴哥冒刃護之，亦見殺。事聞，贈翰林學士承旨，追封衛國公，謚忠肅。

張嵓起。字傅霖，汾州人。爲國子助教，免歸。盜陷汾州，嵓起與妻赴井死。

明

辛彦博。初名彦德，平遥人。貢入太學，篤行著聞，太祖重之，賜今名，蓋以文彦博期之也。旋授監察御史，累遷浙江按察使。永樂中爲浙江左布政使，卒。彦博居官四十年，委身忘家，不置田宅。

宋禮。石州人。洪武中由國子生授山西僉事，建文時歷刑部員外郎。成祖即位，擢禮部右侍郎、工部尚書，出治會通河，十旬底績，遂爲國家永利。弘治中敕建祠南旺湖上，有司致祭。

楊智。介休人。早喪父，事母至孝，母亡，廬墓哀毁。正統末旌爲孝子。

文瑞。介休人。成化進士。授行人，出使唐、瀋二府，遺以金帛却不受。擢御史，按畿甸，有中貴侵民田，按法平之。再巡山東，百僚震肅，官舍有妖，瑞至妖滅。後兵備遼陽，卒官。

田耔。汾陽人。弘治舉人。知山東長清縣，一介不取。親殁，廬於墓所，哀毁骨立，時有早霜殺禾，獨近墓禾不傷，人以爲孝感所致。

嚴泰。汾陽人。弘治進士。仕户部主事，峻潔不妄取。督鈔蘇州滸關，舊有便民小閘，後併徵税，泰至罷之。後歷登州知府，廉平爲山東最。卒以介直忤時罷歸，杜門躬耕，服母喪，終身不除。

任良弼。平遥人。弘治進士，改庶吉士。累遷吏科都給事中，彈劾不避權貴，升通政使左參議。抗劉瑾，矯詔下獄，戍遼陽，瑾誅，起右參議。居官三十年，以清節聞。

賈璇。平遥人。弘治進士。以户部郎中督鈔揚州，羡餘盡歸之官，賑饑江北有方，全活甚衆。正德初守闕乞誅劉瑾等，不報。出補陝西右參議，未幾爲瑾所陷，歸。

霍冀。字堯封，孝義人。嘉靖進士。擢御史，巡按河南，平土賊師尚詔。歷寧夏、保定巡撫，皆有善政，詔還掌都察院事。值檀、薊、雲、宣餉匱，冀上恤軍、通商、轉輸、積貯便宜四事，報可。復出巡撫山東，遷兵部侍郎，總督陝西三邊軍務。時延綏、寧夏皆報捷，上賚金帛，晉兵部尚書。以議憲臣功罪及京營事宜忤輔臣乞歸，卒。

趙訥。孝義人。嘉靖進士。知定興縣，賑饑有法，調江都。時權貴欲以其邑税糧飛灑鄰邑，訥不從。升刑部主事，差管徐州倉，出羡餘修吕梁洪橋。升郎中，出知四川保寧府，移疾歸。訥性孝友，嗜讀書，多著述，居官清廉。年七十九卒，門人私謚文真先生。

張珩。石州人。正德末進士。嘉靖初授御史，陳鹽法、馬政、邊略二十七疏。出督兩淮鹽課，夙弊盡除，繼官直隸、陝西，皆著聲。擢延綏巡撫，經略寧夏，晉兵部侍郎、總督陝西，前後獲首功甚衆。珩博洽多聞，行履修潔，居官廉毅有爲。卒，贈工部尚書〔三七〕，謚襄敏。

張鈞。石州人。正德末舉於鄉，以親老不仕。嘉靖中俺答來犯，鈞自外赴救，而父已被殺，鈞盡餂其血，號慟三日而卒，獲旌。

高金。石州人。嘉靖初進士。歷兵科給事中。九年，上疏削邵元節真人號，並奪李得晟恩恤，上怒，立下詔獄拷掠，終以其言直釋之。尋偕御史唐愈賢稽覈御用監財物，劾奉御李興等侵蝕狀，寘諸獄。後累官蘇州兵備副使。

張永安。石州人。嘉靖中父爲寇所逐，永安持梃追擊之，傷二賊，趣父逸去，而身自後衛之，被數十創死。

賊死。

范道行。字天衢〔三八〕，平遥人。九歲能文，萬曆舉人。知澠池縣，有惠政，民爲立生祠。以忤魏瑺被刻歸。闖賊之亂，罵賊死。

范奇芳。汾陽義勇。流賊破城，憤甚，竟刺殺僞都尉，自刎死。

孫士亭。臨縣人。崇禎中扶父避流賊，賊追及射其父，亟持鋤奔賊擊之，賊棄弓矢走，引群賊共射士亭，身中十七矢死，父逸得免。事聞旌表。

張承相。永寧人。父卒，事母以孝聞。闖賊至，母被執，奔救，遂俱遇害。賊退，争往視之，承相屍尚抱其母之首也，有司爲請立孝烈碑。

本朝

趙永祚。汾陽人。順治初進士。授雷州府推官，執法不阿，有治績。後補慶陽，亦以清敏著。既卒，囊橐蕭然，人稱廉吏。

任長慶。字雲石，石樓人。順治二年以貢生授中書舍人。姜瓖亂，從大兵恢復，有贊畫功。尋以工部郎榷蕪湖龍江三關，以廉潔著。遷洮岷道，卒於官。

師佐。字靖公，永寧人。順治中進士。知福寧州，招流亡，約胥吏，民立祠祀之。遷蘇州府督糧同知，釐正漕規，民恪遵之。

于成龍。字北溟，永寧人。性廉而果，順治中知羅城縣，遷知合州，歷黄州府同知，皆有異績。擢知建寧府，改武昌，造橋蒲圻，以山水衝圮罷職。會東山寇作，巡撫張朝珍委成龍除賊，而妖人黄金龍及劉君孚煽亂麻城，成龍單騎降君孚，手斬金龍。以功再知武昌。調知黄州，平陽遷鎮賊陳鼎業等衆數萬人，自軍興至班師凡二十四日，東山大定。擢福建按察使，活軍民連坐重辟者以千百計。遷布政使，舉卓異。巡撫直隸，進兵部尚書，總督江南、江西，善政著聞，糾劾墨吏不少貸。卒於官，無長物，士民巷哭罷市。加太子太保，予蔭，謚清端，聖祖仁皇帝親製碑文以寵之。雍正十年入祀賢良祠。

張芑。介休人。生三歲父客遠方，比長尋父至吴越，負父柩歸。事母至孝，母喪哀毁，築室墓傍，飲食必奠。

魏之憲。汾陽貢生。事母盡孝，母病禱神請代，次日果愈。比殁，哀毁盡禮。康熙三十一年旌。

張廷藩。介休人。孝友性成，至老不衰。乾隆年間旌。

列女

三國　魏

張昌蒲。兹氏人，太傅定陵成侯鍾繇之命婦。修身正行，非禮不動。貴妾孫氏心害其賢，讒毁無所不至，昌蒲妊娠，乃置藥食中，覺而吐之，竟不言於繇。繇知之，出孫氏，乃生會。經書皆親教之，會爲大官猶勤規誨。

晉

賈渾妻宗氏。渾爲介休令，劉淵將喬晞陷城，死。宗氏有姿色，晞欲納之，宗氏駡曰：「屠販奴，豈有害人之夫而欲加無禮，於爾安乎？何不促殺我。」因仰天大哭，晞遂害之，時年二十餘。

宋

侯延廣乳母劉氏。延廣初在襁褓，遭王景崇之難，劉氏以己子代延廣死，抱持延廣行丐至京師，還其祖益。

郝戭妻聶氏。定胡人。戭爲父求官而父遽死，服除，薦辟皆不應，姻族語聶使勸戭仕，聶曰：「吾不德，無以助君子，敢强其所不欲以累其高耶？」聶事舅姑亦以孝義著。

元

姜鳳舉妻皇甫氏。西河人。性淑慎，恪盡婦道，夫亡，或勸之再醮，泣曰：「禽鳥且有死不再配者，奈何人不如鳥？」撫遺孤，一節以終。泰定中旌表。

明

郭世玉妻陳氏。汾州人。夫亡，事舅姑，撫幼子，孀居七十餘年。兩遇大兵，藏匿巖穴，未嘗虧節。洪武初旌表。

朱知烓妻賀氏。汾陽人。知烓爲鎮國中尉，賀封淑人。知烓疾死，晝夜悲痛，旬日不食，竟死。事聞，禮官按典無旌命婦例，世宗特命旌之，謚曰貞烈。

安勷妻白氏。永寧人。嘉靖辛丑寇亂，從夫匿土穴，寇急攻，令夫逸去，罵賊不屈，身被十餘創死。又牛宗近妻李氏、侯景儒妻吴氏、張環妻李氏、張蘭妻馮氏、喬甫妻郭氏及賀女、温女，俱以罵賊死，同被旌。

楊大仁妻張氏。孝義人。美姿容，歸省時路遇强暴，力拒之，遂被害。

王廷明妻李氏。平遥人。隆慶元年俺答兵入境，李與夫攜幼女避匿，爲所執，欲掠去，李牽其夫，抱女不釋。賊先殺女，次殺夫，李枕屍痛哭，奮詈不屈，賊並殺之。時李得海妻郭氏挈其女出走，被執，將污之，郭厲聲曰：「可碎身而亡，不能辱身而生。」遂見殺。

喬應光妻蘇氏。永寧人。隆慶中流賊陷城，投井死。又車同軌妻喬氏亦投井死，俱被旌表。

毛世武妻鞏氏。平遥人。夫出亡，里中兒以褻語嘗之，鞏大駡，竟爲所殺。巡按表其門。

温登魁妻梁氏。平遥人。年十九夫亡，姑欲强嫁之，梁以刀墮三指爲誓，完節以終。

李廷保妻秦氏。介休人。年十八夫亡，家貧守節，有諷之嫁者，殘其面以明志，年九十餘終。

郭朝臣妻羅氏。介休人。郭病篤，謂曰：「爾年少，我死盍嫁之。」羅泣曰：「妾不忍聞此，妾之義有死無二。」遂自縊，次日夫亦死。

郭宗妻王氏。介休人。有姿色，郭他出，里少年逼之，王氏大呼，少年逸去。夫還，語以故即縊死。巡撫表其墓。

王珙妻鄭氏。石樓人。歸珙未逾年，珙卒，守節，事姑甚謹。居九載姑殁，有欲奪其志者，鄭嘆曰：「吾之不死，以有姑也，今姑死，何以生爲？」遂自縊。有司以貞節聞。

袁汝器妻穆氏。臨縣人。夫亡守節，翁利財，欲奪其志，穆覺自縊。縣令旌之。

李茂才妻劉氏。汾陽人。崇禎中流賊暴掠，避匿崖窟，賊索之急，茂才見殺，劉枕屍大慟。賊擁上馬，投地奮駡，賊脅諸婦羅勸，駡益甚，賊怒，揮刀碎其屍。

任克己妻孫氏。孝義人。兵掠其家，孫扶姑伏草中，兵先殺姑，脅從之，孫駡不絶聲，復以刀斫其髪，孫卒不可奪，刃其腹而死。又辛門妻傅氏，夫爲兵所殺，投崖殉之。任自修妻程氏，被執不屈，觸壁死。

任自立妻許氏。石樓人。崇禎五年闖賊破城，許正色駡賊，墜城死，子起家妻趙氏亦不屈死。又張法聖妻李氏，投井死。

樊節妻劉氏。臨縣人。崇禎五年流賊陷城，守義不屈，駡賊死。又郝孔昭妻陳氏墜城，賀寧邦妻賈氏投井，郭增妻高氏自縊，皆死。

高汝賢女。臨縣人。年未及笄，流賊挾之上馬，女大駡，自投地數次，賊怒殺之。撫按旌其門。

崔某妻王氏。永寧人。其夫弟誘污之不從，自縊。巡按旌之。

崔有福妻。永寧人，失其氏。崇禎末爲賊將田虎所執，大駡不屈，見殺。

王楨妻楊氏。寧鄉人。有孝行，闖賊亂，闔邑驚怖，楊櫛如平時，王戲曰：「汝從賊乎？」楊曰：「我豈從賊，賊雖刃我不懼也。」尋舉家被害，賊掠楊扶馬上，投地者再，賊怒斷其左手，楊駡益厲，身罹七刃而死。又靳可榮妻郝氏〔三九〕，以不肯上馬被殺。

本朝

雷龍騰妻齊氏。汾陽人。早寡，晨詣場圃遇强暴，齊持梃格鬬，傷而仆地，遂被害。康熙五十五年旌。

張國儒妻梁氏。平遥人。姜瓖之亂，爲賊所掠，不屈死之。又李冠楠妻劉氏被執，毁形自廢，不食而死。

劉氏。小字梅兒，平遥人。姿容端麗，夫無行，投人爲奴，逼令偕往，泣累日，夜半母問之，梅兒曰：「兒意已決，次日當行。」啓户視之，竟自縊。

王之瑛妻劉氏。永寧人。姜瓖之變，奉姑挈子避之，至河賊追及，劉棄子弗顧，獨扶姑以濟，姑得免難，人以孝稱。

白琦妻蕭氏。永寧人。遇强暴，逼污不從，體被重創，尋自縊。康熙四十八年旌。

王球妻賀氏。寧鄉人。姜瓖之變，球挈家竄徙無常，球間語賀曰：「脱逢賊，奈何？」賀曰：「死易事耳，肯辱君耶？」尋劉定國據邑叛，球父子胥被害，賀方鄉居，凶問至，從容出城，牽裾蒙面投崖死。

董科妻高氏。汾陽人。年二十五，守節撫孤。姜瓖之變，賊騎執之，大罵不屈，遂遇害。雍正七年旌。

趙靖妻馮氏。寧鄉人。守正捐軀。雍正元年旌。

張元吉妻董氏。汾陽人。守正捐軀。同縣烈婦張永春妻姜氏、賀元妻李氏、曹欽妻鄭氏，節婦王邦謙妻田氏、馮開元妻姚氏、樊之璞妻任氏、李節森妻劉氏、趙申妻李氏〔四〇〕、賈生玥妻郝氏、張世琅妻田氏、姜之棟妻郝氏、馬文元妻王氏，俱乾隆年間旌。

張若鳳妻章氏。孝義人。矢志守貞，克孝克慈。同縣節婦王希華妻蘇氏、李機燦妻宋氏〔四一〕、韓秉恭妻梁氏、韓永祚妻任氏，俱乾隆年間旌。

張守英妻耿氏。平遥人。守正被戕。同縣烈女雷法龍女雷氏，烈婦張秉恩妻李氏，節婦王成桂妻胡氏、梁法妻宋氏、侯岑妻馬氏、侯以乾妻劉氏、雷遥章妻武氏、郝名都妻侯氏〔四二〕，俱乾隆年間旌。

茹連科妻梁氏。介休人。守正捐軀。同縣節婦張自昌妻南氏、任洪國妻王氏、穆大義妻楊氏、郭恒燕妻張氏、宋漣妻温氏〔四三〕、梁來正妻王氏、梁質旼妻王氏、冀道範妻王氏、梁泌妻李氏、喬士彬妻李氏、張三全妻李氏，俱乾隆年間旌。

史恩妻王氏。石樓人。守正捐軀。乾隆年間旌。

張人龍妻郭氏。臨縣人。夫亡守節。同縣節婦宋勷妻李氏、王時禮妻李氏、賀震泰妻劉氏、劉祚繁妻張氏、郝琳妻劉氏，俱乾隆年間旌。

賀元妻李氏。永寧人。捐軀明志。同州節婦王之英妻劉氏（四四）、崔漸超妻于氏、王協起妻于氏，俱乾隆年間旌。

王清楠妻張氏。寧鄉人。夫亡殉節。同縣烈婦郭近利妻任氏、王桂妻楊氏、許某妻梁氏，節婦王以矩妻岳氏、許楹妻張氏、楊湛妻王氏，俱乾隆年間旌。

張明正妻張氏。汾陽人。義烈可風。同縣烈婦任玠妻郭氏，節婦馮國椿妻王氏、任西崑妻任氏、仇大經妻王氏、董亨妻張氏、王恒榮妻雷氏，俱嘉慶年間旌。

宋其渭妻李氏。孝義人。夫亡守節。同縣節婦薛三台妻馬氏、李王氏，俱嘉慶年間旌。

雷應元妻張氏。平遥人。夫亡守節。同縣節婦薛允光繼妻張氏、韓崔氏，俱嘉慶年間旌。

王九章繼妻段氏。介休人。夫亡守節。同縣節婦李榮春繼妻范氏、張企載妻梁氏、白永成妻程氏、郭應熙繼妻張氏、郭鏡妻榮氏、吴廷枚妻温氏、劉晳楷妻郭氏、宋士採繼妻王氏、温自勵妻王氏、李位東繼妻鄧氏、温泰升妻郭氏、孟罕如妻張氏、喬元勳繼妻宋氏、喬元芳妻任氏、任仲妻董氏、馬升之繼妻盧氏、梁東鎮妻高氏、吴喬氏，俱嘉慶年間旌。

高秉良妻王氏。臨縣人。夫亡守節。同縣節婦常儁妻劉氏、林尚德妻樊氏、薛潤妻樊氏、張夢龍妻劉氏、李桂廷妻劉氏、郝懷知妻劉氏、李良瑛妻樊氏、馬張氏，俱嘉慶年間旌。

李樹寬妻馬氏。永寧人。捐軀明志。同州節婦白映皎妻田氏、劉子明妻賀氏，俱嘉慶年間旌。

劉起江妻張氏。寧鄉人。捐軀明志。同縣烈婦劉氣口妻張氏，節婦郭來賓妻李氏、劉應元妻趙氏、陳保和妻高氏、附生陳鎬妻高氏、武生衛槐妻郝氏，俱嘉慶年間旌。

仙釋

唐

無業。俗姓杜，商州上洛人。傳洪州心印，後止西河衆香佛刹。州牧董叔經延住開元精舍，學者致問，多答曰：「莫妄想。」憲宗召，以疾辭。穆宗遣僧錄靈準賫敕迎，遂示寂。

宋

陳摶。亳州真源人。嘗居石州北掃場街，面常不洗，洗輒雨。

元

張真一。號丹華子。修煉於汾陽之西巖，常有白鶴飛止巖際。真一羽化後，人游洞中，每鼓掌則鶴聲應手而至，因號鶴鳴古洞。

明

麻衣仙姑。汾陽任氏女。永樂初披麻衣隱石室山，家人求之弗得，後有人見之，遂逃入石室中，聲隱隱如雷，其壁復合，手蹟尚存。

王綱。居孝義北姚村之古廟，終年不舉火。嘗約人游五臺，其人不告而去，至山下，綱笑迎之，已先至矣，又送下山，囑曰：「我所居屋勿爲風雨毀壞。」及其人歸，綱已立化古廟中，計其日即山中笑迎日也。

本朝

蘭如〔四五〕。汾州人。明季行脚淮陽，頂缸募米，誓齋十萬八千僧。後住善慶庵十方院，順治時示寂。

土産

布。府境俱出。元和志汾、石二州皆賦布，石州貢布三端。

鐵。出孝義縣。寰宇通志：孝義縣薛頡山出鐵〔四六〕。

氊。出平遥、介休諸縣。唐書地理志：汾州土貢鞍面氊。

蜜。孝義、平遥、介休諸縣出。元和志：石州貢。

蠟。平遥、石樓等縣出。元和志：石州貢。唐書地理志：土貢蠟燭。

石膏。出介休、永寧等境。元和志：汾州貢。

麝香。出永寧、南鄉等境〔四七〕。元和志：石州貢。

藥。明統志：甘草、柴胡，州縣俱出。

松木。府境並出。寰宇記石州產。按：元和志汾州貢龍鬚席，唐書地理志汾州貢硝石、石州貢茈䓕，寰宇記石州產英石。謹附記。

校勘記

〔一〕東至汾陽縣界六十里　「縣」，原闕，據乾隆志卷一〇五汾州府建置沿革（下同卷簡稱乾隆志）及本志述例補。

〔二〕在汾陽縣北十里大相村　「相」，原闕，據雍正山西通志卷三五學校補。按，乾隆志此條訛誤殊甚。

〔三〕在汾陽縣西五十里　乾隆志同。按，雍正山西通志卷二〇山川四於汾陽縣將軍山條下云「在縣西南十七里」，而孝義縣柏山條下云「在縣西五十里」，疑此處將孝義縣方位錯置於汾陽縣。

〔四〕隰城縣有隱泉山　「隱」，原作「謁」，乾隆志同，據隋書卷三〇地理中改。

〔五〕永和六年中郎將張耽　「郎」，原作「都」，據乾隆志、資治通鑑卷五二改。

〔六〕出石灰　「灰」，雍正山西通志卷二〇山川四作「炭」。

〔七〕一名靈宮仙窟　「宮」，乾隆志同，雍正山西通志卷二〇山川四作「官」。

〔八〕西河有枯桑之社　「桑」，原作「樹」，據乾隆志、庾子山集卷一枯樹賦改。

〔九〕汾水又南過冠雀津　「雀」，乾隆志同，水經注卷六作「爵」。

〔一〇〕又西入鄔陂　乾隆志同，水經注卷六「西」下有「北」字。

〔一一〕又西北逕中都縣故城南　「故城」，原闕，乾隆志同，據雍正山西通志卷二〇山川四、水經注卷六補。

〔一二〕又蒲地泉　「地」，原作「池」，據乾隆志、雍正山西通志卷二〇山川四改。

〔一三〕悶津泉　「悶」，原作「問」，據乾隆志、雍正山西通志卷二〇山川四改。

〔一四〕一名壤分泊　「分」，原作「公」，乾隆志同，據雍正山西通志卷二〇山川四、明天順志卷二一汾州府改。

〔一五〕本漢土軍縣地　「土軍」，原作「吐京」，乾隆志同，據元和郡縣志卷一五河東道二改。

〔一六〕於縣東南四十里置北温州及温泉縣　「四」，原作「七」，乾隆志同，據元和郡縣志卷一五河東道二改。

〔一七〕漢武帝於汾堤側屈曲爲頓　「漢」，乾隆志同，雍正山西通志卷五八古蹟二作「晉」。

〔一八〕離石水西逕隰城縣故城南　「南」，原作「西」，乾隆志同，據雍正山西通志卷二〇山川四、水經注卷三改。

〔一九〕隋開皇元年改曰孟門關　「元」，乾隆志卷一〇六汾州府關隘（下同卷簡稱乾隆志）同，太平寰宇記卷四二河東道三作「六」。

〔二〇〕王榮莊鎮　「榮」，原作「營」，據乾隆志、雍正山西通志卷四八兵制改。

〔二一〕又有大宋曲東西二堡　「曲」，原闕，乾隆志同，據雍正山西通志卷一〇關隘二補。

〔二二〕沙澮堰　「澮」，原作「會」，今據乾隆志卷一〇六汾州府二、雍正山西通志卷三一水利三改。

〔二三〕初曰谷泉　雍正山西通志卷三一水利三「谷」上有「出」字。

〔二四〕正統中夜有盜樹者　「統」，乾隆志同，雍正山西通志卷一五三列女五作「德」。

〔二五〕唐名法廣寺　「法廣」，乾隆志同，雍正山西通志卷一六九寺觀二作「廣法」。

〔二六〕孝文從焉　「文」，原闕，據乾隆志、魏書卷二七穆崇傳補。

〔二七〕稽胡慕義而歸者八千餘户　「千」，原作「十」，據乾隆志、隋書卷四〇虞慶則傳改。

〔二八〕洺州人　「洺」，原作「洛」，據金史卷九五董師中傳改。

〔二九〕建文時知孝義縣　「建文時」，乾隆志同，雍正山西通志卷九二名宦一〇作「洪武十一年」。

〔三〇〕深州人　「深」，原作「樂」，乾隆志作「濼」，皆誤，據雍正山西通志卷九二名宦一〇改。

〔三一〕累拜左諫議大夫　「左」，原作「右」，乾隆志同，據雍正山西通志卷一一三人物一三、新五代史卷五六雜傳改。

〔三二〕字之翰　「之」，原作「子」，乾隆志同，據雍正山西通志卷一一四人物一四、宋史卷二六六辛仲甫傳改。

〔三三〕字景純　「景純」，原作「純夫」，乾隆志同，據雍正山西通志卷一一四人物一四、宋史卷三四九郝質傳改。

〔三四〕擢熙河鈐轄　「熙」，原作「西」，據乾隆志、宋史卷三五〇李浩傳改。

〔三五〕封魏國公　「魏」，原作「衛」，乾隆志同，據雍正山西通志卷一一四人物一四改。

〔三六〕由中瑞司譯史　「譯史」，原作「驛使」，乾隆志同，據雍正山西通志卷九二名宦一〇、元史卷一九四忠義二改。

〔三七〕贈工部尚書　「工」，原作「兵」，乾隆志同，據雍正山西通志卷一一四人物一四、明世宗實録卷四八二嘉靖三十九年三月己丑紀事改。

〔三八〕字天衢　「天」，乾隆志同，雍正山西通志卷一一四人物一四作「太」。

〔三九〕靳可榮妻郝氏　乾隆志同，雍正山西通志卷一五三列女五列於「國朝」，遇害於姜瓖之亂。

〔四〇〕趙申妻李氏　「申」，乾隆志作「伸」。

〔四一〕李機燦妻宋氏　「機燦」，乾隆志作「璣璨」。

〔四二〕郝名都妻侯氏　「名」，乾隆志作「寧」。

〔四三〕宋漣妻温氏　「漣」，乾隆志作「珽」。

〔四四〕同州節婦王之英妻劉氏　「英」，乾隆志作「瑛」。

〔四五〕蘭如　「蘭」，原作「藺」，據乾隆志、雍正山西通志卷一五九仙釋一改。

〔四六〕孝義縣薛頡山出鐵　「頡」，原作「顔」，據乾隆志改。

〔四七〕出永寧南鄉等境　乾隆志同。按，依本卷述例，二地皆當爲縣名，疑「南鄉」乃「寧鄉」之訛。

澤州府圖

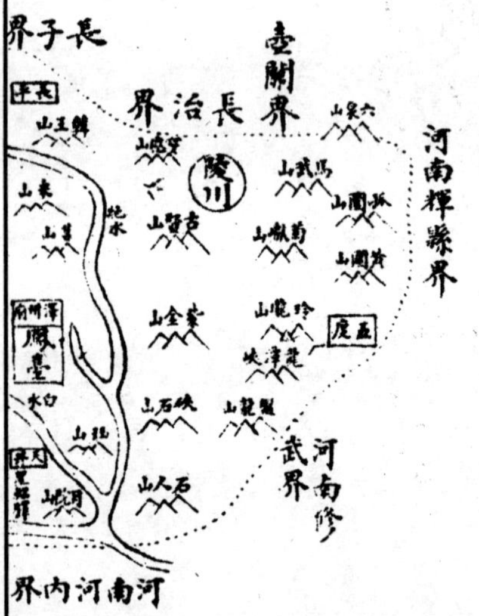
長子界
壺關界
長治界
陵川
河南輝縣界
河南修武界
河南河內界

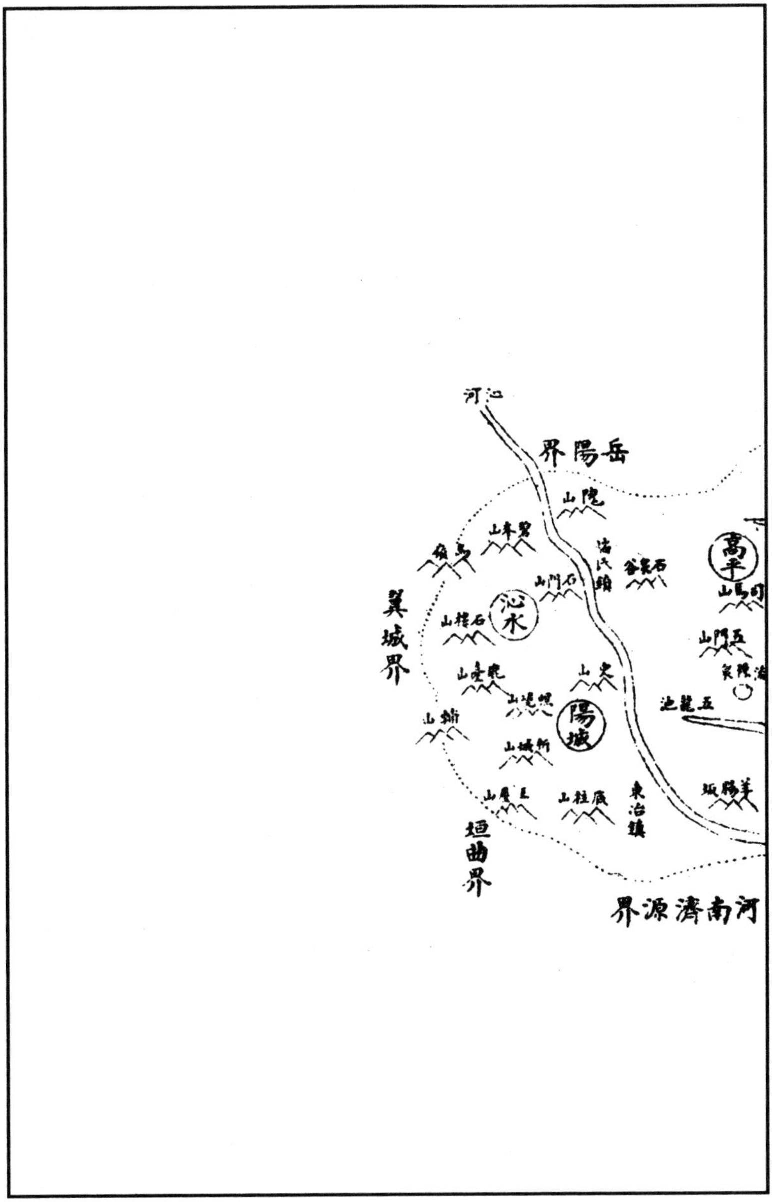
沁河
岳陽界
翼城界
垣曲界
河南濟源界
沁水
陽城
高平
東冶鎮

澤州府表

	澤州府	鳳臺縣
兩漢	上黨郡地。	高都縣 屬上黨郡。
三國魏晉		高都縣 屬建興郡。
後魏	建州高都郡 永安中改置。	高都縣 永安中爲州郡治。
齊周	建州高平郡 周改郡名。	高都縣
隋	長平郡 開皇初改澤州，大業初州廢，改郡名。	丹川縣 開皇十八年改名，爲州治。大業初仍爲郡治。
唐	澤州高平郡 武德元年置建州，六年廢，移蓋州來治。貞觀元年又廢，移澤州來治。天寶初改郡名，屬河東道。	晉城縣 武德元年移治源澤水北，屬蓋州。三年於故城置晉城縣，爲建州治。六年爲蓋州
五代	澤州高平郡	晉城縣 後唐復故名。
宋	澤州高平郡 屬河東路。	晉城縣
金	澤州 天會六年曰南澤州，天德三年復故名，屬河東南路。	晉城縣
元	澤州 屬晉寧路。	晉城縣
明	澤州 直隸山西布政使司。	省入州。

續表

	高平縣
陽阿縣屬上黨郡。	上黨郡地。 泫氏縣屬上黨郡。
建興郡晉太元中慕容永置。 陽阿縣晉初省。太元中慕容永復置，爲建興郡治。	泫氏縣
太平真君中省，和平五年復，永安中罷。 陽阿縣永安中屬高都郡。	長平郡永安中置。 元氏縣改名，初屬建興郡，後爲長平郡治。
齊省。	齊廢。 高平縣齊省，移來治，屬高都郡。周屬高平郡。
	高平縣初屬澤州，大業初屬長平郡。
治。九年省丹川入。貞觀元年爲澤州治。天祐三年復曰丹川。 蓋城縣武德初析高平縣置，屬蓋州。九年省。	武德元年置蓋州，六年徙。 高平縣初屬蓋州，貞觀初屬澤州。
	高平縣
	高平縣
	高平縣
	高平縣
	高平縣

	陽城縣
	濩澤縣地。　濩澤縣 初置，屬河東郡。後漢爲侯國。
	陽陵城。　濩澤縣 屬平陽郡。
高平縣 永安中置，屬長平郡。	濩澤縣 興安二年移來治，屬安平郡。　徙。　西河縣 孝昌中分置，屬秦寧郡。
齊徙。	濩澤縣　省。
	濩澤縣 屬長平郡。
	濩澤縣 武德元年置澤州，八年州徙，縣仍屬。天寶元年改曰陽城，天祐二年復曰濩澤。
	陽城縣 後唐復故名。
	陽城縣
	勣州 元光二年升州。
	陽城縣 復爲縣，屬澤州。
	陽城縣

續表

陵川縣	沁水縣		
泫氏縣地。			端氏縣 屬河東郡。
			端氏縣 屬平陽郡。
高平縣地。	泰寧郡 孝昌中置。	東永安縣 孝昌中置，爲郡治。	安平郡 端氏縣 太平真君七年省，太和二十年復置，爲郡治。
	齊廢。	永寧縣 齊改名。	安平郡 端氏縣
陵川縣 開皇中析置，屬長平郡。		沁水縣 開皇十八年改名，屬長平郡。	端氏縣 開皇初郡廢，移縣治郡城，屬長平郡。
陵川縣 初屬蓋州，貞觀初屬澤州。		沁水縣 屬澤州。	端氏縣 初屬澤州，武德八年移州來治。貞觀初州徙，縣仍屬。
陵川縣		沁水縣	端氏縣
陵川縣		沁水縣	端氏縣
陵川縣		沁水縣	端氏縣
陵川縣 至元三年省入晉城，三十一年復置，仍屬澤州。		沁水縣	至元三年省。
陵川縣		沁水縣	

大清一統志卷一百四十五

澤州府

在山西省治東南六百二十里。東西距四百六十里，南北距二百四十五里。東至河南衛輝府輝縣界二百四十里，西至平陽府翼城縣界二百二十里，南至河南懷慶府河内縣界一百十里，北至潞安府長子縣界一百三十五里。東南至輝縣界二百三十里，西南至絳州垣曲縣界一百九十里，東北至河南彰德府林縣界二百三十里，西北至翼城縣界二百二十里。自府治至京師一千八百里。

分野

天文觜、參、井分野，實沈之次。

建置沿革

禹貢冀州之域。春秋屬晉，戰國初屬韓，後兼屬趙、魏。地理通釋：上黨郡，韓總有之，後韓有澤州之半，半屬趙、魏。秦爲上黨郡地。漢爲上黨郡高都、陽阿二縣地。晉太元中慕容永分置建興郡，治陽阿縣。後魏太平真君九年省，和平五年復置。永安中罷，改置建州，兼置高都郡，治高都縣。後周改爲高平郡。隋開皇初郡廢，改州曰澤州。見隋書地理志。又元和郡縣志作後周改澤州。大業初州廢，改爲長平郡。

唐武德元年改郡曰蓋州，更置建州。六年，建州廢，移蓋州來治。貞觀元年蓋州廢，移澤州來治。天寶初曰高平郡，乾元元年復曰澤州，屬河東道。太平寰宇記：會昌四年澤州嘗隸河陽府。宋曰澤州、高平郡，屬河東路。金天會六年曰南澤州，金史地理志：以與北京澤州同，加「南」字。天德三年復爲澤州。元光初升爲忠昌軍節度，屬河東南路。元曰澤州，屬晉寧路。

明洪武初以州治晉城縣併入，直隸山西布政使司。本朝因之，隸山西省。雍正六年升爲澤州府。領縣五。

鳳臺縣。附郭。東西距一百十里，南北距一百六十里。東至陵川縣界七十里，西至陽城縣界四十里，南至河南懷慶府河內縣界一百十里，北至高平縣界五十里。東南至懷慶府修武縣界一百里，西南至懷慶府濟源縣界一百里，東北至高平縣界六十里，西北至沁水縣界四十里。漢置高都縣，屬上黨郡。後漢因之。晉太元中屬建興郡。後魏永安中爲高都郡治。後周爲高平郡治。隋開皇十八年改爲丹川縣，爲澤州治。大業初州廢，爲長平郡治。唐武德元年於縣置建州，三年析置晉城縣屬之。六年移蓋州治晉城，九年省丹川入晉城。貞觀元年爲澤州治，天祐三年更曰丹川。五代唐復曰晉城，宋、金、元因之。明洪武初省入澤州。本朝雍正六年置鳳臺縣，爲澤州府治。

高平縣。在府北少東八十五里。東西距九十里，南北距八十里。東至陵川縣界四十五里，西至沁水縣界四十五里，南至鳳臺縣界三十五里，北至潞安府長子縣界四十五里。東南至陵川縣界五十五里，西南至鳳臺縣界四十五里，東北至潞安府長治縣界四十里，西北至沁水縣界五十五里。戰國晉泫氏邑。漢置泫氏縣，屬上黨郡。後漢及晉因之。後魏改曰元氏縣，屬建興郡。永安二年於縣置長平郡，兼置高平縣屬焉。北齊郡廢，省元氏，移高平來治，屬高都郡。後周屬高平郡。隋開皇初屬澤州，大業初屬長平郡。唐武德元年於縣置蓋州。六年州移治，縣仍屬焉。貞觀元年屬澤州，五代、宋、金、元、明因之。本朝雍正六年屬澤州府。

陽城縣。在府西八十里。東西距一百里，南北距一百二十里。東至鳳臺縣界四十里，西至沁水縣界六十里，南至河南懷慶府濟源縣界八十里，北至沁水縣界四十里。東南至濟源縣界一百里，西南至絳州垣曲縣界一百里，東北至高平縣界三十五里，西北至沁水縣界七十里。戰國魏濩澤邑。漢置濩澤縣，屬河東郡。後漢爲侯國。晉屬平陽郡。後魏屬安平郡。隋屬長平郡。唐武德元年於縣置澤州。八年州移治，以縣仍屬焉。天寶元年改爲陽城。天祐二年朱全忠復曰濩澤，五代唐復曰陽城，宋因之。金元光二年升爲勣州。元復曰陽城縣，屬澤州。明因之。本朝雍正六年屬澤州府。

陵川縣。在府東北一百二十里。東西距一百二十里，南北距一百十里。東至河南衛輝府輝縣界八十里，西至高平縣界四十里，南至河南懷慶府修武縣界九十里，北至潞安府壺關縣界二十里。東南至輝縣界一百二十里，西南至鳳臺縣界八十里，東北至壺關縣界四十里，西北至潞安府長子縣界四十里。漢泫氏縣地。後魏高平縣地。隋開皇十六年析置陵川縣，屬長平郡。唐武德元年屬蓋州。貞觀元年屬澤州，五代、宋、金因之。元至元三年省入晉城，三十一年復置。明因之。本朝雍正六年屬澤州府。

沁水縣。在府西北一百七十里。東西距一百八十五里，南北距一百十里。東至高平縣界一百四十里，西至平陽府翼城縣界四十五里，南至陽城縣界二十里，北至平陽府岳陽縣界九十里。東南至鳳臺縣界一百四十里，西南至絳州垣曲縣界一百里，東北至潞安府長子縣界一百里，西北至平陽府浮山縣界五十里。戰國趙端氏邑。漢置端氏縣，屬河東郡。後漢因之。晉屬平陽郡。後魏太平真君七年省，太和二十年復置，兼置安平郡。孝昌中分置東永安縣，兼置泰寧郡。北齊郡廢，改東永安曰永寧。隋開皇初廢安平郡。十八年改永寧曰沁水，與端氏皆屬長平郡。唐武德元年屬澤州，八年移州治端氏。貞觀元年徙州治晉城，端氏、沁水二縣皆屬焉。五代及宋、金因之。元至元三年省端氏入沁水，仍屬澤州。明因之。本朝雍正六年屬澤州府。

形勢

全有太行之險固，實爲東洛之藩垣。寰宇記。諸峰特起，雄峙天下，爲太行總會。通志。山川環抱，有自然之險。舊州志。

風俗

人習機杼，俗尚儉樸。群書備考。民純而好義，儉而用禮。明統志。近太行之麓，水土深厚，性質樸，氣豪勁，多文嫻禮，爲諸郡先。舊州志。

城池

澤州府城。周九里有奇，門三，池深二丈。唐貞觀初土築，明洪武中甃甎。本朝康熙中重修。鳳臺縣附郭。

高平縣城。周四里，門三，池廣二丈。宋開寳間土築，明萬曆中甃甎。本朝順治十三年修，康熙四十四年、雍正六年重修。

陽城縣城。周三里有奇，門三，池廣一丈五尺。後魏興安初土築，明萬曆間甃甎。本朝順治十六年修，雍正二年七年重修。

陵川縣城。周二里有奇，門三，池深五尺。隋大業中土築，明嘉靖、萬曆中先後甃甎。本朝康熙五十六年修。

沁水縣城。周二里有奇，門三，池廣二丈。隋開皇中土築，明嘉靖間甃甎。本朝順治、康熙中修，雍正四年、乾隆十二年重修。

學校

澤州府學。在府城東南。宋至和中建爲州學，元毁，明洪武中重建。本朝順治、康熙間屢修。雍正六年改府學。入學額數十五名。

鳳臺縣學。與府學同一學宫。入學額數二十名。

高平縣學。在縣治東南。元至正中因宋舊址建，明正德九年重修。本朝順治八年修。入學額數二十名。

陽城縣學。在縣治東南。明洪武初建。本朝順治十五年修，康熙八年重修。入學額數二十名。

陵川縣學。在縣城外東南。舊在城内東南隅，金天會間遷徙城外，明嘉靖間徙近東關，天啓中復遷建於城内舊址。本朝康熙十四年仍遷建城外舊址。入學額數十二名。

沁水縣學。在縣治西門外。金正隆間建，元末毁，明洪武初重建。本朝康熙中修。入學額數十二名。

體仁書院。在府治北。明萬曆間建。本朝康熙間增修，乾隆七年重加展拓。
晉城書院。在高平縣治西。明弘治間建，名正蒙社學，後圮。嘉靖中修葺，改今名。
崇正書院。在高平縣城内東南隅。本朝乾隆二十年建。
同文書院。在陽城縣立平里。本朝乾隆七年建。
望洛書院。在陵川縣東關。本朝乾隆十三年建。　按：舊志載鳳源書院，在沁水縣治西，明萬曆間建。今廢，謹附記。

户口

原額人丁一十五萬三千三百三十六，今滋生男婦共八十九萬九千六百九十八名口，計十七萬五千九百九十七户。

田賦

田地二萬七千九百五十九頃三十一畝二分有奇，額徵地丁正、雜銀二十萬四千二百七十六兩六錢二分七釐，糧四百七石六斗三升有奇。

山川

磨兒山。在鳳臺縣東二十五里，一名磨齒山。

紫金山。在鳳臺縣。有二，一在東五十里，上有蓮花洞；一在東南九十里，上有黃龍洞。

玲瓏山。在鳳臺縣東七十里，一名崆峒山。上有風洞。

浮山。在鳳臺縣東南三十五里。高入霄漢，若雲浮天際。州志：浮山北有媧皇窟，谷虛如囊形，上有媧皇廟。

珏山。在鳳臺縣東南四十里。兩山對立如丫角，一名角山。對山有款月臺。

盤龍山〔一〕。在鳳臺縣有二，一在東南九十里，一在西北六十里。

硤石山。在鳳臺縣東南。寰宇記：在晉城縣東南三十里，上有青蓮寺，西有擲筆臺，相傳遠公遺跡。舊志：東西兩崖壁立，下有嵌巖，長二丈餘，每風雨驟發，鏬若雷鳴。

石人山。在鳳臺縣東南。水經注：二石人各在一山，犄角相望〔二〕，南爲河內，北曰上黨，二郡以之分境。寰宇記：石人山，在晉城縣東南八十八里，有雙石高標類人形。通志：一名聖人巖，在太行之頂，上有龍潭。

馬牢山。在鳳臺縣南二十里。通鑑：唐大順元年，朱全忠遣別將李讜攻澤州，聞李存孝至，逸去。存孝隨擊之，至馬牢山大破之。

香爐山。在鳳臺縣。有二，一在南三十里，懸巖絕澗，中峰突起；一在西北四十里大陽鎮西，山上有虎跑泉，爲南河之源。

月院山。在鳳臺縣南六十里。下有天柱峰。

松林山。在鳳臺縣南九十里。其陽有白龍洞，北有觀音洞。

太行山。在鳳臺縣南。吕氏春秋九山之一，南跨河南河内縣界，東北接陵川、壺關、潞城、黎城、武鄉、遼州、和順、樂平、平定諸州縣界，山以百數，雖隨地異名，實皆古太行也。隋書地理志：丹川縣有太行山。元和志：在晉城縣南四十里。寰宇記：在晉城縣南三十六里。

寶山。在鳳臺縣西南五里。産鐵及炭，下有冶家河。

吴神山。在鳳臺縣西南六里。上有泰伯仲雍祠。

晉普山。在鳳臺縣西南三十五里。下列九泉。

方山。在鳳臺縣西四十里。四面壁立數丈，頂平如削，跨陽城縣界。

黄沙山。在鳳臺縣西四十五里。

五門山。以鳳臺縣西。寰宇記：在晉城縣西北八里，其山五峰似門。

碧落山。在鳳臺縣西北十五里，一名卧雲山。下有石佛谷。

伊侯山。在鳳臺縣西北二十里。上有伊尹祠。

聖王山。在鳳臺縣西北四十里。上有成湯廟，廟前有池二。

岳神山。在鳳臺縣西北四十里，跨沁水縣界。有東、西二山。

司馬山。在鳳臺縣北。寰宇記：在晉城縣北十二里，昔晉帝巡狩此山，因以帝姓爲名。舊志：又名小析山，上有嘉潤池，東麓有黑龍潭。

可寒山。在鳳臺縣有二，一在東北三十里，一在西三十五里。

莒山。在鳳臺縣東北五十里，北接高平縣界。下有道泉，其左有全玉嶺，相傳即藺相如懷璧從間道歸處。按：全玉嶺以相如完璧得名，「全」與「完」字義正合，舊志訛作「金玉」，非是。

七佛山。在高平縣東五里。高出衆山，左右環河。上有七佛寺，寺中石佛像七，唐時所鑿。

米山。在高平縣東十里，見元和志。趙將廉頗積糧此山，因名，縣志名爲大糧山。中多邃谷，積雪春深不消。下有米山鎮，其北有定林泉。

龍王山。在高平縣東三十五里。上有石佛洞，龍王廟居其左，有泉出焉，滙爲溪，上建流觴亭。

遊仙山。在高平縣南十里。

懸壺山。在高平縣西南二十五里。寰宇記謂之懸瓠山，山形似懸瓠。

卧佛山。在高平縣西南三十里。山半有萬月亭。

董峰山。在高平縣西南四十里。

空倉山。在高平縣西南四十五里，跨沁水縣界。俗傳白起詭置空倉紿趙括處。

吾山。在高平縣西南四十五里。三峰聳翠。

頭顱山。在高平縣西南。水經注：秦坑趙衆，收頭顱築臺於壘中，因山爲臺，崔嵬桀起，今仍號曰白起臺。元和志：頭顱山，一名白起臺，在高平縣西五里。

金峰山。在高平縣西郭外。上有仙月亭。

髑髏山。在高平縣西五里。寰宇記：晉永嘉中劉聰舉兵，積屍爲髑髏山。

五龍山。在高平縣西二十里。下有五龍池。

浩山。在高平縣西四十里。一名石朵山，山峰如花朵。

仙公山。在高平縣西北五里。

繖蓋山。在高平縣西北三十里，接沁水縣及潞安府長子縣界。寰宇記：在端氏縣東北九十里。

發鳩山。在高平縣西北五十里，接潞安府長子縣界。其嶺曰鳳頭山。

金門山。在高平縣北五里。寰宇記：其山巖土赤如金，當趙壘之門，因號金門山。

韓王山。在高平縣北十五里。縣之主山，其山獨高，上平數畝。府志：世傳秦圍韓王於此。上有玉女泉。

牛心山。在高平縣北三十里。山出石，溫潤有文，可作硯。

石室山。在高平縣北三十里。中有石室，其麓常現五色雲霞，人云寶氣。

羊頭山。在高平縣北三十五里。寰宇記：山海經云神農嘗五穀之所，形似羊頭。舊志：在縣東北四十里。詳見潞安府。

翠屏山。在高平縣東北二十五里。儼若畫屏。

小天壇山。在陽城縣東二十里。一峰聳峙，東瞰沁流，形類王屋。

小崦山。在陽城縣東南二里。懸巖峭壁，下臨沁水。

望莽山。在陽城縣東南四十里，一名王莽山。通志：山北嶺高處曰北立門，南嶺曰南立門，半山一峰壁立，俗名繫馬樁。

有試劍峰，石峰對峙，洪峪水流其中〔三〕。

小寨山。在陽城縣東南五十里。勢極高聳，沁水繞其東，有鳥道僅可容趾。

孤山。在陽城縣東南八十里。環萬山中孤峰突兀，旁有聚落，名皂軍垛口，爲懷、澤間要衝。

峰山。在陽城縣南四十五里，高平寬廣，可以耕牧。

底柱山。在陽城縣南五十里。山有三峰，中峰最高秀，其下皆土，惟起峰處皆石，若柱然。按：禹貢底柱在析城之西，今自此山西南至析城三十里，又西南至王屋五十里，道里不合。古底柱在今河南陝州，大河中流，其形如柱者是也。

麻樓山。在陽城縣西南四十里。有三峰，峭拔若筆架，相距四五里，不相連屬。

析城山。在陽城縣西南。尚書禹貢：底柱、析城，至于王屋。漢書地理志：河東郡濩澤縣，禹貢析城山在西南。水經注：山甚高峻，上平坦，下有二泉，東濁西清，左右不生草木，數十步外多細竹。括地志：析城山，在濩澤縣西南七十里。元和志：在陽城縣西南七十五里。寰宇記：析城山頂有湯王池，四岸生龍鬚細草〔四〕。通志：山峰四面如城，高大而峻，迴出諸山，幅幀四十里。

盤亭山。在陽城縣西南八十里，一名塔樓山。諸峰亭亭，次第環列，右爲鐵盆障〔五〕，中有石泉。

雲濛山。在陽城縣西南八十里。峭壁危巖，有石龕，鳥道可通。

王屋山。在陽城縣西南一百里。寰宇記：仙經云：王屋山有仙宫洞天，廣三里，號曰小有清虚洞天，山高八千丈，廣數百里，太行、析城爲佐命，中條、鼓鐘爲輔翼。三十六洞，小有爲群洞之尊；四十九山，王屋爲衆山之最。縣志：一名天壇山，南跨河南濟源縣，西跨絳州垣曲縣界。

嶕嶢山。在陽城縣西。一名焦燒山，水經注：鹿臺山水歷焦燒山東。隋書地理志：濩澤縣有嶕嶢山。寰宇記：在陽城縣西三十里。

畫山。在陽城縣西三十五里。山形如畫。前爲營匠山。

卧虎山。在陽城縣西四十里，亦名伏虎山。形似卧虎。山陰有萬松堂，宋刺史楊廷秀有記。

靈通山〔六〕。在陽城縣西北五十里。山深徑僻，下有黑龍廟，半山有風洞，常以石掩，少隙則飈發甚厲，人不能近。

白巖山。在陽城縣北三十里，亦名龍巖。其形方正，嶺有石梁，更上平廣三十畝，復承大巖，壁立數十仞〔七〕，中虚有古刹，東有小石龕。

崦山。在陽城縣北三十里。上有白龍潭及白龍神祠，東接方山。

史山。在陽城縣東北三十里。通志：山南北相連，延亘數十里，産鐵。其西五里有金裹谷，堆下有鐵鑛。

東海神山。在陵川縣東十里。

箕子山。在陵川縣東二十里。

馬武山。在陵川縣東五十里。接河南衛輝府輝縣界。漢馬武屯軍於此，俗呼爲武京砦〔八〕。

花瓶山。在陵川縣東五十里。

風門山。在陵川縣東六十里。山形如門。

孤圍山。在陵川縣東七十里，一名孤峰。縣志：山四面皆絶壁，周圍環合，宛若石城，中突湧一峰，翠插天際，多産松柏，平田水出焉。

天柱山。在陵川縣東八十里。

菊巘山。在陵川縣東南五里，一名障門山。多產菊，山捍水口，上有龍王祠。

黄圍山。在陵川縣東南五十里。孤峰插天，登之可望黄河，有洞深邃莫測。舊志：或云達壺關紫團洞。

錦屏山。在陵川縣南二十里。列巘如屏，多產芍藥。

棲鳳山。在陵川縣西南四里。其東有泉，流繞山麓，迴轉百餘步，伏流土中，即西溪之源也。

九仙山。在陵川縣西南。一名古賢山，一名九仙臺。寰宇記：九仙臺，在縣西六十五里古賢村，壁立萬仞，三面泉流。古老相傳，昔九仙曾會於此。金史地理志：陵川縣有九仙山。縣志：在縣西南七十里，石臺突起高數十丈，上廣下狹。

靈泉山。在陵川縣西南十里。上有靈泉。

龍門山。在陵川縣西一里。兩山橫亘，中缺如門。

魯山。在陵川縣西十五里。

寶應山。在陵川縣西北四十里，一名秦嶺。巖半有古洞、甘泉。按：肇域記：潞、澤之交橫亘一山，起丹朱嶺，至馬鞍壑，有古長城一道，歲久傾頹，遺跡尚在，中有營壘，皆曰梁、晉交兵築以相距。今考五代史，一夾寨書，一甬道書，未有長城百里而不書者。今呼此山爲秦嶺，長平之役，秦人絶趙救兵，引四十萬人入於計中四十七日，至於盡降盡坑，略不相聞，城必此時所築，以限趙之南北也。

黄沙山。在陵川縣北十里，一名太乙山。

聖宫山。在陵川縣北二十里。蒲水出其西南。

佛子山。在陵川縣東北四十里。太行絶頂，淅水出焉，上有靈雲寺。

六泉山。在陵川縣東北四十里。上有六泉，山半有六泉洞，水自洞中流出。

熊耳山。在陵川縣東北四十里。兩峰對峙，峭拔天表，若熊耳然。

石門山。在沁水縣東。元和志：在端氏縣西南四十一里。

紇巤山。在沁水縣東。寰宇記：在端氏縣西十里。

磕山。在沁水縣東八十里端氏故城西南。孤峰秀拔，松柏翳蔚。

吴山。在沁水縣東一百四十里。

石樓山。在沁水縣西南里許。俯瞰縣城，山石崚嶒，望之若樓臺狀。

鹿臺山。在沁水縣西南二十里。水經注：山上有水，淵而不流。寰宇記：在沁水縣南三十里。

輔山。在沁水縣西南。水經注：上澗水導源輔山東。隋書地理志：沁水縣有輔山。寰宇記：東輔山，在縣西南九十二里，其山及西輔山與析山相連，若有相輔之勢。舊志：在縣西南九十里，一名歷山，北有大、小二洪池。

御屏山。在沁水縣西二里。

阜山。在沁水縣西四十里。

碧峰山。在沁水縣北三里。

偃月山。在沁水縣東北三十里。一名車輞山，有車輞水。

三尖山。在沁水縣東北三十里。三峰並峙。

紫金山。在沁水縣東北五十五里。沁水所經。

黄龍山。在沁水縣東北六十里。

隗山。在沁水縣東北九十里，一名嵬山。形勢峻岌，連亘不斷。唐書地理志：端氏縣有隗山。

巨峻山。在沁水縣東北一百里，一名宇峻山，接潞安府長子縣界。水經注：䴠䴠水、秦川水俱出巨峻山。隋書地理志：端氏縣有巨峻山。

天池嶺。在鳳臺縣東三十七里。石巖壁立如城，南、北石門，中可容千人，昔人嘗設寨於此，上有池，俗呼天池。

黑石嶺。在鳳臺縣南八十里太行山絶頂。

桃固嶺。在鳳臺縣西二十里，一名寨子嶺。

營防嶺。在高平縣東十里。背峰面澤，險固可憑。縣志：世傳廉頗屯軍之所，去嶺百步許有古戰場。

走馬嶺。在高平縣西北十五里。出鐵鑛。

丹朱嶺。在高平縣北四十五里，與潞安府長子縣接界。南有鵶兒溝。按：縣志丹朱嶺接長子縣界，以堯封長子丹朱得名。此説傅會，漢書長子縣注「長讀長短之長，今俗爲長幼之長，非也」，足證其妄矣。蓋丹朱嶺即山海經所云丹林，既訛「林」爲「嶺」，又訛加以「朱」，轉晦其本，從而爲之説，不可信也。

傅齊嶺。在沁水縣東南十五里。

烏嶺。在沁水縣西北。唐書武宗紀：會昌三年晉絳行營節度使石雄及劉稹戰於烏嶺，敗之。寰宇記：黑嶺山，在沁水縣西五十里。宇文周諱黑，改爲烏嶺，即春秋晉黑壤。舊志：在縣西北四十里，與平陽府翼城縣接界，有東、西二嶺，此嶺在東，一名東烏嶺。

林村嶺。在沁水縣東北六十里。南有佛廟嶺。

雕黄嶺。在沁水縣東北一百里，接潞安府長子縣界，一名刁黄山。元史鄭鼎傳：平陽地狹人衆，嘗乏食，鼎乃開潞河雕黄嶺道，以來上黨之粟。

洞子巖。在鳳臺縣東南十五里。昔人勝游之所，下有聖字泓。

丹谷。在鳳臺縣東南。水經注：丹水又南流注於丹谷，晉地道記曰：「高都縣有太行關，丹谿爲關之東谷，途自此去不復由關。」魏書孝莊帝紀：永安三年爾朱世隆攻河橋，南逼京邑，詔大都督源子恭出西道討之，仍鎮太行丹谷。爾朱兆寇丹谷，源子恭奔退。

碾子谷。在鳳臺縣南二十里。宋太宗遣石守信破李筠處。

玉泉谷。在高平縣西南三十里。石壁嶙峋，下有清流流出。

省寃谷。在高平縣西北二十里。唐書地理志：高平縣有省寃谷，舊名殺谷，明皇幸潞州過之，因更名。寰宇記：谷東西南北各六十步，在縣西北二十五里，秦壘西面百步即白起坑趙降卒四十萬之處，露骸千步，積血三尺，地名殺谷。唐開元十年正月明皇行幸親祭，改爲省寃谷。

隱谷。在陽城縣東南六十里。巖谷嵌空，惟鳥道可通，其下危巖千仞，旁有梵洞。

石塘洞。在陽城縣東南四十五里。洞懸山坳，嵐氣蒸滴。

龍洞。在陽城縣東南六十里。山甚高，下有石巖，巖半石洞可梯而上，中廣方丈，里許有潭，旁有石佛三座，洞盡處有小孔，風從中出，人莫敢近。

蒸餅洞。在陽城縣西南四十里麻樓山南。石壁百餘丈，梯繩而上，中長二百餘步，後有泉。

修真洞。在陽城縣西南五十里，一名仙人洞。洞深數里，水滴如溜，久成冰筯，態狀不一。

南陽仙洞。在沁水縣南五十里南陽村南。山口有天窗，中甚深奥。

黄土洞。在沁水縣西南九十里輔山西。

龍門峽。在鳳臺縣東三十五里。浮山之南，磨山之北，兩山對峙如門，夾流即丹河也。上有禹跡，相傳爲禹所鑿。

龍潭峽。在鳳臺縣東南九十里。有五股泉流滙於此，其下陡絶爲龍潭。

羊腸坂。在鳳臺縣南天井關之南，接陽城縣界。史記魏世家：如耳見成陵君曰：「昔者魏伐趙，斷羊腸，拔閼與。」又蔡澤傳：澤謂應侯曰：「君相秦，坐制諸侯，決羊腸之險，塞太行之道。」正義：「太行山坂道名，南屬懷州，北屬澤州。」舊志：羊腸坂在沁水東岸，其石光瑩可鑑。按：羊腸坂有三，一在澤州府鳳臺縣，一在太原府陽曲縣，一在潞安府壺關縣，而戰國時所言羊腸，大抵在澤州者近是。

白水。在鳳臺縣南三里，一名乾河。源出五龍池，西南流至府城南，又東南流入丹水。水經注：白水出高都縣故城西，東南流歷天井關，又東，天井谿水會焉〔九〕，又東南流入丹水，謂之白水交。寰宇記：在晉城縣南二里，源出湖泓，水穿太行過，與丹水合。通鑑：晉太元十五年西燕主永引兵向洛陽，朱序自河陰北濟河擊敗之，追至白水。

泫水。在鳳臺縣東北。源出高平縣西二十里原村，名許河，東南流至縣南合絶水，又南流合蒲水，又南流至鳳臺縣東北合丹水。漢書地理志上黨郡泫氏縣，應劭曰：「泫水所出。」水經注：泫水導源泫氏縣西北泫谷〔一〇〕，又東南逕泫氏故城南，東會絶水亂流，東南入高都縣，右會丹水。元和志：泫水，在高平縣西北三十六里。寰宇記：泫水，一名丹水，在高平縣西北四十里，源出繖蓋山。唐書地理志：高平縣有泫水，貞元元年令明濟引入城，號甘泉。

絶水。在高平縣西北。源出縣西北三十里繖蓋山，名浮雲河，東南流繞縣城，又南流合泫水。漢書地理志：泫氏縣，楊谷，絶水所出，南至壄王入沁。水經注：絶水出泫氏縣西北楊谷，東南流，左會長平水，又東南流逕泫氏縣故城北，又東南與泫水會。寰宇記：絶水，在高平縣西北二十里，源出髑髏山楊谷。俗云秦軍築絶，不令趙飲，故名。按：丹水、泫水、絶水流同源異，漢志泫氏縣有絶水、泫水，高都縣有丹水，水經注亦謂絶水會泫水、泫水會丹水，本三水也。自寰宇記云泫水一名丹水，而其稱始混。今則三水統名丹河，而源流不别矣。且據水經注，絶水源遠，泫水源近，寰宇記似互易，漢志所云楊谷未必在髑髏山也。

丹水。在高平縣西北四十里，一名莞谷水，一名源澤水，一名源源水，一名源漳水，俗名丹河。發源丹朱嶺，東南流入鳳臺縣界，西流合泫水，又南流合白水，又南流入河南懷慶府濟源縣界。漢書地理志：上黨郡高都縣，莞谷，丹水所出，東南入泫水。水經注：丹水出上黨高都縣故城東北阜下，俗謂之源源水，山海經「沁水之東有林焉，名曰丹林，丹水出焉」，即斯水矣。水自源東北流，又屈而東注，左會絶水，又東南流注於丹谷，又逕二石入北〔一〕，又東南歷巖下，又南白水注之，又東南出山，逕郅城西。元和志：丹水，在晉城縣北十三里司馬山。寰宇記：莞谷水，在晉城縣東四十八里。按：丹水源出丹朱嶺無疑，山海經「謁戾之山，其東有林焉，名曰丹林，丹林之水出焉」，即今丹水也，丹朱嶺即丹林之訛。水出其麓，初甚微，涓流逕鳳臺境南出山，是在高平者其正源，至鳳臺而其流始大耳。舊志竟以屬之鳳臺，而曰發源可寒山，非是。蓋水出可寒山即水經注所云丹谷，正丹水所會也，名相近而訛。

長平水。在高平縣西北。水經注：長平水出長平縣西北小山，東南流逕其縣故城，又東南流注絶水。

沁水。在陽城縣東。自平陽府岳陽縣南流入沁水縣界，又南流入陽城縣界，又南流入河南懷慶府濟源縣界。水經注：沁水又南與驫驫水合，又南逕陽阿縣故城西，又南與濩澤水合，又東南，陽阿水左入焉，又南出山。元和志：沁水，在端氏縣南一里，沁水縣東北五十二里。寰宇記：沁水，在沁水縣東北五十六里，陽城縣東二十三里。府志：沁水自岳陽縣東大匠村入沁水境，逕佛廟嶺、紫金山間過端氏鎮，又經車輞山，凡八十餘里，至鄭莊村南合梅河，又六十餘里至郭壁鎮，入陽城縣界，經潤城東，匯蘆河、澤河。又東匯長河，至公娥澗出山西界〔一二〕，水勢如建瓴而下河南。

陽阿水。在陽城縣東。源出鳳臺縣西北，西南流至陽城縣入沁水，今名南河。水經注：陽阿水出陽阿川，南流逕建興郡，又東南流逕午壁亭東而南入山，又西南流入沁水。

濩澤水。在陽城縣西南。源出臨澗里，東流至縣東南入沁水，今名澤河。水經注：濩澤水出濩澤城西白澗嶺下，東經濩澤，又東經濩澤縣故城南，又東合清淵水，又東得陽泉水，又東南有上澗水注之，又東南注於沁水。

平田水。在陵川縣東南九十里。源出孤峰山，流入河南衛輝府輝縣界，注衛水。

蒲水。在陵川縣西北二十里。源出聖宫山，西流，南折入鳳臺縣界，注於泫水。

淅水。在陵川縣東北四十里。源出佛子山下，東北流至潞安府壺關縣界，又東入河南林縣界，注於淦陽〔一三〕。

杏谷水。在沁水縣南，今名杏溪。源出東烏嶺南澗，東流三十餘里，與梅谷水合。

梅谷水。在沁水縣北，一名梅河。源出東烏嶺東澗，東流三十餘里，與杏谷水合，又東十餘里入沁河。

秦川水。在沁水縣東北，一名秦河。源出潞安府長子縣界，西南流入縣界合沁水。水經注：秦川水出巨峻山東，帶引衆溪，積以成川，又西南逕端氏故城，南入沁水。隋書地理志：端氏縣有秦川水。寰宇記：秦河源出端氏縣北西榆村谷，南流入縣合沁水。

沙河。在鳳臺縣西關。源出伊侯山，一名冶家河，東南流入白水。

横澗河。在高平縣南五里。澗有石橋。

長河。在高平縣東北，南流入絶水。其流長遠，春、夏漲溢，冬涸。

桑林河。在陽城縣南四十里，一名大河。源出麻樓山，東流合澤河入沁水。其地多桑，故名。古名上㵎水。水經注：上㵎水導源輔山。東逕銅于巖南，歷析城山北〔一四〕，東入濩澤水。

盤亭河。在陽城縣西南七十里。源出析城山，西南流逕盤亭山側，兩巖石田資以灌溉，又南流繞王屋山，度邵原關，下流入河南濟源縣界。

西河。在陽城縣西南。源出晝山南，東流入澤河。古名清淵水。水經注：清淵水出濩澤縣北，東南經澤城東，又南入於澤水。

蘆河。在陽城縣北。源出沁水縣南，東流過樓子坡，又東入陽城縣界，又東逕芹池、劉村二里，又東逕縣城北，又東至孔寨入沁水。即古陽泉水。水經注：陽泉水出鹿臺山，東逕陽陵城南，歷焦燒山東，與黑嶺水合，又南注濩澤水。按：水經注陽泉水入濩澤水，今入沁水，蓋水道變遷也。

玉溪河。在沁水縣東。源出空倉山，西流合海子河，又西南入沁水。

海子河。在沁水縣東。源出嵬山，西南流入玉溪河。

棲龍潭。在陽城縣東六十里，陽阿水入沁之處。陽阿水兩山夾峙，一綫懸注，流數十里，至此匯爲潭，實龍窟也。又龍潭，在沁水縣西二十里。

黑龍潭。在陽城縣南長谷里西南深㵎中。

天井溪。在鳳臺縣南四十五里，東流入白水。水經注：天井溪水出天井關，北流注白水，世謂北流泉。通典：天井關前有天井泉三所。寰宇記：天井泉在天井關南，至深莫測。

錦溪。在鳳臺縣西七里。

西溪。在陵川縣西南四里。發源棲鳳山麓。

濩澤。在陽城縣西嶕嶢山下，深澗盈丈，澄清不竭。墨子：舜漁於濩澤。漢書地理志河東郡濩澤縣，應劭曰：「有濩澤，在西北。」元和志：在陽城縣西北十二里。

雙泉。在鳳臺縣東三十里，一名瀑泉。東流入丹水，民引以溉田。

小山泉。在鳳臺縣西南三里。自石洞中流出，泠然有聲。

洞靈泉。在鳳臺縣西南五里。一名流杯泉，縈洄不竭，昔人鑿石導流，浮觴於此。

淵靈泉。在高平縣東五里七佛山左。禱雨輒應，宋時賜號淵靈，有廟。

金龍泉。在高平縣北二十里。

百眼泉。在陽城縣東二十里。見寰宇記：其泉鼎沸，百流争騰。縣志：在縣東三十里，一名百聚泉，下流入沁水。

一斗水泉。在陵川縣東九十里。挹之旋滿，不挹亦不溢。

靈泉。在陵川縣東南一百里。懸巖瀉爲瀑布。

清涼泉。在陵川縣西南六十里。

甘泉。在陵川縣東北四十里。

濯纓泉。在沁水縣南二里。源出石樓山下，流入杏谷水。

義井。在陵川縣西二十里義井村。其地少水，惟此一井，其味甚甘，里人以次而汲，故名。

古蹟

陽阿故城。在鳳臺縣西北。漢置縣，屬上黨郡，高祖七年封陽河齊侯其石爲侯國。晉罷，太元中慕容永復置，兼置建興郡。後魏太平真君九年省，和平五年復置，魏土地記建興郡治陽阿縣是也。永安中郡廢，以縣屬高都郡。北齊省入高都。舊志：陽阿故城，在州西北四十里大陽鎮。按：索隱曰陽河即陽阿，以字跡相類而譌。

高都故城。在鳳臺縣東北。戰國魏邑。史記秦本紀：莊襄王三年蒙驁攻魏高都，拔之。漢置高都縣，屬上黨郡。後魏初屬建興郡，永安中於縣置高都郡，兼置建州，後罷州。北齊仍爲高都郡治。後周爲高平郡治。隋開皇初郡廢，爲澤州治，十八年改爲丹川縣，大業初爲長平郡治。元和志：高都縣改爲丹川縣，因縣東丹水爲名。舊唐書地理志：武德元年移丹川縣於源澤水北，三年於古高都城置晉城縣〔一五〕，九年省丹川縣入之。舊志：故城在州東北三十里丹水北高都村，即唐初所移丹川縣也。按：水經注有高都故城，是後魏高都，非即漢縣治。唐於古高都城置晉城縣，亦後魏高都，非漢高都。

泫氏故城。今高平縣治。戰國趙邑，竹書紀年：晉烈公元年趙獻子城泫氏。漢置泫氏縣，屬上黨郡。後漢建武六年封萬普爲侯國。後魏改曰玄氏。魏書地形志長平郡治玄氏縣，章懷太子曰：「泫氏故城，在高平縣西。」元和志：高平縣南至澤州八十里，本漢泫氏縣，在泫水之上，故以爲名。高齊文宣帝省玄氏縣，自長平故城移高平縣治之，仍改高平縣〔一六〕。

長平故城。在高平縣西北。戰國趙邑。史記秦本紀：昭襄王四十七年，使武安君白起大破趙於長平。後漢書郡國志：泫氏縣有長平亭。上黨記：長平城在郡南山中。後魏永安中置高平縣於此，魏書地形志高平縣治高平城，當即長平城之訛也。北齊移高平縣治於泫氏，此城廢。括地志：長平故城在高平縣西二十一里。舊志：在縣西北二十里王報村，今猶稱舊縣。

濩澤故城。在陽城縣西。戰國時魏邑。竹書紀年：梁惠成王十九年晉取泫氏、濩澤。漢置濩澤縣，後爲侯國。後漢書劉聖公傳：光武封聖公子求爲襄邑侯，求卒，子巡嗣，徙封濩澤侯。元和志：漢濩澤縣因濩澤爲名，天寶元年改爲陽城縣，縣東至澤州一百十里。寰宇記：陽城縣西三十里故城即漢濩澤縣治，後魏興安二年自故城移於今治。舊志：今縣即故陽陵城，故城今爲澤城村。

沁水故城。在今沁水縣西。漢所置沁水縣在今河南懷慶府濟源縣界，今縣即魏東永安縣，隋改沁水。元和志：沁水縣本漢端氏縣地，後魏孝昌中於此置泰寧郡及東永安縣，隋開皇十八年改爲沁水縣。明統志：有故城在縣西三十里，今名故城鎮，蓋宋後移治。

端氏故縣。在沁水縣。有二。一在縣東四十五里，戰國晉邑。史記趙世家：成侯十六年與韓、魏分晉，封晉君以端氏。肅侯元年奪晉君端氏，徙處屯留。漢置端氏縣。魏書地形志：安平郡端氏縣，二漢屬河東郡，晉屬平陽郡，後來屬。寰宇記：端氏故城，在今縣西三十里，即漢治。縣志：端氏聚，即晉三家遷晉君處，在縣東四十五里。一在縣東北六十里，後魏安平郡治。隋書地理志：長平郡端氏縣，後魏置安平郡，開皇初郡廢。寰宇記：端氏縣，隋開皇三年自故城移於今治，即後魏文帝置安平郡城。元史地理志：至元三年省端氏入沁水。縣志：端氏鎮，即隋時端氏縣治，在今縣東北六十里，唐、宋皆因之，今遺址猶存。

蓋城廢縣。在鳳臺縣東北。唐書地理志：武德元年析高平置蓋城，隸蓋州。九年省入晉城。

西河廢縣。在陽城縣西。後魏孝昌中置泰寧郡，領西河縣。齊、周間省。

漢高城。在鳳臺縣東南一百里。酈食其勸漢高杜太行之險，屯兵於此，遺址尚存。

盌子城。在鳳臺縣南九十里太行山麓，接河南河内縣界。元史察罕特穆爾傳：曹、濮賊踰太行，焚上黨，掠晉、冀，察罕特穆爾縱伏兵横擊之，賊皆敗走，乃分兵屯澤州，塞盌子城。「察罕特穆爾」舊作「察罕帖木兒」，今改正。

長連城。在鳳臺縣東北五十里白羊泉。通志：魏孝文由龍門入洛陽，即此。

趙障城。在高平縣西。史記白起傳：王齕攻趙，陷趙軍，取二障四尉。括地志：趙障故城，一名都尉城，今名趙東城，在澤州高平縣西二十五里，又有故穀城，此二城即二障也。

光狼城。在高平縣西。史記秦本紀：昭襄王二十七年白起攻趙，取光狼城。括地志：光狼故城，在澤州高平縣西。縣志：在縣西三十里，其地名秦趙村，今名强營村。

關城。在高平縣北三十五里。寰宇記：秦立關於此。舊志：在縣北二十五里，今名故關里。

馬邑城。在沁水縣東二十里。寰宇記：城置在山上，史記白起與趙括相戰於長平之時築此城養馬，其處峻險，南臨小澗，北距大川。新志：今名馬圈溝。

王離城。元和志：在沁水縣東北五十里，秦時王離擊趙所築，四面絶險。寰宇記：在縣東北五十六里。

仕林莊。在陵川縣東三里。

宿鳳臺。在鳳臺縣北四十里李村。相傳晉泰始元年有鳳鳥集於高都之北，即此。

午壁亭。在鳳臺縣西。水經注：陽阿水東南流逕午壁亭東。寰宇記：亭在晉城縣界。

李俊民故宅。在府城東南隅。中有鶴鳴堂，元瑚必賴大書刻石。今堂廢，石刻置文廟西。「瑚必賴」舊作「忽必烈」，今改正。

郝經故宅。在陵川縣南。又棣華堂，經自爲記。宅旁有落雁池，經使宋不屈，繫詩帛於雁足，汴州人射雁金明池，得之以聞，鄉人因名此池以志景慕。後人即宅爲文忠書院，因祠祀之。

益國鐵冶。在高平縣西北十里王降村。元大德間置，至正間廢。明洪武間徙置縣北二十里，永樂中廢。

程子鄉校。在府城内。宋程顥爲晉城令，置鄉校六十餘所。元縣尹郭質重建，今猶有存者。

秦趙壁壘。在高平縣北。史記白起傳：秦陷趙軍，趙軍築壘壁而守之，秦又攻其壘，奪西壘壁，廉頗堅壁以待秦。趙王使趙括代廉頗出兵擊秦軍，秦軍佯敗，趙軍逐勝造秦壁，壁堅不得入。秦奇兵絶趙軍後，又一軍絶趙壁間，趙軍分爲二，糧道絶，趙因築壁堅守以待救至。正義：「趙西壘在高平縣北六里〔一七〕，即廉頗堅壁以待秦，王齕奪趙西壘壁者。」又：「秦壁，一名秦壘，今亦名秦長壘。」又：「趙壁，今名趙東壁，一名趙東長壘，在高平縣北五里，即趙括築處。」水經注：秦壘在長平城西，秦、趙二軍共食流水澗〔一八〕，相去五里，城之左右沿山亘隰，南北五十餘里，東西二十餘里，悉秦、趙故壘，遺壁猶存。寰宇記：秦、趙二壁對起，相去數里，趙括、白起相攻之所。又冀州圖云：「都向二城，在今高平縣西三十五里，秦據西城，趙守東城，秦坑趙卒在此。」

關隘

天井關。在鳳臺縣南四十五里。戰國策：桀之居，左天門之險〔一九〕。漢書地理志：高都縣有天井關。蔡邕曰：關在井北，爲天設之險。晉地道記：高都縣有太行關。元和志：天井故關，一名太行關，在晉城縣南四十五里太行山上。宋史地理志：澤州雄定關，舊名天井，靖康元年改名。胡三省曰：關内有天井泉三所。

武靳關。在鳳臺縣西北。魏書地形志：陽阿縣有武靳關。

石壁關。在高平縣東二十里魏莊西大石坡。

長平關。在高平縣西北四十里。唐書地理志：高平縣，北有長平關。元和志：在縣北五十一里。

五度關。在陵川縣南八十里，接河南輝縣界。舊通志：五度之險，一夫可守。

烏嶺關。在沁水縣西北四十里，接平陽府翼城縣界。明宣德四年置巡司，本朝雍正七年裁。

荆子隘。在陽城縣南八十里，接河南濟源縣界。明以懷慶衛官兵守之。

永和隘。在陵川縣南六十里。接河南修武縣界。明洪武初設巡司，嘉靖中裁，調寧山衛官兵戍此，後復罷。

端氏鎮巡司。在沁水縣東九十里，有寨。本朝雍正七年由東烏嶺移駐。

攔車鎮。在鳳臺縣南六十里。本朝乾隆二十二年移東冶鎮巡司於此，尋裁。

横望鎮。在鳳臺縣南八十里太行山頂。明洪武初置巡司，後裁。府志：舊傳其地即唐狄仁傑望雲思親處。

周村鎮。在鳳臺縣。金史地理志：晉城縣有周村、巴公二鎮。舊志：周村鎮，在州西四十里；巴公鎮，在州北四十四里。

米山鎮。在高平縣東十里，有堡。當澤潞之衝，居民稠密，商賈輳集。或曰唐之蓋州治此。又東三十里有建安鎮。

丁壁鎮。在高平縣南三十里，有堡。

野川鎮。在高平縣西南二十里。又十里有馬村鎮，又五里有唐安鎮〔二〇〕，又五里有周纂鎮，皆有堡。

寺莊鎮。在高平縣北二十里。又二十里有换馬鎮，皆有堡。

東冶鎮。在陽城縣東南五十里。本朝乾隆二十二年移攔車鎮同知駐此。

路城鎮。在陵川縣南，其西有奪火鎮。又附城鎮，在縣南四十里。

南馬鎮。在陵川縣西，有堡。又禮義鎮，在縣西四十里，有寨。

池下鎮。在陵川縣西北。又平城鎮，在縣北十五里，有堡。

郭壁鎮。在沁水縣東一百三里。舊有三寨，後合爲一，今止存北寨。

武安鎮。在沁水縣東一百三十五里。

固鎮。在沁水縣西三十里，四巖懸絶。又中村鎮，在縣西七十里。

韓營。在鳳臺縣北三十里水北村。金末屯聚鄉兵處。

馬踏營。在沁水縣東一百五里，今名馬家坪。相傳白起屯兵處。

磨盤寨。在鳳臺縣南六十里，一名孟浪寨。明洪武初馮勝破元將喻仁於此。

將軍寨。在鳳臺縣西南。舊志：宋紹興間岳忠武爲張所部將，復新鄉，轉戰大捷，後使梁興渡河，敗敵於沁水，築此寨以待飛兵，故名。

麻樓寨。在陽城縣西南四十里麻樓山。

馬武寨。在陵川縣東五十里馬武山。周圍百里，四壁峭立，漢馬武築寨屯兵於此。

燕丹寨。在沁水縣西故縣村西。世傳燕太子丹曾屯兵於此。

王井堡。在高平縣南十里。

空倉堡。在高平縣西南四十五里，與沁水縣接界。兩壁高山，中通小道。明萬曆三十四年創立石城，置巡司於此，後裁。

趙莊堡。在高平縣北四十里。

下孔堡。在陽城縣東，相近又有沁渡、北流二堡。

安陽堡。在陽城縣東南十里。

王曲堡。在陽城縣西。又美泉堡，在縣北。又縣北有地名三纏凹，最險僻，明末官兵嘗戰勝於此。

劉善堡。在陽城縣東北。又王村堡，在縣東北二十里。又二里有潤城堡，又四里有上佛堡，又四里有屯城堡，皆明末鄉人所立，以捍流寇。

竇莊堡。在沁水縣東北。舊志：崇禎七年七月賊趙四兒六千餘人入沁水縣，縣東北有竇莊，故忠烈公張銓里居，銓妻霍氏守舍，躬率僮僕捍禦，矢石並發，賊傷甚衆，四日乃退。兵備王肇生表其堡曰夫人城。

小口。在鳳臺縣南九十里盌子城西，由西梁別逕入山，至星軺驛南十三里會大道。通志：隋大業中上登太行山，別開道九十里，以達河内御史大夫張衡宅，悦其林泉，留宴三日，即今小口道也。

皂軍垛口。在陽城縣東南八十里孤山。河内、濟源入陽城之阨也。

太行驛。在鳳臺縣城東南。舊有驛丞，本朝雍正七年裁。

星軺驛。在鳳臺縣南六十里。九域志：晉城縣有星軺鎮。鎮有驛，本朝初設驛丞於此。

喬村驛。在高平縣南三十里。舊有驛丞，本朝乾隆七年裁。

長平驛。在高平縣西北三十里。明洪武中置，舊有遞運所，後裁。有驛丞，本朝乾隆七年裁。

南陽村。在沁水縣南五十里。宋岳忠武使將梁興會兩河忠義與金兵戰勝於此。

柳樹店。在鳳臺縣東南八十里，一名柳樹隘，路通河南懷慶府清化鎮〔二一〕。明初置巡司，後裁。

津梁

沁渡津。在陽城縣東。又王村津、潤城津，皆在縣東北，二月修，五月撤。

景忠橋。在鳳臺縣東關，一名永濟橋。元至正中建。又縣東三里有長澗橋。

晉南第一橋。在鳳臺縣南關白水上。又南三十里有通懷橋。

景德橋。在鳳臺縣西關，一名沁陽橋。金大定中建。又西四十里有長橋。

雙橋。在鳳臺縣北十五里雙溝上。又縣東北巴公鎮南有雙李橋。

迎恩橋。在高平縣東關，舊名浮雲橋。明洪武中建。

浚水橋。在高平縣南關外。城逼西山，時有水患，明嘉靖中知縣劉大實築堤禦之，萬曆元年知縣李楨鑿濠引水，由西而東，在縣南三里會入丹河，因建橋於此。

横澗橋。在高平縣南三里。縣志：橋外有地名輪埸，相傳五代周世宗敗北漢劉崇於此。

通濟橋。在高平縣南二十里，爲晉、豫孔道。明萬曆間建，本朝雍正十年重建。

崇正橋。在高平縣西南五里。唐莊、梨園兩村相對，中有巨壑，明萬曆三十八年知縣許安遇始建橋於此。

永濟橋。在高平縣東北。明弘治初建。

大石橋。在陽城縣東關外。明宣德中建。又縣東有通驛橋，縣南有吉莊橋。

通文橋。在陵川縣東南隅城墻下。有通文門，其跡尚存，金時孔廟在此，故名。

蒲水橋。在陵川縣北二十里。

鄭莊橋。在沁水縣東。

曲堤渡。在沁水縣東九十里。又鄭莊渡，在縣東五十里。又武安渡，在縣東南。

隄堰

唐安鎮石隄。在高平縣西三十五里。明萬曆間義民陳騫、馮公春先後建築，長八十餘丈。

郭公堤。在高平縣北。元尹郭質築，故名。又有柳公堤，明知縣柳豸築。

陵墓

周

藺相如墓。在鳳臺縣東北五十里莒山南。

漢

陳龜墓。在高平縣東南三十里龍尾里，石獸猶存。

晉

周處墓。在鳳臺縣西三十里周村。

石勒墓。在陵川縣西南四十里。通志：在縣西崇安寺左。

金

李俊民墓。在鳳臺縣西北七里。

李晏墓。在高平縣南二十里。

趙可墓。在高平縣東北三十里。

趙振墓。在陵川縣東二里。

郝天挺墓。在陵川縣北三里。

元

段直墓。在鳳臺縣西北二十六里，劉因撰碑。

鄭鼎墓。在陽城縣東三十里屯城村，王磐撰碑。

明

張昺墓。在鳳臺縣東二十里上滚村。

王敬墓。在高平縣西金峰山，其子燧墓在其右。

楊暄墓。在高平縣西北里許。

楊繼宗墓。在陽城縣南十五里。

原傑墓。在陽城縣南三十里。

楊鎮原墓。在陽城縣南壇側。

張瓚墓。在陵川縣北八里。

祠廟

程明道祠。在府儒學西。元時建，以伊川配享，亦曰宋兩先生祠，元郝經有記。

旌忠祠。在鳳臺縣西北四十里。祀明贈御史孟陽。

張忠公祠。在鳳臺縣北。祀明侍郎張昺，春秋有司致祭。

七狀元祠。在陵川縣城外東川。祀宋崔有孚，金武明甫、武天祐、武天和、趙安時、趙安榮、李俊民。

郝文忠祠。在陵川縣南街。祀元郝經。

成湯廟。有四，一在鳳臺縣西一里，一在陽城縣西南析城山，一在陵川縣城外南岡，一在沁水縣東北端氏鎮。

藺相如廟。在鳳臺縣東北莒山。俗傳相如墓在此。按：史記正義注：「相如墓在邯鄲西南六里。」此或傳訛。

炎帝廟。在高平縣北。寰宇記：在高平縣北三十五里羊頭山上。通志：廟有三，一在羊頭山，曰上廟；一在換馬鎮東南，曰中廟，有神農遺冢；一在東關，曰下廟，近改祭於此。

舜廟。在沁水縣西南九十里歷山上。

寺觀

廣教寺。在鳳臺縣城内西南。金大定四年建。

青蓮寺。在鳳臺縣東南三十五里峽石山。北齊時建。寺有擲筆臺、慧遠塔。隋長教譯經法僧慧遠居此，注涅槃經，注成擲筆臺上，曰：「若疏義契理，筆當駐空。」既擲，果懸空不墮，時人因以名臺。開皇時遠卒長安，其弟子迎其遺骸歸，塔於此。通志：宋名福嚴寺，後改今額。

廣福寺。在鳳臺縣西十里周村鎮。又聖樂寺，在縣西洞陽山；乾明寺，在縣西可寒山。皆唐時建。

資聖寺。在鳳臺縣西北四十里。北齊建，號永建寺，宋真宗天禧四年改賜資聖寺，周二百六十三步。

崇果寺。在高平縣城内。舊爲隆教寺，宋太平興國初敕賜今名。

開福寺。在陽城縣治。北齊天保間建，名文殊寺，明洪武間改。

雲峰寺。在陽城縣東十里。懸溜融結，小峰奇秀。又雲堆寺，在縣東二十里，相傳呂仙至此。

海會寺。在陽城縣東三十里。初曰龍泉寺，唐乾寧中敕建。

千峰寺。在陽城縣西南八十里盤亭山下。相傳後唐明宗爲太尉時曾游此，即位後敕建。

靈泉寺。在陽城縣西四十里〔一三〕。唐司空圖有靈泉禪院記。

壽聖寺。在陽城縣西北四十里。後唐時建。宋初名泗州院，治平四年敕賜今額。又福勝寺，在寺北，雙山、雙潭號奇勝，明隆慶中建。

崇安寺。在陵川縣城外西北卧龍岡上。唐初爲丈八佛寺，宋太平興國元年賜今額。

大雲寺。在沁水縣東九十里磕山，一曰大雲禪院。元魏初建，名磕山寺，唐景福初賜今額。殿前白松三株，圍丈五尺，高數十丈，中有三老堂。

玄妙觀。在鳳臺縣城内東南隅。有銅鐘，鐘有銘記。相傳後唐天祐十一年李嗣昭勝梁於上黨，爲銅鐘四，各萬餘觔，此其一也。明統志：元至正間建。

太平觀。在鳳臺縣西。又玉華觀亦在縣西，俱元建。又集貞觀、洞陽觀、迎祥觀，在縣西，俱金建。

瑞雲觀。在高平縣城西南隅。明統志：舊在縣城東，名白鶴觀，唐開元中建。後爲丹水漂没，徙今地，更名。

太極觀。在陽城縣西南四十里析城山麓。元時建。又岱嶽觀，在縣西，金建。

玉清觀〔一三〕。在沁水縣郎壁村。唐盧照鄰有詩。

陽臺宮。在陽城縣王屋山。唐司馬承禎修真地，有明皇御書寥陽殿額。

紫微宫。在陽城縣王屋山陽臺宫東北。榜曰「天下第一洞天」，内貯明御賜道藏經，庭植宋、金、元碑數十趺。

名宦

漢

鮑昱。屯留人，司隸校尉鮑永子。建武初，太行山中有劇賊。太守戴涉聞昱有智略，乃請署守高都長，昱討擊群賊，誅其渠帥，道路開通，由是知名。

南北朝　魏

楊㰅。高涼人。周文帝表請行建州事，其時州在敵境，㰅威恩夙著，所經之處多贏糧附之，比至州衆已一萬。東魏刺史車折於洛出兵逆戰，㰅擊敗之，又破其行臺斛律俱於州西，威名大振，即授建州刺史。

隋

伊婁謙。鮮卑人。文帝時爲澤州刺史。清約自處，甚得人和，以疾去職，吏人攀戀，數百里不絶。

房恭懿。洛陽人。開皇中授澤州司馬。有異績。

唐

長孫順德。洛陽人。貞觀中爲澤州刺史。以嚴明稱。先時守長多通餉問，順德繩擿無所容，遂爲良吏。前刺史張長貴、趙士達占部中腴田數十頃，奪之以給貧單。

李抱真。京兆人。代宗時抱真願得一州自效，授澤州刺史兼澤潞節度副使，復爲懷澤潞觀察留後。抱真策山東有變，澤潞兵所走集，經戰伐後賦重人困，軍伍雕刓，乃籍户三丁取一，蠲其徭租，給弓矢令習射，歲終大校，親按籍第能否賞責，三年皆爲精兵，得二萬，不廩於官而府庫實，繕甲淬兵，遂雄山東，天下稱昭義步兵爲諸軍冠〔二四〕。

明濟。平原人。貞元中調高平令。有清節，敏於吏事。嘗濬治丹河，民免水患。

五代　梁

牛存節。博昌人。以右千牛衛上將軍從康懷英攻潞州歸，行至天井關，聞晉兵攻澤州，存節曰：「澤州要害不可失。」舉策而先，士卒隨之。比至，州人已焚外城，將降晉，存節至乃定。存節入城助守，晉人穴地道攻之，存節亦穴地應之，戰隧中，敵不得入，晉人解去。

唐

裴約。潞州牙將。同光中莊宗以李嗣昭爲昭義軍節度使，約以裨將守澤州。嗣昭卒，其子繼韜以澤潞叛降於梁，約召州人諭以死守，衆皆感泣。梁兵圍之，約求救於莊宗，莊宗喜顧符存審曰：「吾不惜澤州與梁，一州易得，約難得也。爾爲我取約來。」存審馳至，梁已破澤州，約見殺。

宋

楊咸弼。開寶間爲高平令。性嚴明，善決斷，抑挫豪右，申理屈滯，愛民勸課，開置屯田，公私便之。

程顥。河南人。治平中爲晉城令。民税粟多移近邊，載往則道遠，就糴則價高。顥擇富而可任者，預使貯粟以待，費大省。民以事至縣，必告之以孝弟忠信。度鄉村遠近爲伍保，使相助恤，姦僞無所容。孤煢殘廢者責之親戚鄉黨，使無失所，行旅、疾病皆有所養。鄉必有校，暇時親至，召父老與之語，擇子弟之秀者聚而教之。鄉民爲社會，爲立科條，旌別善惡，使有勸有耻。在任三歲，民愛之如父母。

李昭遘。饒陽人。仁宗時知澤州。陽城冶鐵錢，民冒山險輸礦炭，苦其役，爲奏罷鑄錢。

楊仲元。管城人。第進士，知沁水縣。民持物來輸者，視其價稍增之，餘則下其估，官有所須，不强賦民，聽以所有與官，度相當則止，率常先辦。河外用兵，督運轉西界，夕宿洪谷口，其地乃敵所由徑路，亟命去之。敵果夜出，刼諸部，沁水獨免。後二十年其子過縣，父老拜泣曰：「河西之役〔一五〕，非公無今日矣。」初軍期尚緩，仲元督行甚急，至則賤市其芻粟，後期者價數倍。州檄買羊，歛錢帛病民，乃更其令，户纔費錢百，又遣吏市羔於他所，明年以供州，不科一錢。

張之才。遼人。紹聖初知陽城縣。清謹愛民，名聞當世，及去，辭成湯廟詩有「不負蒼天不負民」之句。

宋昌言。平棘人。宣和中爲澤州司理參軍。有殺人獄，昌言疑其寃，堅請迹捕，果得真犯。

王士言。靖康初詔往河東防秋。金兵攻澤州，畢力守禦，城陷巷戰死，贈拱衛大夫、忠州團練使。

金

劉敏行。平州人。高平令。城圮不修，盜掠縣鎮不能禦，敏行出俸錢繕完之，百姓入保，賊不能犯。

左泌。薊州人。皇統初爲澤州刺史。廢一切鈎距細苛，不嚴而治，刑獄猥積，決遣無留。平南山之盜，革守城繁役。秋糧納粟，請折以米，費省不貲。歷政三年，清儉自處。

許安仁。交河人。明昌中爲澤州刺史。作無隱論上之，凡十篇，曰本朝、曰清欲〔二六〕、曰養心、曰田獵、曰公道、曰養源、曰冗官、曰育材、曰限田、曰理財。在郡二年，多善政。

楊廷秀。華州人。大定中進士，泰和初自獻州刺史移刺澤州。政平訟理，民用康乂。

元

段直。晉城人。至元中爲澤州長官。時民多避兵未還者，直命籍其田廬於鄰户，約曰：「俟業主至，析歸之。」逃民來還，遂得安業。素無産者賑之，爲他郡俘掠者出財購之，兵死暴露者收瘗之，未幾澤爲樂土。修學宫，創置田千畝、書萬卷，迎儒士李俊民爲師，以招延學者，不五六年通經被選者百二十有二人。在官二十年，多善政。

郭質。真定人。泰定間爲高平縣尹。恤民興教，扶善鋤惡。先是，邑有水患，質爲築堤植柳，民號之曰郭公林。修復鄉校凡七十餘所。

葉企顔。上蔡人。至正間知澤州。撫育民生，惠澤遠被。嘗作居官箴，建碑以自勖。興學造士，綽有政聲。

張輔。銅鞮人。至正間爲陵川尹。時山東寇亂，攻陷邑城，逼輔降，輔抗節不屈死。

明

李祥。湖廣人。洪武初知澤州。時承平未久，城郭蕭然，祥建州治，修學校，招集士民，民賴以安。

王堅。福州人。洪武中知澤州。興學校，修廟宇，莅事勤慎，化民有方，州人稱之。

任通。易州人。景泰初知陵川縣。有惠政，以憂去，老稚遮留之。

甯靖。湯陰人。成化中知澤州。清慎之操，終始如一。民有訟者，必反覆譬喻，使之自改，不輕笞一人。嘗需菜和藥，民有獻者，乃厚償之。

陸偉。錢塘人。成化中知澤州。時歲大饑，偉區畫賑救，全活者數萬。州多宗室世家，民被其害，偉悉裁之以法，請託不得行。寧山衛軍民雜處，久不靖，偉懾以德威，皆帖服。及去，民攀轅數十里不絕。

張晟。安丘人。成化中知高平縣。以禮匡俗，毀淫祠數十區。

楊子器。慈谿人。弘治八年知高平縣。正身率物，訟獄衰息，暇則與諸生講經學，士習丕振。

楊範。洛陽人。弘治中知沁水縣。以德化民，均賦役，興學校，治邑六年多善政。去之日囊橐蕭然。

馬汝驥。綏德人。正德時知澤州。王府素侵暴小民，汝驥至，立懲數人，遂斂戢。王有所屬，謝弗應，王亦不敢復請。陵川知縣貪，欲黜之，巡按御史爲曲解不可，竟褫其官，威名大震。

王朝雍。朝邑人。嘉靖中知澤州。政理訟平，人蒙其惠。適巨寇陳卿據青羊山，朝雍詣賊中，諭以禍福順逆之理，賊皆畏服，後卒剿平之。

王傳。高陵人。嘉靖間知陽城縣。廉正有威，僚吏畏之如神明。積穀數萬石，凶歲民賴以濟。居四歲，未嘗私取一物。

黄圖昌〔二七〕。沂州人。崇禎間以進士知澤州。徵收賦役，有以羡投者榜示之，悉抵次限正供。性重儒術，課士論文，輒娓娓不倦。以艱去，士民泣送百餘里。相傳爲明三百年第一賢守云。

楊鎮原。陳州人。崇禎初知陽城縣。時值祲疫，又遭寇掠，鎮原葺城垣，築砦堡，施醫藥，内撫殘黎，外靖强寇，建樓於城西北，晝夜寢處其中，卒保無虞。没之日，謂其子曰：「陽城吾桐鄉，吾死後，不必輿櫬還里也。」葬邑南壇側，民歲時祀之。

焦鼇。崇禎間知沁水縣。流寇至，鼇嬰城固守，力屈死之。

本朝

袁仲選。奉天人。順治七年知澤州。時姜瓖黨猶據城，仲選先出令宣示，具言大同破瓖授首狀，賊黨遁去。及莅任，招流亡，安反側，閭井晏然。大兵至，以州人從賊，議屠之，仲選爲民哀請，且以百口保之。主者曉澤人曰：「吾以爾使君故，免爾死，爾其服使君之教。」民皆歡呼謝。後以遷去，民建祠祀之。

劉廣國。潛江人。順治九年以進士知高平縣。時姜瓖初平，邑凋瘵，廣國力除諸弊，正供外不費民一錢，又請題減貢綢額，循聲甚著。

李向禹。鐵嶺人。順治五年知陵川縣。姜瓖兵至城下，妻王氏勸向禹盡力守城，向禹率家僮馳出，王及二女皆自縊。城破被執，誘之降，且怵以兵，卒不屈死。

佟國瓏。鑲白旗漢軍。康熙五十一年任澤州。政尚寬和，與民相安，凡州縣營建，無不修舉。在任凡八年，初踰年將以罣悞去，州民攀留上請，復得留任。

白良玉。梓潼人。康熙六年以舉人知高平縣。有清操。舊規正供耗銀寖及半，里胥歲帖櫃書銀百金，訟負者入贖鍰，和者納穀，良玉皆禁止之。又令葬淹柩萬五千有奇。高平人集其治行勒諸石。

張都甫。延津人。康熙八年以進士知陽城縣。興舉悉中民情，折獄片言，人不敢欺。在官十二年，清慎如一日。

人物

漢

陳龜。字叔珍〔二八〕，泫氏人。家世邊將，雄於北州。龜永建中舉孝廉，累遷京兆尹。平理小民怨屈，郡内大悦。羌胡寇邊，桓帝拜爲度遼將軍。上疏請除并、涼二州今年租，寬赦罪隸，帝從之。龜到職，州郡震栗，鮮卑不能近塞，省經用歲以億計。梁冀譖之，乞歸。尋徵爲尚書。冀暴虐日甚，龜上疏言其罪狀，帝不省，自知必爲冀所害，不食七日而死。

宋

張廷翰。陵川人。開寶初從平揚州。乾德中伐蜀，爲歸州路行營馬軍都指揮使，敗夔州監軍武守謙，乘勝拔其城。蜀平，授侍衛馬步軍都虞候，領彰國軍節度。卒，贈侍中。

宋太初。字永初，晉城人。太平興國初舉進士，通判戎州，以善政聞。雍熙三年通判成都府。詔求直言，著守成箴以獻。

咸平初知江陵府，蠻寇擾動，太初以便宜制遏，詔奬之，命爲川陝四路都轉運使〔二九〕。召還，權御史中丞，歷知數州卒。太初性周慎，所至有幹直譽。嘗著簡譚三十八篇。

劉羲叟。字仲更，晉城人。歐陽修使河東，薦其學術，試大理評事，權趙州軍事判官。精算術，兼通大衍諸數，及修唐史，令專修律曆〔三〇〕、天文、五行志，書成，擢崇文院檢討。羲叟强記多識，著十三代史志、劉氏輯曆〔三一〕、春秋災異諸書。

王霽。澤州人。父獻可，知瀘州，時人稱之。霽崇寧時爲諫議司詳議官，上書告蔡京罪，黥隸海島。欽宗復其官，從种師中戰死。

王載道。沁水人。少穎敏，於書無所不讀。宋宣和間舉進士不第，未幾地屬金，遂隱居鹿臺山，後進高其行，多師事之。金天眷間屢辟不就。著有思宋録〔三二〕、鹿臺文集。

金

李晏。字致美，高平人。皇統六年登經義進士第，歷中牟令。海陵營汴京運木於河，晏領之，經三門之險，前後失敗者衆，乃以木散投之水，使工取於下流，人皆便之。累遷翰林侍講學士，兼御史中丞。初，錦州龍宫寺遼主撥賜户民，俾輸税於寺，歲久皆以爲奴，晏請盡釋爲良，獲免者六百餘人。章宗立，晏畫十事以上。終昭義軍節度使，謚文簡。

趙可。字獻之，高平人。博學高才，卓犖不羈。貞元二年進士，仕至翰林直學士，一時詔誥多出其手，流輩服其典雅。其歌詩樂府尤工，號玉峰散人集。

李仲略。字簡之，晏子。登大定詞賦進士，累遷户部郎中，進言厚風俗、去冗食、養財用，又條陳制度之宜，上嘉納之。授翰林直學士。遷山東東西路按察使。卒，謚襄獻。仲略剛介特立，不阿權貴，臨事明敏無留滯，所在以幹濟稱。

王晦。字子明，高平人。少負氣自豪，常慕張詠之爲人。友妻與人有私，晦手刃殺之。中明昌二年進士，調長葛簿，累遷户部郎中。貞祐初中都戒嚴，或舉晦有將帥才，俾募人自將。率所統衛送通州粟入中都有功，遷霍王傅，以部兵守順州。通州圍急，晦攻牛欄山以解通州之圍。遷翰林侍讀學士。順州受兵，被執不肯降，遂就死。詔贈榮禄大夫、樞密副使。

郝天挺。字晉卿，陵川人。太原元好問嘗從學進士業，天挺曰：「讀書不爲藝文，選官不爲利養，唯通人能之。」又曰：「今之仕多以貪敗，丈夫不耐饑寒，一事不可爲。」貞祐中居河南，往來淇、衛間，爲人有崖岸，雖困窮不一至豪富門。年五十，終於舞陽。

元

郝經。字伯常，天挺孫。讀書博覽無不通。憲宗元年〔三三〕，世祖以太弟開府金蓮川，召經與語大悦，遂留王府。屢進謀議，累千萬言。及即位，以爲翰林侍讀學士，充國信使使宋告即位，且定和議。時經有重名，平章王文統忌之，既行，文統陰屬李璮潛師侵宋，欲假手害經。宋果疑經，館之真州七年，從者多死，經獨與六人處。又九年，帝遣丞相伯顔入宋問執行人之罪，宋懼，乃以禮遣歸。逾年卒，謚文忠。經爲人尚氣節，爲學務有用，及被留益思托言垂後，著書數百卷。二弟彝、庸皆有名，子采麟亦賢。

李俊民。字用章，澤州人。得河南程氏之學。金承安中舉進士第一，應奉翰林文字，棄官教授鄉里，從之者甚盛。後隱於西山，世祖以安車召之，延訪無虚日，乞還山，遣中貴人護送之。卒，賜謚莊静先生。俊民明邵雍皇極數，能前知，其言多驗。

鄭鼎。字國器，陽城人。讀書曉大義，有勇力，善騎射。初爲澤潞遼沁千户〔三四〕，屢立戰功，積官平陽太原宣慰使。至元初遷平陽路總管，有善政。累改河北道宣慰使，移鎮鄂州，討蘄、黄叛寇，戰没。贈平章政事，封潞國公，謚忠肅。

宋翼。字雲舉，高平人。舉明經茂才，歷官御史，至僉太常禮儀院事。翼該洽經傳，旁通百家，居官能直言，有善政。

賈魯。字友恒，高平人。幼負志節，既長謀略過人。延祐、至治間，兩以明經領鄉貢，累官工部郎中。至正四年河決白茅堤，又決金堤，命魯行都水監。魯循行考察，備得要害，進二策，會遷右司郎中，議未及竟。後丞相托都善其策，以魯爲工部尚書、總治河防使，未踰年工畢，河復故道。超拜集賢大學士，遷中書左丞。從托都平徐州，托都旋師，命魯追餘黨，督攻濠州，卒軍中。賜鈔及葬。「托都」舊作「脱脱」，今改正。

明

張昺。澤州人。洪武中舉人材，累官工部侍郎。建文初廷議，藩國所在宜簡精强有謀略威望者，爲守臣彈壓之，以昺爲北平左布政使。燕兵將起，昺飛章奏聞，部署在城七衛及屯田軍士列九門防守。未幾，詔讓燕王，王僞稱疾，紿昺入，至端禮門伏兵起，縛之，昺不屈死。

楊砥。字大用，澤州人。洪武末由進士爲行人司副，上從祀議，進董仲舒，黜揚雄，從之。歷湖廣參議。建文時疏請惇睦諸藩，斥不省。父喪，歸廬墓側。永樂初起鴻臚卿，進禮部侍郎，建言民間子弟入學者復其身，仍免兩丁差役，著爲令。遷太僕寺卿。砥剛介有守，尤篤孝行，母喪哀毁，未至家卒。

王璲〔三五〕。高平人。父敬，永樂中以孝行被旌。璲舉於鄉，歷官太僕丞。丁父母艱，廬墓六載，正統中亦被旌。

侯璡。字廷玉，澤州人。宣德進士，授行人司。副侍郎章敞使交趾〔三六〕，抵關，關門卑，先驅請傴而入。璡叱曰：「此狗竇耳，奈何辱天使。」交人爲毁關入。及歸，餽遺無所受。正統初以兵部郎中從王驥征麓川有功，拜兵部左侍郎。景泰初總督貴州軍務，再以平賊功進尚書，卒官。

原傑。字子英，陽城人。正統進士，授御史巡按江西，擢按察使，歷右副都御史巡撫山東，皆以治行聞。還，改左副都御史。會荆襄多流民，命傑出撫，傑奏設都司，府州縣選良吏安集之，流民得所，四境乂安。進右都御史，尋遷南京兵部尚書。卒，謚襄敏。

宋鑑。字克明，陽城人。成化進士。知舞陽縣，剛廉嚴正。尋擢御史，執法不避權勢。出知廬州府，七年治績爲天下最。性孝友，鄉評重之。

宋甫。澤州人。成化舉人。性至孝，父殁，廬墓三載，感芝草、瑞鳥之異，被旌。弘治間知忠州，政教兼舉，爲時良牧。

裴椿〔三七〕。澤州人。幼孤，事母至孝，母殁廬墓，以母嗜茄，遂種於墓側，茄生連理，又有慈烏、白鶴來集。弘治中旌表。

楊繼宗。字承芳，陽城人。天順初進士，授刑部主事。時囚多疫死，爲時其飲食，令三日一櫛沐，全活甚衆。擢嘉興知府，多善政。累遷右僉都御史，巡撫順天。成化時星變陳言，爲權貴所疾，左遷雲南副使。會猺亂，官軍數萬不能下，繼宗單騎深入，衆帖然就撫。弘治初遷左僉都御史，巡撫雲南，卒。繼宗力持風節，而居心慈厚，自處必以禮。天啓初追謚貞肅。

田鐸。字振之，陽城人。成化進士，授户部主事，歷員外郎中，皆有聲。弘治初左遷知蓬州，多治績，升廣東僉事。時劉瑾擅柄，廣徵斂，鐸上疏力争，瑾銜之。會遷四川參議，引疾歸，瑾矯詔逮赴廣，卒於道。

王玹。字邦器，陽城人。性孝友。弘治進士，爲户部主事，屢差督倉務，宿弊一清。累除分巡汝寧道，擒獲流賊甚衆。歷薊州兵備、山東參政，俱有績。致仕歸。

孟春。字時元，澤州人。弘治進士，授南京刑部主事，改知嚴州，皆有聲績。擢巡撫宣府，威惠著聞，爲江彬所排，黜歸。嘉靖初巡撫順天，升吏部侍郎，有清譽。未幾大獄起，復以直言忤時宰削籍。卒，贈工部尚書。

孟陽。字子乾，春子。正德進士，授行人。久不遷，或諷之見當路，陽不可。武宗欲南巡，陽語諸僚曰：「此舉繫社稷安危，一命之士皆與有憂，豈必言官，乃當效死。」遂與同官上疏切諫，廷杖四十死。嘉靖初贈監察御史，福王時追謚忠介。

申良。字延賢〔三八〕，高平人。由鄉舉歷知招遠、良鄉、諸城三縣，並有政績，進安吉知州。錦衣葉瓊倚中官勢奪民田，良讞還之民。再遷至户部員外郎。嘉靖三年以伏闕諫大禮，杖死。後贈太僕少卿。

王國光。字汝觀，陽城人。嘉靖進士。知吴江縣，再補儀封，皆有治績。歷吏部文選郎中，銓法公平。隆慶末累遷户部尚書，萬曆四年告歸，明年起吏部尚書、太子太保。國光有才智，掌邦計多所建白更定，時稱簡便。嘗以所輯條例名萬曆會計録上之，詔褒諭焉。

趙輗。高平人。嘉靖進士，官兵科給事中。時内豎私置禁器，輗發其事，謫封丘丞，尋罷歸。穆宗時召補禮科給事中。上戎服郊祀，輗遮道諫止。又疏請薛瑄從祀廟廷，上從之。終太僕寺卿。

劉東星。字子明，沁水人。隆慶進士。由庶吉士授兵科給事中，忤高拱謫官。萬曆中擢僉都御史巡撫保定，時以倭難調兵，所部復被災，東星外籌芻糧、内議蠲賑，民皆賴之。河決單之黄堌，運道堙阻，命東星總理河漕，以功進工部尚書兼副都御史。渠邵伯、界首二湖，又奏開泇河，以勞卒官。東星性儉約，歷官三十年，敝衣疏食如一日。天啓初謚莊靖。

張養蒙〔三九〕。字泰亨，澤州人。萬曆初進士，歷户科左給事中。養蒙少負才名，明習天下事，既居言職，慷慨好建白，帝亦多嘉納之。出爲河南右參政，持廉貞度，日益有名。累遷左副都御史，極陳時政闕失，又以兩宫三殿繼災，復上疏極諫，皆不報。終户部右侍郎。天啓初謚毅敏。

衛一鳳。字伯瑞，陽城人。萬曆進士，授刑部主事，歷青州知府、濟寧河道，皆有治績。累遷鄖陽巡撫，會秦寇嘯聚，遣裨將諭以禍福，遂解散。進南京刑部尚書。卒，贈太子太保。

張志芳。字廷芝，陽城人。萬曆舉人。性篤孝，父喪，哀毁骨立，三年不居内。初任陽信知縣，累遷景州知州，皆清廉有惠政。擢户部郎中，督天津餉，軍民戴德，晉參議，卒官，所至皆立祠以祀。

孫居相。字伯輔，沁水人。萬曆進士。由恩縣知縣徵授南京御史。負氣敢言，劾勛臣子弟暴横，及雲南税使楊榮、太和山中官黄勳罪，又劾去大學士沈一貫。時言路不肖者，率附吏部以驅除異己，勢張甚，居相與之抗，不少挫，卒中年例調外。天啓中歷升兵部右侍郎，魏奄用事，引疾歸。崇禎初以户部尚書總督倉場，除民舟轉漕之困。後以報楊時化書語忤上，謫戍邊，尋卒。

張銓。字宇衡，沁水人。父五典，由進士歷河南副使、山東參政，皆有治績，終南京大理寺卿。銓萬曆中進士，授保定推官，累遷江西巡按御史。疏止楊鎬四路出師，且言加賦選丁，騷擾天下，及他所陳奏，皆關軍國安危，俱不納。熹宗即位，命巡按遼東，死難，贈兵部尚書，謚忠烈，立祠祀之。

張光前。字爾荷，澤州人。萬曆進士。由蒲圻知縣歷稽勳郎中，乞假歸。天啓中趙南星掌吏部，起爲文選郎中。操行清嚴，門無私謁。魏忠賢惡南星，假廷推謝應祥事，矯旨切責，南星去。復以會推代者，削侍郎陳于廷等籍〔四〇〕，光前皆抗疏力争，願與同罪，遂鐫秩調外。兄光縉以右布政使治兵遵化，亦爲奄黨所劾，削籍。兄弟並以忤奄去位，時人榮之。

王允成。字述文，澤州人。萬曆舉人，除獲鹿知縣，以治行異等徵授御史。熹宗初立，上保治十事，言甚剴切。中貴劉朝、魏進忠與保母客氏相倚柄政，允成抗論其罪，繼又專疏劾進忠，被削籍。崇禎初復官。

張光奎。字聚辰，澤州人。仕至山東右參政。崇禎五年流賊犯澤州，光奎方里居，與兄守備光璽、千總劉自安等率衆固守，八日援兵不至，城陷並死之。事聞，贈光禄卿，光璽等贈恤有差。本朝乾隆四十一年，賜謚節愍。

張慎言。字金銘，陽城人。歷壽張、曹二縣知縣，有能聲。光宗立，擢御史。疏論三案，議論持正，出督畿輔屯田。嘗薦趙南星、劾馮銓，卒爲銓陷，戍肅州。崇禎初復故官，累遷南京吏部尚書，掌右都御史事。福王立〔四一〕，上中興十議，與劉孔昭不協，乞罷，而家已爲流賊所破，流寓蕪湖、宣城間，後數年疽發背卒。子履旋，舉人，陽城陷投崖死，贈御史。

王徵俊。字夢卜，陽城人。天啓進士，累官河南副使。以禦賊功，遷山東右參政。丁艱歸，值闖賊陷城，被執不屈，繫之獄，士民争訟其德，賊乃釋之。抵家北面再拜，自縊死。本朝乾隆四十一年，賜謚節愍。

楊暄。字翼昭，高平人。事親至孝，以理學著名。崇禎中以進士知渭南縣，考最，擢兵部主事，未聞命，闖賊陷城，死之，贈陝西按察司僉事。本朝乾隆四十一年，賜謚烈愍。

本朝

李藻。字鑑明，陽城人。明季舉人。順治初知保定縣，遷知涿州，皆有政聲。擢兵部員外郎，以知兵遷遵化監軍道，屬弁密以金餽，立糾之。歷襄陽副使，以治行入爲太常寺少卿。累遷刑部右侍郎，卒。

張瑃〔四二〕。字伯珩，陽城人。明崇禎進士。順治初知原武縣，以治行入爲御史，按四川、巡淮鹽，廉能勤敏，政聲流聞。累遷右副都御史，巡撫陝西，百姓戴之如父母。後改撫福建，去之日，遮道送者百里不絶。

毛一豸。字香林，澤州人。順治進士。性廉潔，授户部主事，濬河通州，考最，升郎中，督餉固原，聖祖仁皇帝以清官第一褒之。遷興安參議。卒，無以爲殮。

田六善。字兼三，陽城人。順治進士。知太康縣，以治行入爲户部主事，榷臨清等關，罷濫徵，革苛羨。授監察御史，多所建白，累擢僉都御史。滇逆亂，上疏策三桂必滅之勢有五，請整頓營餉積弊，以作士氣，廷議是之。遷副都御史，又條上平賊緩急之宜，請嚴山西河汛。後歷户部侍郎，致仕。

張爾素。字賁園，陽城人。順治進士。累官左諭德，出爲江南參政，歷陝西按察使、湖廣右布政使，皆以廉能著。三遷爲刑部左侍郎，會求直言，引禮經大法小廉之義，疏論十三省巡撫，天下争傳誦之。

楊一藻。字焕章，陵川人。姜瓖破城，一藻同邑令死之。

牛魁斗。陵川人。幼孤，母善病，流寇至，負母避難，寇劫其母，魁斗哭請甚哀，賊感動曰：「此牛孝子也。」遂捨之。

竇明遇。字亨吾，沁水人。順治初隸安徽巡撫麾下，委捕沔池賊，賊解散。未幾調廣東中軍遊擊，時群賊抄掠郡縣，明遇提精兵五百，閱二年盡討平之。尋協守肇慶，甫入城，賊兵四合，明遇迎戰，大破之。已又調剿羅定州賊，連破二十餘寨，賊又驅衆數萬屯城下死鬭，明遇力屈自經。後贈英烈將軍。

何印。沁水人。姜瓖之亂，賊環攻端氏堡，印中三箭猶飛石擊賊，力盡而死。

王紀。字子魯，沁水人。順治進士，選庶吉士，改給事中。議論侃侃，不避權勢。出爲陝西隴右參議，遷江南蘇松兵備副使，平湖寇唐四之亂。歷山東濟南參政，有惠政，郡人尸祝之。

陳廷敬。字子端，澤州人。九歲能詩。順治閒進士，選庶吉士。康熙元年爲内秘書院檢討，累官内閣學士，侍講幄，敷奏剴切。累遷左都御史，多所建白，風紀肅然。歷工、刑、户、吏四部尚書，拜文淵閣大學士。廷敬性慎密，以文學受知聖祖仁皇帝，在官皆稱職。嘗薦王士禛、汪琬入翰林，薦陸隴其、邵嗣堯爲御史，世稱知人。卒，謚文貞。有午亭文編五十卷。其詩尤工，聖祖仁皇帝稱其清雅醇厚，特作詩褒之。

楊榮蔭。字半嵋，陽城人。順治進士。知桂林府，康熙七年調知平樂，皆有惠政，囹圄幾空。三榷關税，正額外銖黍不取，粤號爲循吏焉。

田逢吉。字凝只，高平人。順治進士，選庶吉士。歷内國史院學士，終浙江巡撫。逢吉年五歲，父馭遠爲流賊所執，以刃脅之，號泣父旁若請代狀，賊感動，得無害。在翰林分校主試，得熊賜履、李光地、張鵬翮、趙申喬、陸隴其等，皆爲名臣。嘗奉使賑淮陽，奏請寬逃人禁，使流移者獲隨地收養，全活無算。

張泰交。字公孚，陽城人。康熙進士。知太和縣，有能聲。擢監察御史，賑饑山東，全活甚衆。巡視北城，升太僕寺少卿，提督江南學政，三遷刑部侍郎，巡撫浙江，廉介之操，始終不易。

田從典。字克五，陽城人。康熙中進士。知廣東英德縣，有惠於民，擢監察御史。察通州倉，以清廉著。累遷光禄寺卿，旋晉兵部侍郎，仍管光禄寺事，在任八年。歷左都御史、户部尚書，皆稱職。雍正元年，賜御書「清謹公方」四大字。轉吏部尚書，越一年授文華殿大學士。以疾告歸，道卒，年七十八，謚文端，入祀賢良祠。

李東。高平人。父昌文，游廣南二十年不返，東爲弟婚娶畢，俾奉母，自賫父素嗜物往尋之。歷太行山遇盜挺擊，經海口舟覆，皆幾死不悔。抵廣東，訪至瓊州，知父寓瓊，嘗娶妾生女，殁已十三年，妾亦嫁矣。乃求妾所在，哭奠父墓，爲女弟擇配，負骸歸葬。

張大經。鳳臺人。乾隆十六年一甲一名武進士。由侍衛授參將，洊升興漢鎮總兵。三十六年，赴金川軍營，屢著戰功。三十八年六月，木果木失利，徒步力戰死，奉旨議恤，入祀昭忠祠。

張道澍。沁水人。親疾，嘗湯藥，衣不解帶，及卒哀毁骨立。乾隆二年旌。

竇世英。沁水人。樂善好施，事親竭力。乾隆二年旌。

楊雲龍。沁水人。孝行著聞。嘉慶十四年旌。

流寓

唐

薛僅。開元中爲屯留令〔四三〕。在任七年，乃居高平山别業，屯留民懷之。

申環。金城人。咸通間徙居陵川，幽居養性，無縻爵志，卒葬陽山。

張誨。其先居清河，祖嘗爲和川令，因家焉。誨徙居高平，自號拙庵，以文學名世。

金

王謙。并州人，愛高平山水，遂居焉。受學於王晦，道經釋典、九流七略，咸所精練。

元好問。字裕之，秀容人。年十四從陵川郝天挺學，不事舉業，淹貫經傳百家。六年而業成，下太行，度大河，爲箕山、琴臺等詩，趙秉文見之，以爲近代無此作也。於是名震京師。

列女

金

劉璋妻樂氏。澤州人。年二十一夫亡，遺二子俱幼，母氏令改嫁，翦髮自誓。貞祐已巳變亂，操愈堅。歷五十餘年卒。

元

張興祖妻周氏。澤州人。年二十四嫁安西張興祖，興祖殁，舅姑欲使再適，周弗從，曰：「妾祖母、妾母並少寡以貞操聞，若妾中道易節，是忘故夫而辱先人也。」遂嫠居三十年，奉舅姑無違禮。其父與外祖皆無後，葬祭之禮亦周主之。有司以聞，並賜旌異。

張珊妻曹氏。高平人。珊亡，曹年十九，遺孤甫周歲。姑先有贅壻李姓者利所有，陰與妻同謀，欲鴆兒以絶曹望。曹心動，乃寄兒母家，恪盡婦道以慰其姑。值李姓死，兒克成立。壽九十終。至大間旌門。

明

張旺妻武氏。陵川人，名繼姑。父母早亡，依兄簡議，贅里人張旺爲婿，未婚。會簡有五臺役，以旺代，旺病歿役所，函骨歸。繼姑哭之慟，叔母李曰：「何慟爲？再擇所從爾。」繼姑曰：「婦人守一，安得此語？」是夕投繯死。正統間旌表。

邵深妻璩氏。高平人。年二十夫亡，端潔自持，資織紝以供朝夕。邑有巨姓慕其賢，欲致之，屹不爲動，守志以歿。成化七年奏旌，墓産紫芝二本。

原湖妻王氏。陽城人。湖家貧爲傭，一日他出，王並二歲兒居，賊乘隙犯之，脅以刃不從，罵不絶口，遂遇害。知縣李立碑表之。

李守然妻張氏。陽城人。年二十夫亡，子方八月，家貧，姑曹氏欲奪其節，張斷髮誓不改適，奉姑訓子，年八十終。正德間旌表。

季子實妻竇氏。沁水人。事姑盡孝。正德初流寇犯端氏，子實偶外出，竇負姑涉沁水，匿南山巖穴間。賊索得欲犯之，大罵不從，賊刺之暴屍市上。已而蘇，顧其姑不知所在，見賊復罵不絶口，賊投大石碎其首，見者無不哀悼。

張安祝妻焦氏。沁水人。甫于歸，安祝即鬻鹽梁、宋間，三年始歸，月餘復出。及生子而安祝亡，有議改醮者輒以死拒之，傭作餬口，養姑撫子，以完節終。

李氏女。高平人。幼字尚洗，未娶，洗往雲南無歸志，女誓不他適，以禮歸尚門，事姑篤孝。洗客死，即典衣易產，致柩還葬，苦節六十餘年卒。嘉靖間知縣爲立祠祀之。

李孟冬妻宋氏。澤州人。嫁一載而夫亡，母受富室厚聘，促改適不從，以釜擲其面，歸白翁姑，闔户自刎，尸立不僵。隆慶間立祠以祀。

都一龍妻婁氏。陵川人。少許配一龍，一龍病篤，迎歸甫一月一龍卒，婁年十六，誓以身殉，又念舅姑失所，忍死以養，守節六十餘年卒。萬曆間旌門。

郎娥兒。陵川貧女也。議配侯存兒，少養其家。會有惡少窺之，乘翁姑偶出遂逼娥，娥峻拒之，不逾刻投繯死。萬曆間旌表。

劉鳴鷺妻李氏。澤州人。崇禎間流寇掠大陽，李攜二女一婢倉皇出走，道遇汙池，謂二女曰：「我女流將焉適，不如入此全身。」遂同投水焉。

李尚隆妻韓氏。澤州人。尚隆死未葬，流寇肆横，民人逃匿山谷，韓獨潛壁中守柩，賊火其室，柩焚，韓縊死壁中。

段如錦女。澤州人。崇禎五年爲流寇所擄，女年十四，奪賊佩刀自刎死。

燕國洽妻王氏。陽城人。年十六夫亡，子方彌月，撫孤守節二十餘載。流寇突至，被執，百計誘之堅不從，賊怒殺之。又燕國問妻李氏，亦以罵賊見殺。

王增保妻畢氏。陽城人。爲賊所執欲污之，拒之甚厲，刃加於頸，終不從，賊恚甚，刳其腹，罵不絕口而死。

王桂妻李氏。陽城人。爲賊所得，牽至上佛寨前，呼曰：「予我若干金，當釋此婦。」無應者。賊語李曰：「無人贖汝，當從我。」李曰：「願死不從。」殺之。賊退視其屍，血染地作白色。

馬一乘妻李氏。陽城人。爲賊獲，鞭之不從，乃投厠中，復爲賊獲，計不得脱，紿賊曰：「體污矣，須浣河中。」賊尾其後，乘間入井，賊恨甚，下石殺之。

王如秋女。陽城人。年及笄，先與嫂某氏私約曰：「賊來安往？有死耳。」比賊至，家人競走，二人闔户同縊死。

孔量妻李氏。陽城人。遇流賊，强挽之上馬渡河，罵不絶口，至中流奮身投淵死。

李際時妻馬氏。陽城人。流賊至，與夫及二女避沁濱，夫尋相失，賊逼之，偕二女投水死。又栗某妻劉氏，有少女而美，賊至懼污，令女先投井，身從之俱死。

李博妻延氏。陽城人。賊至，博守父柩不去，延聞變，先自縊死。

石廷章妻李氏。陽城人。廷章亡，李年十九，無子，以夫弟含章子維鼎爲嗣。及賊至，李被執不從，割舌死。含章妻盧氏委身救護，復斷指遇害。

楊楝妻張氏。陽城人。年十九夫亡，子垂芳未周歲，事孀姑李氏三十載，以孝稱。寇至，婦、姑同雉經死。

王學孟妻段氏。陵川人。事姑孝，嘗以舌舐姑瘡。流賊猝至，姑病卧，與兒媳牛氏侍姑不捨，罵賊被害。

張銓妻霍氏。沁水人。銓父大理寺卿五典，築所居竇莊爲堡，堅甚。崇禎四年流賊大至，時銓既殉難遼陽，五典亦歿，銓子俱官京師，獨霍氏在，衆請避之。霍曰：「避賊而出，家不保；出而遇賊，身更不保。等死耳，曷死於家？」乃率僮僕堅守，賊環攻四晝夜，卒不克而去。副使王肇生名其堡爲夫人城。後賊數來犯，並擊却之，里人多賴以免。

趙完璧妻李氏。沁水人。賊亂，自縊夫前以免辱。

霍欽翼妻常氏。沁水人。遇賊驅脅，罵賊投井死。又王壯祚妻霍氏〔四四〕、李佩妻陳氏〔四五〕，俱以被脅不從死。

李日芳妻張氏。沁水人。崇禎中流賊陷沁城，張攜子姚登樓避難，賊舉火焚樓，衆啓門出，張獨跪泣曰：「李氏止一子，賴天庇祐，不罹寇慘，某縱死何憾。」將幼子先擲去，自墜樓死。

衛思洛妻尚氏。沁水人。流寇陷城，思洛遇害，尚與兒婦李氏挈子女投火死。又張效濂妻衛氏，以效濂被害，亦墜城死。

常治躬女。沁水人。王加印作亂，逃匿山谷，賊見逼，遂自縊死。

本朝

李棠繼妻田氏。高平人。順治六年張斗光煽姜瓖餘燼劫掠，田避東莊煤窑，賊破窑被執，田大罵，賊露刃脅之，罵愈厲，遂見殺。

趙之秀妻程氏。高平人。年十九夫亡，家貧無子，姑迫令改適，程紿以服除。及期，姑設計攜婦往女家，道逢數人注目，程覺，辭姑歸，即至夫冢大慟，自縊死。

衛琦妻賈氏。陽城人。年二十三夫亡，孤四歲，舅姑年高，夫弟妹九人皆幼，婚喪盡瘁，歷四十年。訓子成進士，受封。子卒，撫孫又二十年，俱獲成立。年九十六。

楊瀓妻張氏。陽城人。年二十四夫亡，無子，絶粒誓死，其母以立後勸，始進食。嗣子殤，復嗣一子。守節十載，母病侍湯藥，以純孝稱。母卒，竟不食死。

靳天挺妻牛氏。陵川人。年十八夫亡，子幼，有諷別嫁者，牛剪髮剺面曰：「吾兄爲孝子，吾獨不能爲節婦乎？」終不可奪。孝子者，牛魁斗也。

趙光重妻張氏。沁水人。光重早失父母，與兄光燦友愛，張與光燦妻李氏亦和好無間。姜瓖之亂破寨，投井死。又趙福溥妻牛氏，亦以不污賊投井死。

馬自發妻周氏。鳳臺人。守正被戕。同縣烈婦趙二銕妻林氏、劉廷楝妻徐氏、成乃峻妻成氏、賀在田妻劉氏、張家珍妻晉氏，烈女錢富連女，節婦史秉直妻任氏、馬繼五妻宋氏，夫失姓名任氏、郭氏、馬氏、原氏，張駱妻石氏、子仝仁妻孔氏、仝禮妻陳氏、仝智妻陳氏，常世仁妻趙氏、郭世倫妻秦氏、申懋脩妻王氏、張永淑妻聶氏、王宣繼妻朱氏、史宗孝妻郜氏，俱乾隆年間旌。

李海妻范氏。高平人。守正被戕。同縣烈婦林永淳妻郭氏，烈女張永福妹四姐、郭文忠女，節婦林泉妻王氏，俱乾隆年間旌。

原奎妻盧氏。陽城人。守正捐軀。同縣烈婦賈氏、衛叔龍妻張氏、路小登妻王氏、原振勒妻趙氏、喬晉强妻成氏〔四六〕、鄭小三妻郭氏，烈女馬和玉女二姐，節婦張君輔妻路氏、衛遵誥妻喬氏〔四七〕、衛泰妻王氏、衛咸妻郭氏〔四八〕、衛昌基妻崔氏、白階妻崔氏，俱乾隆年間旌。

侯玉春妻張氏。陵川人。守正捐軀。同縣烈婦李氏、侯氏，節婦武童妻宋氏、李景枝妻曹氏、王茂生妻趙氏、徐丹桂妻都氏、王碩士妻宗氏，俱乾隆年間旌。

韓氏。沁水人，夫失名。夫亡殉節。同縣節婦王政新妻藺氏、張承基妻李氏、竇無越妻趙氏、張傳炘妻霍氏、張逯弟妻李氏、尚參昂妻閻氏〔四九〕、尚淩九妻馬氏、張璜妻尚氏，俱乾隆年間旌。

郭傅氏。鳳臺人，夫失名。守正捐軀。同縣烈婦李楙妻楊氏、郭周垣妻趙氏、董泰祺妻郭氏、馬驤雲妻原氏，節婦李廣才妻李氏、王德潤妻陳氏、王統儒妻苗氏、李紹文妻王氏、賈光盛妻陳氏、秦通泉妻毛氏、牛萬育妻李氏、馬懷親繼妻晁氏、范濟昌妻李氏、李翰文繼妻岳氏、成登雲妻岳氏，俱嘉慶年間旌。

王明杲妻龐氏。高平人。守正捐軀。同縣節婦趙鵬翩妻郭氏、祁樂妻崔氏，俱嘉慶年間旌。

張書魁妻田氏。陽城人。守正捐軀。同縣烈婦楊希恩妻張氏、田培琮繼妻盧氏、張傅繼妻盧氏，節婦張維孜妻陳氏、張學禮妻趙氏、張佑繼妻白氏、張位妻田氏、楊廷源妻田氏、王盧臣妻張氏、吴志誠繼妻趙氏、范永吉繼妻陳氏、賈殿元妻范氏，俱嘉慶年間旌。

郝李鎖妻賈氏。陵川人。守正被戕。嘉慶二十三年旌。

竇普義聘妻王氏。沁水人。未婚，夫亡殉節。同縣烈婦崔廣基妻王氏，節婦譚所學妻李氏、高鵬程妻張氏、張君弼妾邵氏，俱嘉慶年間旌。

仙釋

晉

王烈。入太行山中，聞雷聲，山石破裂數百丈，中一孔有青泥流出，烈取食之，後仙去。

唐

大愚。隱於高平之舍利山五音洞，調演聲律，能達旨要。年九十餘，一日别其徒曰：「吾將歸矣。」端坐而逝。洞中往往聞有五音，後人因以爲名。嘗進韻母三十字，昭宗賜紫衣、田若干頃。

宋

二張仙翁。一名崇真，澤州人；一名道温，京兆人。同居州西上町社修真觀，尋偕游海島，遇劉長生，得其術，復歸結茆於此，相繼坐蜕，瘞之同穴，後數十年人猶有見者。

元

馬仙姑。洛川永平人。幼慕棲真，中統初結屋高平縣西通義村，以鍊形爲事，一旦正襟而逝。今董峰庵有石槨，即委蜕處。

土産

鐵。府境俱出。唐書地理志：陽城縣有鐵。

綢。府境皆出，世稱爲澤綢。

麻布。出陵川者佳。元和志：澤州賦。

石炭。出陽城縣。明統志：澤州及陽城縣出。

蜜。府境皆有之。寰宇記：澤州産。

蠟。出府境。寰宇記：澤州産。

石英。高平縣出。唐書地理志：澤州土貢。元和志：貢白石英五十觔。明統志〔五〇〕：澤州有紫石英。

野鷄。出鳳臺縣。唐書地理志：澤州土貢。元和志〔五一〕：貢九十隻。

石雄。出府境。寰宇記：澤州産。

禹餘糧。高平縣産。宋史地理志：澤州産。

紫草。府境皆出。寰宇記：澤州産。

茅香。陵川縣出。按：唐書地理志陽城縣有銅，今無之。又有錫，今沁水縣西鄉有錫礦，明時開採數月無所得，因遂封禁。謹附記。

校勘記

〔一〕盤龍山 「盤」，乾隆志卷一〇七澤州府山川（下同卷簡稱乾隆志）同，雍正山西通志卷二三山川七作「蟠」。

〔二〕犄角相望 「犄角」，乾隆志同，雍正山西通志卷二三山川七、水經注卷九作「角倚」。

〔三〕洪峪水流其中 「洪」，乾隆志同，雍正山西通志卷二三山川七作「紅」。

〔四〕四岸生龍鬚細草 「細」，乾隆志同，太平寰宇記卷四四河東道五作「緑」。

〔五〕右爲鐵盆障 「右」、「障」，乾隆志同，雍正山西通志卷二三山川七作「左」、「嶂」。

〔六〕靈通山　「靈通」，原作「通靈」，據乾隆志、雍正山西通志卷二三山川七乙正。

〔七〕數十仞　「十」，原作「千」，乾隆志同，於理不合，據雍正山西通志卷二三山川七改。

〔八〕俗呼爲武京砦　乾隆志同，雍正山西通志卷一四關隘六「武」上有「馬」字。

〔九〕天井谿水會焉　「谿」，原作「豁」，乾隆志同，據雍正山西通志卷二三山川七、水經注卷九改。

〔一〇〕泫水導源泫氏縣西北泫谷　「泫」，原作「元」，乾隆志同，據雍正山西通志卷二三山川七、水經注卷九改。

〔一一〕又逕二石入北　「入」，水經注卷九作「人」，殿本按語：「『人』，近刻訛作『入』。」

〔一二〕至公娥澗出山西界　「公娥」，原作「娥公」，據乾隆志、雍正山西通志卷二三山川七乙正。

〔一三〕又東入河南林縣界注於淦陽　「淦」，原作「漢」，乾隆志同，據雍正山西通志卷二三山水七改。按，淦陽即淦陽河，又曰淦水也。漢陽遠在湖廣，邈不相涉。

〔一四〕歷析城山北　「歷」上原有「南」字，乾隆志同，據雍正山西通志卷二三山川七、水經注卷九删。

〔一五〕三年於古高都城置晉城縣　「三」，乾隆志同，舊唐書卷三九地理二作「二」。

〔一六〕仍改高平縣　乾隆志同，元和郡縣志卷一九河東道六此句下有「屬高都郡」四字，似不當省。

〔一七〕趙西壘在高平縣北六里　「壘」，原作「壁」，據乾隆志、史記卷七三白起王翦列傳改。

〔一八〕秦趙二軍共食流水澗　「澗」，原作「間」，乾隆志同，據雍正山西通志卷五九古蹟三、水經注卷九改。

〔一九〕左天門之險　「左」，原作「在」，乾隆志同，據雍正山西通志卷一四關隘六、戰國策卷二二魏一改。

〔二〇〕又五里有唐安鎮　「唐」，原作「堂」，據乾隆志、雍正山西通志卷一四關隘六改。

〔二一〕路通河南懷慶府清化鎮　「化」，原作「華」，據雍正山西通志卷一四關隘六、河南通志卷四〇公署改。

〔二二〕在陽城縣西四十里　「四」，原闕，據乾隆志、雍正山西通志卷一七〇寺觀三補。

〔二三〕玉清觀　「觀」，乾隆志同，雍正山西通志卷一七〇寺觀三作「宮」。

〔二四〕天下稱昭義步兵爲諸軍冠　「軍」，原作「郡」，據乾隆志、新唐書卷一三八李抱玉傳改。
〔二五〕河西之役　「役」，原作「後」，據乾隆志、宋史卷三三三楊仲元傳改。
〔二六〕曰清欲　「清」，乾隆志、金史卷九六許安仁傳作「情」。
〔二七〕黄圖昌　「圖昌」，原作「昌圖」，乾隆志同，據雍正山西通志卷九六名宦一四、明清進士題名碑録崇禎元年戊辰科乙正。
〔二八〕字叔珍　「叔」，原作「淑」，據乾隆志、後漢書卷五一陳龜傳改。
〔二九〕命爲川陝四路都轉運使　「四」，原作「西」，乾隆志同，據雍正山西通志卷一三八人物三八、宋史卷二七七宋太初傳改。
〔三〇〕令專修律曆　「曆」，原作「法」，據乾隆志、宋史卷四三二儒林二改。
〔三一〕劉氏輯曆　「曆」，原作「略」，據乾隆志、宋史卷四三二儒林二改。
〔三二〕著有思宋録　「録」，原闕，乾隆志同，據雍正山西通志卷一七五經籍補。
〔三三〕憲宗元年　「元」，原作「三」，乾隆志同，據元史卷一五七郝經傳改。
〔三四〕澤潞遼沁千户　「澤潞遼沁」，原作「澤州沁遼」，據乾隆志、元史卷一五四鄭鼎傳改。
〔三五〕王璲　此與下文「璲舉於鄉」之「璲」，原作「燧」，據乾隆志、明英宗實録卷一四四正統十一年八月癸亥紀事改。
〔三六〕副侍郎章敞使交趾　「章」，原作「張」，乾隆志同，據雍正山西通志卷一二二人物二二、明史卷一七二侯璡傳改。
〔三七〕裴椿　「椿」，乾隆志同，明史卷二九六孝義、明孝宗實録卷一五六弘治十二年十一月己未紀事作「春」。
〔三八〕字延賢　「延」，原作「進」，乾隆志同，據雍正山西通志卷一二二人物二二、明史卷一九二楊淮傳改。
〔三九〕張養蒙　「養蒙」，原作「蒙養」，乾隆志同，據雍正山西通志卷一二二人物二二、明史卷二三五張養蒙傳乙正。下同。
〔四〇〕削侍郎陳于廷等籍　「于」，原作「於」，乾隆志同，據雍正山西通志卷一二二人物二二、明史卷二四二張光前傳改。
〔四一〕福王立　「立」，原闕，據明史卷二七五張慎言傳補。
〔四二〕張瑃　「瑃」，原作「椿」，據乾隆志、雍正山西通志卷一二二人物二二改。

〔四三〕開元中爲屯留令　乾隆志同。按，屯留屬潞安府，薛僅不當入此。

〔四四〕又王壯祚妻霍氏　「壯」，原作「莊」，據乾隆志、雍正山西通志卷一五五列女七改。

〔四五〕李佩妻陳氏　「佩」，乾隆志同，雍正山西通志卷一五五列女七作「珮」。

〔四六〕喬晉强妻成氏　「晉强」，乾隆志作「强晉」。

〔四七〕衛遵誥妻喬氏　「誥」，原作「詰」，據乾隆志改。

〔四八〕衛咸妻郭氏　乾隆志「妻」上有「繼」字。

〔四九〕尚參昂妻閻氏　「昂」，乾隆志作「昴」，疑是。

〔五〇〕明統志　「統」，原作「通」，乾隆志同，據明天順志卷二一澤州改。按上文「石炭」條云「明統志 澤州及陽城縣出」，乾隆志卷一〇七「統」作「通」，顯見本志以「明通志」乃「明統志」之筆誤，本條漏改，故據正。

〔五一〕元和志　「志」，原作「中」，據乾隆志改。